ПОПУЛЯРНЫЙ АТЛАС
АНАТОМИИ ЧЕЛОВЕКА

УДК 611
ББК 28.706
П 14

МЫ РЕКОМЕНДУЕМ!

Сегодня резко возрос интерес человека к тайнам своего тела и сохранению здоровья. В безбрежном мире современной литературы очень трудно ориентироваться. Надеемся, что в этом любому читателю поможет Русско-латинско-английский атлас "Анатомия человека", выпущенный издательством АСТ. Читайте, думайте, делайте!

Палычева, Любовь.
П14 Популярный атлас анатомии человека / Палычева Л.Н., Лазарев Н.В. — Москва : Издательство АСТ, 2022. — 256 с. — (Атлас человека: профессионально-популярное издание).

ISBN 978-5-17-105297-3

Сегодня проблемам анатомии и физиологии посвящено огромное количество книг, атласов и учебников. Большая часть из них адресована специалистам, работающим в этих сферах долгие годы. Но как же быть студентам, врачам или просто интересующимся людям? Где найти книгу, которая не просто вызовет интерес, желание стать здоровым, но и научит, как действовать в конкретной ситуации?

Атлас, который вы держите в руках, включает в себя наиболее полную, актуальную и, главное — полезную информацию, которая будет понятна любому человеку, в том числе не связанному с миром медицины. Наша цель — дать современные сведения о строении, функционировании тела человека, обо всех возможных опасностях для здоровья, подстерегающих нас на каждом шагу, найти оптимальные пути решения уже возникших проблем со здоровьем.

Авторы книги — люди с огромным опытом преподавания и работы в сфере медицины, специалисты, чьи знания стали основой для написания нужной, полезной и понятной книги.

УДК 611
ББК 28.706

ISBN 978-5-17-105297-3

ПОПУЛЯРНЫЙ АТЛАС
АНАТОМИИ ЧЕЛОВЕКА

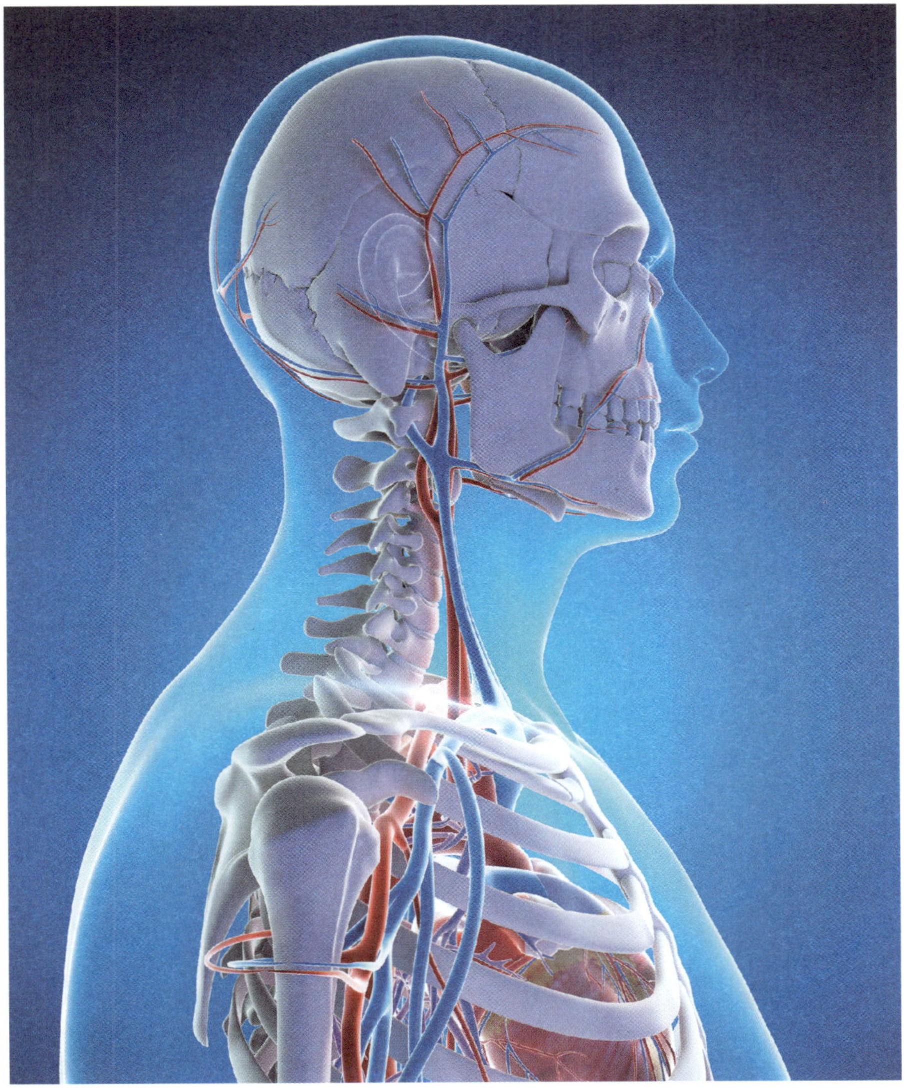

Москва
Издательство АСТ

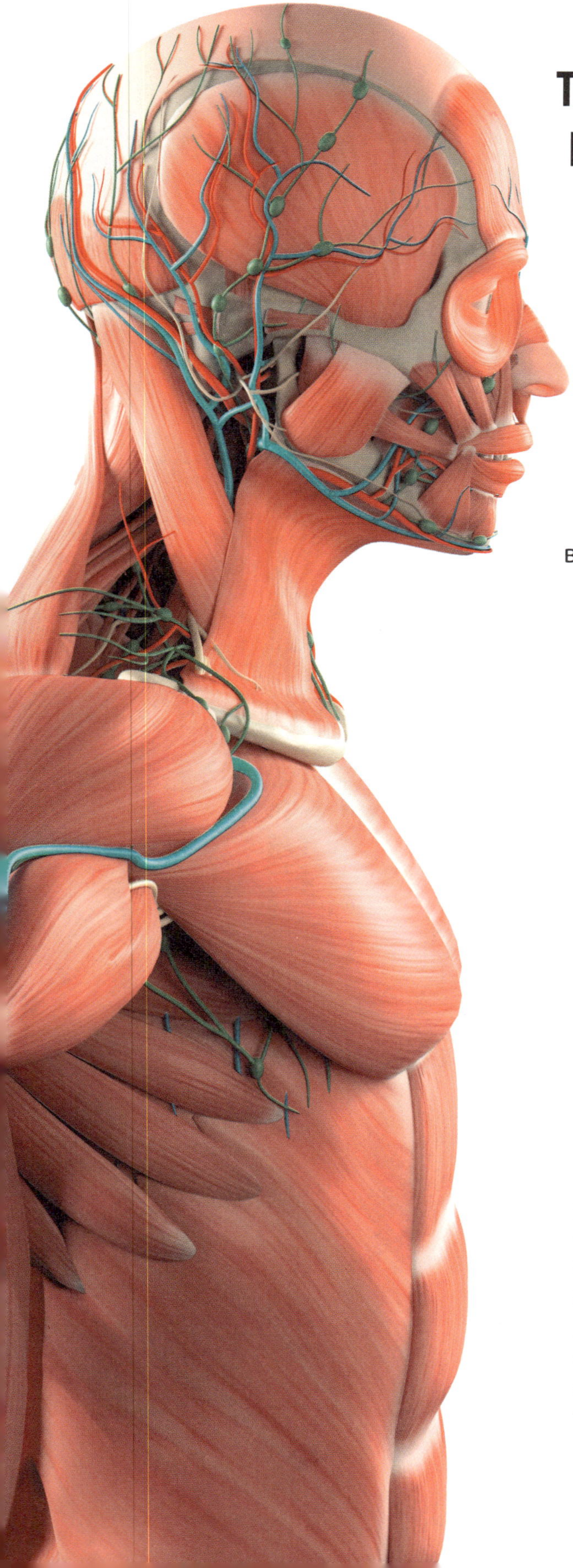

ТЕЛО ЧЕЛОВЕКА И ЕГО СТРОЕНИЕ

Строение тела человека изучает наука *анатомия человека*, которую принято называть нормальной анатомией. *Норма* — отражение здорового, реального состояния человека. *Нормальное строение,* или *состояние,* органа, организма — отсутствие нарушений в их функциях. Допустимы *варианты нормы* как наличие индивидуальной изменчивости. Отклонения от общей закономерности, выходящие за границы нормы, — *аномалия*.

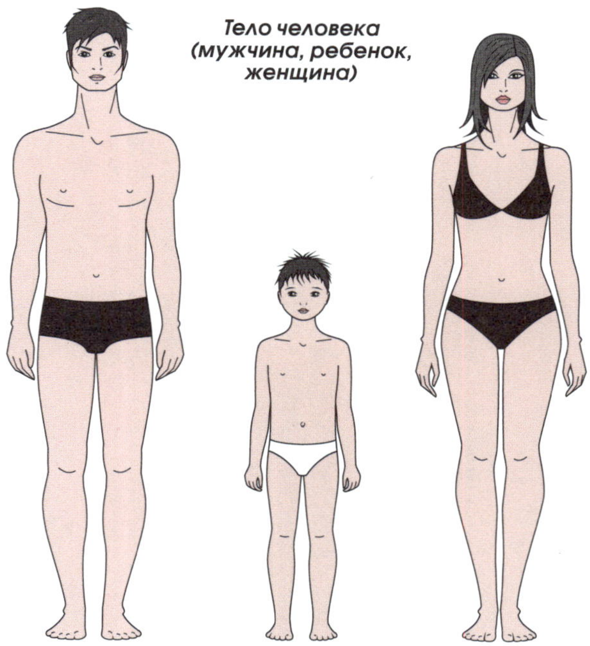

Тело человека (мужчина, ребенок, женщина)

Все люди обладают одинаковым планом строения и принадлежат к одному виду, хотя каждый человек неповторим и отличается от других своими особенностями. *Главные принципы строения тела человека* — ***двусторонняя симметрия*** (сходство сторон, но не абсолютное), ***полярность*** (различное строение и функция полюсов), ***корреляция*** (соотношение между отдельными частями), ***сегментарность*** (у человека только в области туловища).

Анатомия рассматривает понятие о *типах телосложения*. Квалифицируют **три типа телосложения** человека: долихоморфный, брахиморфный и мезоморфный.

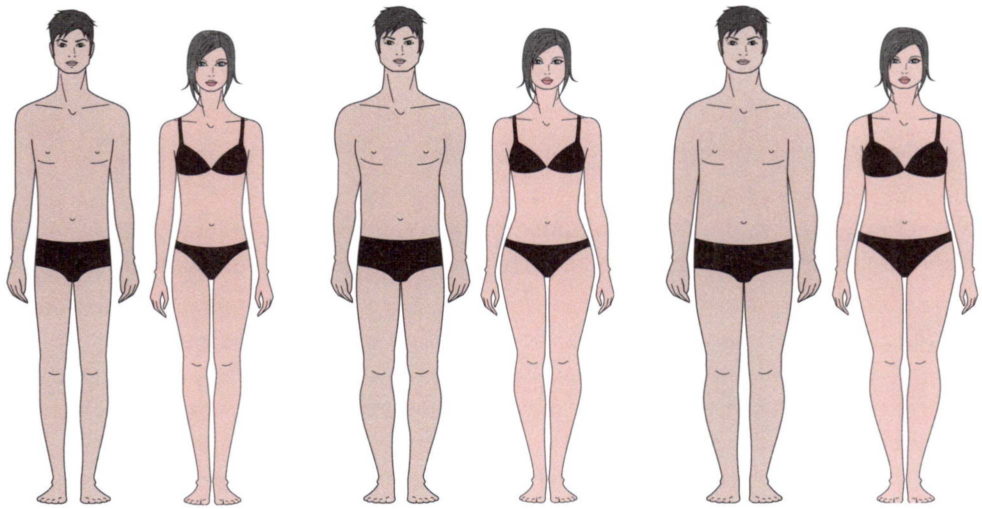

Человек ***долихоморфного типа телосложения*** (*греч.* dolychos — длинный, morphe — вид, форма), или *астеник,* — стройный, с относительно более тонкими костями и длинными конечностями, более слабым развитием мышц и жира, с преобладанием продольных размеров над поперечными. Внутренние органы опущены, диафрагма расположена ниже, сердце расположено почти вертикально, легкие длиннее.

Человек ***мезоморфного типа телосложения*** (*греч.* mesos — средний), или *нормостеник,* — человек, у которого анатомические особенности приближаются к усредненным параметрам нормы (с учетом пола, возраста, и др.).

Человек ***брахиморфного типа телосложения*** (*греч.* brachys — короткий), или *гиперстеник,* — упитанный, с преобладанием поперечных размеров. Петли тонкой кишки ориентированы преимущественно горизонтально, диафрагма расположена высоко, легкие укорочены, относительно большое сердце расположено поперечно.

Свойства живых организмов: размножение, рост, развитие, удвоение и передача биологической информации потомкам, регенерация, активная реакция на раздражения, обмен веществ, получение энергии извне и использование этой энергии для выполнения работы и поддержания постоянства, адаптация к окружающей среде.

Организм человека един, он способен существовать только благодаря своей целостности. Тело человека включает *сому* (*греч.* soma — тело), которая охватывает кожу, кости, соединения костей, мышцы и образованные ими вместилища (полости), и *внутренности,* расположенные внутри полостей. К соме и внутренностям подходят и разветвляются в них *сосуды и нервы*.

В организме человека определяют несколько иерархических уровней: организменный, системный, органный, тканевый, клеточный.

Первый иерархический уровень строения человека — *целостный организм*.

Второй иерархический уровень — *системы и аппараты органов*.

Система — совокупность органов с общим планом строения, единства, происхождения, выполняющих одну большую функцию (например, дыхания, пищеварения и др.).

В организме человека выделяют следующие системы органов: *дыхания (дыхательная), пищеварения (пищеварительная), сердечно-сосудистая, кровеносная, мочевая, половая, нервная, органы чувств (сенсорные системы), лимфатическая и лимфоидная (органы кроветворения и иммунной системы).* По функциональному признаку органы объединены в аппараты: либо органы с различным строением и происхождением, возможно не связаны между собой анатомически, но выполняют общую функцию (например, *опорно-двигательный аппарат*), либо органы выполняют разные функции, но связаны единым происхождением (например, *мочеполовой аппарат*).

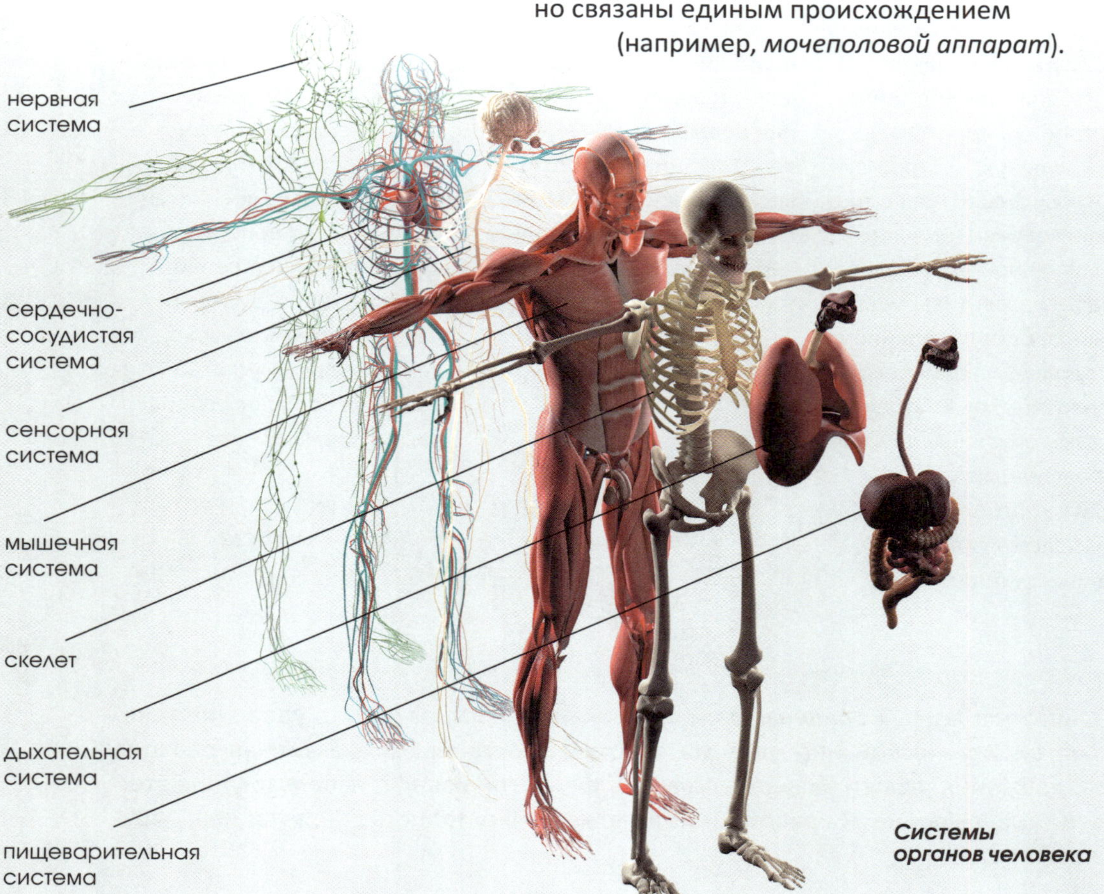

Системы органов человека

Третий иерархический уровень — *органы*.

Орган — структурная единица организма со специфической функцией (или функциями). Каждому органу (например, сердце, глаз, кишка) свойственны определенные форма и строение, которые приспособлены к выполнению специальной функции.

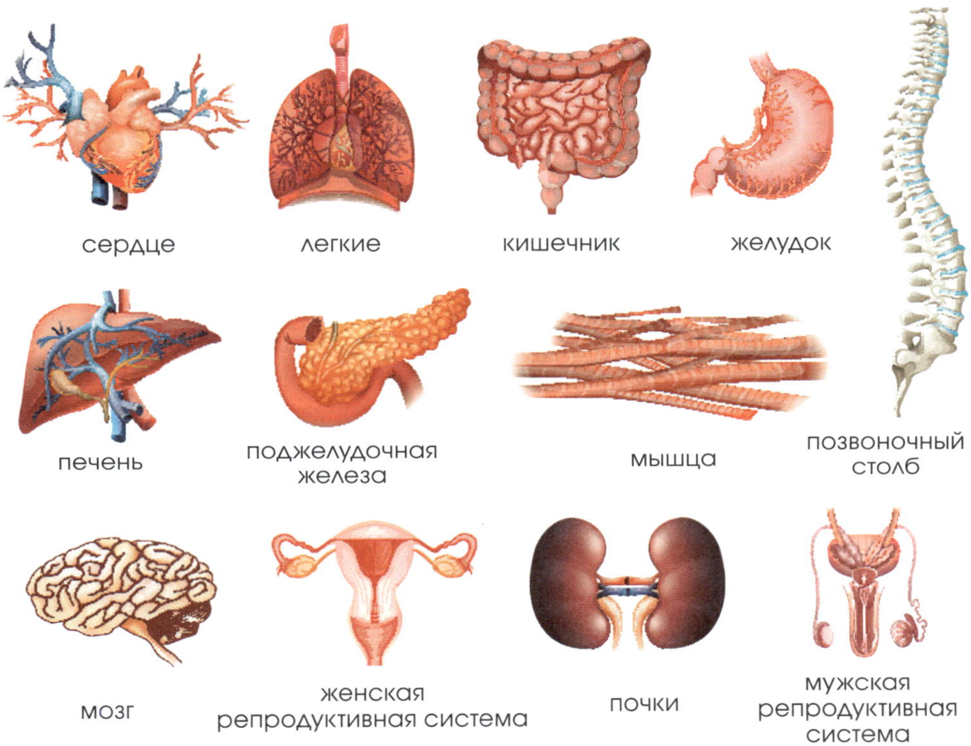

Органы человека

Четвертый иерархический уровень организации — образующие органы *ткани*.

Ткань — совокупность клеток и межклеточного вещества, которые объединены схожестью происхождения, строения и функции. В организме человека установлено четыре типа тканей: эпителиальные, соединительные, мышечные и нервная.

Пятый иерархический уровень организации — *клетка*. Невозможно понять строение и функции тканей без знаний основных принципов строения клеток.

ЗАНИМАТЕЛЬНО!

Наше тело состоит из огромного количества химических элементов. Самую важную роль играют кислород, углерод, водород и азот, которых в организме взрослого человека около 7 килограммов! Почти 2 килограмма в нас кальция и фосфора, а железа — всего 6 граммов.

КЛЕТКА

Существуют два типа клеток: ***эукариотические клетки*** (простейшие водоросли, грибы, лишайники, растения, животные) и ***прокариотические клетки*** (бактерии, микоплазмы, спирохеты, хламидии, риккетсии, актиномицеты, синезеленые водоросли).

Клетка — структурная элементарная единица всего живого. Клетки растений и животных принципиально сходны между собой, все они возникают одинаково; все ткани и органы состоят из клеток; деятельность организмов — сумма жизнедеятельности отдельных клеток. Клетка имеет высокоупорядоченное строение.

Клетка осуществляет рост, развитие, обмен веществ и энергии, хранит, перерабатывает, реализует генетическую информацию. Клетка состоит из центра (ядра) и окружающей его цитоплазмы, где располагаются органеллы и включения (гранулы). Клетка обязательно отделена от внешней среды плазматической мембраной (цитолеммой, плазмалеммой). Клетки разнообразны по строению, химическому составу, форме, способу обмена веществ.

ЛЮБОПЫТНО!

Только 10% клеток нашего тела являются собственно нашими, остальные 90% — микроорганизмы, которые живут внутри нас и на поверхности нашей кожи.

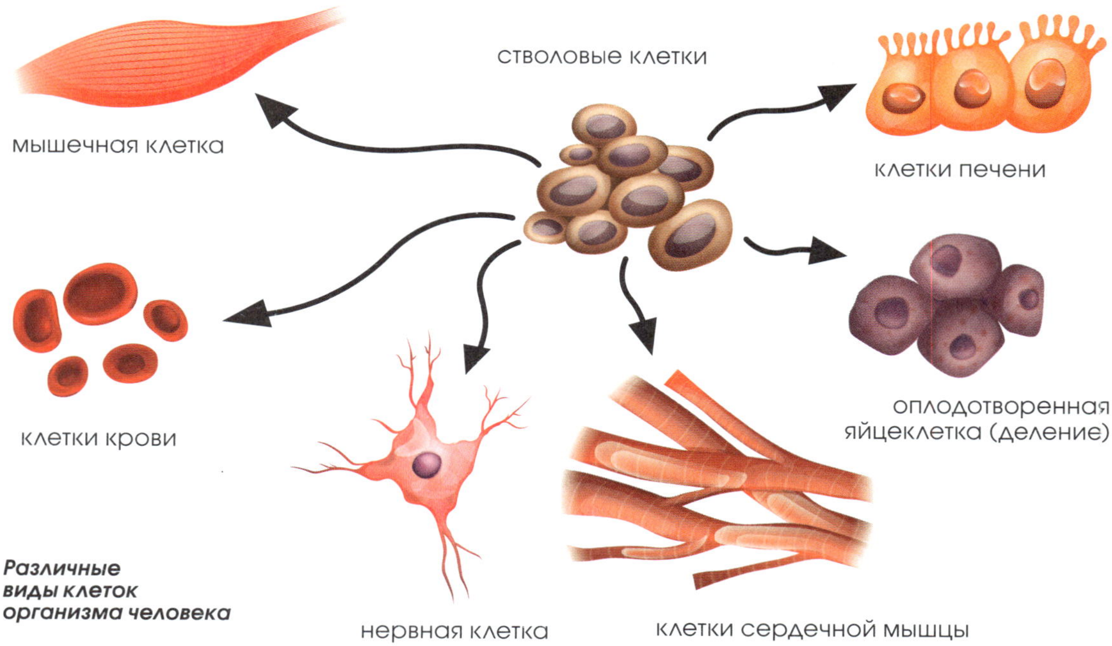

Различные виды клеток организма человека

Химический состав клетки включает более 100 химических элементов, из которых около 98 % составляют кислород, углерод, водород, азот. Остальные элементы — *макроэлементы* (кальций, магний, железо, калий, натрий, фосфор, сера) и *микроэлементы* (йод, цинк, фтор, медь, марганец и др.), играющие важную роль при обмене веществ в клетке.

Клетка состоит из органических и неорганических веществ. *Органические вещества* — белки, углеводы, жиры (липиды), нуклеиновые кислоты. ***Белки*** являются биологическими катализаторами, они увеличивают скорость химических реакций в клетке в миллионы раз, а также выполняют строительную (пластическую), двигательную, защитную, энергетическую функции, обеспечивают транспорт веществ внутри клетки, из клетки и в нее.

ИНТЕРЕСНО!

Самая крупная клетка человеческого тела — женская яйцеклетка, а самая маленькая клетка — мужской сперматозоид.

Углеводы — это основные источники энергии. Углеводы подразделяются на моносахариды и полисахариды (построены из моносахаридов). Полисахарид гликоген находится в животных клетках, полисахариды крахмал и целлюлоза — в растительных.

Липиды — жиры и жироподобные вещества (холестерин, лецитин, некоторые гормоны). В строении молекулы жиров основные компоненты — глицерин и жирные кислоты. Липиды выполняют строительную и энергетическую функции.

Нуклеиновые кислоты — полимерные молекулы, образованные мономерами (нуклеотидами). Все клетки имеют два типа нуклеиновых кислот, отличающиеся по составу оснований и сахаров: дезоксирибонуклеиновую (ДНК) и рибонуклеиновую (РНК).

Молекула РНК состоит из ***одной*** полинуклеотидной цепи и находится в ядре и цитоплазме.

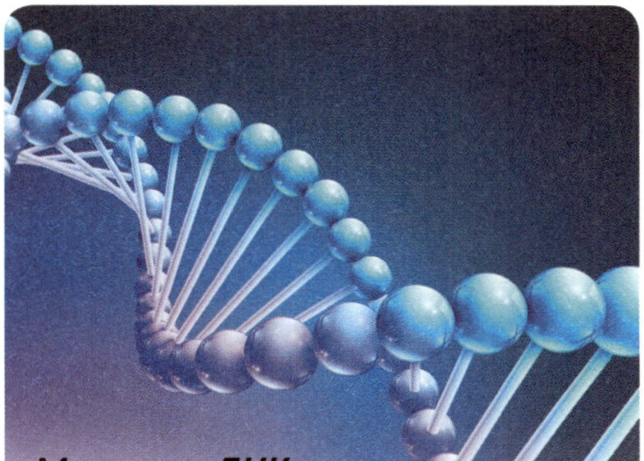

Молекула ***ДНК*** состоит из ***двух*** полинуклеотидных цепей, закрученных одна вокруг другой в виде двойной спирали.

В ДНК записана генетическая информация, определяющая специфичность белков клетки, т.е. последовательность аминокислот в белковой цепи. ДНК передает по наследству все свойства организма.

Ген — участок молекулы ДНК, элементарная структурная и функциональная единица наследственности, материальный носитель наследственности, который характеризуется строго определенной последовательностью нуклеотидов и отвечает за синтез одного белка или признак. ***Геном*** — весь генетический материал организма, включая гены в хромосомах. ***Генотип*** — совокупность генов, находящихся в хромосомах организма.

Строение клетки

В организме человека имеются клетки самых разных форм: шаровидные, отростчатые, овоидные, кубические, веретеновидные, пирамидальные, чешуйчатые, амебовидные, призматические, полигональные, звезчатые, плоские. Размеры клеток варьируют от нескольких микрометров до 200 мкм (яйцеклетка).

Каждая клетка имеет цитоплазму и ядро. ***Цитоплазма*** состоит из гиалоплазмы, органелл общего назначения, которые есть во всех клетках, и органелл специального назначения, имеющиеся только в определенных клетках и выполняющих специальные функции.

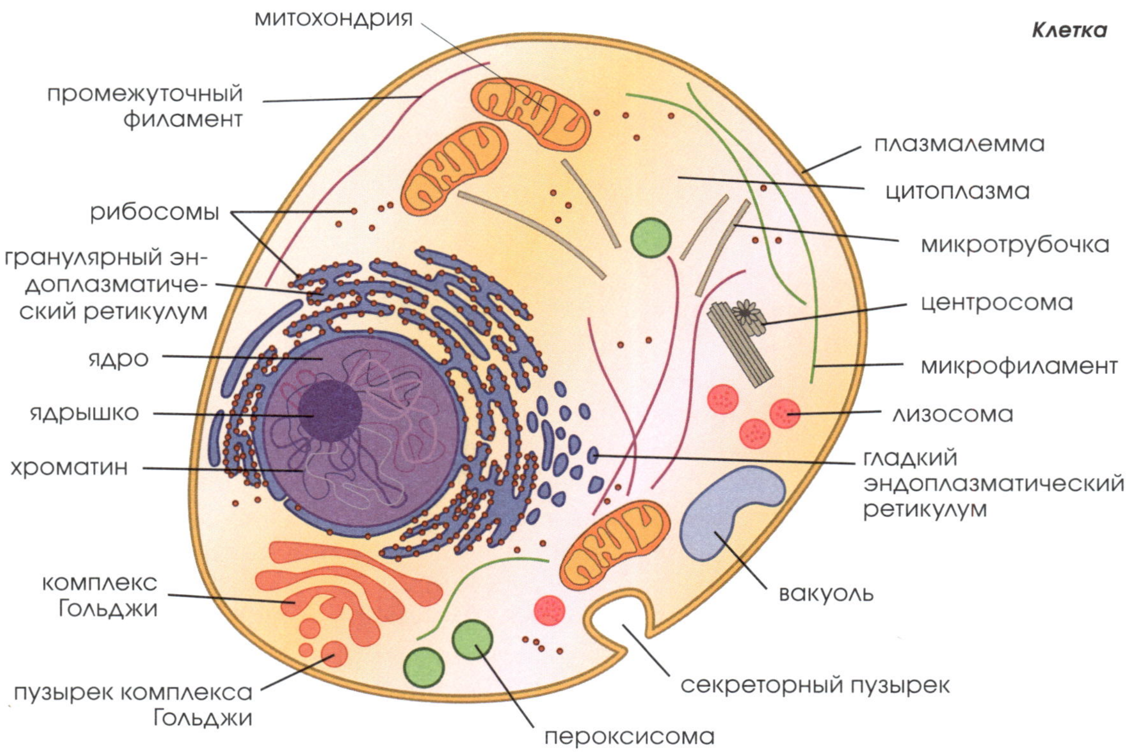

Клетка

Плазматическая мембрана (цитолемма, плазмалемма) имеет трехслойную структуру, покрывает клетку снаружи и ограничивает ее от внеклеточной среды. Цитолемма имеет два слоя молекул липидов (билипидный слой). В билипидный слой погружены молекулы белка, некоторые из которых проходят через всю толщу мембраны, другие находятся в наружном или внутреннем слоях мембраны. *Функции* цитолеммы: обеспечение поверхностных свойств клетки, разграничительная, транспортная, защитная, участие в иммунных процессах, рецепция (восприятие сигналов внешней для клетки среды).

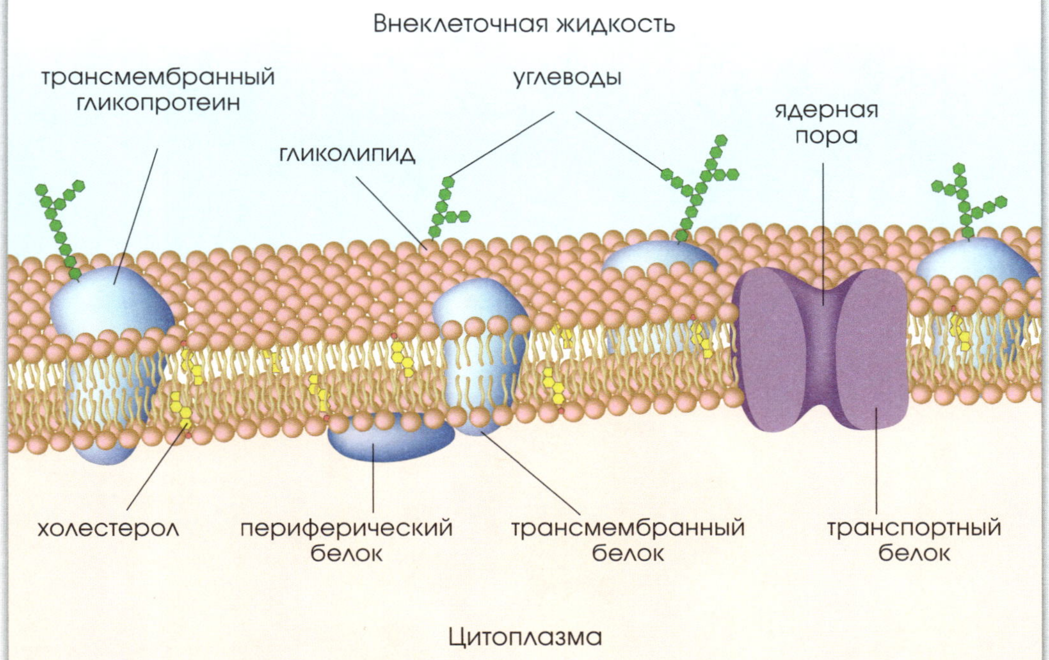

Транспорт веществ — одна из необходимых функций плазматической мембраны. Различают два вида транспорта: пассивный (не нужна энергия) и активный (нужна энергия). ***Активный транспорт*** осуществляют белки-переносчики с помощью энергии молекул АТФ (аденозинтрифосфорная кислота) или за счет протонного потенциала.

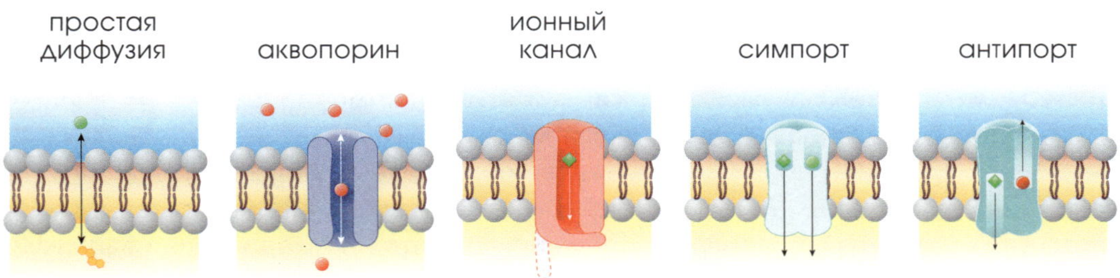

Мембранный транспорт

Мембранные органеллы — огромное количество внутриклеточных мембран клеток человека (ядро, эндоплазматический ретикулум, комплекс Гольджи, митохондрии, лизосомы, пероксисомы). Мембранные органеллы обеспечивают большое количество разнообразных биохимических реакций.

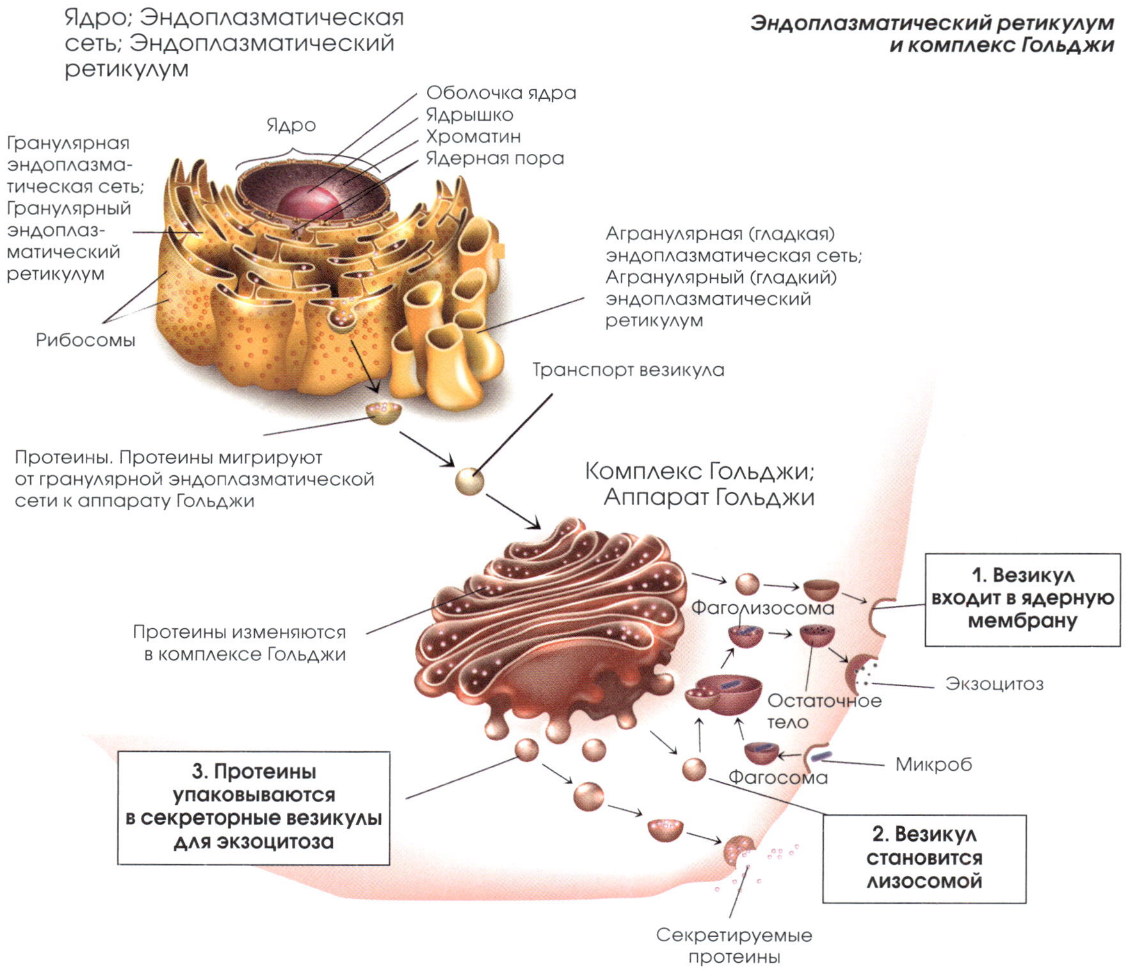

Эндоплазматическая сеть (ЭПС) — единая система внутриклеточных мембран в виде множества трубочек, плоских или округлых цистерн, мембранных пузырьков. *Функции* ЭПС — синтез и транспорт веществ в клетке.

Комплекс, или ***аппарат Гольджи*** (внутриклеточный сетчатый аппарат, КГ), — совокупность цистерн, пузырьков, трубочек, пластинок, мешочков, ограниченных мембраной, в которых накапливаются, сортируются и упаковываются синтезированные продукты. *Функции* комплекса Гольджи — синтез полисахаридов, образование белково-углеводных комплексов и выведение из клетки с помощью элементов КГ модифицированных макромолекул.

Лизосомы — мембранные органеллы диаметром 0,4—0,5 мкм, содержащие около 50 видов различных гидролитических ферментов. *Функции* лизосом — внутриклеточное расщепление различных веществ.

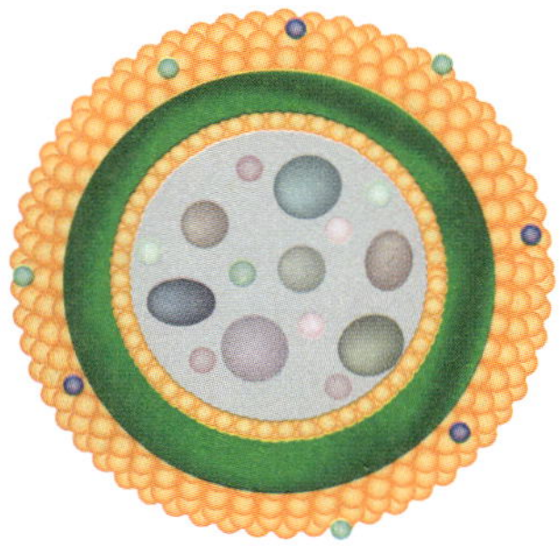

Митохондрии — органеллы с двойными мембранами, между которыми расположено межмембранное пространство. Митохондрии обладают собственной ДНК, обеспечивающей, как и ДНК ядра, хранение, передачу и воспроизведение наследственной информации. *Функции* митохондрий — участие в процессах клеточного дыхания. От количества имеющихся митохондрий зависит дыхание каждой клетки: чем их больше, тем интенсивнее дыхание. Так, в одной печеночной клетке их около 2500.

Митохондрии являются «энергетическими станциями клетки». Энергия запасается в химических связях аденозинтрифосфорной кислоты (АТФ). Они преобразуют энергию химических веществ в доступную для использования клеткой форму: мышечного сокращения, синтеза различных веществ и другие работы.

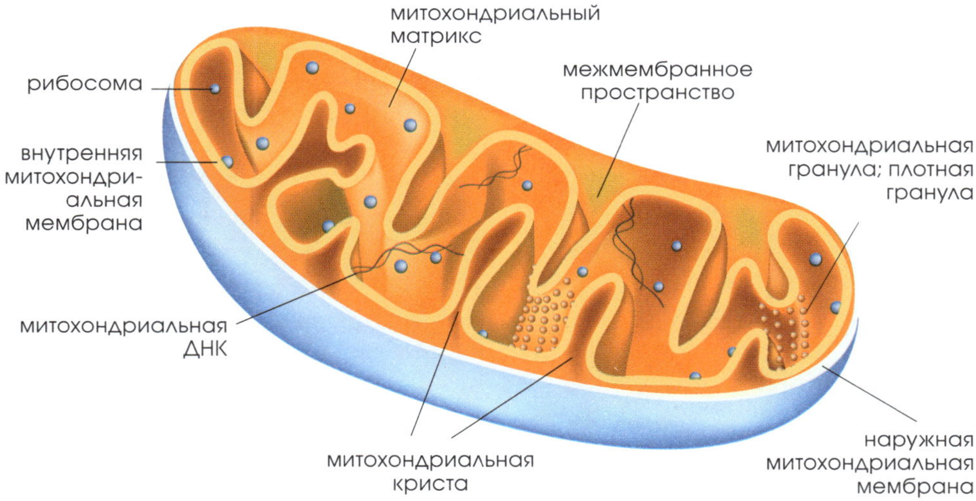

Митохондрия

В клетке постоянно происходит обмен веществ, или ***метаболизм***. Энергия, заключенная в химических связях аминокислот, простых сахаров и жирных кислот, которые образуются в результате пищеварения из белков, углеводов, жиров, поступает в клетку и используются клеткой.

Клеточный центр, находящийся вблизи ядра, образован двумя центриолями. Каждая центриоль — цилиндр, стенка которого состоит из микротрубочек. *Функции* центриолей — участие в образовании базальных телец ресничек и жгутиков и митотического веретена.

Реснички и ***жгутики*** — выросты клетки, окруженные цитолеммой. Жгутики эукариотических клеток похожи на реснички, но они длиннее (например, жгутики сперматозоидов). *Функция* ресничек и жгутиков — движение.

Ядро — основная структура клетки, имеющаяся во всех клетках человека, кроме тромбоцитов и эритроцитов. В ядре в виде плотного интенсивно окрашивающегося округлого однородного тельца имеется одно или несколько *ядрышек*. **В ядрышке образуются рибосомы.** Окружает ядро и отделяет содержимое ядра от цитоплазмы *ядерная оболочка.* Через множество *ядерных пор* округлой формы, пронизывающих ядерную оболочку, осуществляется обмен веществ между ядром и цитоплазмой и избирательный транспорт крупных частиц.

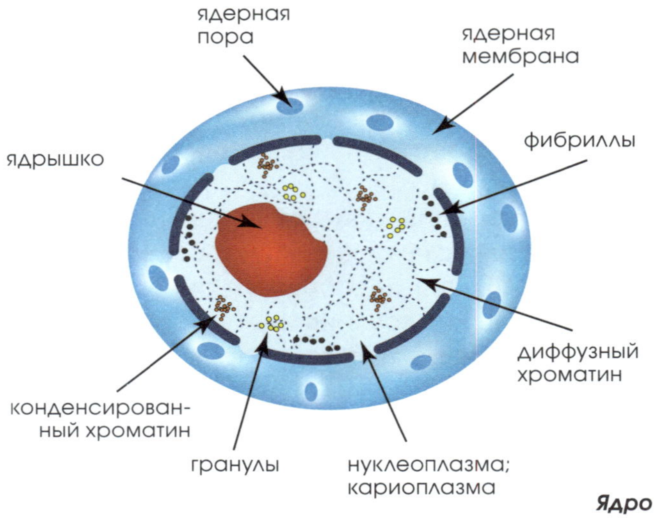

Ядро клетки

Хроматин находится в ядре. Он образован ДНК, которая связана с РНК и белками.

Хромосомы *— носители наследственной информации, записанной в определенной последовательности нуклеотидов.* Хромосомы — удлиненные палочковидные структуры с двумя «плечами», которые разделены центромерой.

В организме существует два типа клеток: соматические (это большинство клеток) и половые. В *соматических клетках* имеются по две копии каждой хромосомы — *гомологичные хромосомы:* одинаковы по строению, форме, длине, расположению полос, несут одни и те же гены, которые локализованы одинаково. Каждая пара хромосом соматической клетки представляет собой одну «материнскую» (происходит из яйцеклетки, гомологична) и одну «отцовскую» (происходит из сперматозоида, гомологична) хромосомы. *Половые хромосомы* не являются гомологичными: женская (X) хромосома совершенно отличается от мужской (Y) хромосомы. Y-хромосома намного меньше X-хромосомы и других хромосом.

ЛЮБОПЫТНО!

В человеческом организме в каждой хромосоме несколько тысяч генов, а во всех хромосомах — около 70 000 генов!

***Нормальный кариотип** (греч.* karyon — ядро ореха, typos — образец) *соматических клеток человека включает 23 пары хромосом (диплоидный набор), 22 пары аутосом и одну пару половых хромосом (XX — женщины или XY — мужчины); половые клетки содержат гаплоидный (одиночный) набор — 23 хромосомы: 22 аутосомы и одну половую (X — женщины или Y — мужчины).*

Клеточный цикл

Клеточный цикл — вся совокупность процессов, которые происходят в клетке при ее подготовке к делению и во время собственно деления. При подготовке клетки к делению происходит удвоение ДНК.

Заключенная в ДНК наследственная информация передается по наследству благодаря ее самоудвоению (репликации).

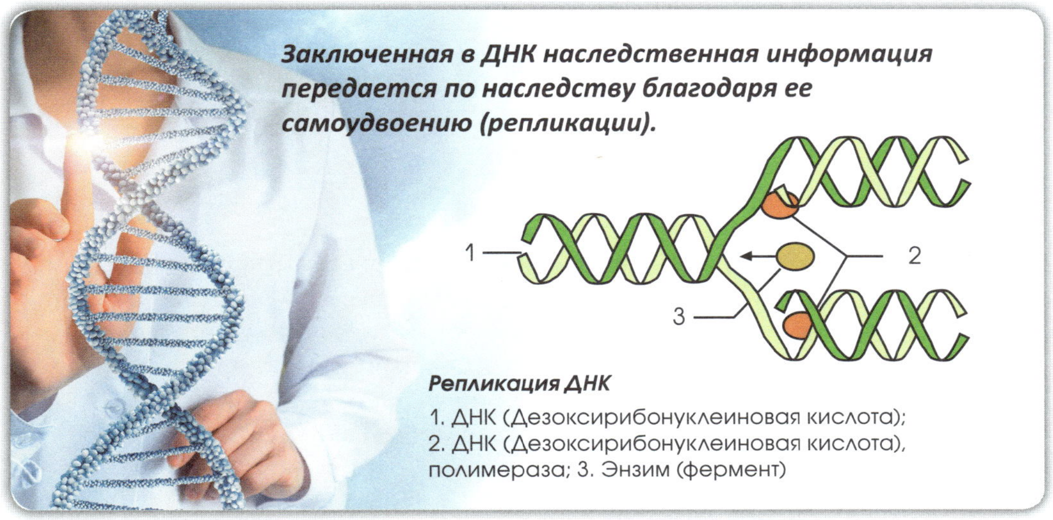

Репликация ДНК

1. ДНК (Дезоксирибонуклеиновая кислота); 2. ДНК (Дезоксирибонуклеиновая кислота), полимераза; 3. Энзим (фермент)

Митоз (*греч.* mitos — нить) создает условия для генетической стабильности, образования новых клеток, увеличения их числа в организме, процессов регенерации (восстановления). ***Мейоз*** (*греч.* meiosis — уменьшение) — способ деления ядер и клеток, который приводит к образованию из одной материнской клетки четырех дочерних клеток с уменьшением в каждой в два раза количества хромосом.

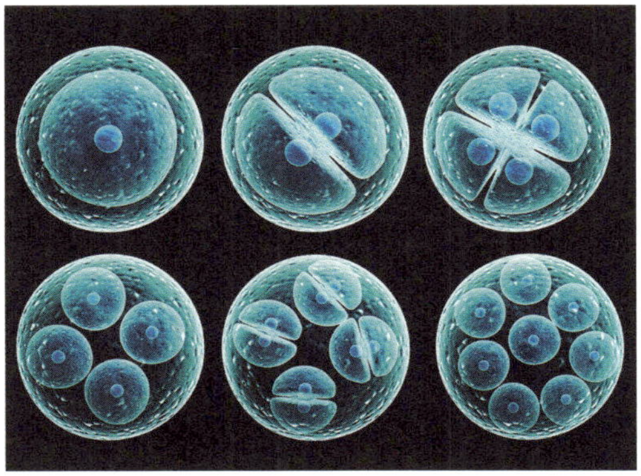

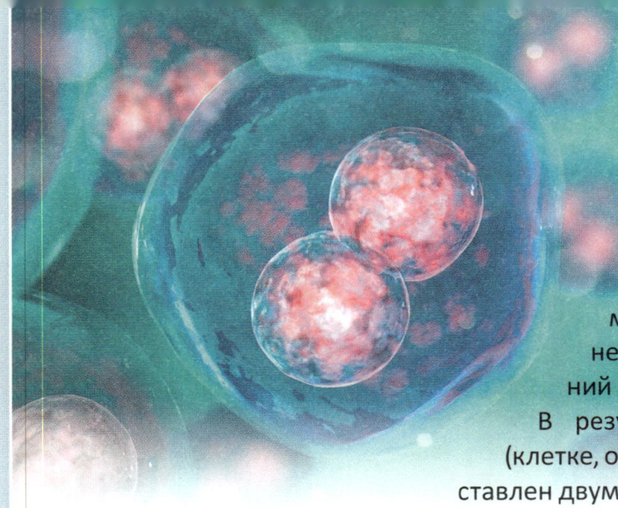

В половых клетках при мейозе из клетки у женщин образуются одна яйцеклетка и три полярных тельца, которые рассасываются; у мужчин — четыре сперматозоида.

Во время образования яйцеклетки и сперматозоида в зависимости от распределения генетического материала число возможных сочетаний генов в оплодотворенной яйцеклетке огромно. В результате оплодотворения каждый ген в **зиготе** (клетке, образовавшейся в результате оплодотворения) представлен двумя экземплярами (аллелями) — от отца и от матери.

ЛЮБОПЫТНО!

Каждый из нас в начале своей жизни провел около 30 минут в состоянии одноклеточного организма, когда сперматозоид и яйцеклетка объединились. Вскоре после этого клетки начинают быстро делиться и происходит формирование крошечного эмбриона.

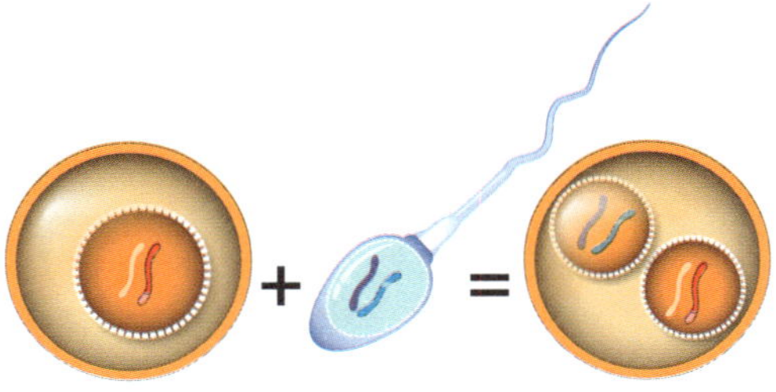

Процесс слияния яйцеклетки и сперматозоида (оплодотворение)

Вирус

Вирус — мелкая частица, способная копировать саму себя. Эта способность, однако, проявляется лишь внутри живых клеток. Вирусы имеют столь малые размеры, что могут быть различимы лишь с помощью электронного микроскопа; большинство фильтров их не улавливает. Они могут инфицировать человека, животных, растения и различные микроорганизмы. Вирус — неклеточная структура. Основу каждого вируса составляет нуклеиновая кислота (РНК или ДНК), окруженная белковой оболочкой.

ЗАНИМАТЕЛЬНО!

Около 70% живых существ Земли — бактерии.

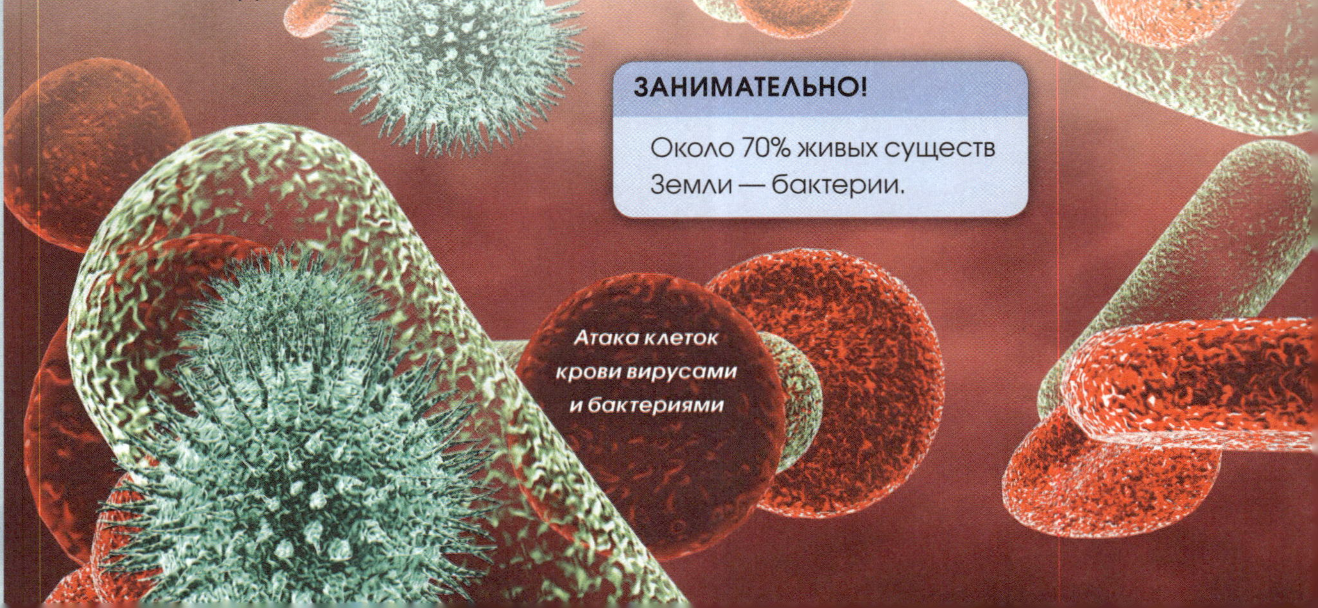

Атака клеток крови вирусами и бактериями

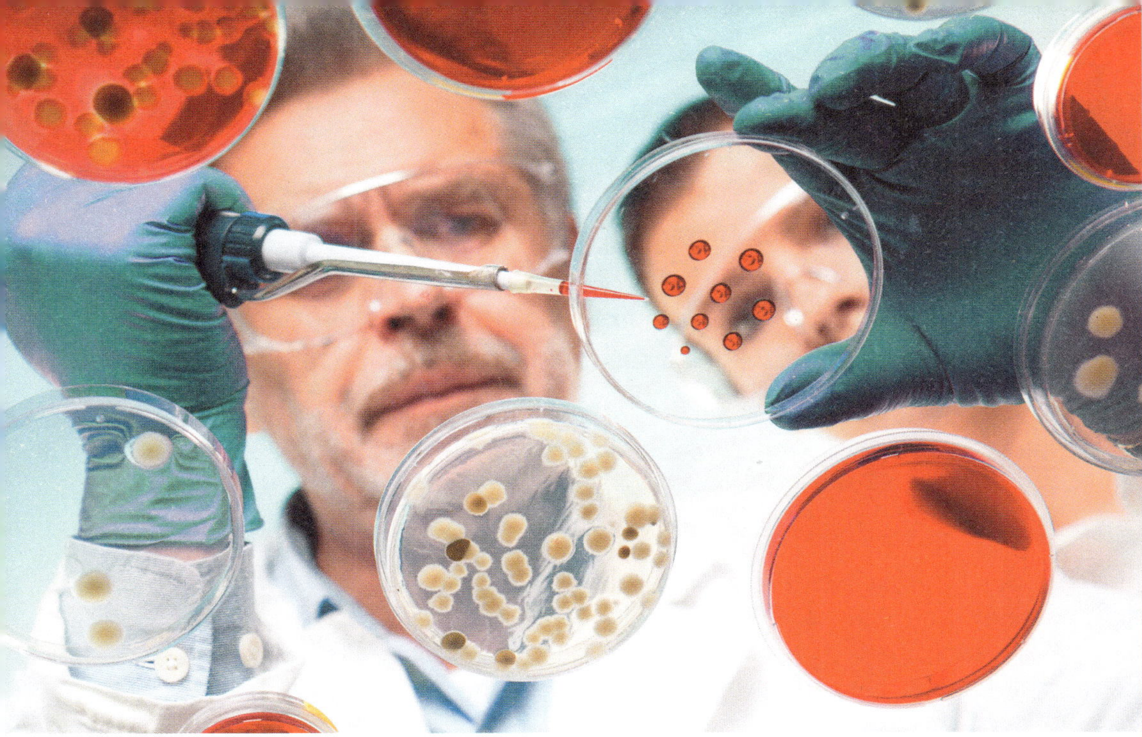

Исследование вируса в лаборатории

Вирусы могут вызывать различные заболевания (например, обычную простуду, грипп, корь, ветрянку, герпес, СПИД, полиомиелит, бешенство). Против некоторых из этих вирусов оказываются эффективными антивирусные средства; для предупреждения многих вирусных заболеваний используются различные вакцины. Наука о вирусах и вирусных заболеваниях называется ***вирусология.***

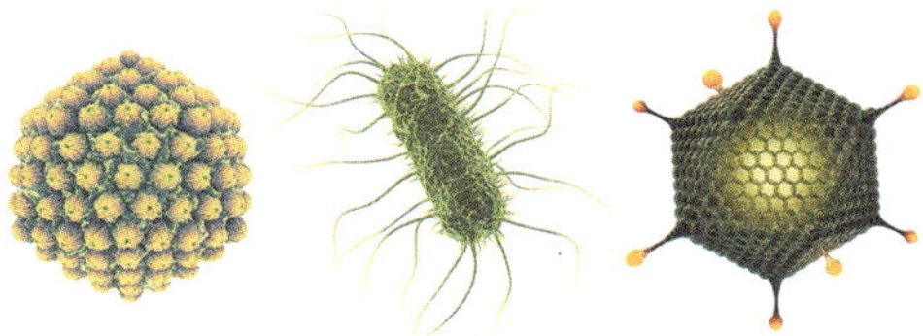

Бактерия (кишечная палочка) и вирусы (герпес простой и аденовирус)

Простуда, или ОРВИ (острая респираторная вирусная инфекция), — широко распространенное инфекционное вирусное заболевание, вызывающее воспаление слизистых оболочек носа, горла и бронхов. Болезнь передается воздушно-капельным путем (при кашле и чихании). Симптомы заболевания проявляются примерно через 1—2 дня после заражения; человека беспокоит боль в горле, головная боль, кашель, заложенный нос или ринорея (насморк), а также общее недомогание. Болезнь длится примерно неделю и даже больше, обычно характеризуется небольшим ухудшением самочувствия; однако у маленьких детей и больных с имевшими место ранее респираторными заболеваниями она может протекать тяжело.

ВНИМАНИЕ!

Все заболевания возникают в связи с нарушением строения и функции клеток.

ТКАНИ

Ткань — исторически сложившаяся общность клеток и межклеточного вещества, объединенных единством происхождения, строения и функции. Существуют четыре типа тканей: эпителиальные, соединительные, мышечные и нервная.

Эпителиальные ткани

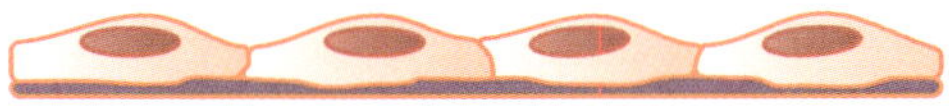

однослойный эпителий

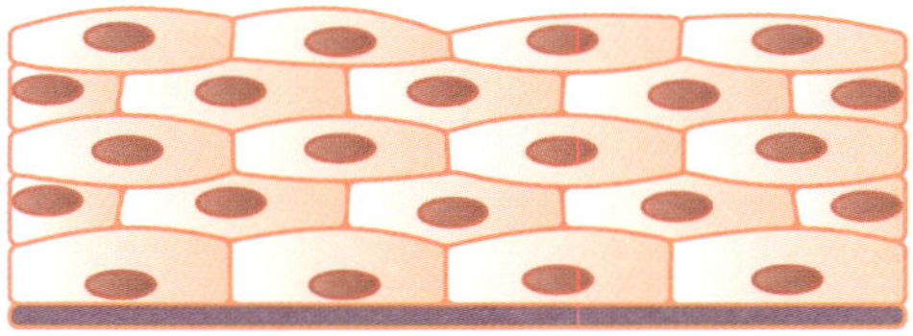

многослойный эпителий

Эпителиальные ткани включают покровный эпителий, который покрывает поверхность тела и выстилает слизистые оболочки, отделяя организм от внешней среды, и железистый эпителий, который образует железы. *Эпителий* — слой клеток, лишенный кровеносных сосудов.

Покровный эпителий в зависимости от количества слоев клеток делят на однослойный и многослойный. *Однослойный эпителий* покрывает серозные оболочки (перикард, брюшина, плевра) и выстилает большинство слизистых оболочек, *многослойный эпителий* покрывает кожу и выстилает некоторые слизистые оболочки (ротовую полость, глотку, пищевод, конъюнктиву глаза, влагалище). ***Железистый эпителий*** образует железы.

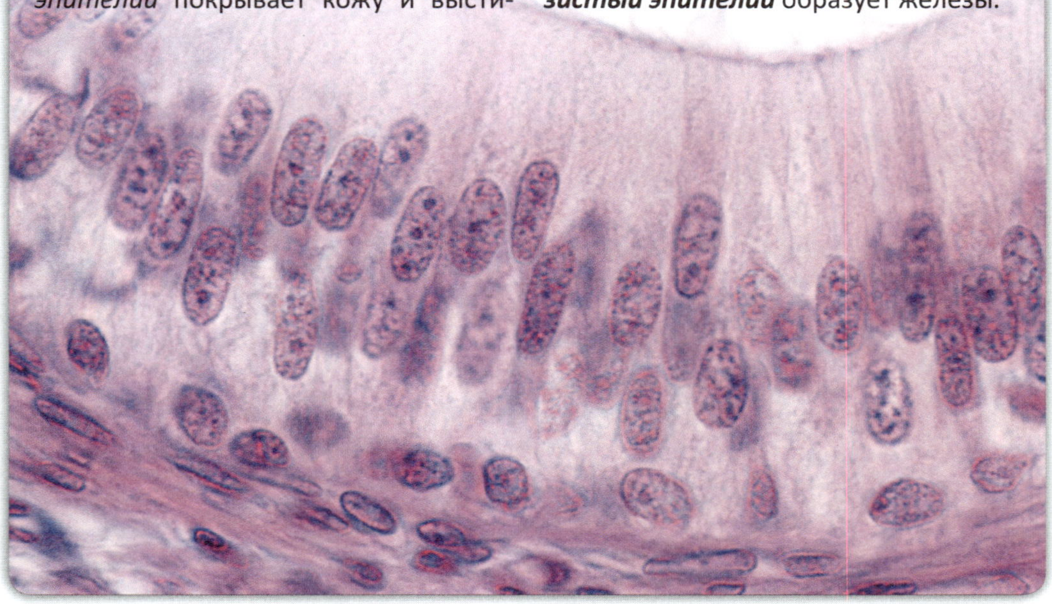

Псевдомногослойный цилиндрический эпителий

Соединительные ткани

Соединительные ткани включают: 1) *собственно соединительные ткани* (рыхлая волокнистая и плотная волокнистая неоформленная и оформленная), 2) *твердые скелетные* (костная, хрящевая), 3) *ткани со специальными свойствами* (пигментная, жировая, ретикулярная), 4) *жидкие* (кровь и лимфа). *Функции* соединительных тканей — опорная (механическая), трофическая (питательная), защитная (иммунная), формирование стромы органов. Соединительные ткани состоят из многочисленных клеток и вырабатываемого ими межклеточного вещества, которое состоит из аморфного вещества и волокон (коллагеновых, эластических, ретикулярных) и имеет разную консистенцию (от твердого в кости до жидкого в крови и лимфе).

Кровь

Состав крови: клетки (45 % объема крови), находящиеся во взвешенном состоянии в жидком межклеточном веществе сложного состава — плазме (55 % объема).

Плазма — жидкая часть крови, состав которой до 91 % воды, 6,5—8 % белков, около 2 % низкомолекулярных соединений; pH плазмы колеблется в пределах от 7,37 до 7,43. *Функции* белков плазмы — транспортная, трофическая, буферная, защитная, участие в свертывании крови, создания коллоидно-осмотического давления.

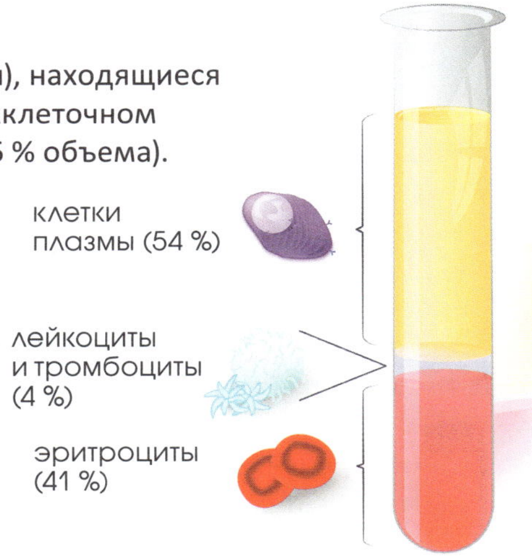

Состав крови

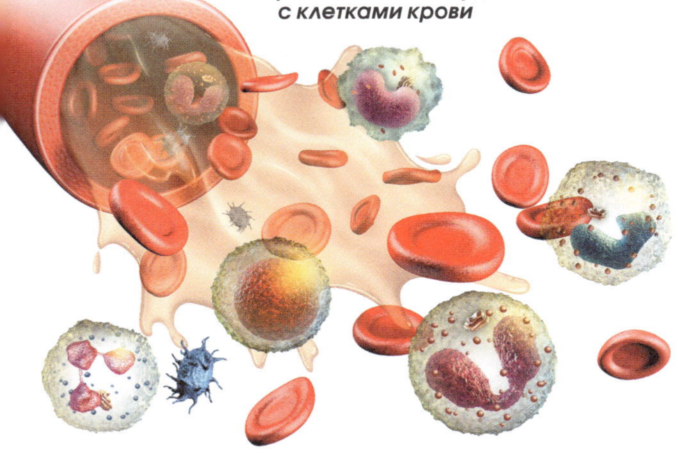

Кровеносный сосуд с клетками крови

Функции крови — транспортная, трофическая, защитная, гемостатическая (кровоостанавливающая), участие в сохранении постоянного состава и свойств внутренней среды организма — гомеостаза (*греч.* homoios — одинаковый, statis — состояние, неподвижность). Общее количество крови у взрослого человека около 4–6 л (у мужчин — около 5,4 л, у женщин — около 4,5 л).

Форменные элементы крови: 1) безъядерные клетки *эритроциты*; 2) *лейкоциты;* 3) кровяные пластинки *тромбоциты*; 4) клетки лимфоидного ряда *лимфоциты* — структурные элементы лимфоидной (иммунной) системы.

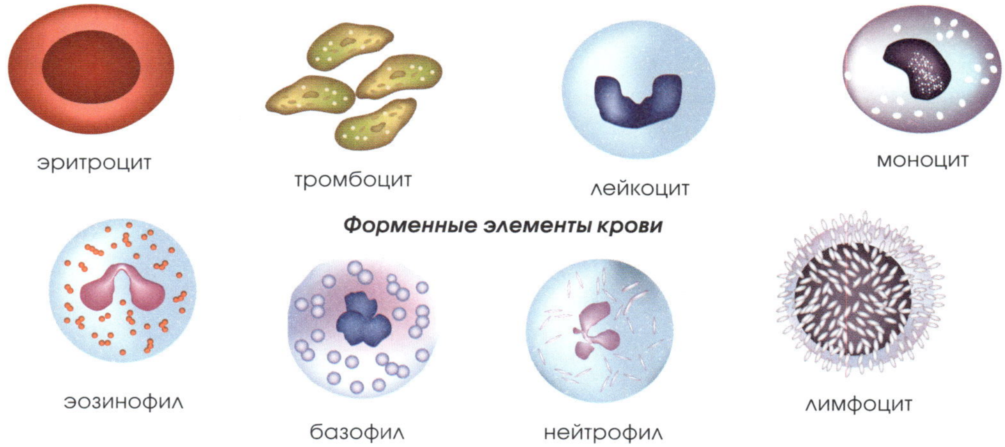

Форменные элементы крови

Лейкоциты (*греч.* leukos — белый) — ядросодержащие клетки с амебоидной подвижностью. Лейкоциты осуществляют свои функции в тканях, проникая туда через межклеточные щели сосудистой стенки. В одном мкл крови здорового человека 4000–8000 лейкоцитов. Лейкоциты делятся на зернистые, или гранулоциты, и незернистые, или агранулоциты (моноциты).

Нейтрофильные (нейтрофилы) относят к зернистым лейкоцитам (гранулоцитам). Период функционирования нейтрофилов в крови не превышает 8–12 ч, после чего они мигрируют в соединительную ткань. *Функции* нейтрофилов — фагоцитоз продуктов распада и микроорганизмов, уничтожение внедрившихся в организм «агрессоров», погибая при этом. Из нейтрофилов освобождаются ферменты, которые разрушают ткани, способствуя формированию гнойника. Состав гноя обычно включает разрушенные нейтрофилы и продукты распада ткани. При острых воспалительных и инфекционных заболеваниях количество нейтрофилов резко возрастает.

Эозинофилы. Большое количество эозинофилов в слизистой оболочке кишечника и дыхательных путей. Циркулируют они в крови не более восьми дней, после чего через мелкие венулы покидают кровеносное русло и проникают в рыхлую соединительную ткань. *Функция* эозинофилов — участие в иммунных процессах, осуществление фагоцитоза. При паразитарных заболеваниях, аллергических и аутоиммунных процессах количество эозинофилов в циркулирующей крови увеличивается (эозинофилия).

Базофилы содержат биологически активные вещества *гистамин* и *гепарин*. *Функции* базофилов — фагоцитоз и участие в аллергических реакциях.

Моноциты составляют от 3 до 11 % функционирующих лейкоцитов крови. *Функция* моноцитов — защита организма.

Лимфоциты — клетки сферической формы, отличающиеся друг от друга размерами. Циркулируют они в основном в лимфе. Лимфоциты бывают двух категорий: тимус-зависимые (Т-лимфоциты), которые осуществляют главным образом клеточный иммунитет, и бурсозависимые (В-лимфоциты) — гуморальный иммунитет. *Функция* лимфоцитов — структурные элементы иммунной системы.

Тромбоциты, или ***кровяные пластинки***. В 1 мкл крови их количество достигает 250 – 350 тыс. Период циркуляции тромбоцитов в крови не превышает семи дней, затем они попадают в легкие и селезенку, где и разрушаются. *Функции* тромбоцитов — восстановительные процессы, участие в свертывании крови, остановка кровотечений, защитная функция (способность фагоцитировать вирусы, иммунные комплексы и неорганические частички).

Группы крови

Эритроциты (*греч.* erythros — красный), или красные кровяные тельца, — единственная клетка человека без ядра, в виде двояковогнутых дисков. Эритроцит заполнен гемоглобином, функция которого — перенос кислорода и углекислого газа. Эритроциты функционируют только в просвете сосудов. Продолжительность функционирования каждого эритроцита около 120 дней, потом он разрушается и поглощается макрофагоцитами печени, селезенки, костного мозга.

Эритроцит покрыт цитолеммой, в которую встроены антигены групп крови и резус. *Антиген* — любое вещество (обычно в его состав входит белок), способное вызвать иммунную реакцию. *Иммунная реакция* — ответ организма на внедрение чужого агента. В плазме крови любого человека есть антитела против антигенов эритроцитов, не содержащиеся в его собственной крови. *Антитело* — молекула белка, которая вырабатывается одной из клеток иммунной системы в ответ на внедрение антигена. При смешивании плазмы крови одного человека и эритроцитов другого часто происходит их *склеивание (агглютинация)*, что приводит к закупориванию мелких сосудов и даже к смертельному исходу.

ЛЮБОПЫТНО! Каждую секунду в человеческом теле погибает 8 млн красных кровяных телец.

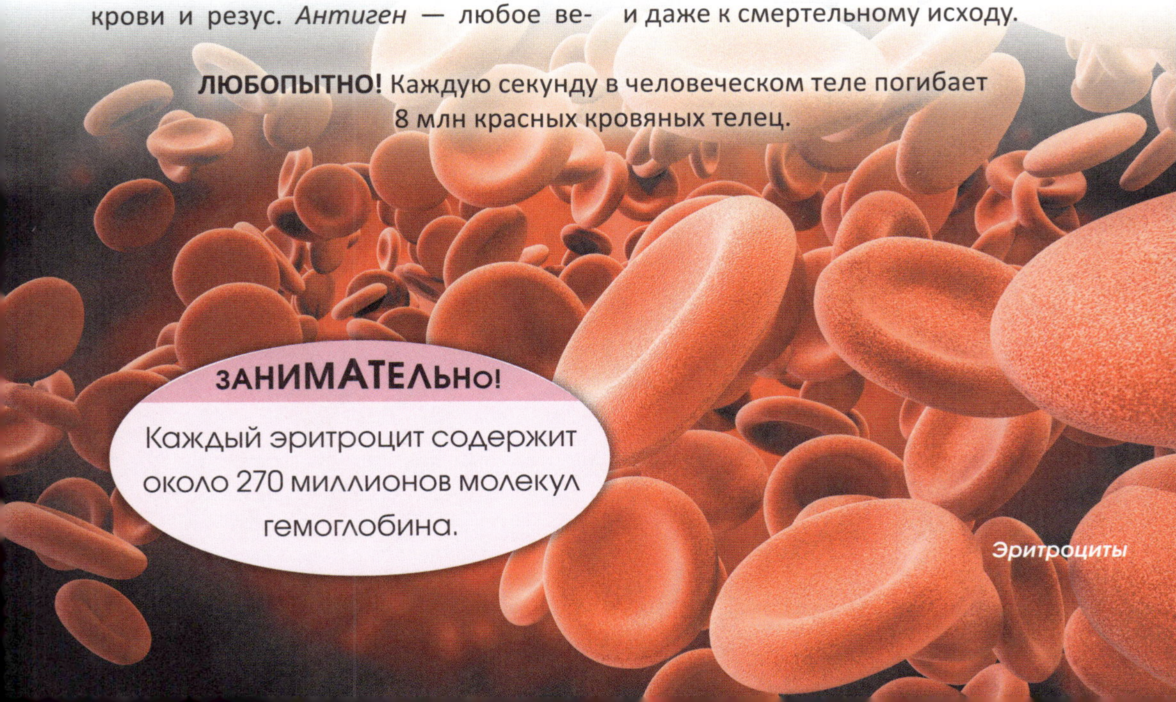

ЗАНИМАТЕЛЬНО!
Каждый эритроцит содержит около 270 миллионов молекул гемоглобина.

Эритроциты

Тело человека и его строение
Клетка
Ткани
Опорно-двигательный аппарат
Внутренние органы
Нервная система
Органы чувств
Сердечно-сосудистая система
Лимфоидная система
Эндокринные железы
Мочеполовой аппарат

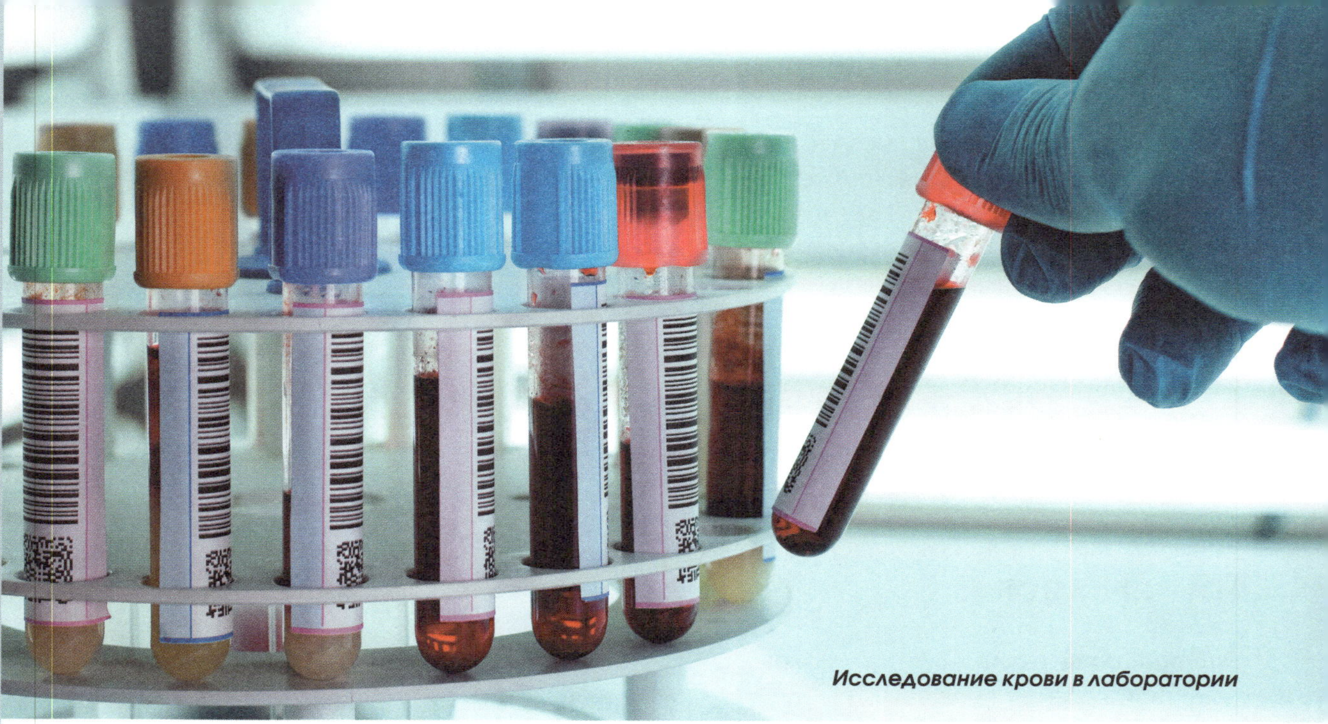

Исследование крови в лаборатории

Существуют четыре группы крови. В сыворотке крови группы О содержатся групповые антитела анти-А и анти-В; в сыворотке группы А имеются только антитела анти-В, в сыворотке группы В — антитела анти-А, а в сыворотке АВ групповые антитела отсутствуют. Известен еще один фактор крови — *резус* (Rh-фактор). У 85 % людей эритроциты несут на своей поверхности Rh-антиген — это люди *Rh-положительные (Rh+)*, у 15 % людей Rh-антиген отсутствует — это люди *резус-отрицательные (Rh-)*.

Таблица 1

Группы крови человека

Группа крови	O (1)	A (II)	B (III)	AB (IV)
Частота в популяции	46%	42%	9%	3%
Антигены	—	A	B	A+B
Антитела	a+b	b	a	—

Таблица 2

Группы крови родителей и детей

Мать	Отец			
	I	II	III	IV
I	I	I, II	I, III	II, III
II	I, II	II	I, II, III, IV	II, IV
III	I, III	I, II, III, IV	III	III, IV
IV	II, III	II, IV	III, IV	II. III, IV

Рыхлая волокнистая соединительная ткань

Рыхлая волокнистая соединительная ткань (РВСТ) находится главным образом по ходу кровеносных и лимфатических сосудов, нервов, образует строму (*греч.* stroma — подстилка) — каркас органов, собственную пластинку слизистой оболочки, наружную оболочку внутренних органов, покрывает мышцу. РВСТ включает огромное количество клеток, которые залегают в межклеточном веществе с коллагеновыми, эластическими, ретикулярными волокнами.

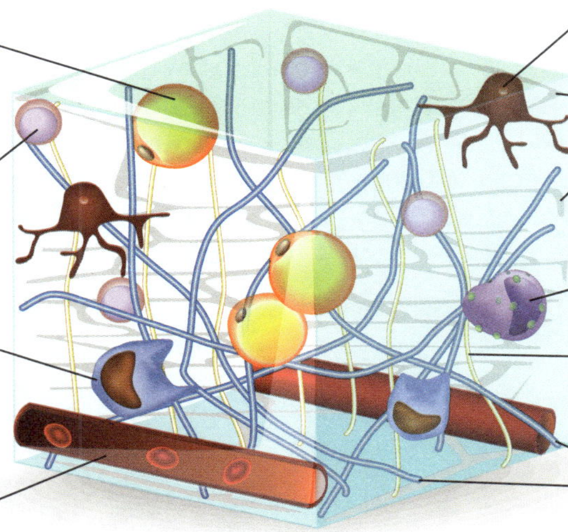

Соединительная ткань

Плотная волокнистая соединительная ткань

Плотная волокнистая соединительная ткань (ПВСТ) обладает мощным развитием волокнистых структур межклеточного вещества, которое имеет в основном веществе упорядоченное направление (оформленная ткань) или переплетающиеся в разных направлениях (неоформленная ткань). Главные элементы ПВСТ — пучки коллагеновых или эластических волокон, тесно прилежащие друг к другу, между которыми находятся многочисленные фиброциты. ПВСТ (оформленная ткань) формирует сухожилия, связки, фасции, пластины, голосовые связки, желтые связки позвоночника, входит в состав стенок некоторых артерий. *Функция* ПВСТ — опорная.

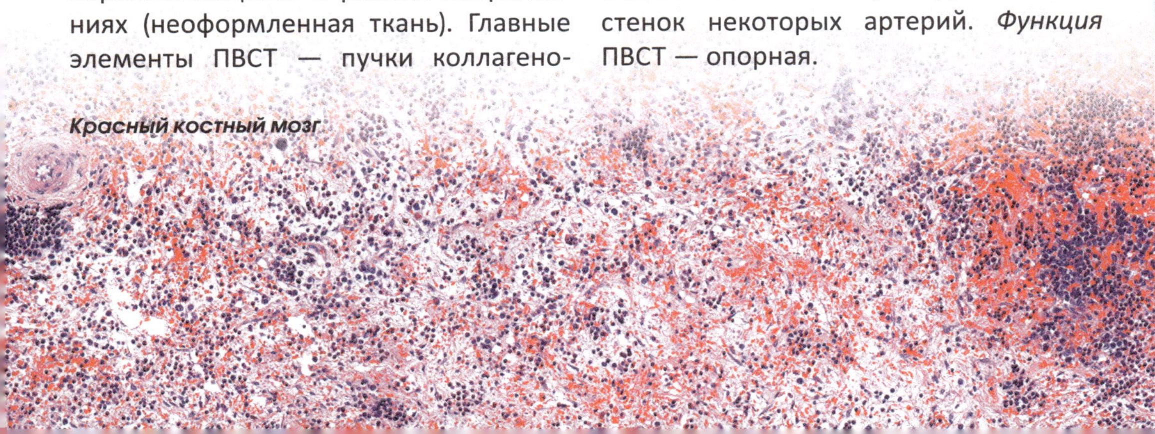

Красный костный мозг

Ткани со специальными свойствами

Ткани со специальными свойствами имеют особое строение, характеризуются специфической функцией (жировая, ретикулярная, пигментная) и находятся только в определенных органах и участках тела.

Жировая ткань бывает двух типов: белая и бурая. У человека количество *бурой жировой ткани* небольшое, она расположена в основном в подмышечной ямке, в области шеи, под кожей спины и боковых поверхностей туловища, а также имеется у новорожденного ребенка. Множество кровеносных капилляров в ткани и митохондрий в клетках определяют бурый цвет. *Функция* бурой жировой ткани — теплопродукция, поддержание температуры у новорожденных детей. *Белая жировая ткань* человека является главным образом резервной (подкожная жировая клетчатка, сальники и т.д.). *Функция* белой жировой ткани — запас жира как необходимого источника энергии.

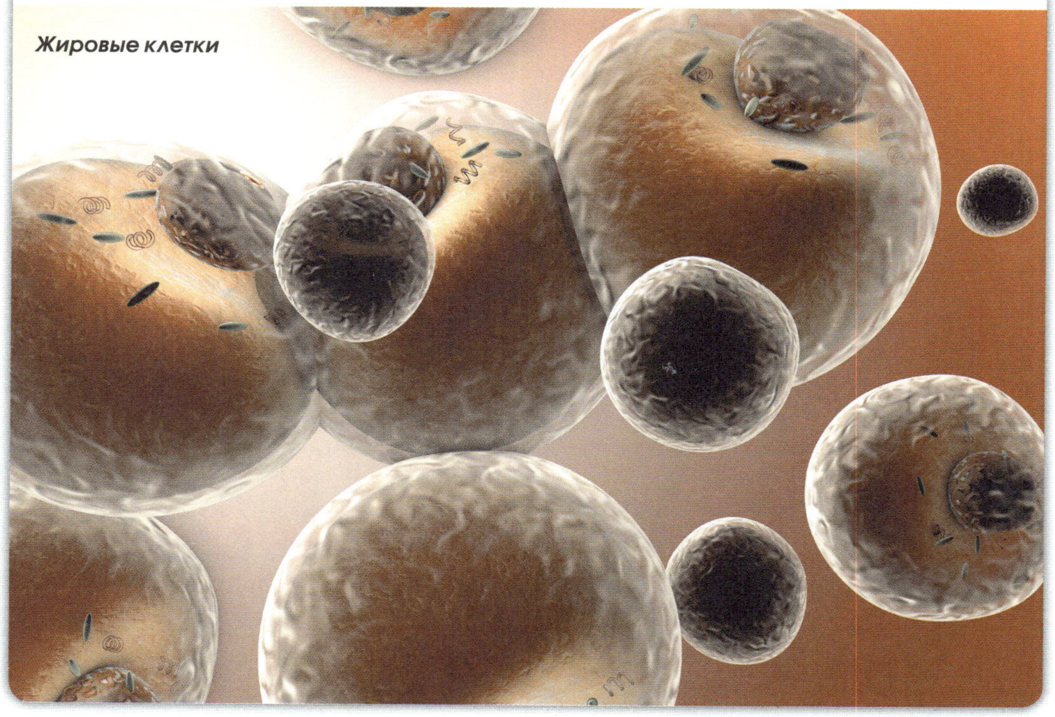

Жировые клетки

Абсцесс — это отграниченное скопление гноя в различных тканях и органах. Он развивается вследствие попадания в организм стафилококка, стрептококка и других микроорганизмов. В клинической практике абсцессы наиболее часто возникают в подкожной жировой клетчатке и мышечной ткани. Развитию абсцесса способствуют открытые повреждения, гематомы, инородные тела, инъекции, пункции и другие медицинские манипуляции, различные гнойные процессы.

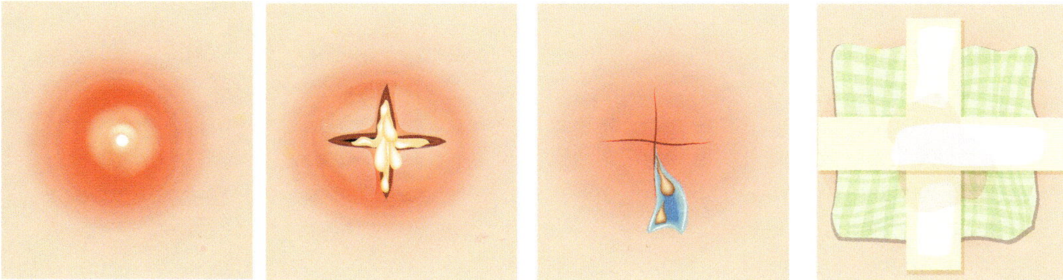

Абсцесс: возникновение, формирование, вскрытие, заживление

На месте внедрения инфекции возникает воспаление, некроз тканей с последующим гнойным расплавлением и образованием гнойной полости, вокруг которой начинают формироваться капсула на границе со здоровой тканью. Капсула является своеобразным биологическим барьером на пути распространения инфекции.

Абсцесс характеризуется покраснением, высокой температурой, болью, отеком и рядом других проявлений. Местные симптомы зависят прежде всего от локализации абсцесса. В редких случаях абсцессы излечиваются сами по себе, поэтому при первом подозрении на такое образование необходима своевременная медицинская помощь.

Опорные соединительные ткани

К опорным относятся хрящевая и костная ткани.

Хрящевая ткань состоит из хрящевых клеток и основного гелеобразного хрящевого межклеточного вещества с коллагеновыми волокнами. Хрящевые клетки находятся в полостях и окружены межклеточным веществом. Хрящевая ткань содержит 70–80 % воды, 10–15 % органических веществ и 4—7 % неорганических веществ. Выделяют три типа хрящевой ткани.

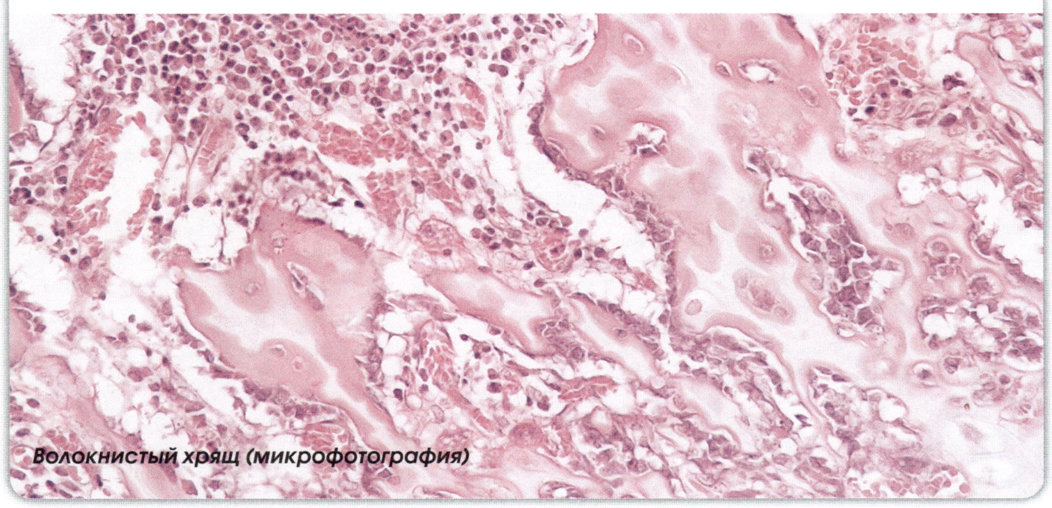

Волокнистый хрящ (микрофотография)

Гиалиновый хрящ гладкий, голубовато-белого цвета. Он является основой для построения реберных, суставных, эпифизарных хрящей и некоторых хрящей гортани. Гиалиновый хрящ окостеневает с возрастом.

Волокнистый хрящ имеет большую прочность за счет хрящевого вещества, в котором огромное количество коллагеновых волокон. Он является основой для построения суставных дисков и менисков, фиброзных колец межпозвоночных дисков. Волокнистый хрящ покрывает суставные поверхности височно-нижнечелюстного и грудино-ключичного суставов.

Эластический хрящ очень упругий, менее прозрачный, желтоватого цвета, содержит в основном веществе большое количество сложно переплетающихся эластических волокон. Он является основой для построения надгортанника, голосовых отростков черпаловидных хрящей гортани, хрящевой части слуховой трубы и наружного слухового прохода, хряща ушной раковины. Эластический хрящ не окостеневает с возрастом.

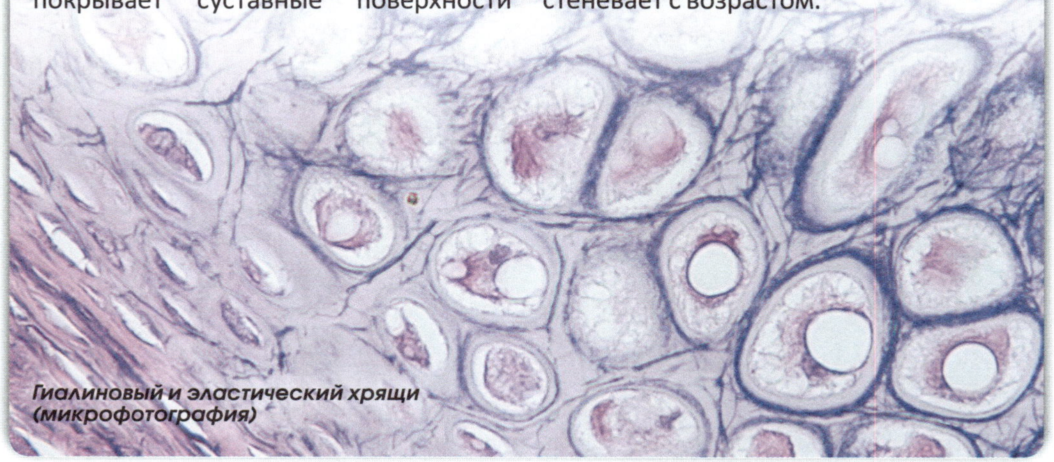

Гиалиновый и эластический хрящи (микрофотография)

Костные клетки

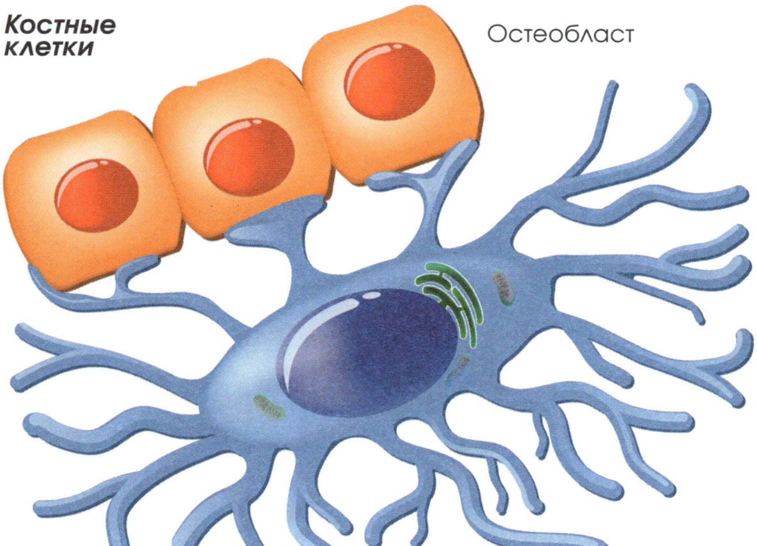

Костная ткань, подобно хрящевой, состоит из клеток (остеоцитов и остеобластов) и межклеточного вещества, но отличается особой прочностью. Костная ткань содержит костные клетки, как бы «забетонированные» в костном основном веществе, которое состоит из коллагеновых волокон и насыщено солями кальция. Костная ткань содержит до 50 % воды, а в сухом остатке — около 33 % органических и 67 % неорганических веществ.

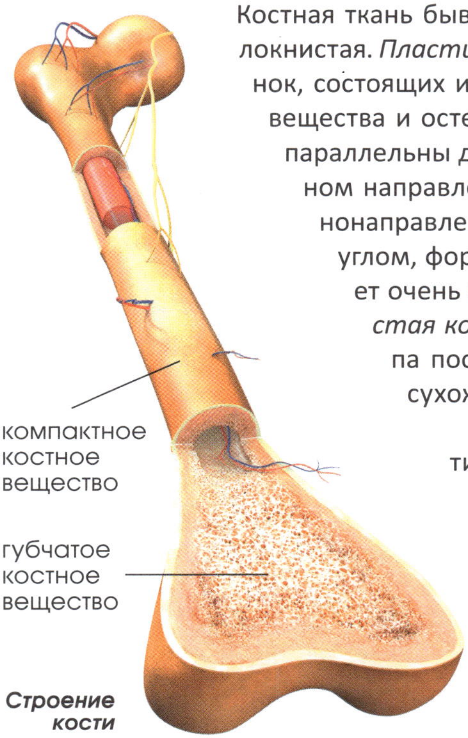

Строение кости

Костная ткань бывает двух видов: пластинчатая и грубоволокнистая. *Пластинчатая кость* состоит из костных пластинок, состоящих из тонковолокнистого костного основного вещества и остеоцитов. Образующие пластинку волокна параллельны друг другу и ориентированы в определенном направлении, а волокна соседних пластинок разнонаправлены, перекрещиваются почти под прямым углом, формируют сводчатые арки, что обеспечивает очень большую прочность кости. *Грубоволокнистая костная ткань* располагается в швах черепа после их зарастания, в зонах прикрепления сухожилий к костям.

Различное расположение костных пластинок можно рассмотреть на плотном (компактном) и губчатом костном веществе (трабекулярная кость). *Компактное вещество* состоит из костных пластинок в определенном порядке, образуя сложные системы — остеоны — 5–20 цилиндрических пластинок, вставленных одна в другую. ***Остеон — структурная единица любой кости.***

Губчатое костное вещество — костные пластинки и перекладины (трабекулы), которые перекрещиваются между собой, образуя множество ячеек. Направление костных трабекул совпадает с кривыми сжатия и растяжения, в результате формируются конструкции сводчатых арок. Подобное расположение костных трабекул под углом друг к другу создает условия для равномерной передачи давления или тяги мышцы на кость.

Губчатое костное вещество

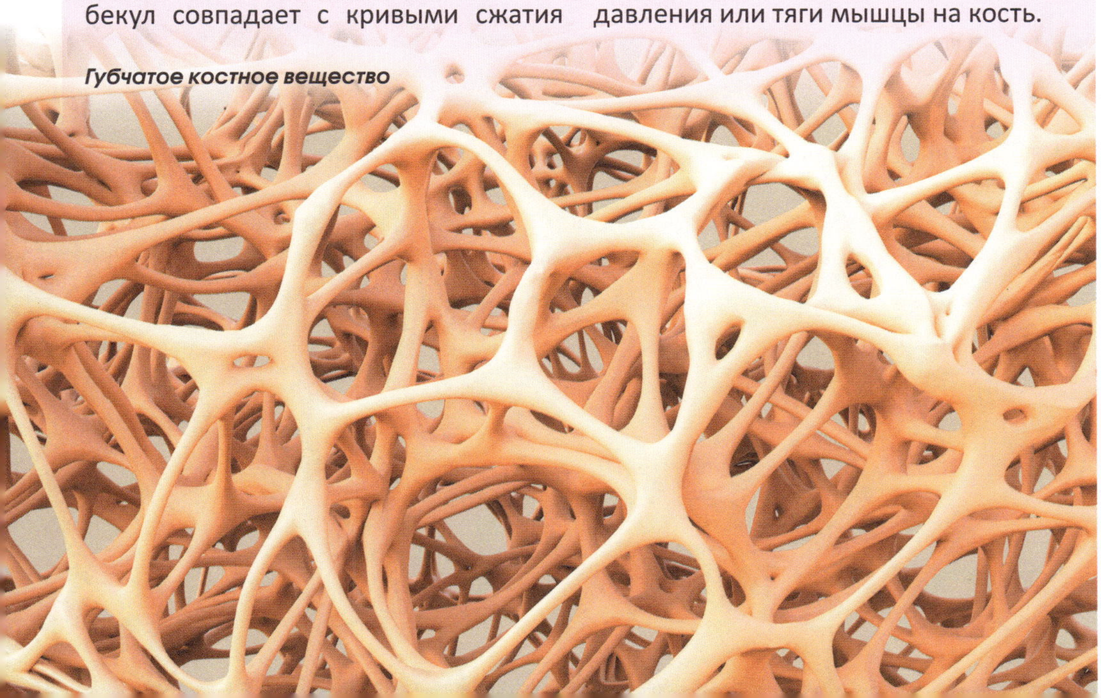

Мышечные ткани

Мышечные ткани обладают способностью сокращаться и выполняют функцию движения. Различают два типа мышечной ткани: поперечнополосатая исчерченная (скелетная и сердечная) и гладкая неисчерченная.

Гладкая мышечная ткань образована веретенообразными клетками — миоцитами, находящимися в стенках кровеносных и лимфатических сосудов, полых внутренних органов. *Иннервация* гладкой мышечной ткани: вегетативная нервная система, сокращение происходит непроизвольно.

Поперечнополосатая скелетная мышечная ткань сформирована цилиндрическими волокнами. Больше половины объема волокна занимают цилиндрические миофибриллы (сократительные мышечные органеллы), между которыми находится множество митохондрий, снабжающих энергией, нужной для мышечного сокращения. Волокна имеют поперечную исчерченность: темные полосы чередуются со светлыми. *Иннервация* скелетных мышц — спинномозговые и черепные нервы. Каждое мышечное волокно иннервируется одним двигательным аксоном (отростком нервной клетки) или его ветвью.

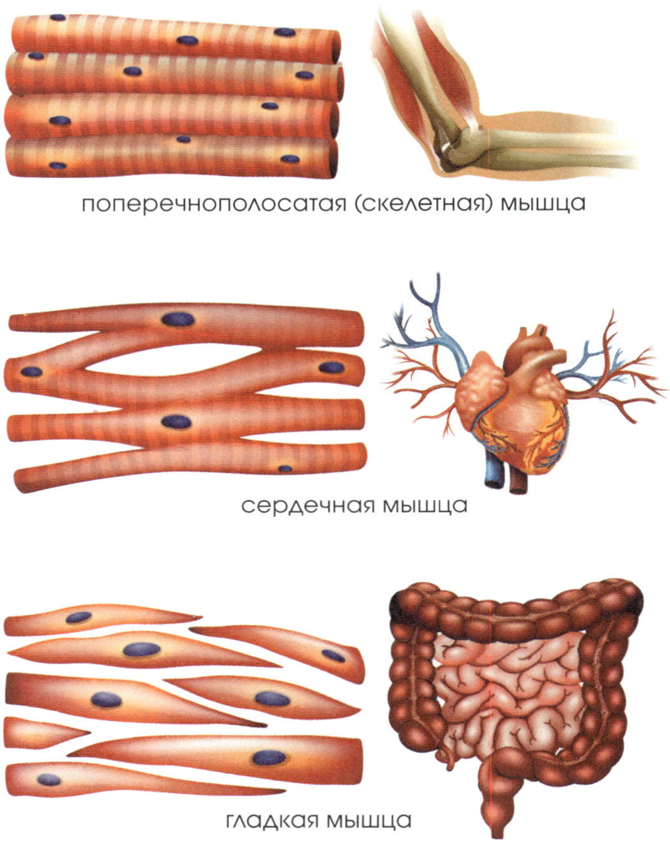

Мышечная ткань

Поперечнополосатая сердечная мышечная ткань состоит из сердечных миоцитов, которые образуют соединяющиеся друг с другом комплексы.

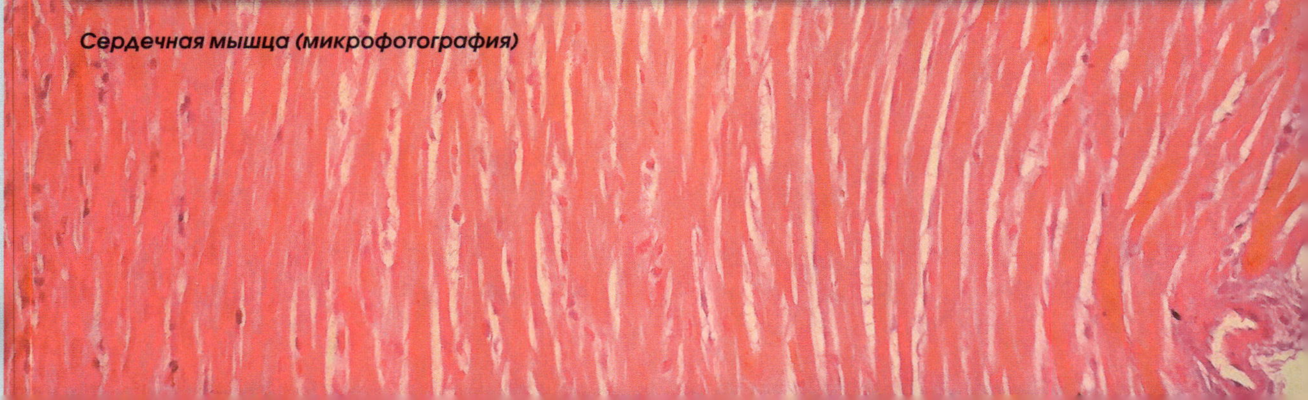

Сердечная мышца (микрофотография)

Нервная ткань

Нервная ткань образует центральную нервную систему (головной и спинной мозг) и периферическую нервную систему (нервы с их концевыми приборами, нервные узлы). Нейроны и нейроглия составляют *нервную ткань*.

Нейрон с отходящими от него отростками — структурно-функциональная единица и основная клетка нервной системы. Нейроны в большинстве своем — одноядерные клетки.

Передача информации (даже на дальние расстояния) нейроном происходит с помощью отростков. Нервный импульс приносится к телу нейрона одним или несколькими отростками — *дендритом* или *дендритами. Аксон* — единственный отросток, по которому нервный импульс направляется от клетки. Нервная клетка *динамически поляризована*: способна пропускать импульс только в одном направлении (от дендрита к телу клетки), в клетке информация обрабатывается, и далее импульс направляется к аксону.

Функция нейрона — получение, переработка, проведение и передача информации, закодированной в виде электрических или химических сигналов.

ЗАНИМАТЕЛЬНО!

Нервная система человека включает около 10 миллиардов нейронов и примерно в семь раз больше клеток обслуживающих — опорных и питающих. Из них только 1 % нервных клеток занят «самостоятельной работой» — принимает ощущения из внешней среды и командует мышцами.

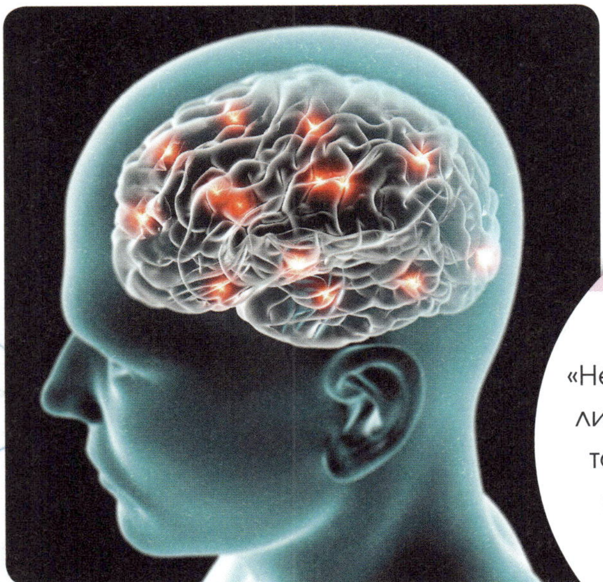

Нейрон

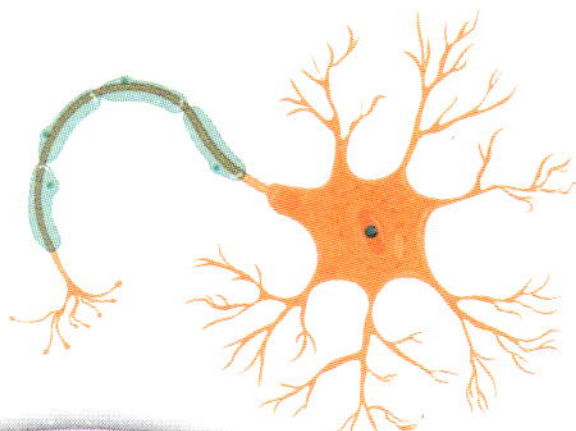

ЛЮБОПЫТНО!

Все мы знаем выражение «Нервные клетки не восстанавливаются». Это действительно так: примерно с тридцатого года жизни ежедневно мы теряем до 50 000 нервных клеток, а новых создается всего 50.

ЛЮБОПЫТНО!

За одну секунду в головном мозге человека происходит около 100000 химических реакций.

Синапсы

Синапсы (*греч.* synapsys — связь) — множества межклеточных контактов, передающих нервный импульс от одного нейрона к другому. Нейроны с помощью синапсов передают возбуждение от точки восприятия раздражения в центральную нервную систему и затем к рабочему органу. В каждый нейрон поступает огромное количество нервных импульсов от множества других нервных клеток, все эти импульсы интегрируются (объединяются) в теле нейрона.

В синапсах осуществляется преобразование электротонических сигналов в химические и наоборот — химических в электротонические. *Химические синапсы* осуществляют передачу с помощью биологически активных веществ. Вещества, осуществляющие передачу, — *нейромедитаторы* (*лат.* mediator — посредник): норадреналин, серотонин, ацетилхолин, дофамин и др.

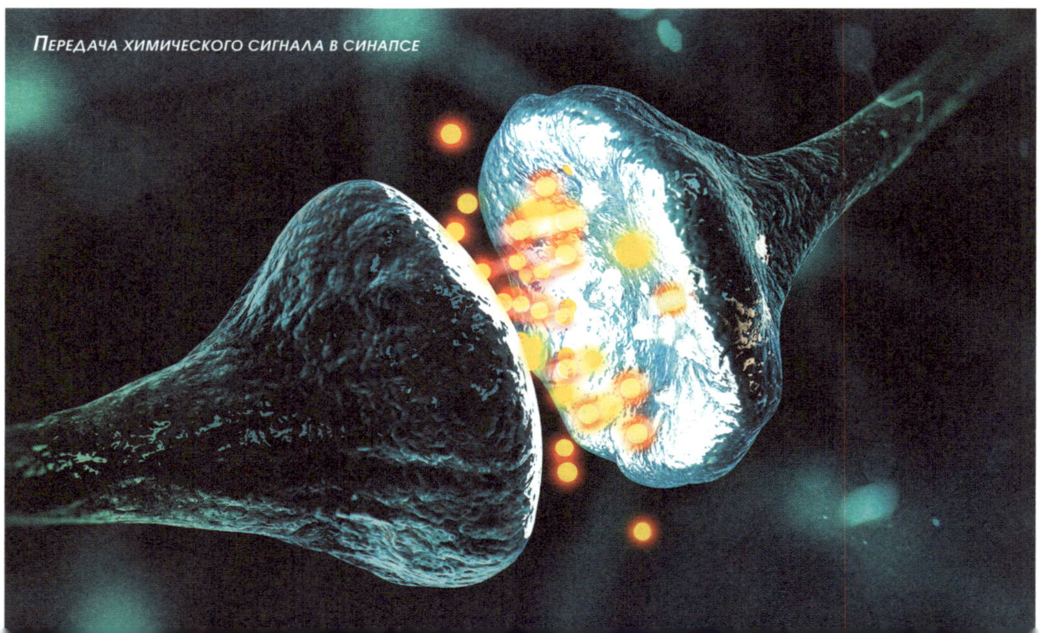
Передача химического сигнала в синапсе

Типы нейронов нервной системы

Типы нейронов в зависимости от функции:

I. *Афферентные, рецепторные,* или *чувствительные, нейроны* (*лат.* afferens — приносящий), имеют два типа отростков — аксон и дендрит. В головной или спинной мозг направляется *аксон* (он единственный). На периферию направляется *дендрит,* где заканчивается чувствительными окончаниями — рецепторами. Именно ***рецепторы воспринимают внешнее раздражение и трансформируют его энергию в энергию нервного импульса.***

Рецепторы в зависимости от локализации: *экстерорецепторы* воспринимают раздражения внешней среды (расположение — слизистые оболочки, кожа, органы чувств); *интерорецепторы* получают раздражение при изменениях химического состава внутренней среды и давления (расположение — ткани, органы, сосуды); *проприорецепторы* (местоположение — фасции, связки, сухожилия, мышцы, суставные капсулы, надкостница).

II. *Эфферентные, эффекторные, секреторные,* или *двигательные, нейроны* (*лат.* efferens — выносящий). Тела эфферентных нейронов находятся в центральной нервной системе или в вегетативных узлах, их аксоны идут к рабочим (исполнительным) органам. Рабочие органы бывают двух видов: анимальные — поперечнополосатые (скелетные) мышцы и вегетативные — гладкие мышцы и железы. Рабочим органам соответствуют нервные окончания аксонов эфферентных нейронов двух типов: двигательные и секреторные.

III. *Вставочные нейроны* осуществляют передачу возбуждения от афферентных нейронов к эфферентным нейронам.

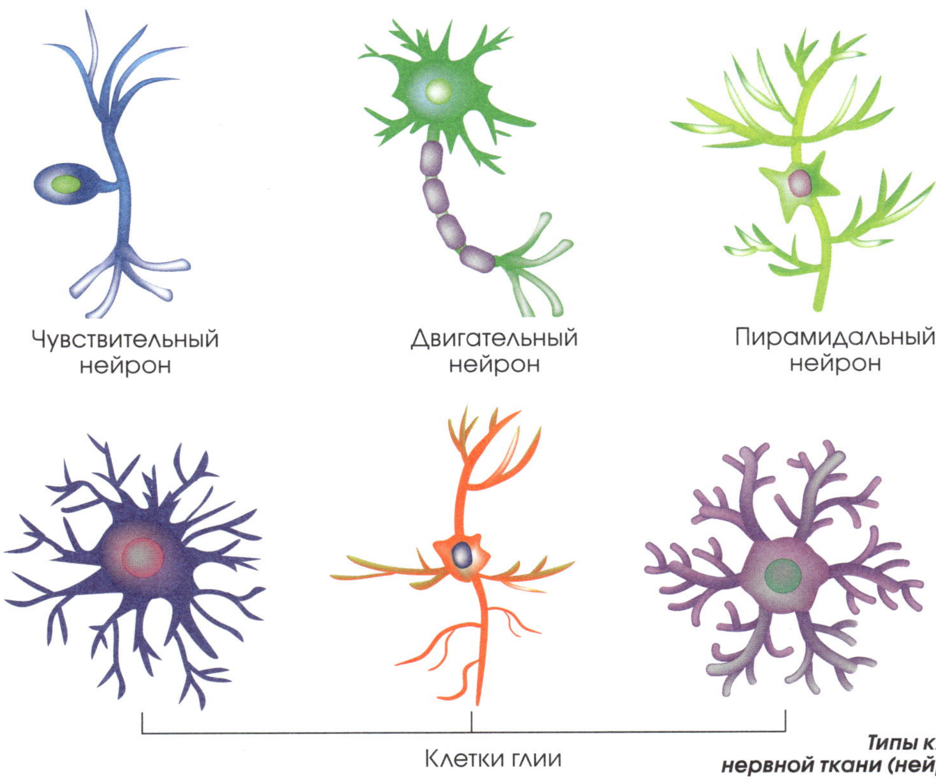

Типы клеткок нервной ткани (нейронов)

В головном мозге человека среднее количество нейронов — 86 миллиардов, в спинном мозге — 13,5 миллионов нейронов. Получается, что количество нервных клеток в теле человека превышает количество людей на Земле и, по некоторым научным данным, превосходит численность звезд галактики Млечный путь, т.е. количество нейронных связей в мозге одного человека

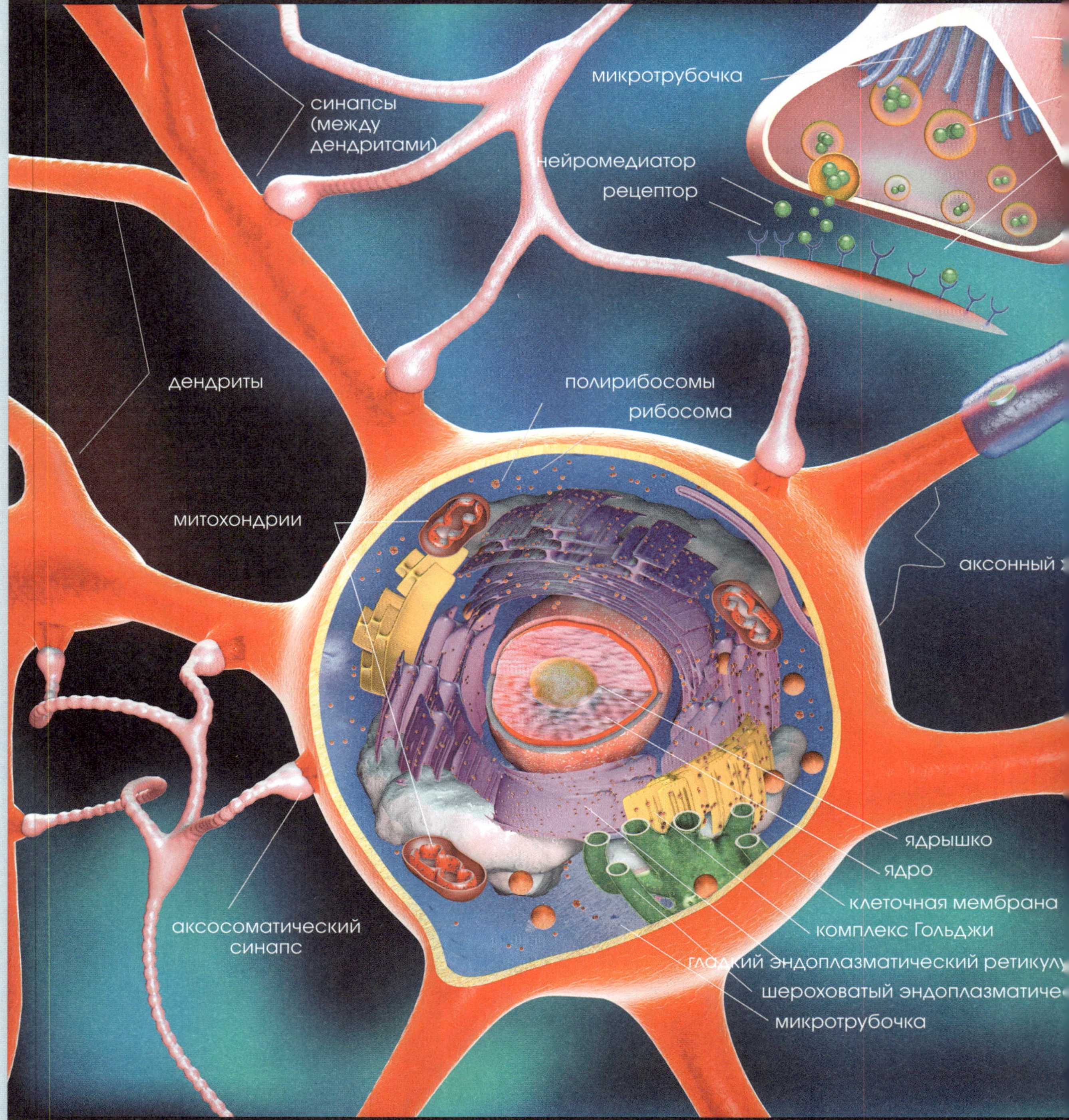

больше, чем звезд в галактике. Один нейрон способен образовать с другими нейронами до 20 000 связей, а вариантов подобных связей больше, чем число частиц во всей Вселенной.

Нейроны спинного мозга — самые длинные клетки в организме человека и могут достигать полтора метра в длину.

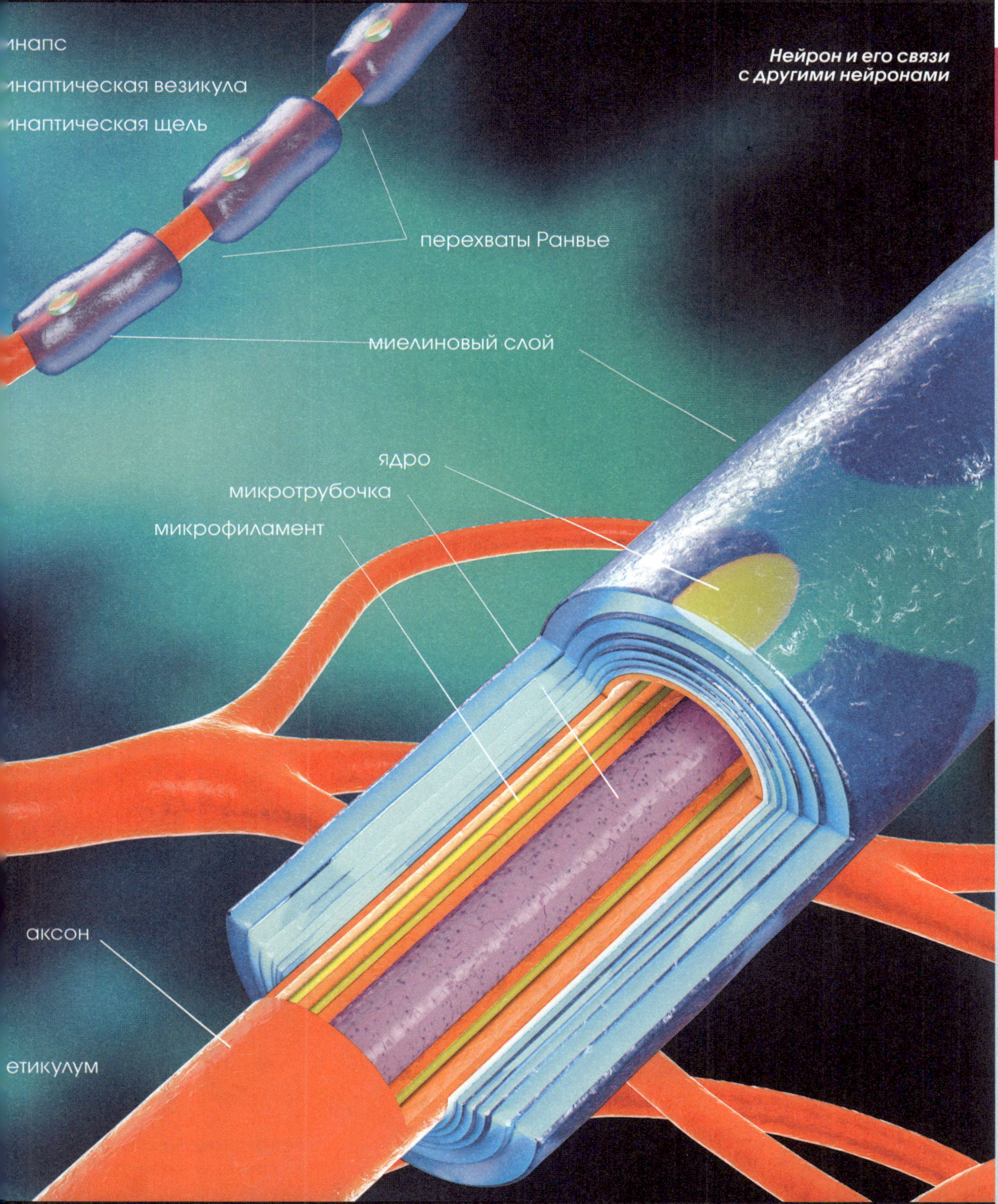

Нейрон и его связи с другими нейронами

ОПОРНО-ДВИГАТЕЛЬНЫЙ АППАРАТ

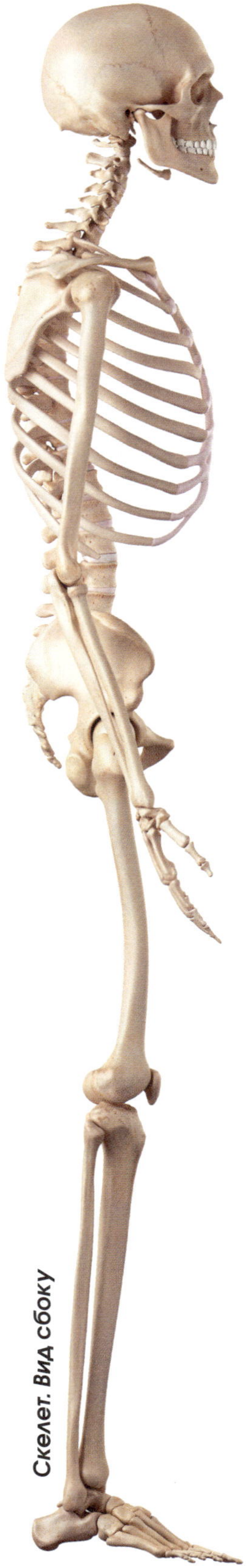

Скелет. Вид сбоку

Пассивная часть. Скелет

Скелет (*греч.* skeleton — высохший, высушенный), имеющий двустороннюю симметрию и сегментарное строение, обусловливает форму тела. В составе скелета более 200 костей, но существуют многочисленные индивидуальные вариации числа костей. Общая масса скелета — от 1/7 до 1/5 массы тела человека. Скелет — место для органов с возможностью полной защиты их от внешних воздействий: в полости черепа находится головной мозг, в грудной клетке — сердце и крупные сосуды, легкие, пищевод и др., в позвоночном канале — спинной мозг, в полости таза — органы мочеполового аппарата. *Функции* скелета — формообразующая, опорная, локомоторная, защитная, преодоление силы тяжести. Скелет делится на осевой и добавочный. *Осевой скелет* — позвоночный столб (26 костей), череп (23 кости), грудная клетка (25 костей); *добавочный скелет* — кости верхних (64) и нижних (62) конечностей. *Кости скелета* — рычаги, которые приводятся в движение мышцами, в результате чего части тела меняют положение по отношению друг к другу и передвигают скелет в пространстве. Связки, мышцы, сухожилия, фасции прикрепляются к костям. *Функции* костей — участие в минеральном обмене, депо кальция, фосфора, витаминов A, D, C и др.

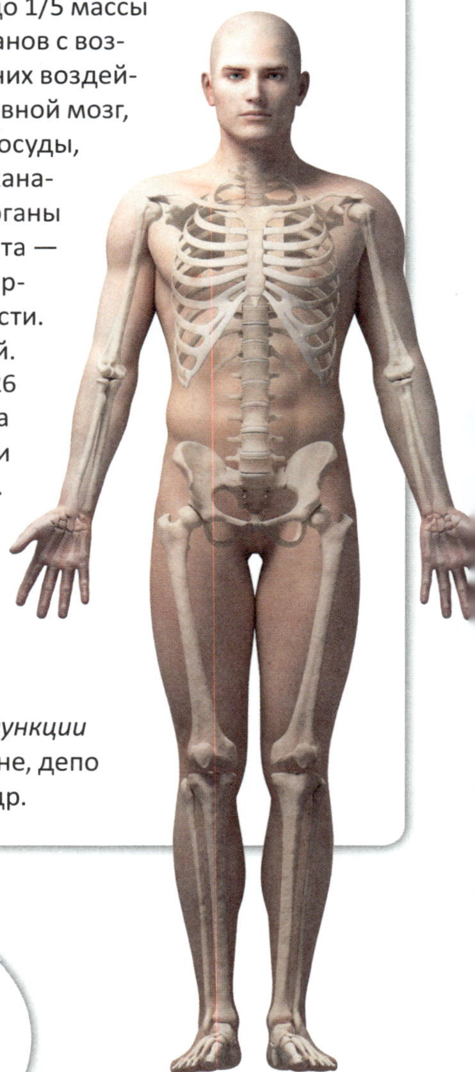

Расположение скелета в теле человека

ЛЮБОПЫТНО!

Некоторые части скелета носят названия предметов хозяйственного обихода: таз, лопатка, молоточек, наковальня, стремечко.

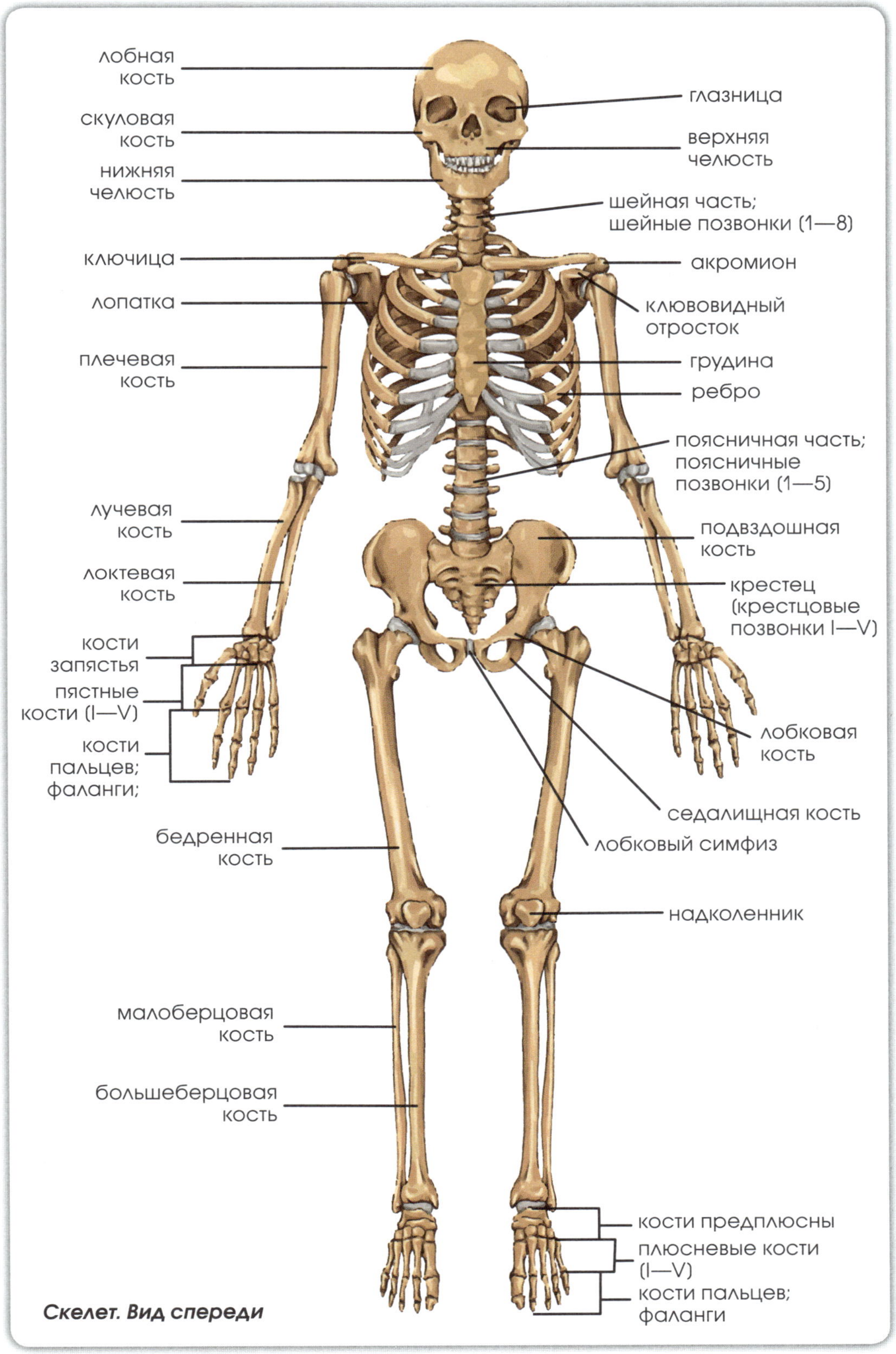

Скелет. Вид спереди

Скелет. Вид сзади

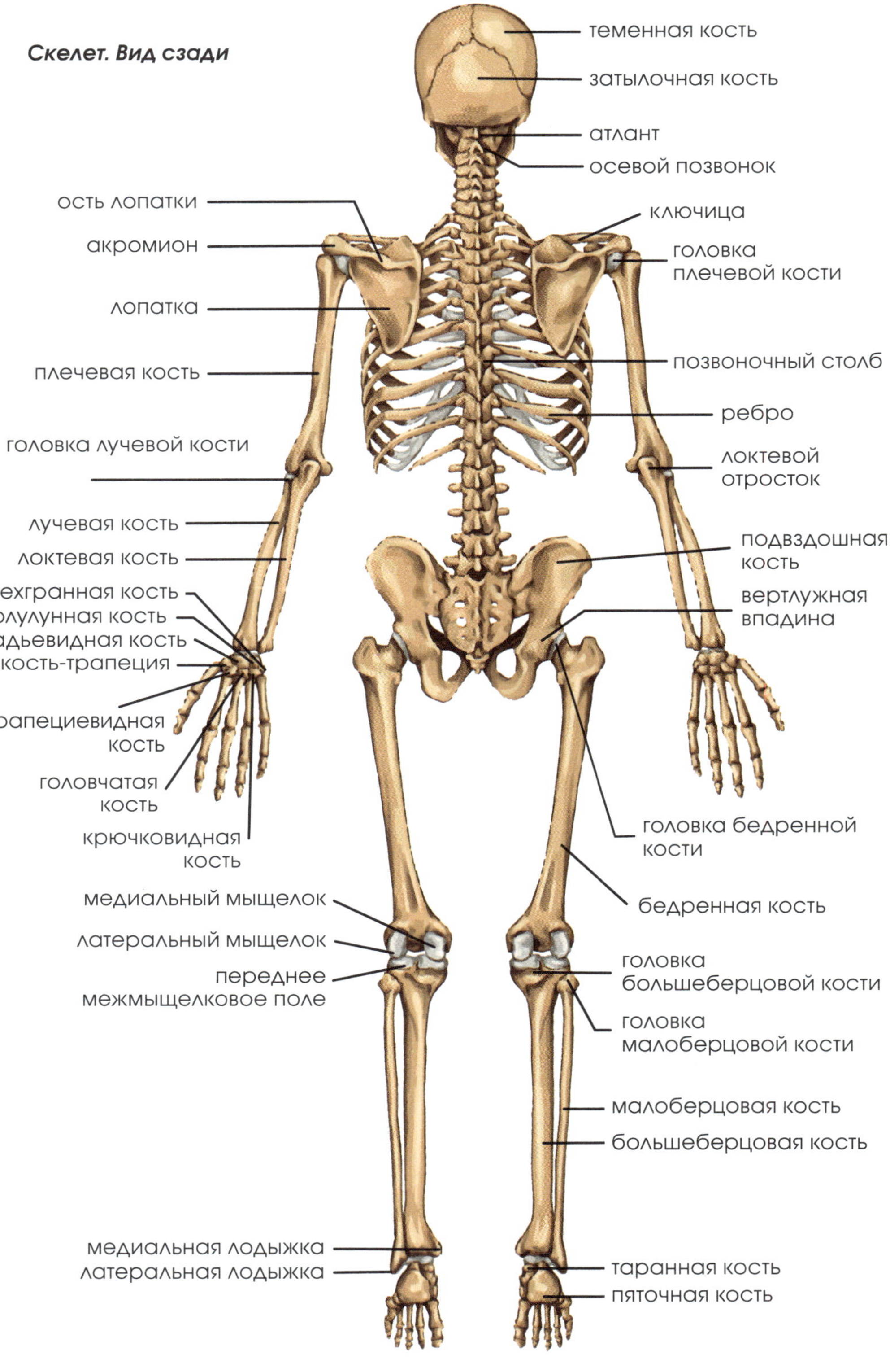

Кость состоит из костной ткани. Кость снаружи покрыта *надкостницей,* прочно сращенной с костью. Рост и прочность костей определяются степенью интенсивности деятельности прикрепляющихся к ним мышц.

Разновидности костей — *трубчатые* (плечевая, бедренная, пястные, плюсневые и др.), *воздухоносные* (лобная, клиновидная, верхняя челюсть и др.), *плоские* (кости крыши черепа, грудина и др.), *губчатые* (тела позвонков, кости запястья и др.), *смешанные* (кости основания черепа, позвонки и др.). При большом разнообразии костей их форма и выполняемая функция взаимосвязаны и взаимообусловлены.

Важная особенность строения костной системы: ***губчатое вещество обеспечивает прочность костной системы при незначительном объеме и сохранении ее легкости.***

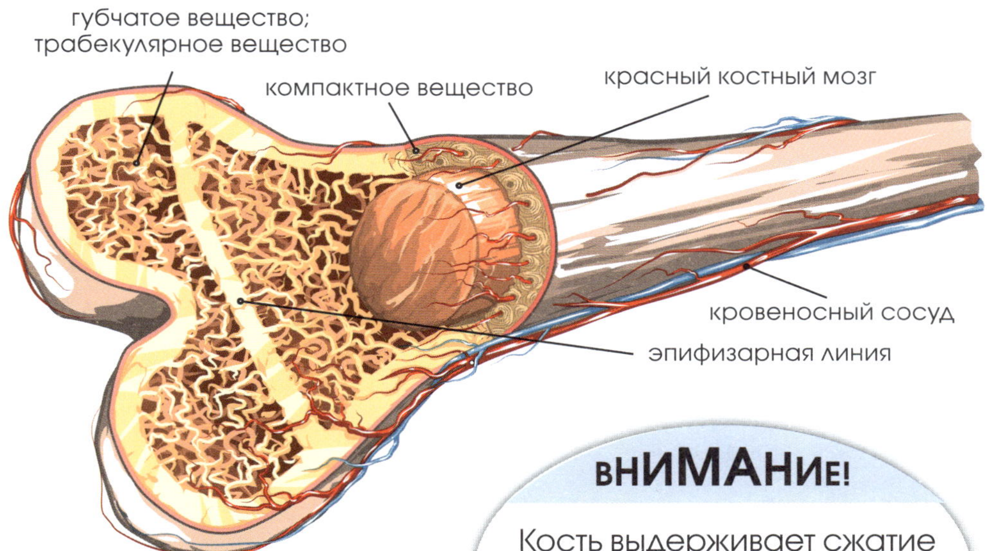

Строение кости

ВНИМАНИЕ!

Кость выдерживает сжатие 10 кг/мм^2 подобно чугуну; предел прочности ребер на излом — 110 кг/см^2.

Коралловые образования южной части Тихого океана

Структура кости человека и содержание минералов почти совпадает с некоторыми видами кораллов южной части Тихого океана.

Тело человека и его строение
Клетка
Ткани
Опорно-двигательный аппарат
Внутренние органы
Нервная система
Органы чувств
Сердечно-сосудистая система
Лимфоидная система
Эндокринные железы
Мочеполовой аппарат

Хрящ образован хрящевой тканью, снаружи их покрывает надхрящница. Хрящи не имеют кровеносных сосудов, их питание осуществляется за счет диффузии из окружающих тканей. Масса хряща взрослого человека составляет около 2 % массы тела — это суставные хрящи, хрящи уха, носа, гортани, бронхов, трахеи, ребер, межпозвоночные диски. *Функции* хрящей — покрывают сочленовные поверхности для обеспечения высокой устойчивости к износу; к хрящам прикрепляются мышцы, связки, сухожилия; хрящи воздухоносных путей и наружного уха формируют стенки полостей; суставные хрящи и межпозвоночные диски, которые являются объектами приложения сил сжатия и растяжения, производят их передачу и амортизацию.

Соединения костей

Соединения костей между собой образуют *подвижные соединения* или прочные *неподвижные конструкции.* Выделяют три большие группы соединений костей: а) непрерывные, б) полусуставы, или симфизы, в) прерывные, или синовиальные (суставы).

Непрерывные соединения неподвижные, но очень прочные. В них отсутствует щель или полость между костями, кости между собой связаны с помощью соединительной ткани (собственно соединительной ткани, хряща, костной ткани). Непрерывные соединения — мембраны, связки, швы (черепа и др.), соединения диафизов костей с их эпифизами у детей, которые с возрастом превращаются в костные. ***Полусуставы,*** или ***симфизы*** (*греч.* symphysis — срастание), — полуподвижные соединения с помощью хряща, в толще которого есть небольшая щелевидная полость (лобковый и симфиз рукоятки грудины, межпозвоночные симфизы и др.).

Суставы — прерывные соединения с суставной щелью между соединяющимися костями. Любой сустав включает три обязательных компонента: суставной хрящ, суставную капсулу и суставную полость.

Суставная капсула прикрепляется вблизи краев суставных поверхностей сочленяющихся костей или отступая на некоторое расстояние от них. Она прочно срастается с надкостницей и образует замкнутую суставную полость.

Суставная полость — узкая щель, которая находится между покрытыми хрящом суставными поверхностями. Суставная полость заполнена синовиальной жидкостью, ограничена синовиальной мембраной.

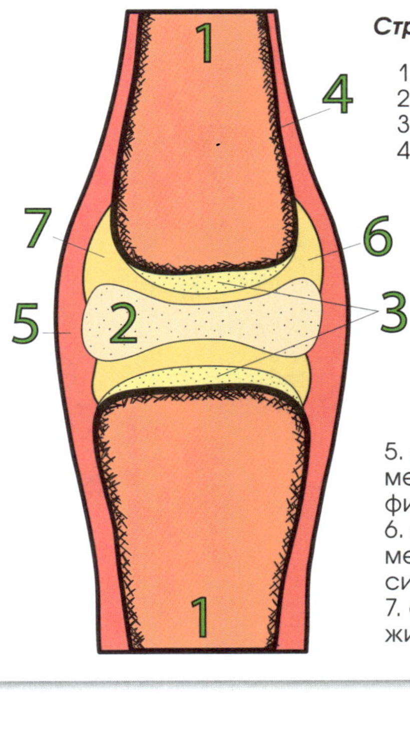

Строение сустава

1. кость
2. мениск
3. суставной хрящ
4. надкостница
5. фиброзная мембрана; фиброзный слой
6. синовиальная мембрана; синовиальный слой
7. синовиальная жидкость; синовия

Виды соединений костей на примере верхней конечности

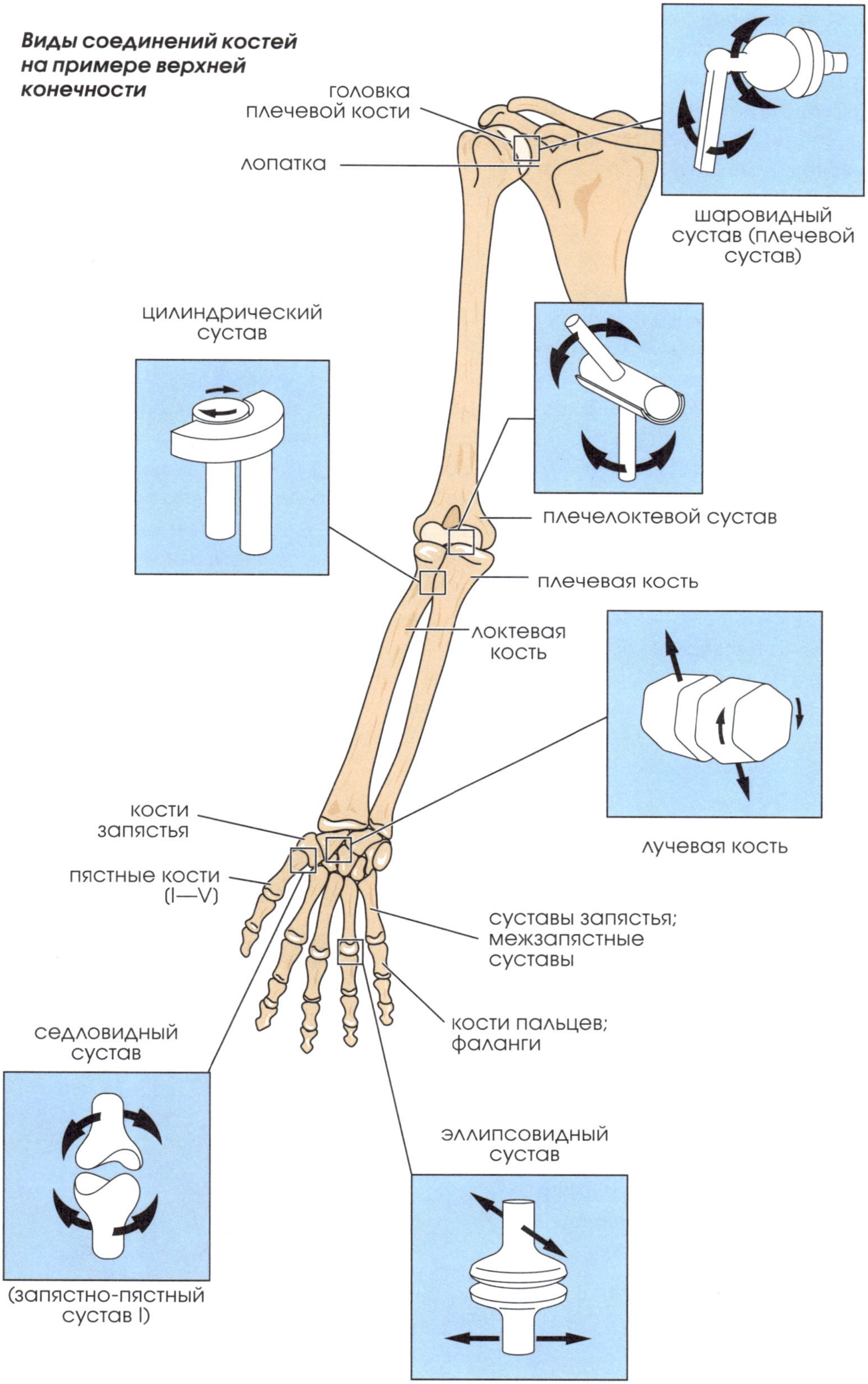

Очень редко суставные поверхности полностью соответствуют друг другу по форме, поэтому в суставах для достижения конгруэнтности (*лат.* congruens — согласный между собою, соответствующий) существует ряд вспомогательных образований: мениски, хрящевые диски, губы. *Мениски* — несплошные хрящевые или соединительнотканные пластинки полулунной формы, которые находятся между суставными поверхностями (например, полукольцевые медиальный и латеральный мениски в коленном суставе, расположенные между суставными поверхностями бедренной кости и большеберцовой кости).

Количество *суставных осей*, вокруг которых может совершаться движение, обусловливается формой сочленяющихся поверхностей. Суставы делятся на одно-, двух- и многоосные в зависимости от количества осей. Движения в суставах производятся вокруг трех осей: *сагиттальной* — приведение, при котором одна из сочленяющихся костей приближается в срединной плоскости, и отведение, при котором кость удаляется от нее; *фронтальной* — сгибание и разгибание, при которых угол между сочленяющимися костями уменьшается или увеличивается; *продольной* — при вращении кость двигается вокруг своей оси. Круговое движение — самое сложное благодаря последовательному движению вокруг всех осей, свободный конец движущейся кости (голова, конечности, туловище) описывает окружность.

Простые суставы имеют две суставные поверхности, *сложные суставы* имеют более двух суставных поверхностей (локтевой сустав и др.). *Комбинированные суставы* — два анатомически изолированных сустава, но функционирующих совместно (оба височно-нижнечелюстные суставы и др.). *Комплексные суставы* имеют между сочленяющимися суставными концами диски или мениски (коленный сустав и др.). *Функции* суставов — не только обеспечение связи всех костей между собой, но и возможность упорядоченного роста, развития, движения.

Характерные особенности скелета человека:

— пропорциональность;
— вертикально расположенный позвоночный столб с изгибами;
— вертикально расположенный череп, вмещающий головной мозг и органы чувств;
— уплощенная широкая грудная клетка;
— свободные верхние конечности, осуществляющие трудовые процессы;
— нижние конечности, служащие опорой при прямохождении и осуществляющие передвижение тела в пространстве.

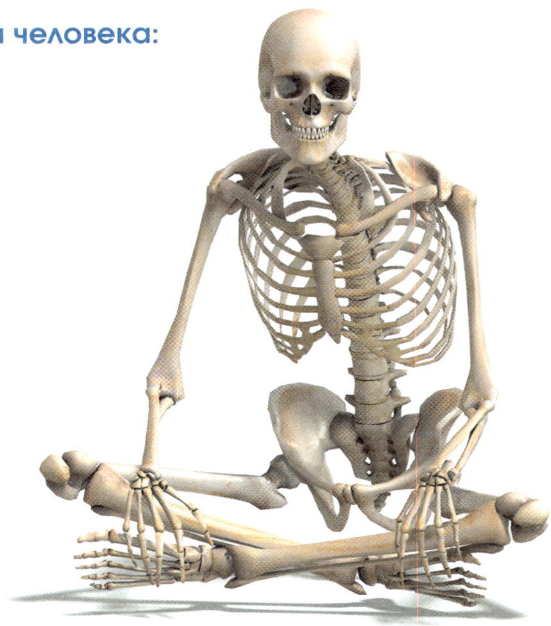

Позвоночник

Прямохождение обусловливается положением и формой позвоночника человека. Скелет туловища состоит из позвоночного столба и грудной клетки. *Функции* позвоночника — защита и опора для спинного мозга и выходящих из позвоночного канала корешков спинномозговых нервов, объединение всех частей тела: поддержание черепа (головы) верхней частью позвоночника; прикрепление костей свободных конечностей к скелету туловища; передача тяжести тела поясу нижних конечностей.

Позвоночный столб способен выдерживать значительную часть веса человеческого тела, что связано с мощным *связочным аппаратом позвоночника* и *позвонками*, тела которых образованы *губчатой костной тканью,* покрытой *компатной костной тканью*. Позвоночник человека и прочен, и удивительно подвижен.

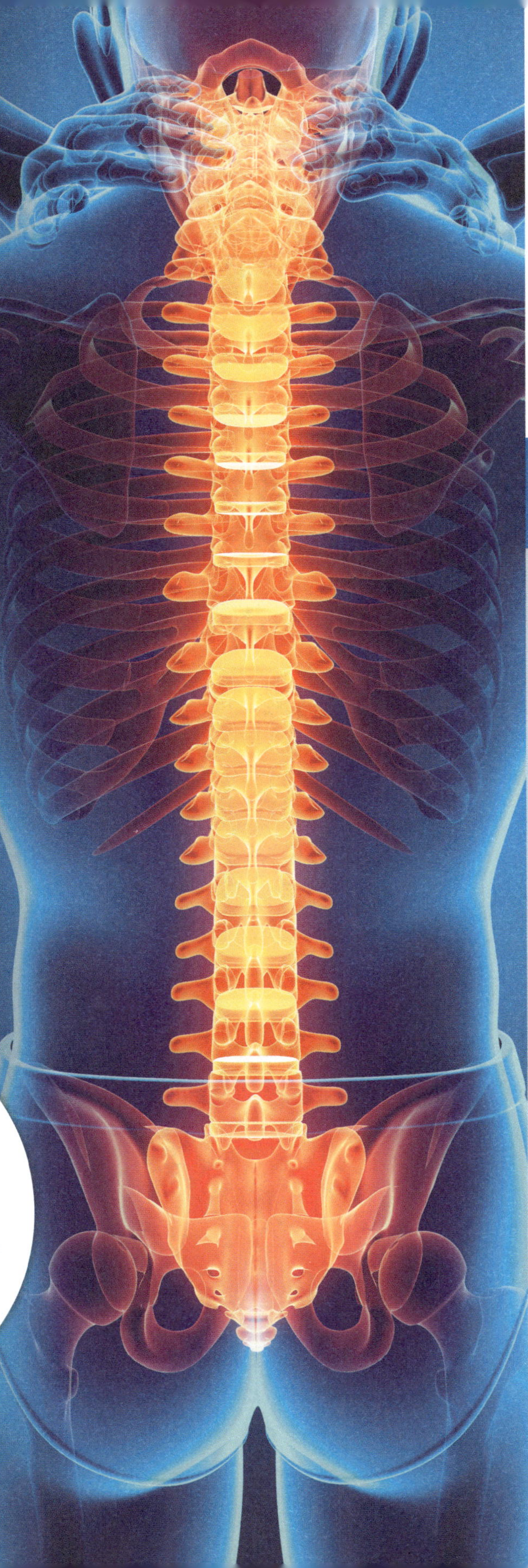

ЛЮБОПЫТНО!

Каждое утро человек просыпается, имея рост на один сантиметр больше, чем вечером. В течение дня позвоночник опять «усыхает», так как промежутки между позвонками уменьшаются, и рост снова становится прежним.

Позвоночник человека — длинный изогнутый столб, который включает 33—34 лежащих один на другом и постепенно увеличивающихся в размерах сверху вниз позвонков: шейные позвонки — 7, грудные позвонки — 12, поясничные позвонки — 5, крестцовые позвонки — 5, копчиковые позвонки — 4.

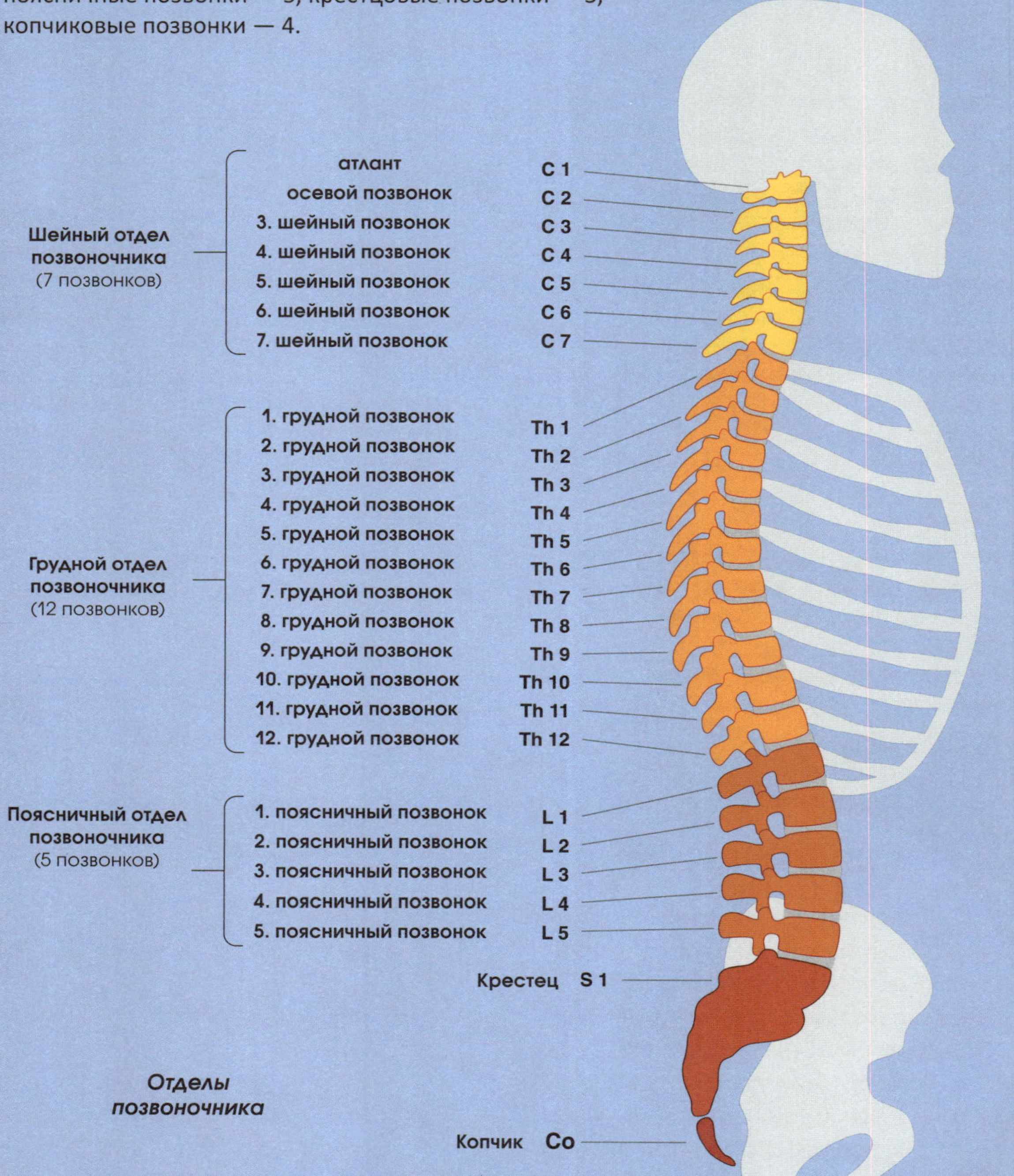

Отделы позвоночника

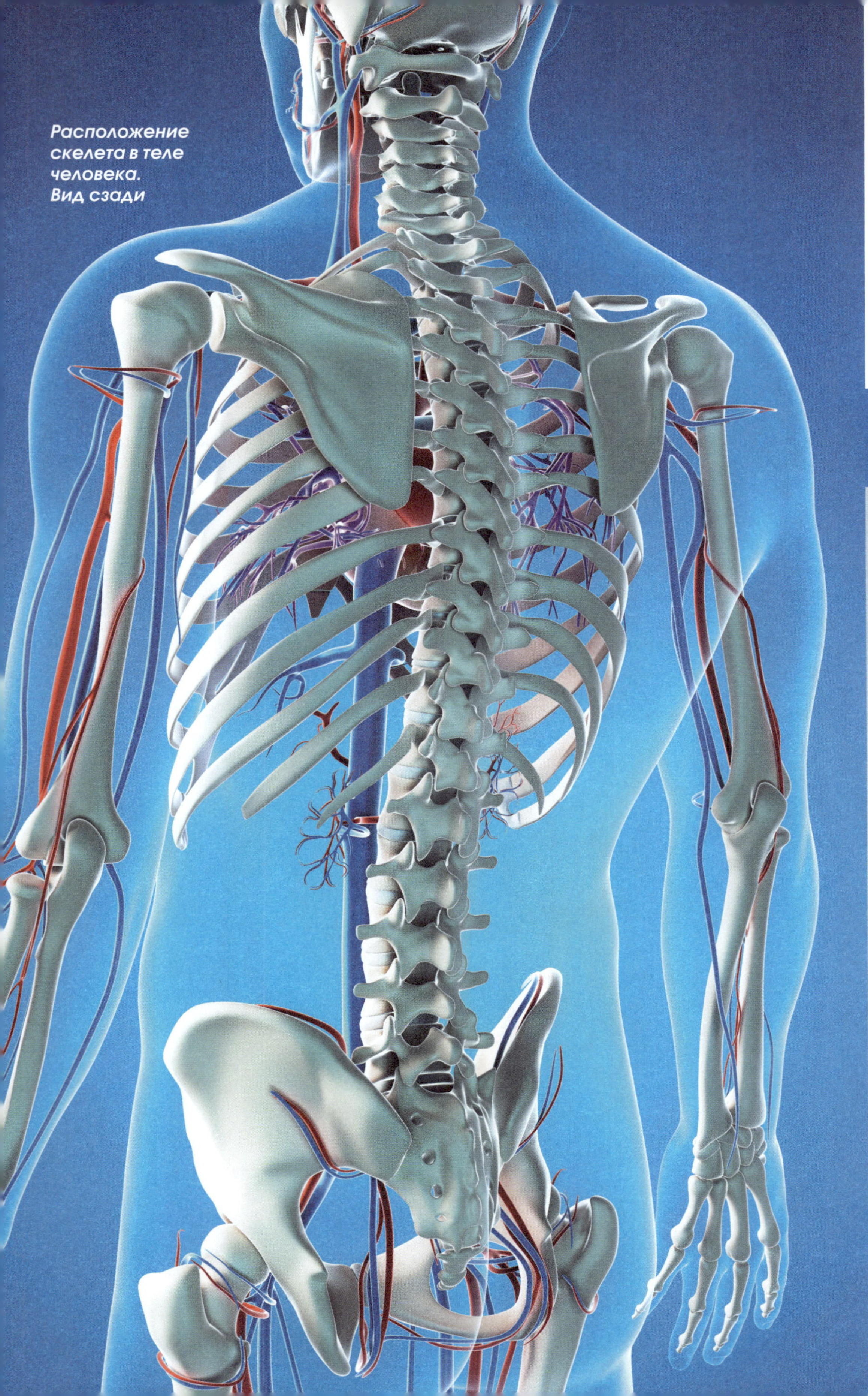

Расположение скелета в теле человека. Вид сзади

ИНТЕРЕСНО!

Поль Брегг в своей книге "Как дожить до 120 лет..." утверждал: "...здоровье, сила, энергичность человека зависят... от состояния его позвоночного столба. Если каждый день хотя бы понемножку тренировать позвоночник, то уже через некоторое время исчезнут признаки преждевременного старения."

Форма и величина позвонков разных отделов отличаются, однако они гомологичны, т.е. имеют ряд общих признаков. Каждый *позвонок* имеет спереди *тело* и сзади *дугу*, ограничивающие широкое *позвоночное отверстие*. Отверстия накладываются свободно одно на другое и образуют длинный *позвоночный канал*, в котором залегает надежно защищенный стенками канала спинной мозг. От *дуги позвонка* отходят семь отростков. Непарный *остистый отросток* направлен кзади. Вершины многих отростков легко прощупываются по средней линии спины человека. Парные *поперечные отростки* располагаются во фронтальной плоскости справа и слева. *Верхние* и *нижние суставные отростки* направлены вверх и вниз от дуги. Через *межпозвоночные отверстия* проходят спинномозговые нервы и кровеносные сосуды.

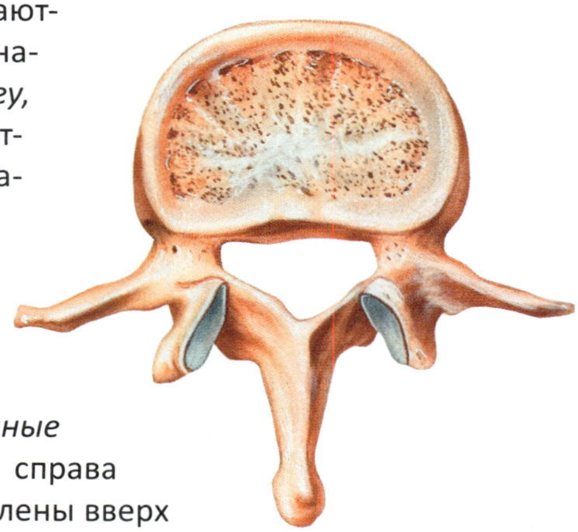

Позвонок

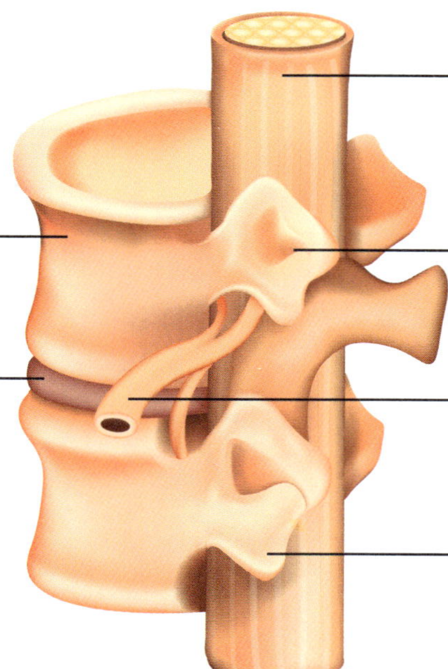

Позвонки со спинным мозгом и спинномозговыми нервами

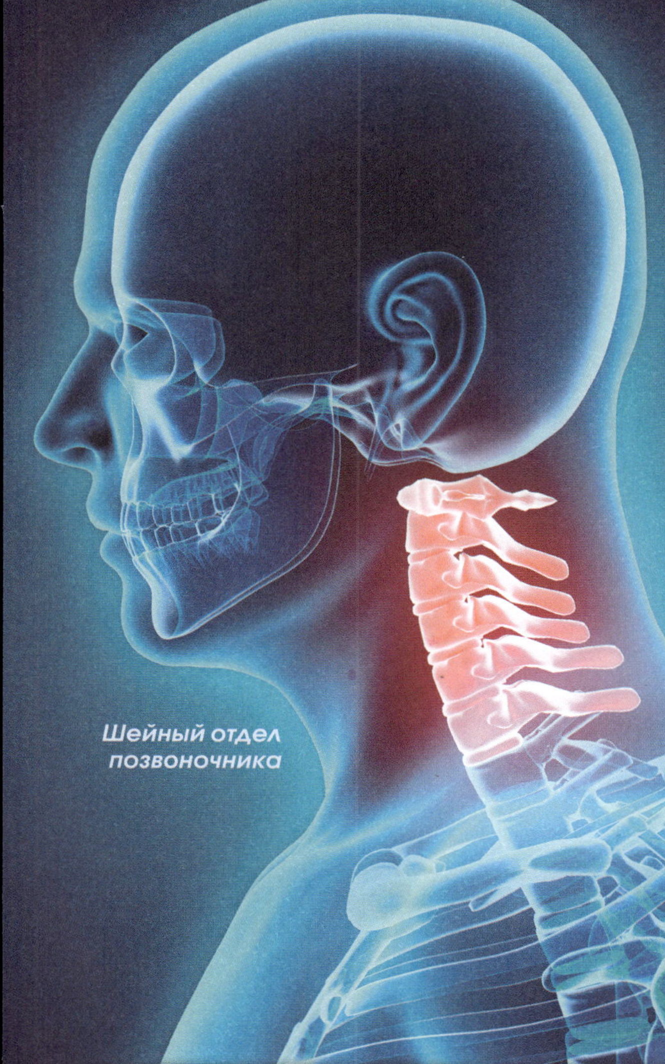

Шейные позвонки (7) отличаются от других небольшими размерами и наличием маленького отверстия в каждом поперечном отростке, через который проходит позвоночная артерия, направляющаяся в полость черепа. Сочленяющиеся с черепом и несущие на себе его тяжесть I и II шейные позвонки существенно отличаются от остальных. *Первый (I) шейный позвонок*, или *атлант*, лишен остистого отростка. Средняя часть тела первого позвонка, отделившись, приросла к телу II позвонка, образовав его *зуб*. *Второй (II) шейный позвонок*, или *эпистрофей* (*греч.* эпистрофа — возвращение, оборачивание) имеет *зуб*, вокруг которого происходят вращения атланта вместе с черепом в *срединном атлантоосевом суставе*.

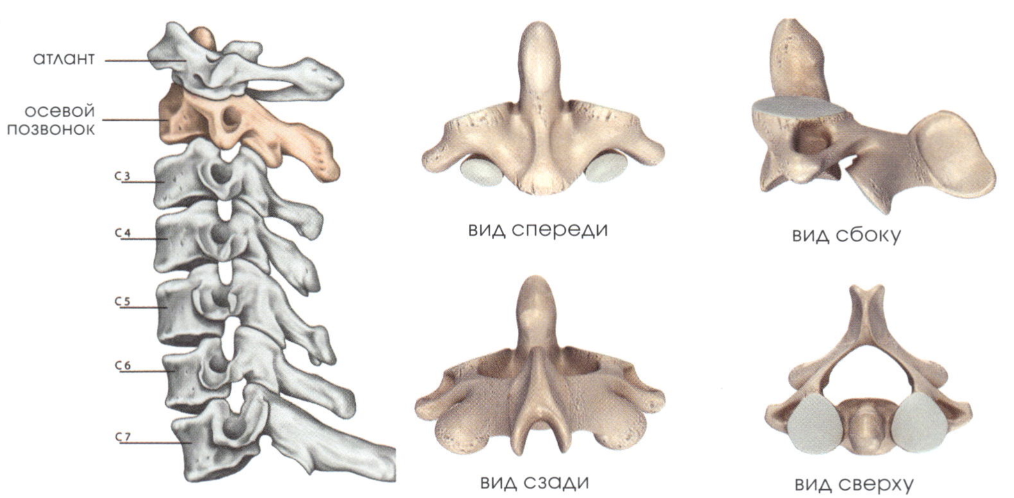

Шейный отдел позвоночника. Строение шейного осевого позвонка С2

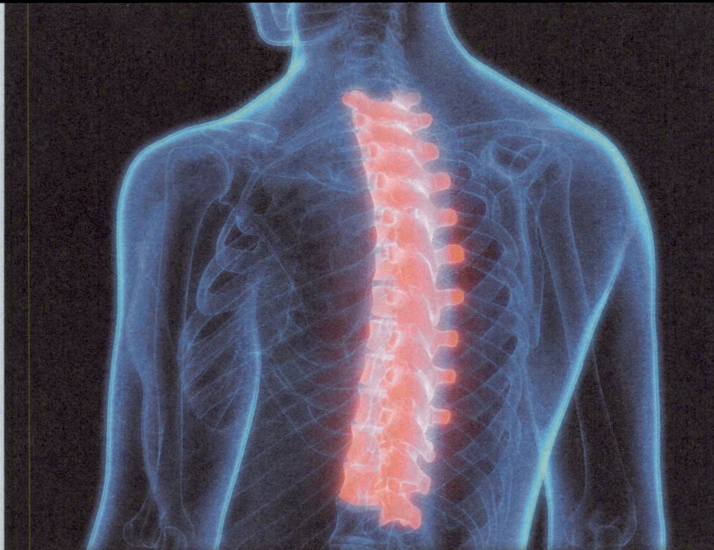

Грудные позвонки (12) на боковых поверхностях тел имеют *реберные ямки* для сочленения с головками ребер, на утолщенных концах поперечных отростков десяти верхних грудных позвонков находятся *реберные ямки*, сочленяющиеся с соответствующими им по счету ребрами.

Грудной отдел позвоночника

Грудной отдел позвоночника. Строение грудного позвонка Т4

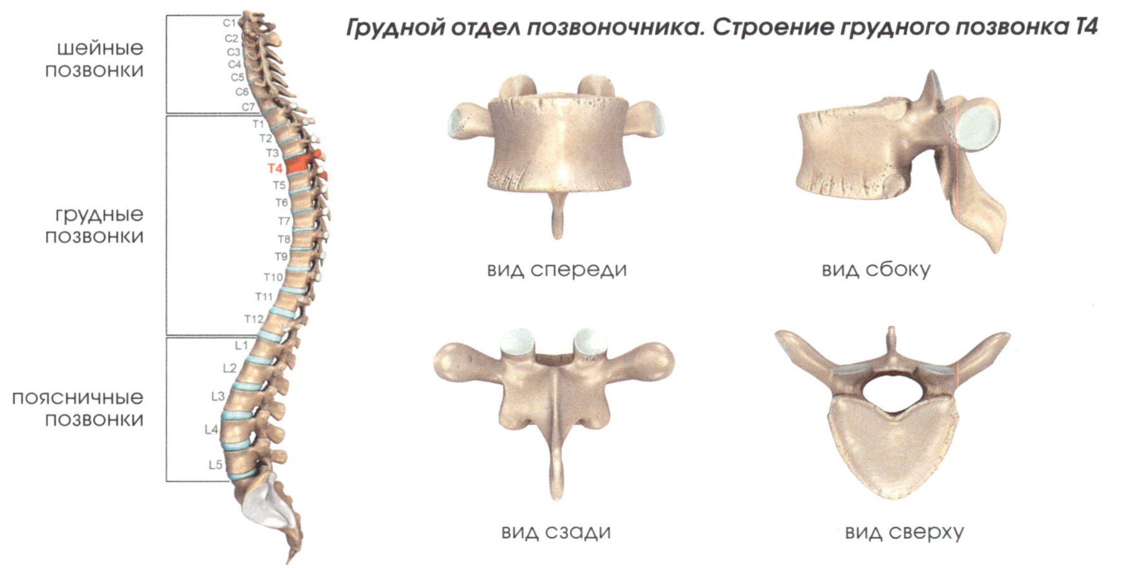

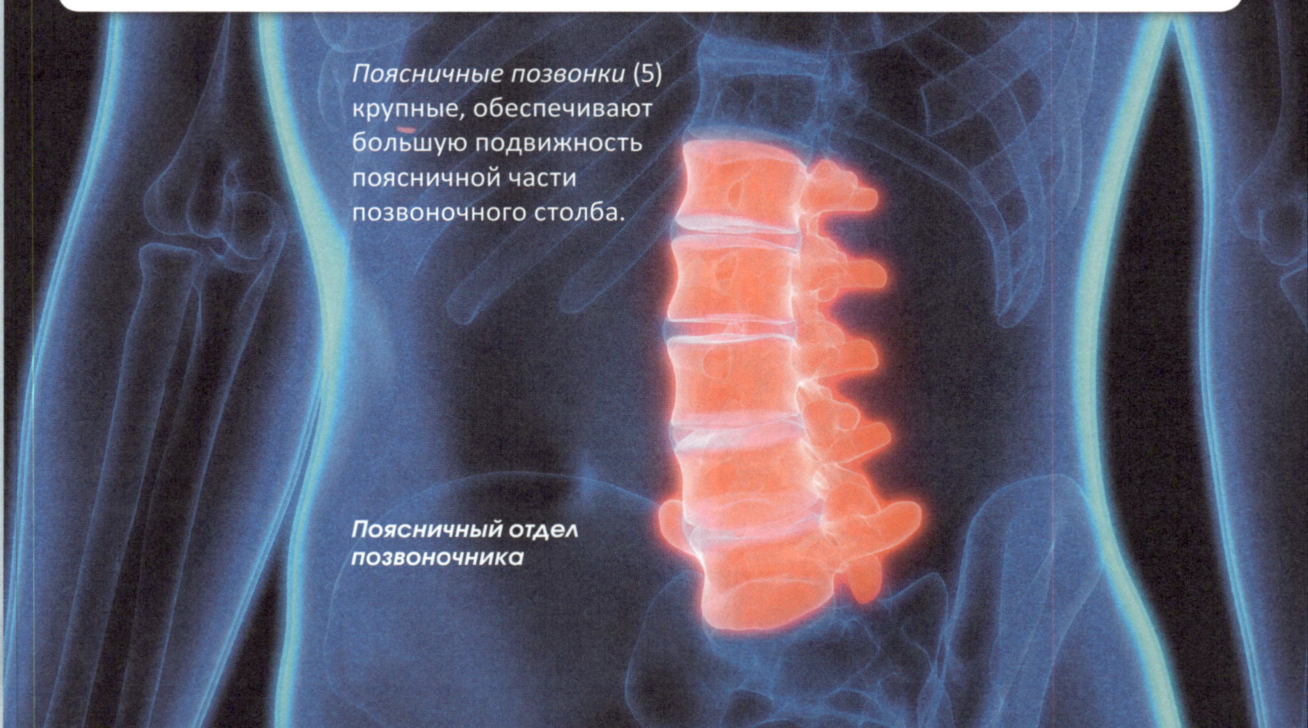

Поясничные позвонки (5) крупные, обеспечивают большую подвижность поясничной части позвоночного столба.

Поясничный отдел позвоночника

Поясничный отдел позвоночника. Строение поясничного позвонка L4

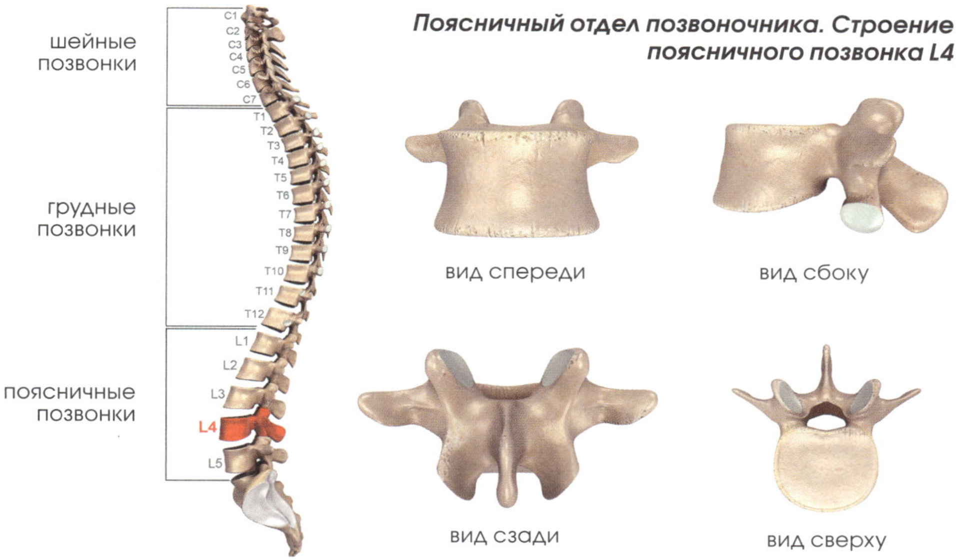

Крестцовые позвонки (5) у взрослого человека срастаются и формируют массивный *крестец* треугольной формы. Суставные отростки I крестцового позвонка и основание крестца, направленное вверх, сочленяются с V поясничным позвонком. Закругленный направленный вперед *мыс* образуется в области соединения. Крестец суживается книзу, его *канал* заканчивается *крестцовой щелью*. В крестцовом канале залегают конечные нити спинного мозга и корешки поясничных и крестцовых спинномозговых нервов. Крестец в виде клина вставлен между подвздошными костями таза и вместе с ними образует свод, который опирается на головки бедренных костей. Крестец не может переместиться вниз, не может вдавиться назад, вперед он тоже не передвигается, т.к. его боковые сочленения с костями таза неподвижны.

Копчиковые позвонки (2 — 5, но чаще 4) рудиментарные, образуют *копчик* взрослого человека, который обычно срастается с верхушкой крестца.

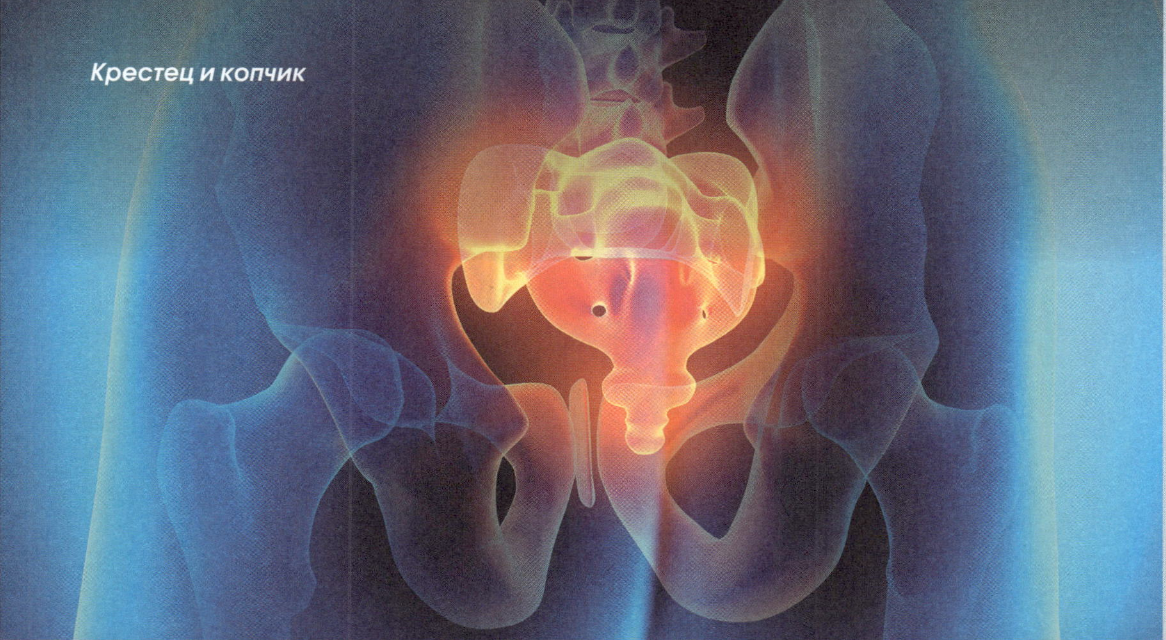

Крестец и копчик

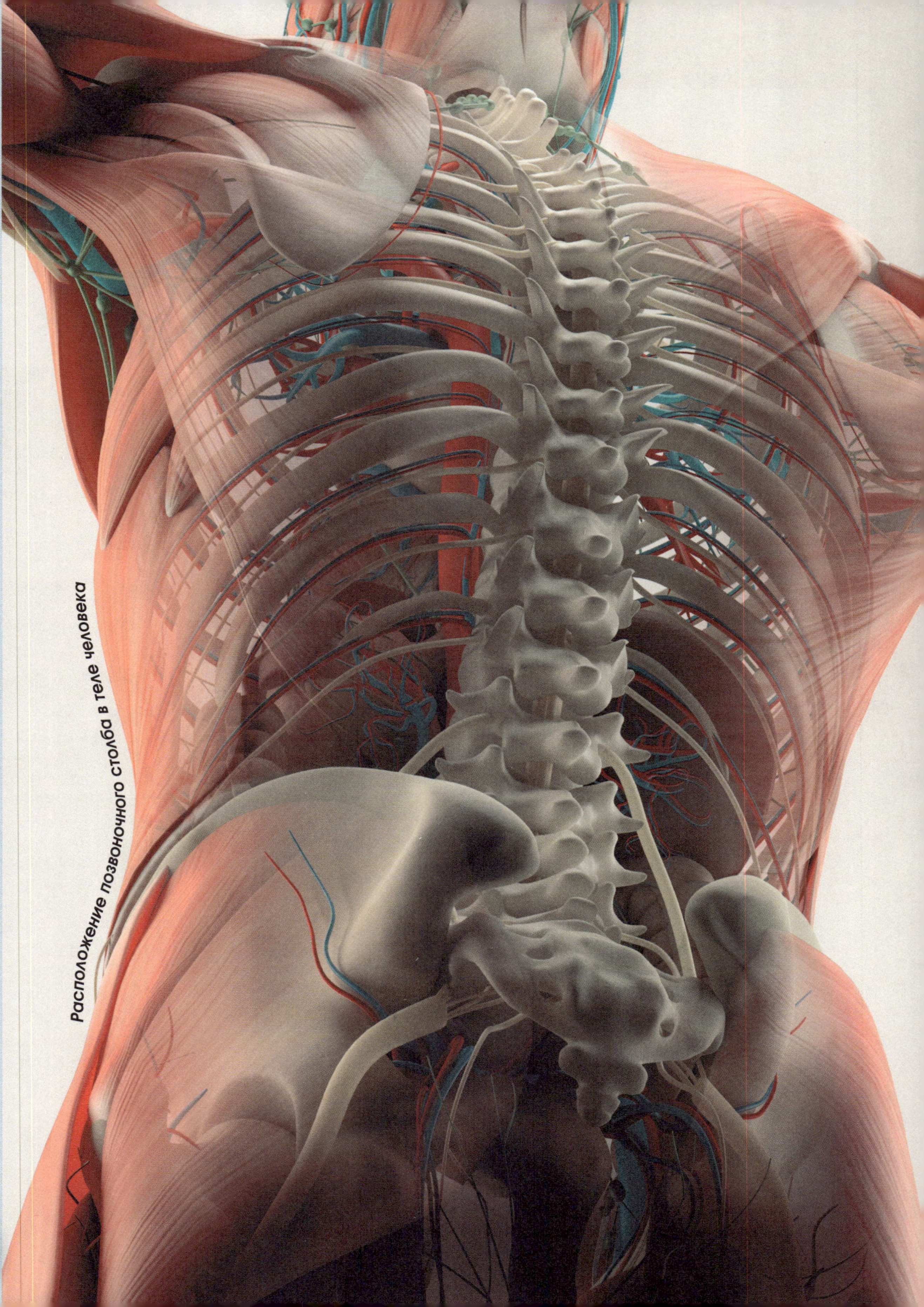

Расположение позвоночного столба в теле человека

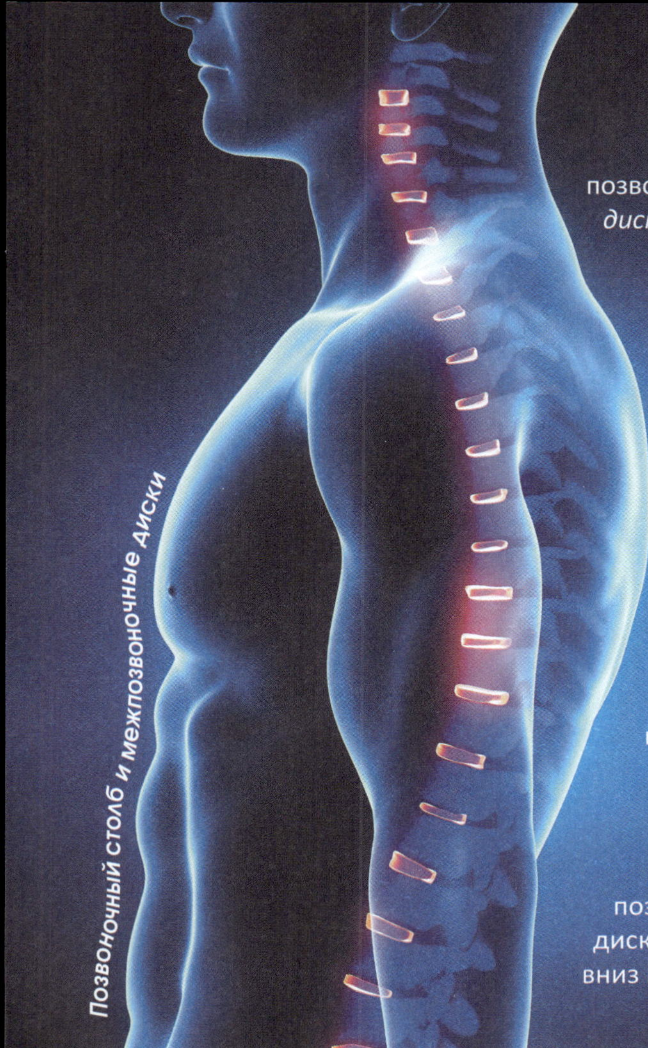

Позвоночный столб и межпозвоночные диски

Различные *соединения* связывают позвонки между собой. *Межпозвоночные диски* из волокнистого хряща соединяют тела позвонков. Толщина межпозвоночных дисков в грудном отделе 3—4 мм, в шейном — 5–4 мм, в поясничном — 10–12 мм. *Передняя* и *задняя продольные связки* укрепляют соединения тел позвонков. *Дугоотростчатые суставы* связывают между собой суставные отростки выше- и нижележащего позвонков, *дугоотростчатые связки* — остистые и поперечные отростки. Позвоночный столб способен выдерживать значительные нагрузки: позвонки отвечают за прочность, межпозвоночные диски и суставы – за гибкость и подвижность.

Занимательно! Межпозвоночные диски составляют одну треть длины позвоночника, всего дисков 24. Размер дисков разный, он увеличивается сверху вниз и зависит от выполняемой нагрузки!

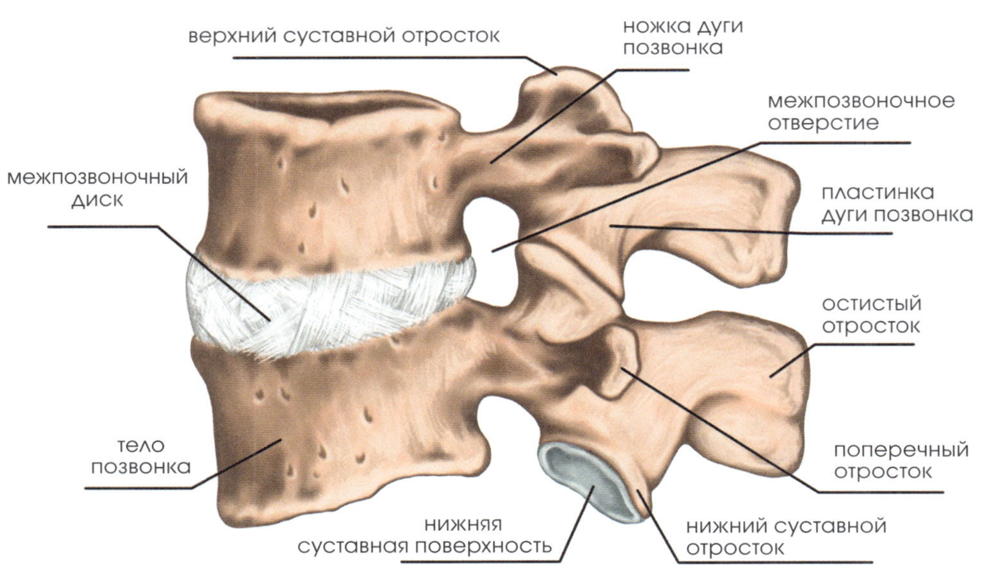

Межпозвоночный диск

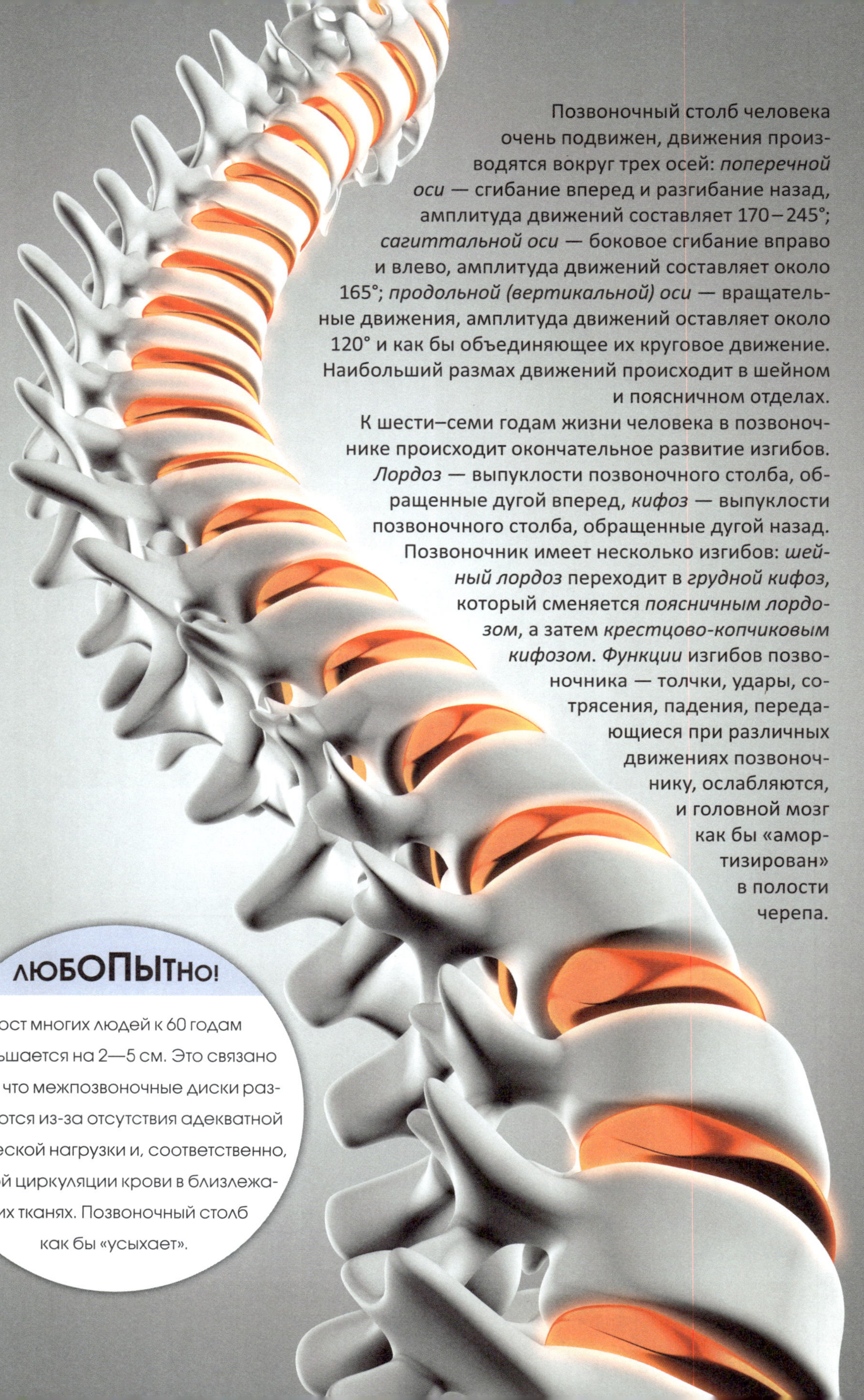

Позвоночный столб человека очень подвижен, движения производятся вокруг трех осей: *поперечной оси* — сгибание вперед и разгибание назад, амплитуда движений составляет 170–245°; *сагиттальной оси* — боковое сгибание вправо и влево, амплитуда движений составляет около 165°; *продольной (вертикальной) оси* — вращательные движения, амплитуда движений оставляет около 120° и как бы объединяющее их круговое движение. Наибольший размах движений происходит в шейном и поясничном отделах.

К шести–семи годам жизни человека в позвоночнике происходит окончательное развитие изгибов. *Лордоз* — выпуклости позвоночного столба, обращенные дугой вперед, *кифоз* — выпуклости позвоночного столба, обращенные дугой назад. Позвоночник имеет несколько изгибов: *шейный лордоз* переходит в *грудной кифоз*, который сменяется *поясничным лордозом*, а затем *крестцово-копчиковым кифозом*. *Функции* изгибов позвоночника — толчки, удары, сотрясения, падения, передающиеся при различных движениях позвоночнику, ослабляются, и головной мозг как бы «амортизирован» в полости черепа.

ЛЮБОПЫТНО!

Рост многих людей к 60 годам уменьшается на 2—5 см. Это связано с тем, что межпозвоночные диски разрушаются из-за отсутствия адекватной физической нагрузки и, соответственно, плохой циркуляции крови в близлежащих тканях. Позвоночный столб как бы «усыхает».

ЛЮБОПЫТНО! Ученые утверждают: срединная борозда языка информирует о здоровье позвоночника. Искривление борозды в области верхушки языка говорит о проблемах шейного отдела, в средней части языка — о проблемах грудного отдела, ближе к корню языка — проблемы в поясничном отделе.

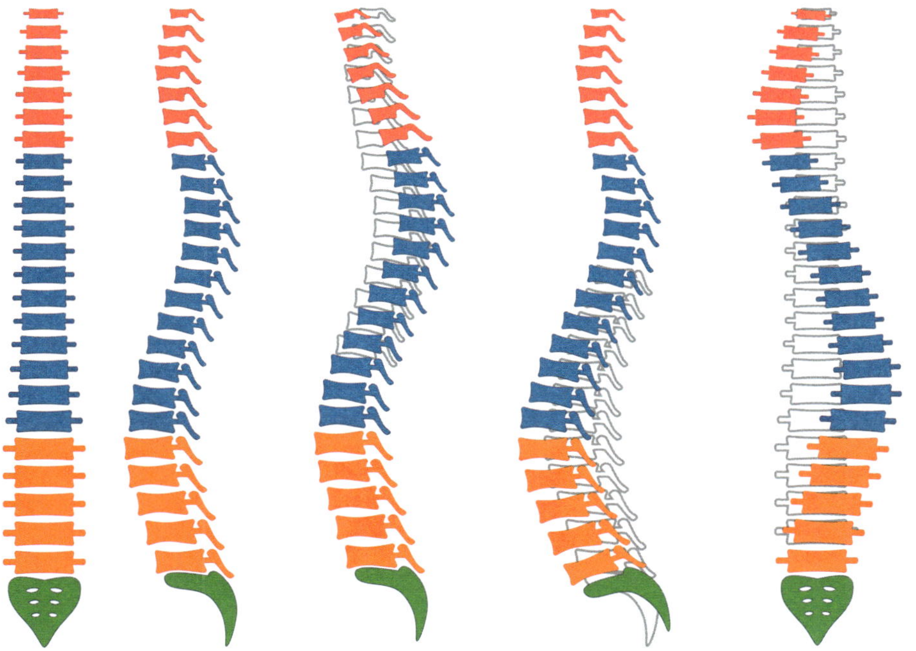

Нормальный позвоночник и изгибы позвоночника

СКОЛИОЗ. Боковое искривление позвоночника, развивающееся в результате его врожденных или приобретенных аномалий развития, а также мышц или иннервирующих его нервов. В процессе лечения сколиоза больному может быть рекомендовано ношение специального корсета, фиксирующего позвоночник в правильном положении. При значительном искривлении возникает необходимость в проведении хирургической коррекции путем специальной фиксации позвоночника.

ОСТЕОХОНДРОЗ. Нарушение строения и функции межпозвоночных дисков, что приводит к нарушению строения и функции самих позвонков. При остеохондрозе происходит постоянное травмирование корешков спинномозговых нервов, что вызывает боль. Главный симптом остеохондроза — боль. Остеохондроз чаще всего возникает у людей старше 40 лет, которые ведут малоподвижный образ жизни.

ИНТЕРЕСНО!

Остеохондроз позвоночника часто называют болезнью цивилизации, т. к. именно жители западных стран (около 90 % людей старше 40 – 50 лет) страдают от этого заболевания.

Череп

Череп человека — часть скелета, состоит из мозгового и лицевого отделов. Череп включает в себя 23 кости, из них 8 парных и 7 непарных. Округлый мозговой череп располагается над лицевым. *Мозговой отдел* — восемь соединенных неподвижными соединениями костей, *лицевой*, или *висцеральный, отдел* — 15 костей. *Функции* черепа — опора и защита головного мозга, органов чувств, начальных отделов пищеварительной и дыхательной систем.

Семь костей черепа — *лобная, клиновидная, решетчатая, парные височная* и *верхняя челюсть* — *воздухоносные,* имеют внутри полости, которые заполнены воздухом и сообщаются с полостью носа. Наличие полостей уменьшают массу черепа при сохранении его прочности.

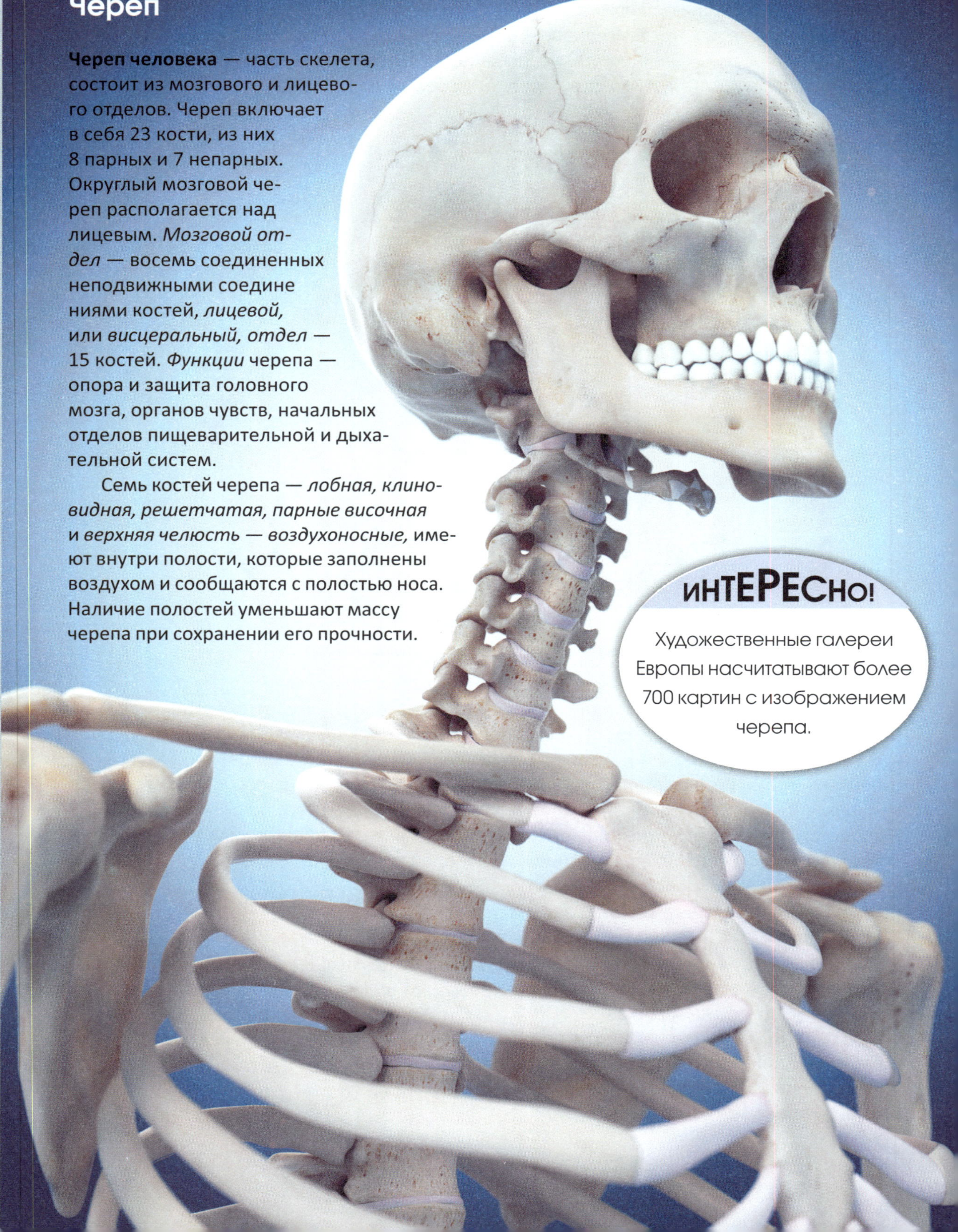

ИНТЕРЕСНО!

Художественные галереи Европы насчитатывают более 700 картин с изображением черепа.

Мозговой отдел черепа

Мозговой отдел черепа взрослого человека объемом 1400–1500 см^3 формируют восемь костей: лобная, затылочная, клиновидная, решетчатая, две височные и две теменные. *Функции* мозгового отдела черепа — вместилище для головного мозга и его защита.

Лобная кость формирует *лоб*, несет на себе *лобные бугры,* которые являются особенностью человека разумного, а также образует *верхние стенки глазниц, полости носа, височных ямок, нижнюю* и *переднюю стенки передней черепной ямки*.

Затылочная кость участвует в формировании свода и основания черепа, задней черепной ямки. Два овальных *затылочных мыщелка* сочленяются с атлантом, образуя *атлантозатылочные суставы*. В атлантозатылочных суставах совершаются боковые наклоны и кивательные движения головы.

Клиновидная кость непарная воздухоносная, состоит из *тела*, на верхней поверхности которого имеется *гипофизарная ямка*, где залегает гипофиз. *Функции* клиновидной кости — формирование глазницы, передней черепной, подвисочных и крыловидно-небных ямок.

Решетчатая кость непарная воздухоносная, состоит из множества ячеек (решетчатый лабиринт), как бы подвешенных к *решетчатой пластинке*, через отверстия которой в полость черепа входят обонятельные нервы.

Височная кость парная воздухоносная — сложно устроенная кость, в которой находятся *барабанная полость* и *внутреннее ухо*; *наружное слуховое отверстие* и *наружный слуховой проход*. Височная кость сочленяется с нижней челюстью, образуя *височно-нижнечелюстной сустав*. *Функции* височной кости — участие в формировании свода и основания черепа, вместилище органа слуха и равновесия.

Теменная кость парная, в центре находится *теменной бугор*. *Функции* теменной кости — участие в формировании крыши (свода) черепа.

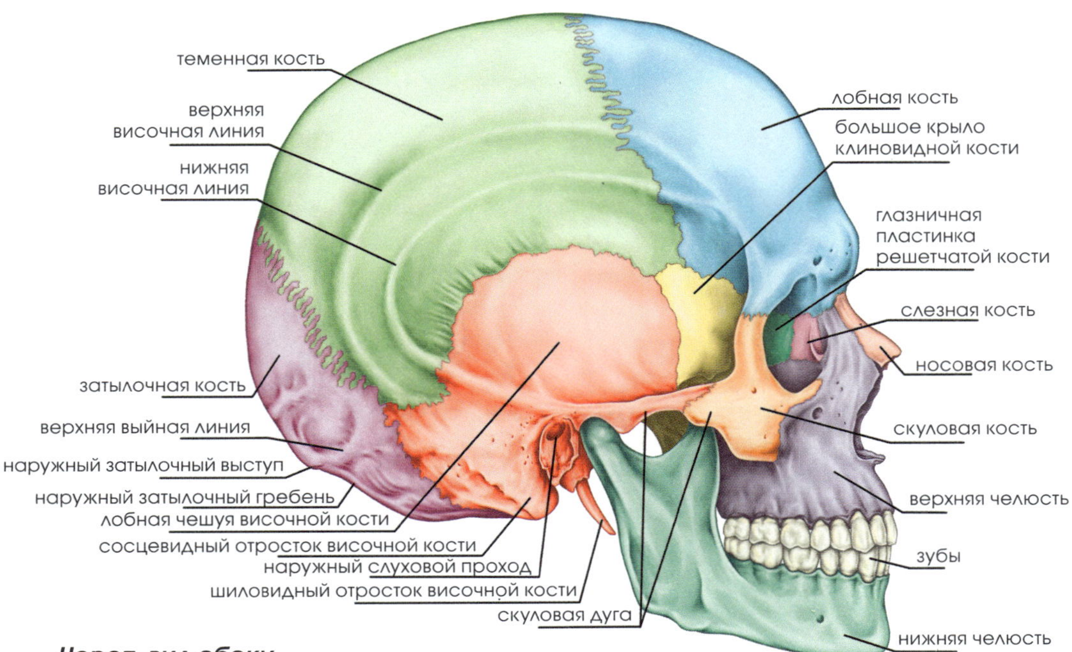

Череп, вид сбоку

Череп, вид сзади

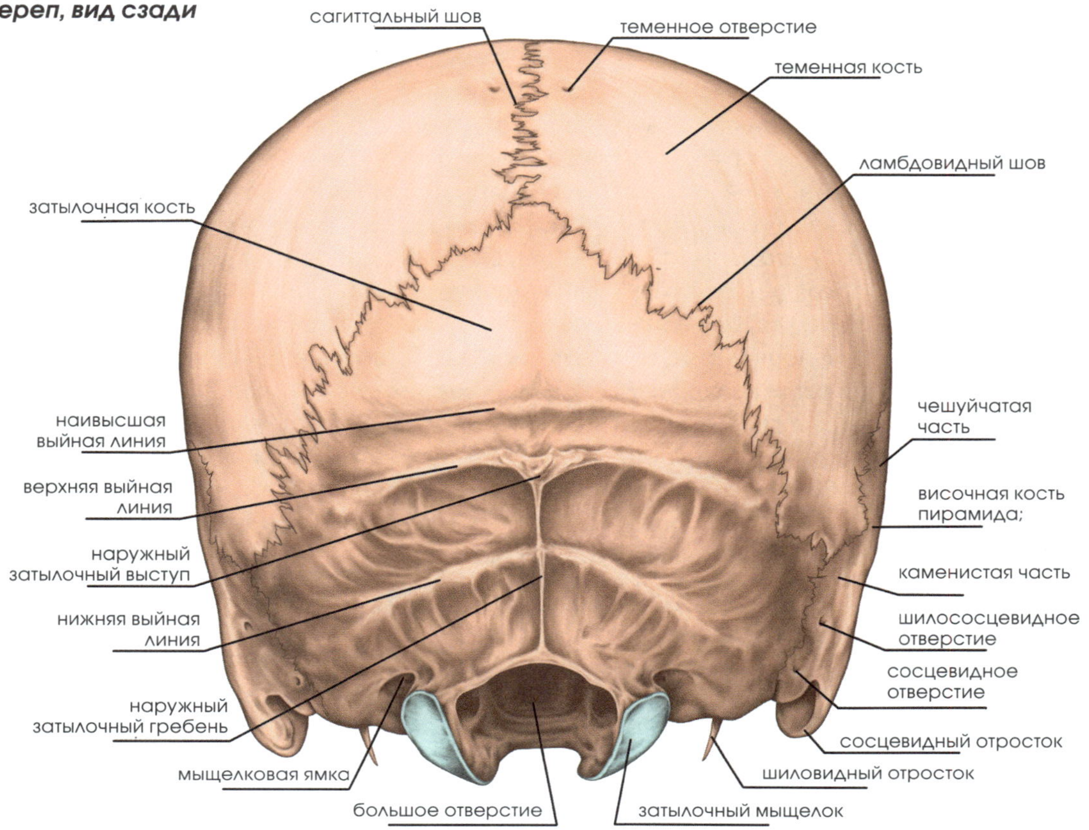

Лицевой отдел черепа

Лицевой, или висцеральный, отдел черепа образован: а) парными костями — верхними челюстями, небными, скуловыми, носовыми, слезными, нижними носовыми раковинами; б) непарными костями — сошником и нижней челюстью; в) подъязычной костью. Основная масса скелета лицевого черепа — две верхние и нижняя челюсти, другие кости, участвуя в формировании стенок глазниц, носовой и ротовой полостей, определяют вместе с челюстями конфигурацию лицевого черепа. На строение лицевого отдела черепа большое влияние накладывает развитый головной мозг, членораздельная речь, характер питания. Небольшой скелет жевательного аппарата (челюстей) и слабое развитие жевательных мышц обусловлено характером питания человека разумного. В пределах лицевого отдела начинаются системы органов пищеварения, дыхания, лежат органы чувств.

ИНТЕРЕСНО!

Воздухоносные кости находятся только по периферии органов чувств, что обеспечивает благодаря воздуху, плохо проводящему тепло, тепловую изоляцию органов зрения, обоняния и слуха (органы чувств оптимально функционируют лишь при нормальной температуре тела). Кроме того, воздухоносные полости участвуют в фонации (*греч.* phone — звук, голос).

Верхняя челюсть — парная воздухоносная кость, *тело* которой содержит *верхнечелюстную,* или *гайморову, пазуху. Дуга альвеолярного отростка* имеет *зубные альвеолы*, где расположены корни зубов. *Нёбные отростки* обеих верхних челюстей вместе с нёбными костями образуют *твердое нёбо. Функции* верхней челюсти — участие в формировании нижней стенки глазницы и боковой стенки полости носа.

Небная кость парная, примыкает сзади к верхней челюсти. *Функции* небной кости — участие в образовании полости носа, передней части твердого нёба, носовой перегородки, глазницы и крыловидно-нёбной ямки. ***Скуловая кость*** парная, играет важную роль в создании рельефа лица, укрепляет лицевой череп. ***Слезная кость*** парная, очень тонкая и хрупкая, она участвует в образовании стенки глазницы. ***Нижняя носовая раковина*** — парная самостоятельная кость, расположена в *носовой полости*, отделяет *средний носовой ход* от *нижнего носового хода.*

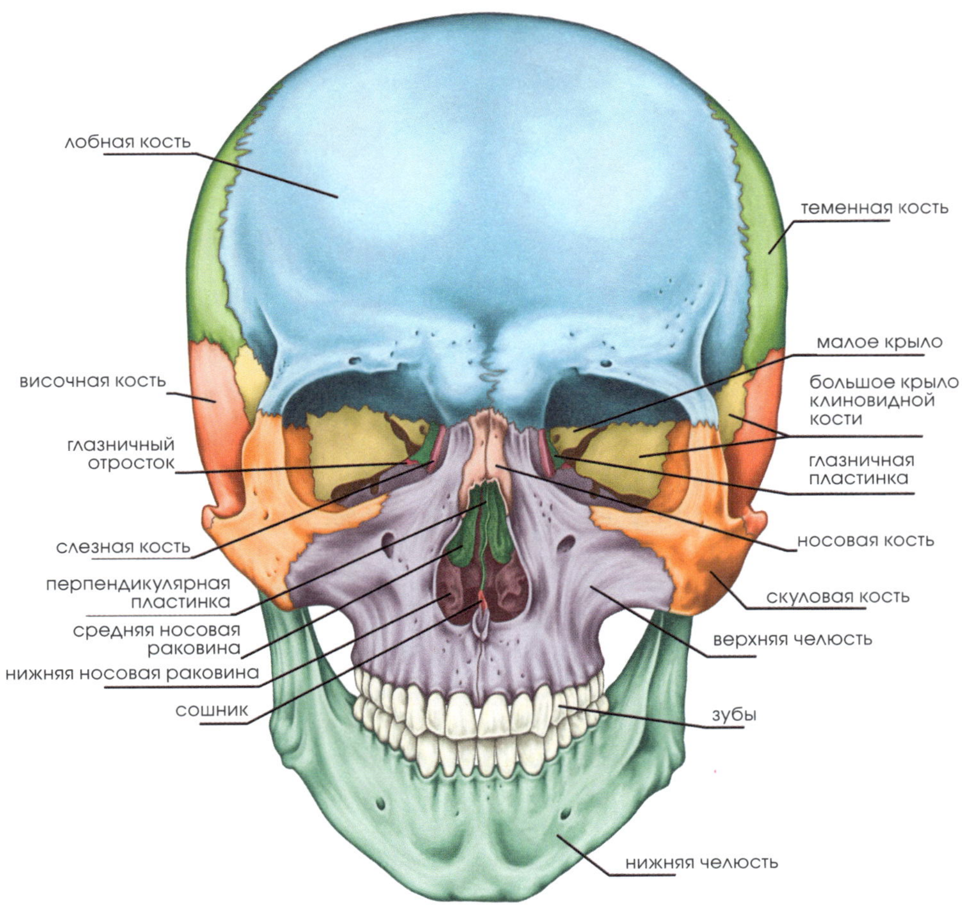

Череп, вид спереди

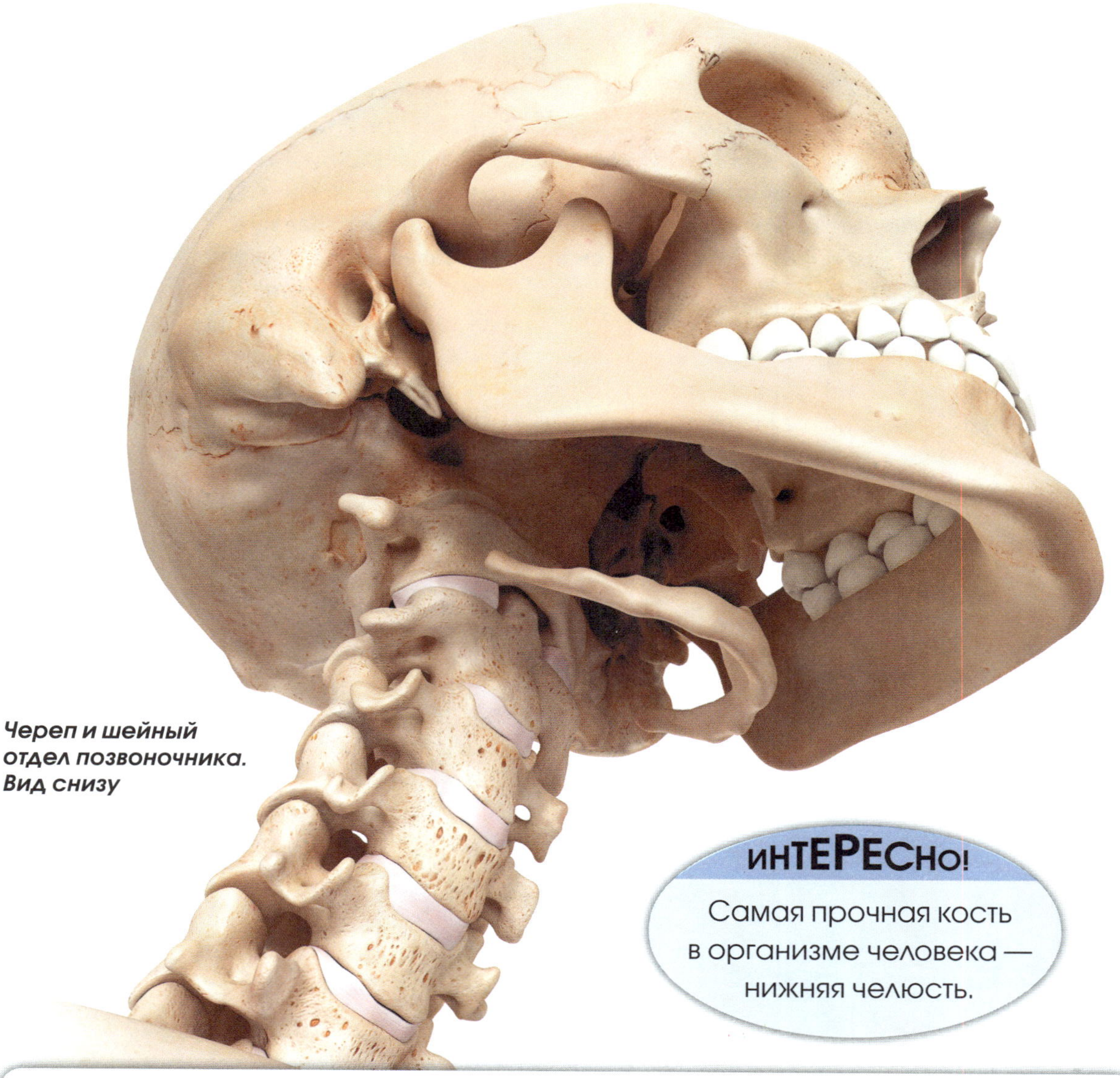

Череп и шейный отдел позвоночника. Вид снизу

ИНТЕРЕСНО!

Самая прочная кость в организме человека — нижняя челюсть.

Нижняя челюсть — единственная подвижная кость черепа, к которой прикрепляются жевательные мышцы. Подковообразная нижняя челюсть имеет *тело* и две *ветви*, соединенные с ним под углом в 110–130°. Обращенный кпереди *подбородочный выступ* — отличительная черта черепа человека, виден по средней линии. *Верхний край тела нижней челюсти* образует *альвеолярную дугу* с 16 зубными альвеолами. *Ветви нижней челюсти* идут вверх и оканчиваются двумя отростками — *венечным*, к которому прикрепляется височная мышца, и *мыщелковым*, участвующим в формировании *височно-нижнечелюстного сустава*. В этом суставе осуществляются поднимание и опускание нижней челюсти, смещение ее вперед и назад, боковые движения.

Подъязычная кость занимает особое место среди костей. Эта дугообразная кость расположена в передней области шеи между гортанью и нижней челюстью и соединена с костями черепа лишь связками и мышцами. Подъязычная кость состоит из *тела* и двух пар *рогов* — *больших* и *малых*, от которых к *шиловидным отросткам височных костей* тянутся связки, как бы подвешивающие кость к черепу.

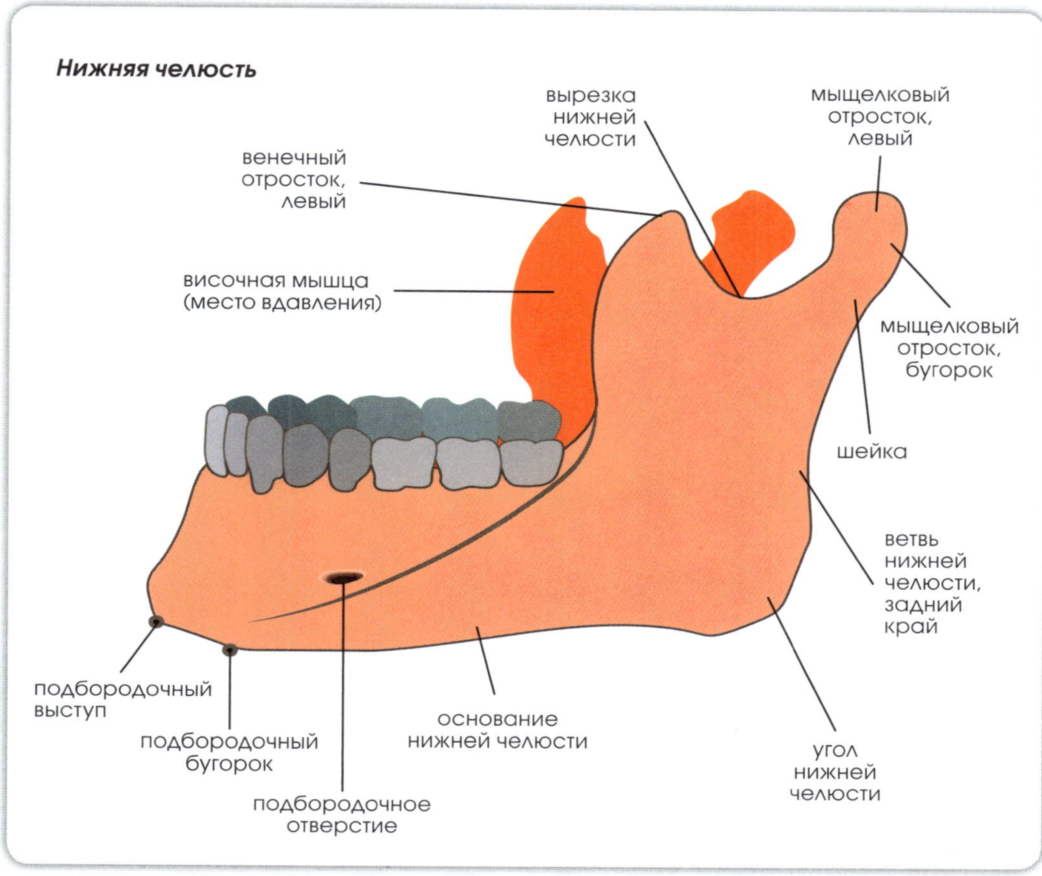

Соединения костей черепа

Большинство костей черепа соединены между собой швами. В лицевом отделе черепа швы ровные, гладкие, плоские (гармоничные), в мозговом отделе — зубчатые швы, между теменной костью и чешуей височной кости — чешуйчатый шов. Только нижняя челюсть образует с черепом подвижное соединение — височно-нижнечелюстной сустав, в котором нижняя челюсть поднимается и опускается. Позвоночный столб соединяется с черепом атлантозатылочными, срединным и латеральными атлантоосевыми суставами, в них осуществляются кивательные, вращательные движения и боковые наклоны головы.

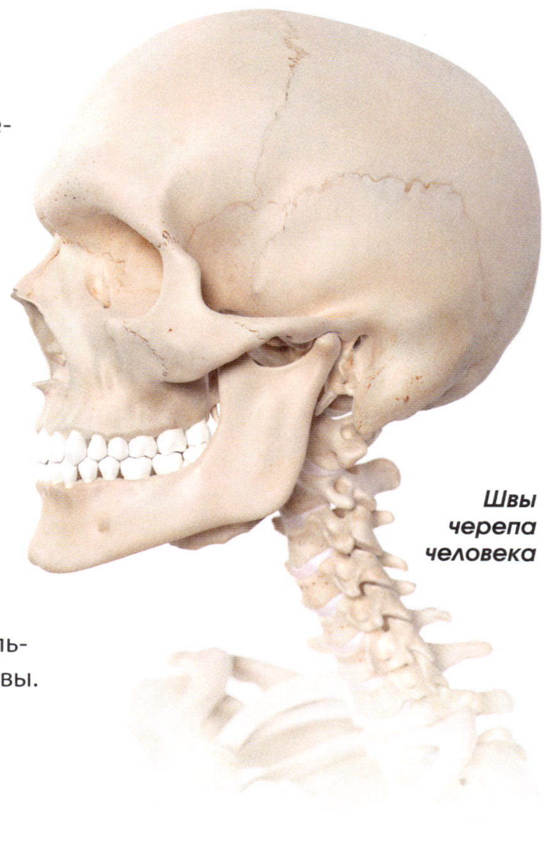

Швы черепа человека

Отдельные кости соединяются между собой и формируют сложнейший череп человека, строение которого соответствует выполняемым функциям. У взрослого человека очертание свода (крыши) черепа овальное, при этом длина черепа больше его ширины. Уплощенное основание черепа прочно соединено с костями лицевого черепа. Головной мозг, жевательные мышцы, зубы, органы чувств играют основную роль в развитии и формировании черепа.

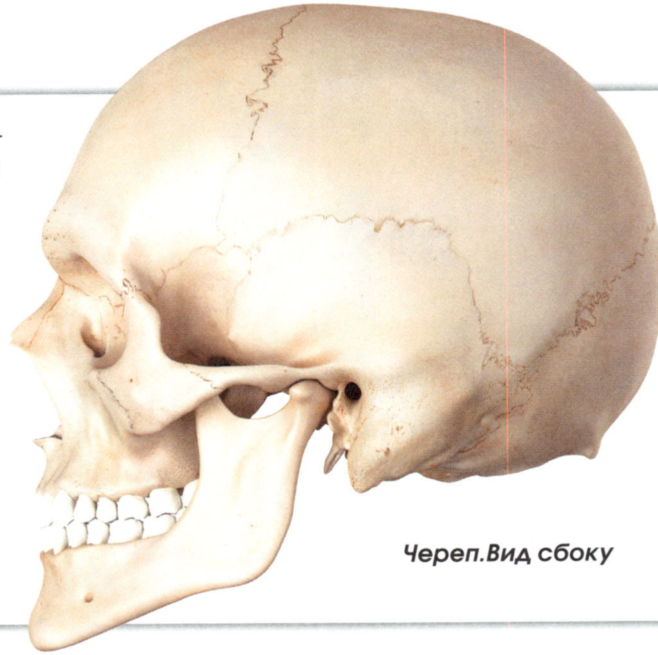

Череп. Вид сбоку

Наружное основание черепа образовано *нижними поверхностями мозгового* и *лицевого отделов черепа*, простирается от *зубов верхней челюсти* спереди до *верхней выйной линии* сзади, а также от нижнего края скуловой дуги до противоположной. Спереди на наружном основании черепа видно *костное небо*, сзади — *большое затылочное отверстие*. По бокам расположены *сосцевидные отростки*, которые у человека развиты хорошо в связи с функцией грудино-ключично-сосцевидных мышц и вертикальным положением головы.

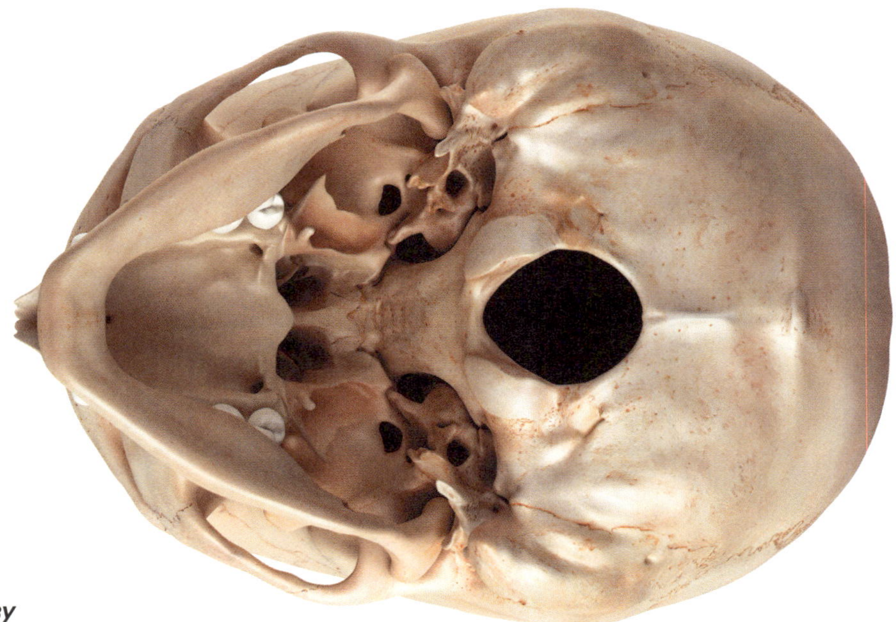

Череп. Вид снизу

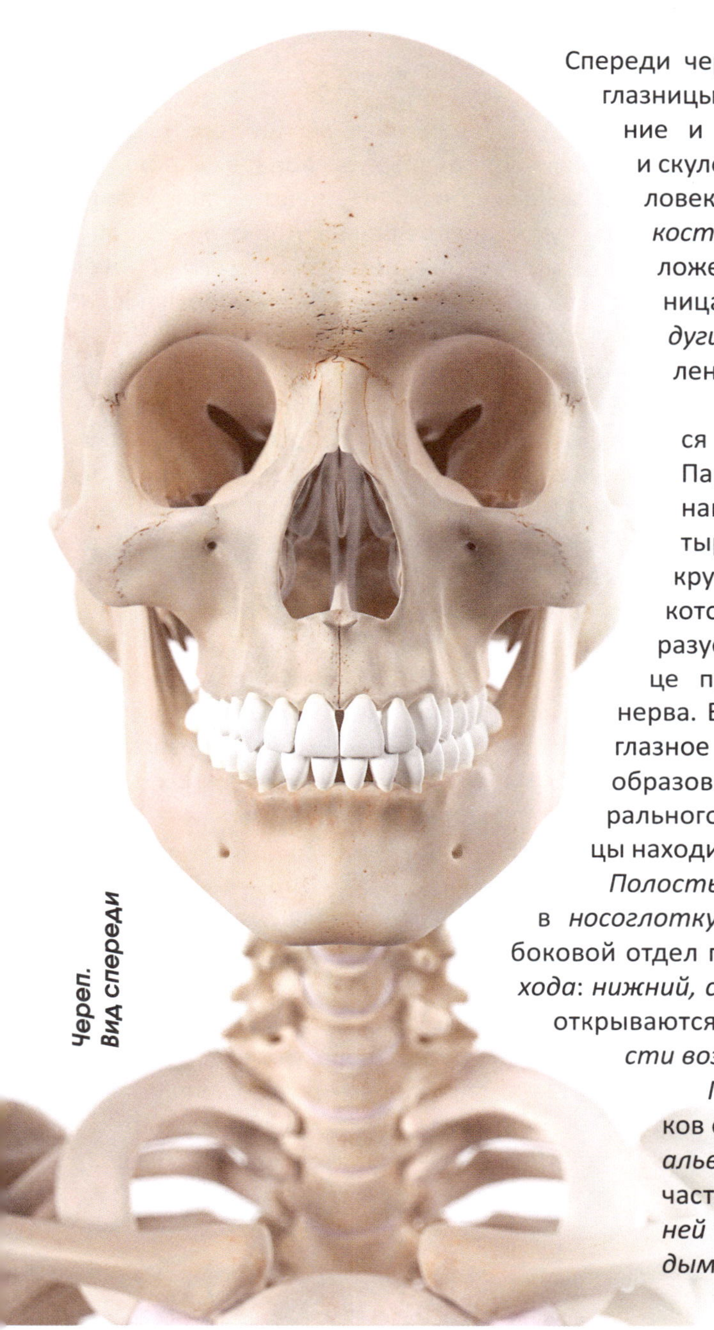

Череп. Вид спереди

Спереди черепа видны лобная область, глазницы, вход в полость носа, верхние и нижние челюсти с зубами и скуловые кости. Выпуклый лоб человека образован *чешуей лобной кости*, на которой по бокам расположены лобные бугры. Над глазницами проходят *надбровные дуги*, в надпереносье видна маленькая площадка — *глабелла*.

На лицевом черепе находятся очень важные образования. Парная *глазница* — полость, напоминающую по форме четырехгранную пирамиду с закругленными углами, основание которой обращено вперед и образует вход в глазницу. В глазнице проходит канал зрительного нерва. В полости глазницы залегают глазное яблоко и вспомогательные образования органа зрения. У латерального края верхней стенки глазницы находится ямка слезной железы.

Полость носа продолжается кзади в *носоглотку*. Носовые раковины делят боковой отдел полости носа на три *носовых хода*: *нижний, средний* и *верхний*, в которые открываются *носослезный канал* и *полости воздухоносных костей*.

Полость рта впереди и с боков ограничена *верхней* и *нижней альвеолярными дугами* с зубами, частично *телом* и *ветвью нижней челюсти*, а сверху — *твердым небом*.

Внутреннее основание черепа имеет сложный рельеф, обусловленный строением нижней поверхности мозга. Выделяют три черепные ямки. В *передней черепной ямке* залегают лобные доли полушарий большого мозга. В *средней черепной ямке* располагаются височные доли больших полушарий головного мозга, а в гипофизарной ямке турецкого седла — гипофиз. *Задняя черепная ямка* имеет в центре *большое затылочное отверстие*. В ямке расположенны мозжечок, варолиев мост и продолговатый мозг.

Грудная клетка

Грудная клетка — соединенные между собой 12 пар ребер, грудина и 12 грудных позвонков. По форме грудная клетка похожа на бочку неправильной формы, расширенную в поперечном и уплощенную в переднезаднем направлении. *Верхнее отверстие грудной клетки* ограничено первым грудным позвонком, первой парой ребер и верхним краем грудины. Через верхнее отверстие проходят трахея, пищевод, сосуды и нервы. *Нижнее отверстие грудной клетки* ограничено XII грудным позвонком, нижними ребрами, реберными хрящами и нижним концом грудины, и закрыто диафрагмой. На всем протяжении между позвоночником и грудиной *межреберные промежутки* заполнены межреберными мышцами, проходят сосуды и нервы.

Ребро — длинная плоская костная пластинка, спереди переходящую в *реберный хрящ*. Костная часть ребра включает *головку*, на которой расположена суставная поверхность для сочленения с телами позвонков, *шейку* и *тело*. Тела десяти верхних ребер имеют *бугорки* с суставными поверхностями для сочленения с *поперечными отростками позвонков*. *Истинными* называют I—VII пары ребер, хрящи каждого из них соединяется с грудиной, VIII—X пары ребер именуют *ложными*, концы их хрящей срастаются между собой и с хрящами нижних ребер, образуя *реберные дуги*; XI—XII пары ребер — *колеблющиеся*, так как их передние концы не доходят до грудины и заканчиваются в мышцах передней брюшной стенки.

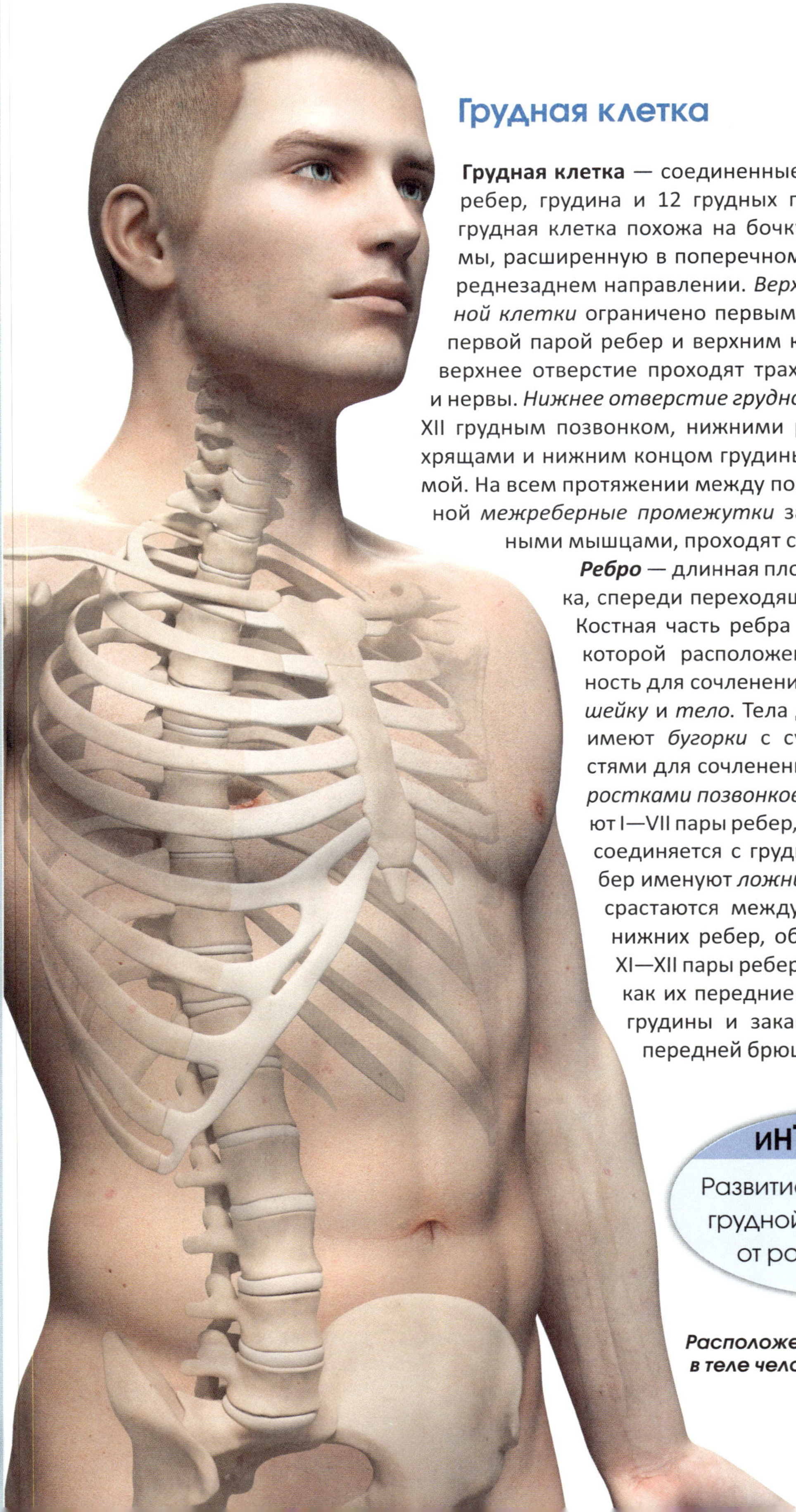

ИНТЕРЕСНО!

Развитие и подвижность грудной клетки зависят от развития мышц.

Расположение грудной клетки в теле человека

Грудина плоская, имеет три части: вверху — широкая *рукоятка*, внизу — удлиненное *тело* и *мечевидный отросток*. Грудина соединяется с ключицами, в результате чего образуются *грудино-ключичные суставы,* и с I—VII ребрами. ***Грудная клетка весьма подвижна благодаря соединениям составляющих ее костей.*** Вдох и выдох приводит к вращению задних концов ребер, одновременно смещаются и ребра, и грудина: при вдохе передние концы ребер и грудина поднимаются, межреберные промежутки расширяются, размеры грудной полости увеличиваются, при выдохе происходит обратное действие.

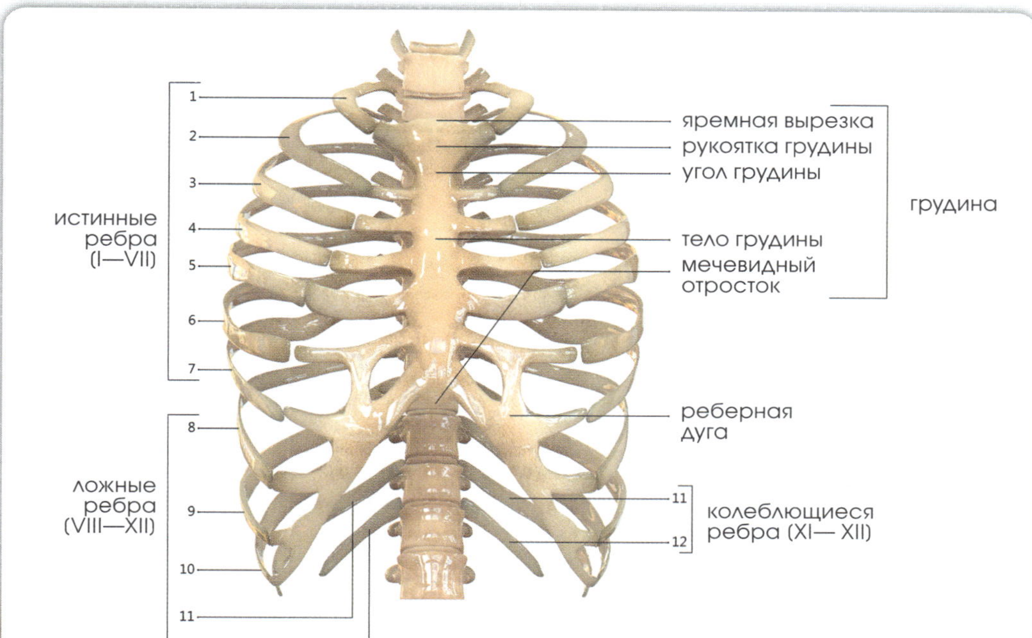

Грудная клетка, вид спереди

Любопытно! Шумерская легенда о стране Дильму называет ребро «ти»; но «ти» означает также «давать жизнь». Богиня, исцеляющая боль в ребре одного из героев, звалась Нин-ти («Госпожа ребра»).

Древний рельеф из Ассирии

Скелет конечностей

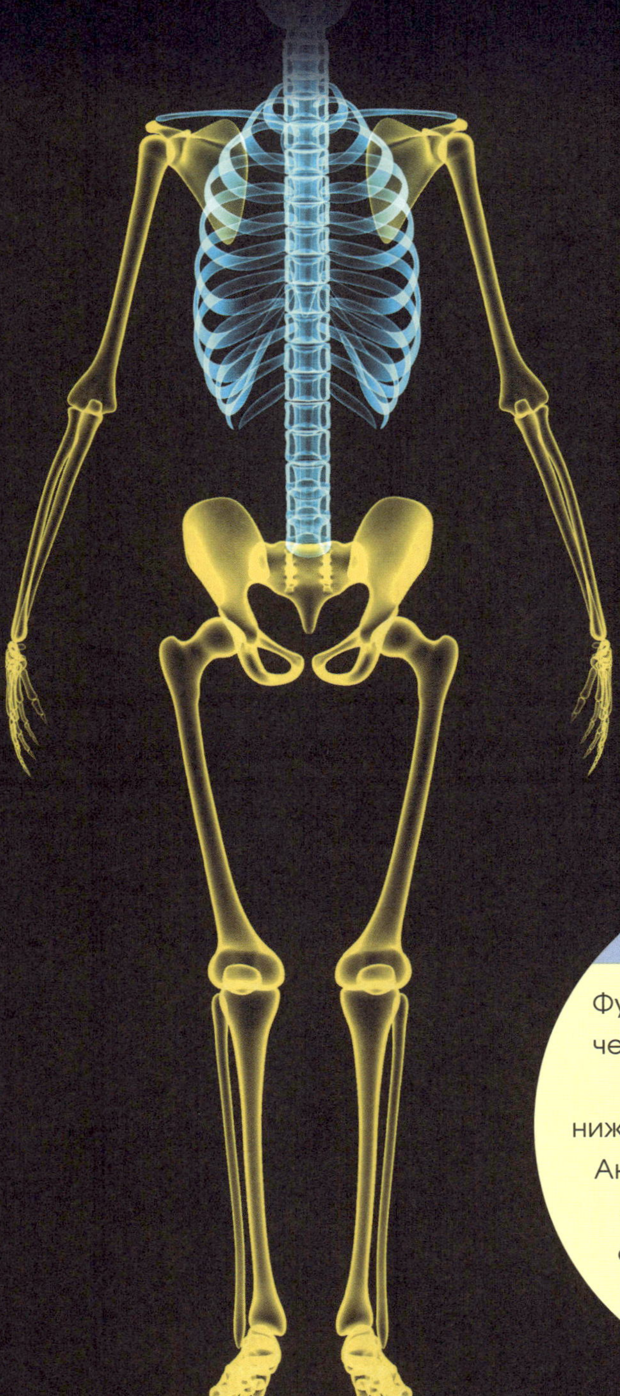

Скелет конечностей включает пояса и свободные части, которые имеют три сегмента: верхний, или проксимальный, сегмент включает одну кость, средний сегмент — две кости и нижний сегмент — множество костей. Кости образуют систему рычагов. Гомологичность — признак скелетов верхней конечности и нижней конечности.

Соединения свободной верхней конечности, в первую очередь в области предплечья и кисти (особенно *седловидный запястно-пястный сустав большого пальца*), и высоко дифференцированные мышцы определяют многообразные тонкие и сложные трудовые процессы.

ИНТЕРЕСНО!

Функция конечностей человека четко разграничена — верхние являются органом труда, нижние — опоры и передвижения. Анатомическое строение руки определяет ее уникальную функцию — специфический только для человека труд.

Кости верхней конечности

Пояс верхней конечности сформирован с каждой стороны двумя костями — лопаткой и ключицей, прикрепленными к грудной клетке с помощью мышц и связок, спереди — посредством ключицы сочленяются с грудиной. Верхний отдел скелета свободной верхней конечности образован плечевой костью, средний — лучевой и локтевой костями, нижний — 27 костями, образующими три части: запястье, пясть и фаланги пальцев.

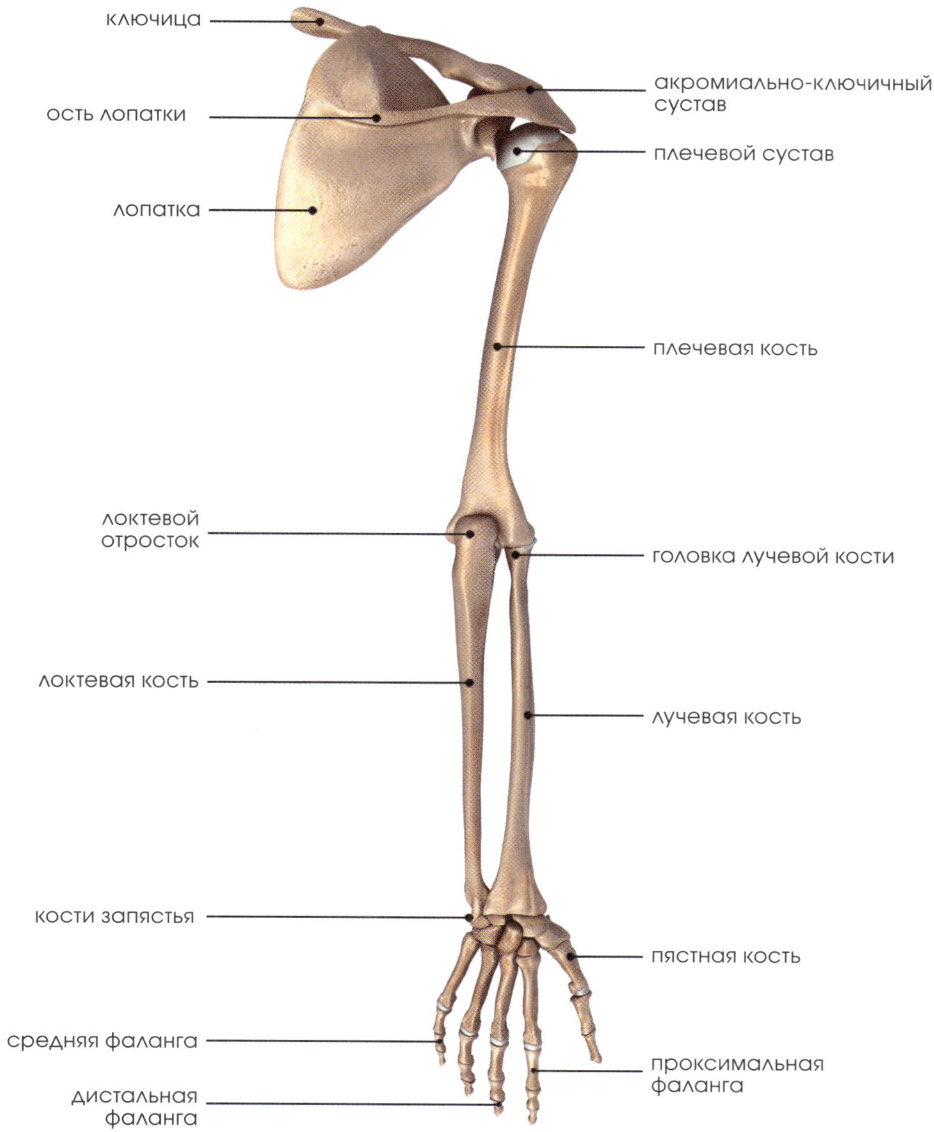

Кости верхней конечности

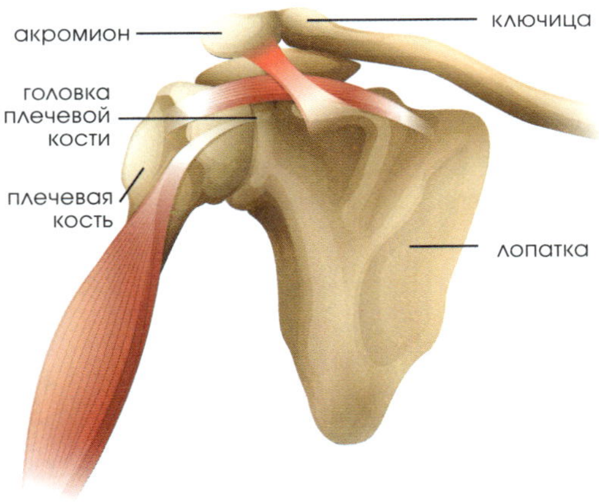

Лопатка, ключица

Ключица — парная, S-образно изогнутая трубчатая кость, сочленяется с грудиной и с акромиальным отростком лопатки, образуя *грудино-ключичный сустав* и *акромиально-ключичный сустав.* В данных суставах осуществляется опускание и поднимание ключицы, ее движение вперед и назад, вращение и круговые движения.

Лопатка — плоская кость треугольной формы, своей *реберной поверхностью* прилегающая к *задней поверхности грудной клетки*. Костная ость продолжается латерально и кпереди в *акромион*, соединяющийся с ключицей. *Латеральный угол лопатки* заканчивается утолщением с углубленной *суставной впадиной*, являющейся частью *плечевого сустава.*

Плечевая кость — длинная трубчатая кость, имеющая цилиндрическое *тело*, которое внизу становится трехгранным. Вверху плечевая кость имеет шаровидную головку, сочленяющуюся с лопаткой, в результате образуется шаровидный многоосный плечевой сустав. Внизу плечевая кость заканчивается сложно устроенным *мыщелком*, состоящим из *блока* и *головки*, которые сочленяются с обеими костями предплечья. *Плечевой сустав* в связи с прямохождением наиболее свободен и подвижен. В нем производится сгибание и разгибание руки, отведение и приведение руки, вращение кнаружи и кнутри, круговое движение. Движение руки выше уровня плеча также происходит, т.к. вся конечность движется вместе с плечевым поясом.

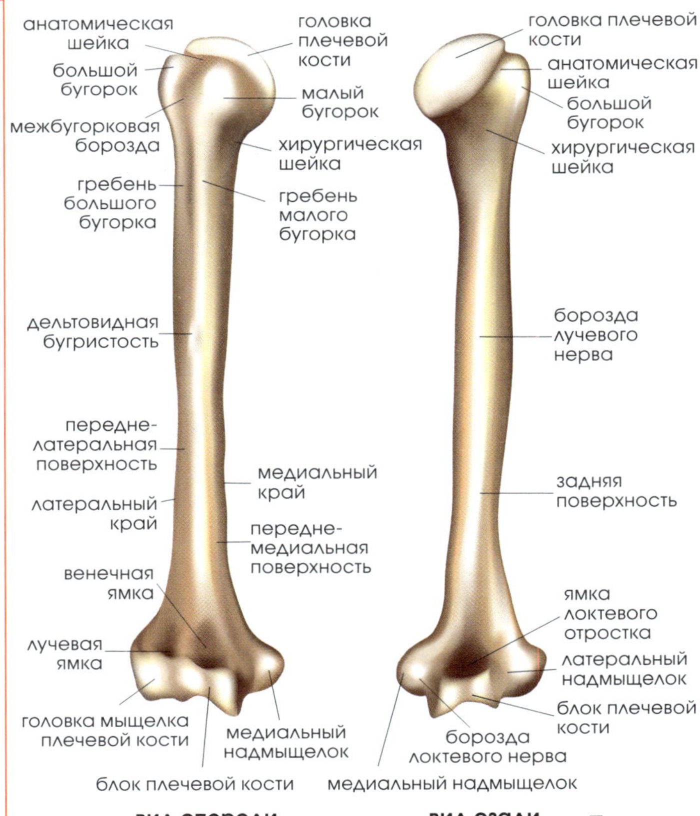

Плечевая кость

Локтевая кость — длинная трубчатая кость, *тело* которой похоже на трехгранную призму. Массивный *верхний эпифиз* сочленяется с плечевой и локтевой костями, *нижний эпифиз* локтевой кости (ее головка) сочленяется с лучевой костью. Сложный *локтевой сустав* образован тремя суставами: *плечелоктевым, плечелучевым, верхним лучелоктевым*. В локтевом суставе производится сгибание и разгибание предплечья, его *пронация* и *супинация* (вращение).

Лучевая кость — длинная трубчатая кость. *Тело* лучевой кости отделено от головки узкой *шейкой*. Дистальный эпифиз сочленяется с верхним рядом костей запястья, образуя *лучезапястный сустав*.

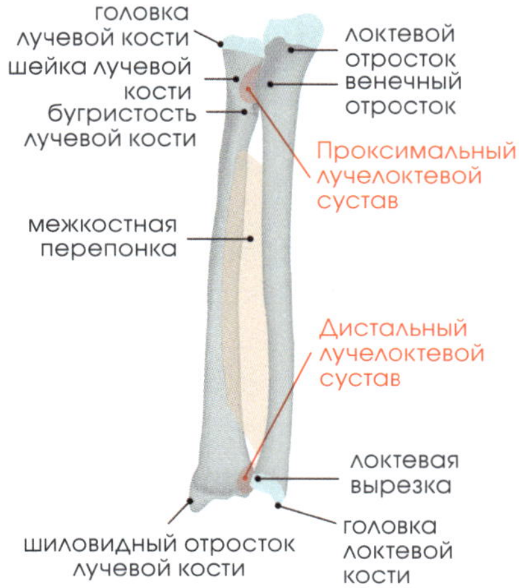

Кости предплечья

Седловидный запястно-пястный сустав большого пальца — характерная особенность человека и его отличие от всех других живых существ на Земле. Даже в Древнем мире понимали значение этого сустава. Во время галльской войны Юлий Цезарь приказал всем пленникам отрубать большой палец правой руки, дабы по возвращении в свою страну они служили в качестве примера и больше не могли держать оружие. Позднее эта практика широко использовалась в войнах и в работорговле.

Римский легионер

Кисть имеет три отдела: запястье, пясть и пальцы. *Запястье* состоит из восьми костей, располагающихся в два ряда: в *верхнем ряду*, начиная от лучевого края, лежат *ладьевидная, полулунная, трехгранная, гороховидная (сесамовидная) кости;* в *нижнем ряду — кость-трапеция* (большая многоугольная), *трапециевидная, головчатая* и *крючковидная кости*.

Кости запястья сочленяются между собой: кости проксимального ряда — с *запястной суставной поверхностью лучевой кости*, образуя *эллипсоидный лучезапястный сустав*, в котором происходит сгибание, разгибание, приведение и отведение кисти. Кости запястья формируют *твердую основу кисти* огромной прочности. Кости запястья образуют *костный свод*, обращенный вогнутостью в сторону ладони, а выпуклостью к тылу кисти.

Пясть включает пять костей, каждая из которых — короткая трубчатая кость, которая сочленяется с *проксимальной фалангой* соответствующего пальца и образует *пястно-фаланговый сустав*, и с костями запястья, образуя *запястно-пястные суставы*. Наиболее важен седловидный *запястно-пястный сустав большого пальца*, т.к. в нем совершаются разнообразные движения, среди которых большую роль в жизни и трудовой деятельности человека играет противопоставление большого пальца остальным. В пястно-фаланговых суставах производится сгибание и разгибание, приведение и отведение пальца.

Скелет пальцев состоит из коротких трубчатых костей — *фаланг.* Первый палец включает две фаланги, со второго по четвертый — по три фаланги. Сочленяясь между собой, фаланги образуют *межфаланговые суставы,* где совершается сгибание и разгибание фаланги.

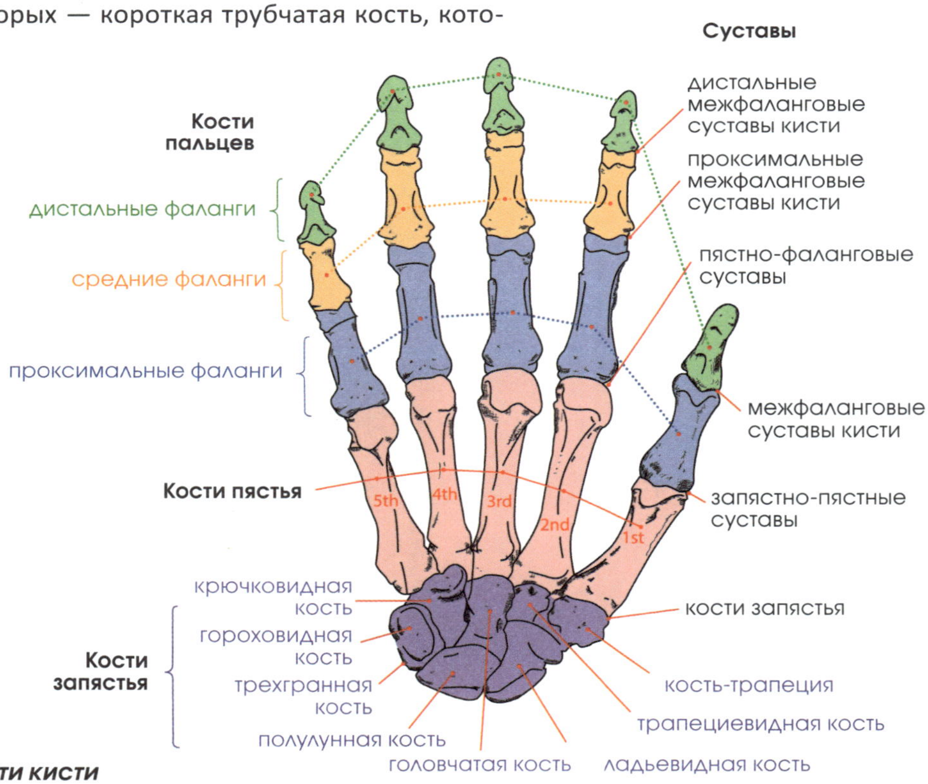

Кости кисти

Кости нижней конечности

Скелет нижней конечности человека — орган опоры и передвижения тела в пространстве, имеет более толстые и массивные кости, соединенные между собой менее подвижными, чем у верхних конечностей, сочленениями. Нижняя конечность человека состоит из пояса — *тазовые кости*, между которыми сзади как бы вклинивается крестец, и *свободной нижней конечности*. Скелет свободной нижней конечности — проксимальный сегмент (бедро), средний сегмент (большеберцовая и малоберцовая кости) и дистальный сегмент (26 костей стопы), который имеет три части: предплюсна, плюсна и фаланги пальцев.

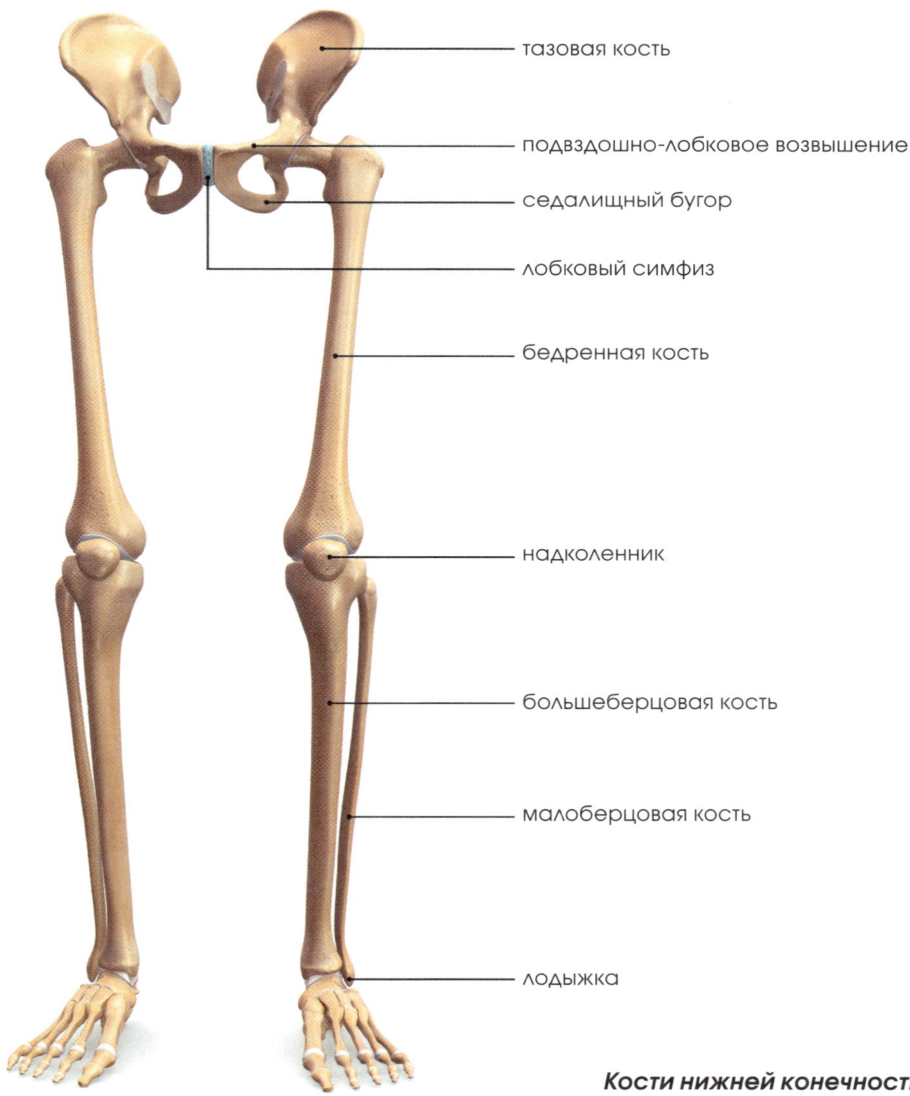

Кости нижней конечности

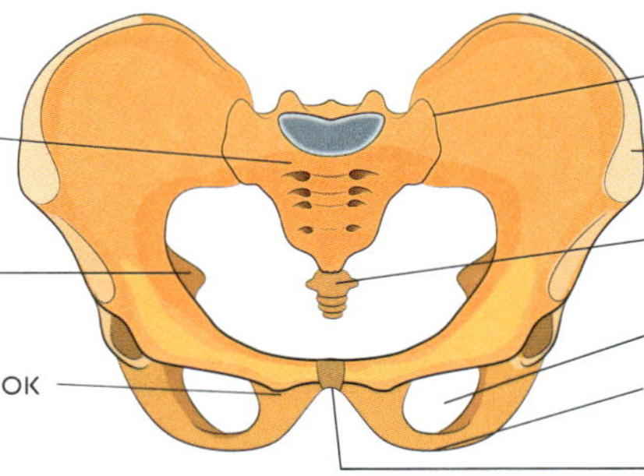

Строение таза

Тазовая кость — парная плоская кость, сформирована подвздошной, лобковой и седалищной костями, срастающимися ко времени полового созревания в области *вертлужной впадины* — глубокой ямки, которая сочленяется с *головкой бедренной кости*. Подвздошная кость находится над впадиной, лобковая кость — кпереди и книзу, *седалищная кость* — книзу и сзади от нее.

Подвздошная кость состоит из массивного *тела* и тонкого *крыла*, которое заканчивается *подвздошным гребнем*. *Крестцово-тазовая поверхность* сочленяется с *ушковидной поверхностью крестца* и образует плоский *крестцово-подвздошный сустав* с мощными связками, в котором движения почти отсутствуют. Это способствует формированию прочного *тазового кольца* с арочным строением, которое несет на себе тяжесть туловища и передает ее массивным костям свободной нижней конечности.

Седалищная кость участвует в формировании *вертлужной впадины* и образует мощный хорошо выраженный у человека *седалищный бугор*.

Лобковая кость имеет *тело*, которое участвует в образовании *вертлужной впадины*, и две *ветви* — *верхнюю* и *нижнюю*, соединяющиеся между собой под углом. Медиальная поверхность угла включает *симфизиальную поверхность*, которая, соединяясь с такой же поверхностью противоположной кости, образует *лобковый симфиз*.

Таз имеет два отдела — большой таз и малый таз, отделенные друг от друга *пограничной линией* с дугообразной линией (правой и левой) подвздошных костей и гребнями лобковых, сзади *мысом крестца*, впереди — *верхним краем лобкового симфиза*. ***Большой таз*** сформирован крыльями подвздошных костей и телом V поясничного позвонка. ***Малый таз*** ограничен крестцом, копчиком, ветвями лобковых и седалищных костей, седалищными буграми, крестцово-бугорными связками.

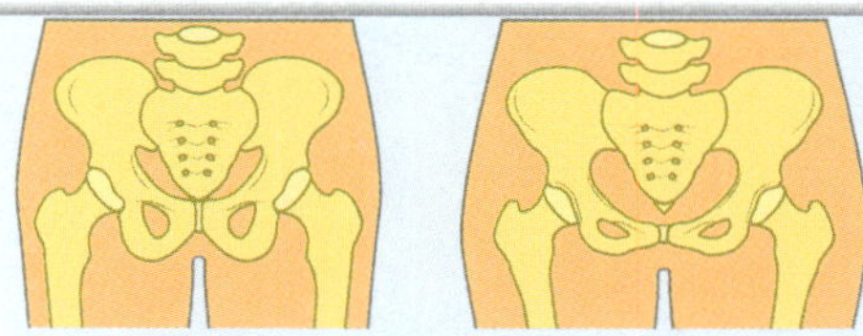

Таз мужчины ***Таз женщины***

Таз мужчины и женщины имеют существенные различия. Женский таз шире и короче, объем его и все размеры больше, кости женского таза тоньше, нижнее отверстие шире, имеет форму поперечного овала. Угол, под которым соединяются нижние ветви лобковых костей (*подлобковый угол*), у мужчин около 70–75°, у женщин около 90–100°, а седалищные бугры и крылья подвздошных костей у женщин расположены дальше друг от друга. Все перечисленные особенности связаны с выполнением основной *функции* — таз женщины является вместилищем развивающегося в матке плода, который во время родов покидает полость таза через нижнюю апертуру.

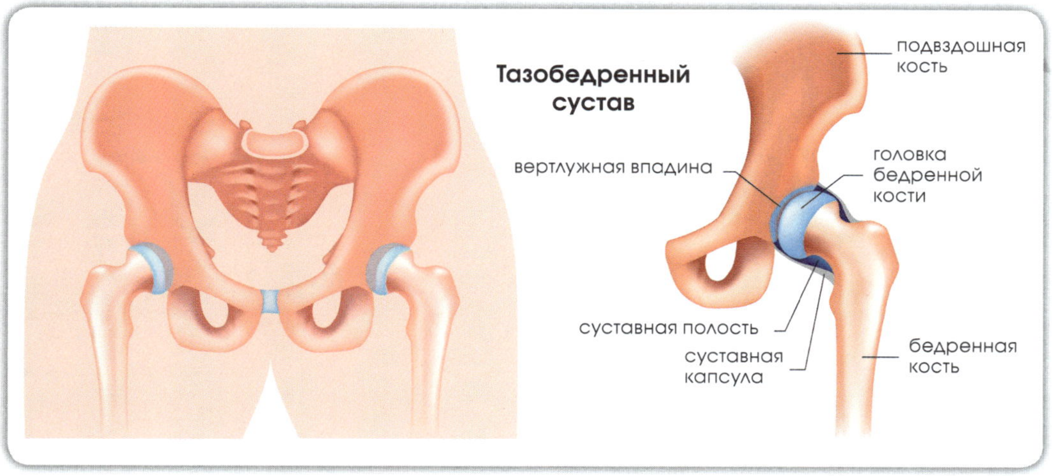

Бедренная кость — наиболее крупная, массивная трубчатая кость скелета человека, имеющая прямую корреляцию между ее длиной и ростом человека. *Головка бедренной кости* шаровидная, сочленяется с вертлужной впадиной тазовой кости и образует шаровидный *тазобедренный сустав*, в котором осуществляются сгибание и разгибание бедра, его отведение и приведение, вращение внутрь и кнаружи, круговые движения. Соединяющая головку с телом бедренной кости *длинная шейка* расположена под углом к последнему (у мужчин угол около 130°, у женщин почти прямой). Устройство *нижнего эпифиза бедренной кости* очень сложное, на нем имеются два мощных *мыщелка*, которые разделены глубокой *межмыщелковой ямкой*, переходящей впереди в *надколенниковую поверхность*.

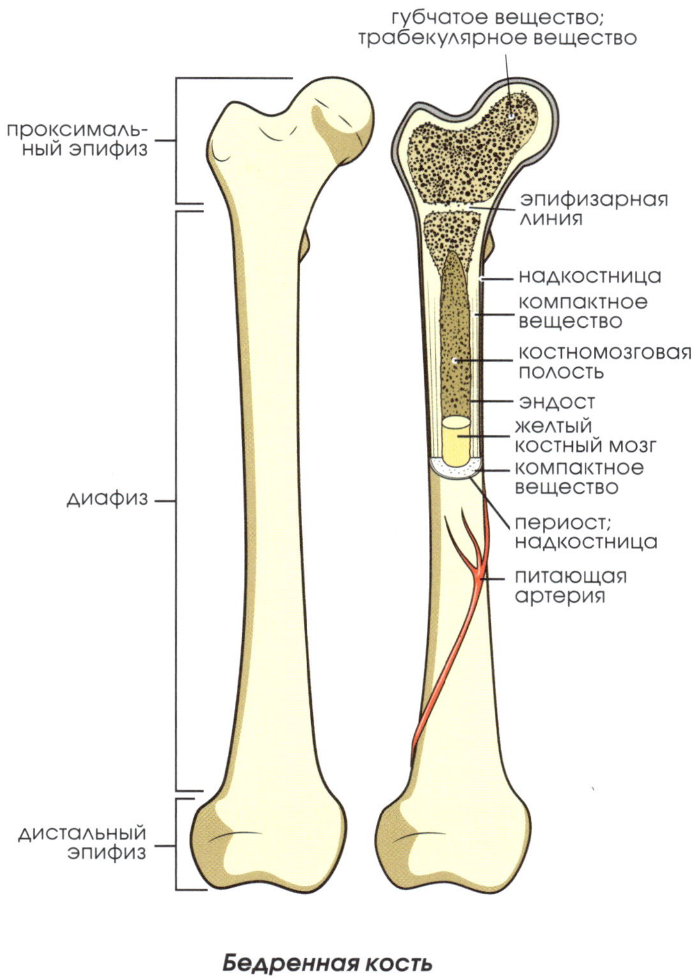

Бедренная кость

ИНТЕРЕСНО!

Младенцы не имеют коленные чашечки, вместо них там находится особый хрящ. К 3 — 5 годам хрящ окостеневает и образуется надколенник.

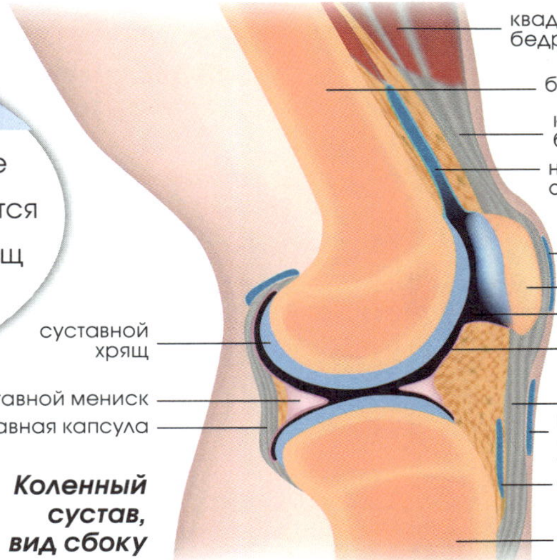

Коленный сустав, вид сбоку

Надколенник — сесамовидная кость, лежащая в толще сухожилия четырехглавой мышцы бедра.

Большеберцовая кость — массивная длинная трубчатая кость, единственная из двух костей голени, которая сочленяется с бедренной костью, образуя коленный сустав. Образование двухосного сложного комплексного *коленного сустава* происходит при участии *нижнего эпифиза бедренной кости, надколенника* и *верхнего эпифиза большеберцовой кости*. В коленном суставе осуществляется сгибание и разгибание голени, вращение (при ее полусогнутом положении). Трехгранное тело большеберцовой кости переходит в ее *нижний эпифиз*, приблизительно четырехугольной формы, несущий на себе *нижнюю суставную поверхность* для сочленения с *таранной костью стопы*. Медиальный конец нижнего эпифиза оттянут и образует *медиальную лодыжку*.

Малоберцовая кость — тонкая длинная трубчатая кость, имеет *головку*, где расположена *суставная поверхность* для сочленения с *верхним эпифизом большеберцовой кости*. Трехгранное *тело* внизу оканчивается утолщенной *латеральной лодыжкой* с суставной поверхностью.

Кости голени

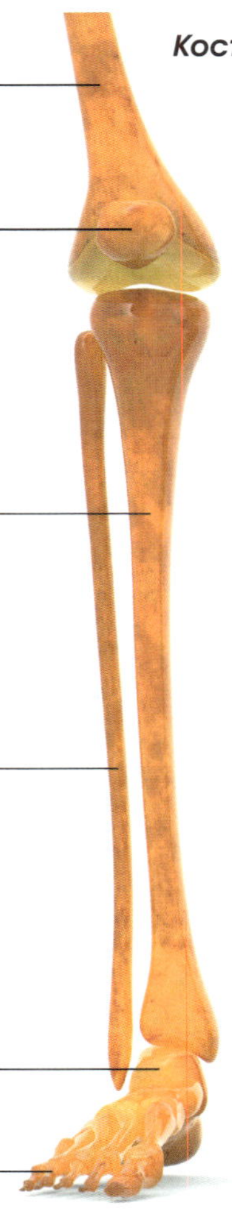

Стопа включает предплюсну, плюсну и пальцы. Кости *предплюсны* — расположенные в два ряда семь коротких костей, прочных, массивных, несущих большую нагрузку. В дистальном, или переднем, ряду латерально залегает *кубовидная кость*, медиально — узкая *ладьевидная кость* и впереди нее — три *клиновидные кости*; в проксимальном, или заднем, ряду — *таранная кость* и *пяточная кость*. *Нижняя суставная поверхность большеберцовой кости* и *суставные поверхности лодыжек* образуют вилку, которая охватывает *блок таранной кости* сверху и с боков. В результате образуется сложный блоковидный *голеностопный сустав*, осуществляющий тыльное и подошвенное сгибание стопы.

Кости *предплюсны* связаны между собой множеством суставов. Многочисленные соединения костей стопы соединены прочными связками.

Плюсневые кости (5) трубчатые короткие, своими основаниями сочленяются с *клиновидными костями* и *кубовидной костью* и образуют малоподвижные *предплюсне-плюсневые суставы*, а своими головками — с основаниями соответствующих проксимальных фаланг.

Скелет пальцев сформирован короткими трубчатыми костями — *фалангами,* количество их соответствует фалангам пальцев кисти, но они отличаются небольшими размерами. Каждая проксимальная фаланга своим основанием сочленяется с соответствующей плюсневой костью.

Головка проксимальной фаланги сочленяется со средней фалангой, средняя фаланга — с основаниями дистальных фаланг. В *плюснефаланговых суставах* осуществляется сгибание, разгибание, приведение и отведение пальцев. В *межфаланговых суставах* производится сгибание и разгибание.

ИНТЕРЕСНО!

Из более 200 костей нашего тела на стопу приходится 52 кости.

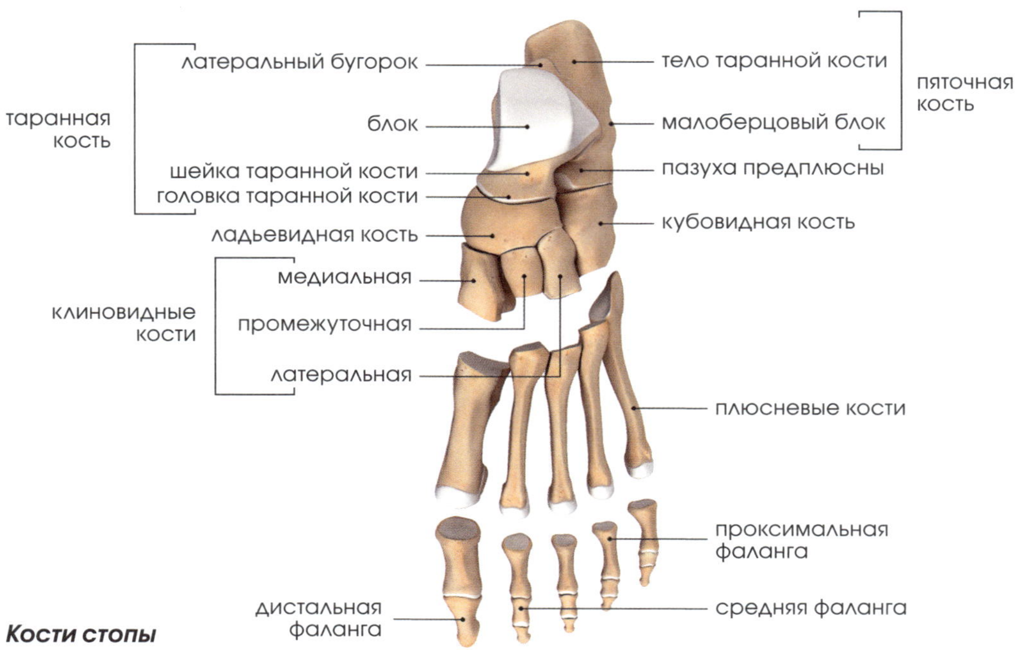

Кости стопы

Особенности строения и функционирования стопы человека. Стопа человека — орган опоры и передвижения, она несет на себе всю тяжесть человеческого тела, что накладывает существенный отпечаток на строение стопы и характер соединения костей. Особенности строения стопы — прочность, пронированное положение, наличие сводов, укрепление внутреннего края, укорочение пальцев, укрепление и приведение первого пальца, который не противопоставляется остальным пальцам стопы (в отличие от большого пальца кисти), и расширение его дистальной фаланги. Стопа сформирована в виде прочной и упругой сводчатой арки с короткими пальцами (сводчатая стопа). Конструкция стопы в виде сводчатой арки поддерживается благодаря форме костей, прочности связок (пассивные «затяжки» стопы) и тонусу мышц (активные «затяжки» стопы). Формирование сводов обусловлено тем, что кости внутреннего края предплюсны лежат выше, чем кости внешнего края.

Стопа в целом имеет *три точки опоры*: пяточный бугор и головки первой и пятой плюсневых костей. В строении стопы выделяют пять продольных и один поперечный своды (дуги). Соединения костей стопы — это взаимозависимость структуры и функции.

Только человек разумный имеет сводчатую стопу.

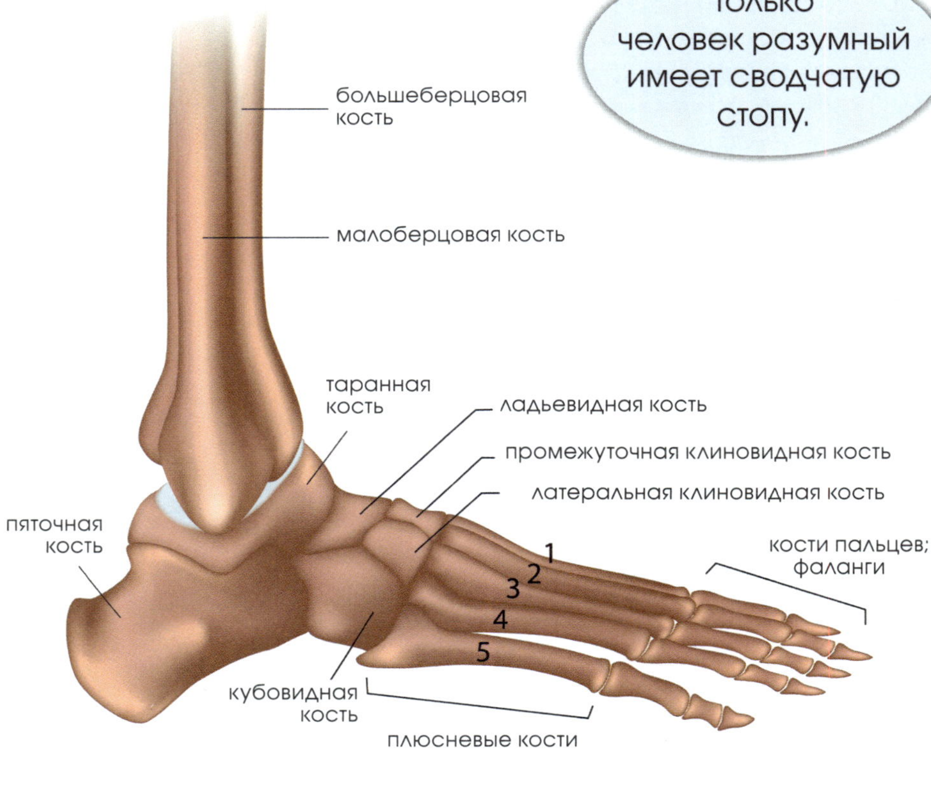

Кости стопы. Вид сбоку

ОСТЕОПОРОЗ. Разрежение или дистрофия костной ткани, в результате чего кости становятся хрупкими и ломкими. Причиной развития остеопороза может являться инфекция, травма или воспаление сустава; в этом случае поражаются кости, расположенные поблизости от больного участка. Остеопороз обычно развивается у людей пожилого возраста, причем у женщин он часто начинает проявляться в период менопаузы. Диагностика остеопороза осуществляется с помощью количественной рентгенографии. Лечение включает препараты кальция и витамина D, назначенные лечащим врачом. Основное условие выздоровления — адекватная физическая нагрузка и нормализация веса тела. Остеопороз является основной причиной переломов костей у людей старшего возраста.

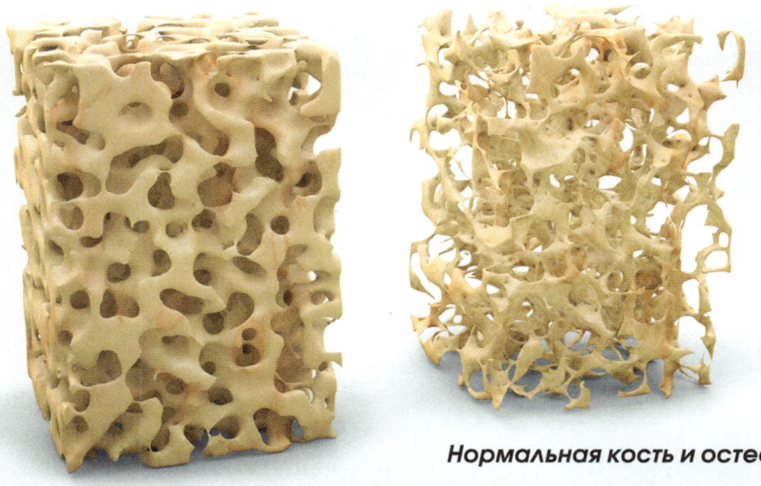

Нормальная кость и остеопороз

ПЕРЕЛОМ. Механическое нарушение целостности кости (может быть полным или неполным (трещина)).

Варианты переломов бедренной кости

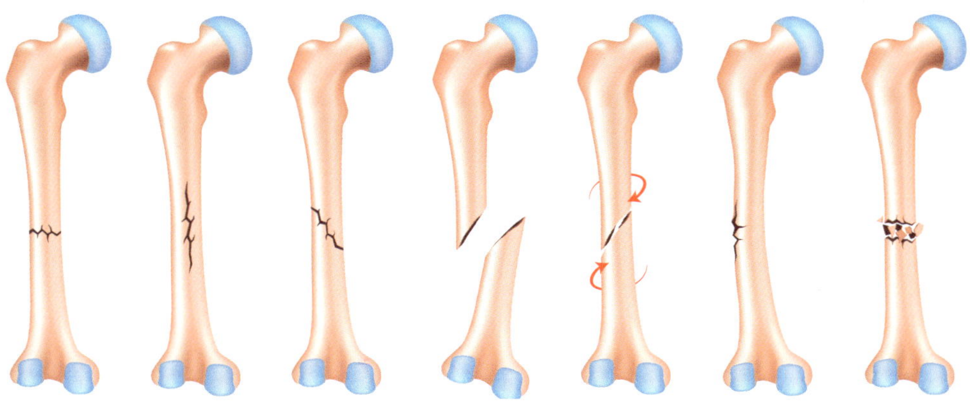

Простой (закрытый) перелом — это перелом, сопровождающийся незначительным повреждением окружающих тканей; нарушения целостности кожи при этом не происходит. Если концы кости повреждают расположенную над ними кожу, то такой перелом называется **открытым**, и в этом случае велик риск возникновения инфекции. Перелом кости, уже пораженной каким-либо заболеванием, называется патологическим; он может возникать даже после незначительных травм. Лечение простого перелома включает сопоставление концов кости, так чтобы между ними не было никакого смещения, иммобилизацию конечности (чаще всего это гипс) и дальнейшую реабилитацию конечности.

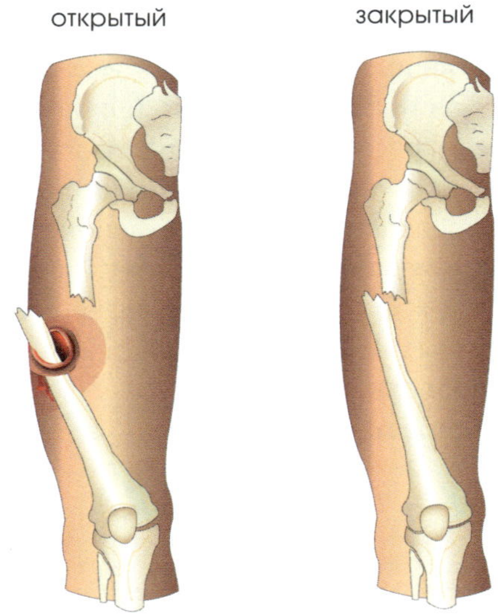

Открытый и закрытый перелом бедренной кости

ВНИМАНИЕ!

Наиболее частый перелом у пожилых людей — перелом шейки бедра, который в настоящее время успешно лечится хирургическим путем.

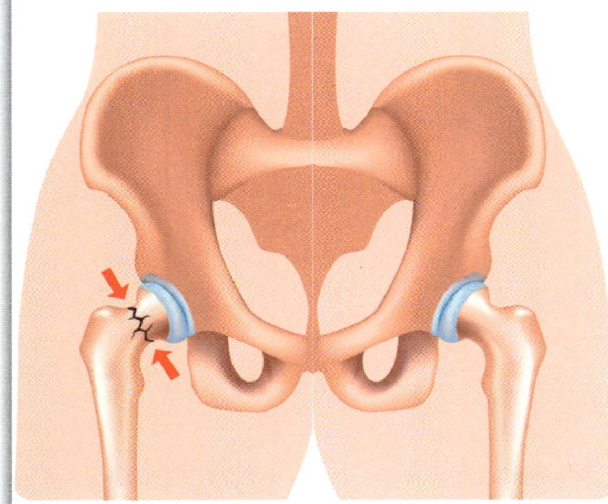

Перелом шейки бедра

ВЫВИХ. Смещение из нормального положения суставных концов костей в суставе. Так, вывих плеча является широко распространенной травмой у спортсменов, а врожденные аномалии развития тазобедренного сустава могут приводить к частым вывихам бедренной кости. Вывихнутые кости приводятся в правильное положение путем вправления, которое обычно проводится под местной или общей анестезией.

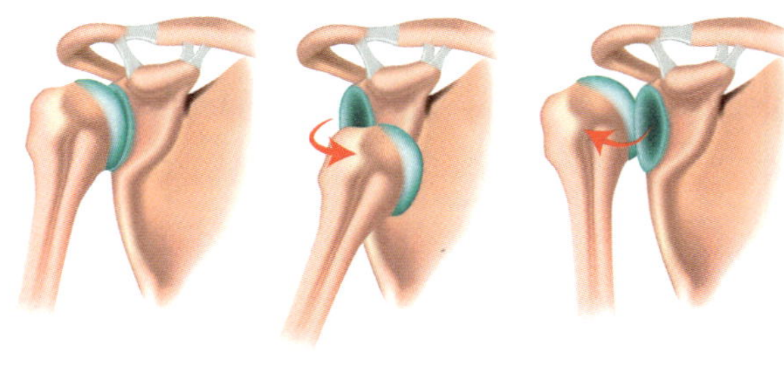

Вывих плечевой кости в плечевом суставе

АРТРИТ. Артрит — воспаление одного или нескольких суставов, при котором суставы опухают, становятся горячими на ощупь, кожа над ними краснеет, человек испытывает боль и ограничение в движениях. Различают остеоартрит и ревматоидный артрит. К развитию артрита могут привести свыше 200 различных заболеваний, в том числе подагра, туберкулез и др. Диагноз ставится на основании внешнего осмотра пораженных суставов, рентгенологического исследования, анализов крови и синовиальной жидкости. Лечение артрита зависит от причины заболевания.

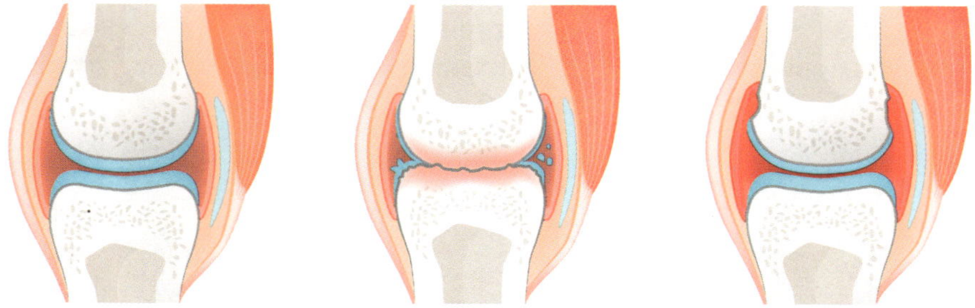

ПЛОСКОСТОПИЕ. Отсутствие свода стопы вплоть до касания подошвой поверхности пола. Может наблюдаться у младенцев или приобретаться на протяжении жизни, обычно вследствие длительного стояния или избыточной массы тела.

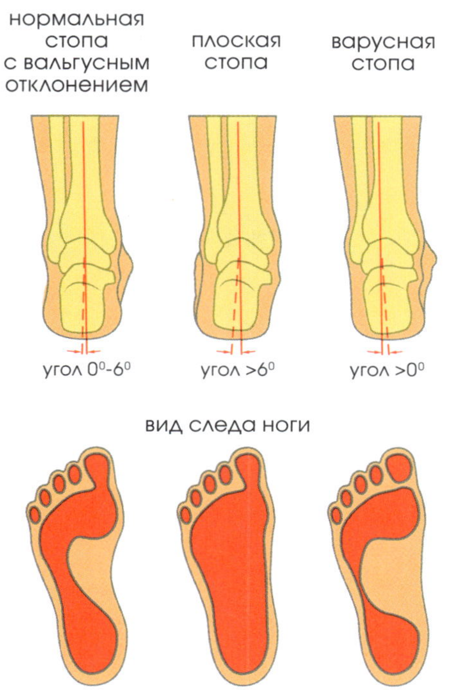

ИСКРИВЛЕНИЕ ВАЛЬГУСНОЕ БОЛЬШОГО ПАЛЬЦА СТОПЫ. Смещение большого пальца стопы в направление к другим пальцам. Предрасполагающие факторы — врожденные нарушения развития стопы, неудобная обувь, слабость связок, неврологические заболевания. Часто сопровождается прогрессирующим артритом первого плюснефалангового сустава. Заболевание развивается постепенно, усугубляется с возрастом. Болезнь проявляется болями при ходьбе, возможны ночные боли. Диагноз ставится на основании клинических исследований и данных рентгенографии. При значительной деформации показано хирургическое вмешательство.

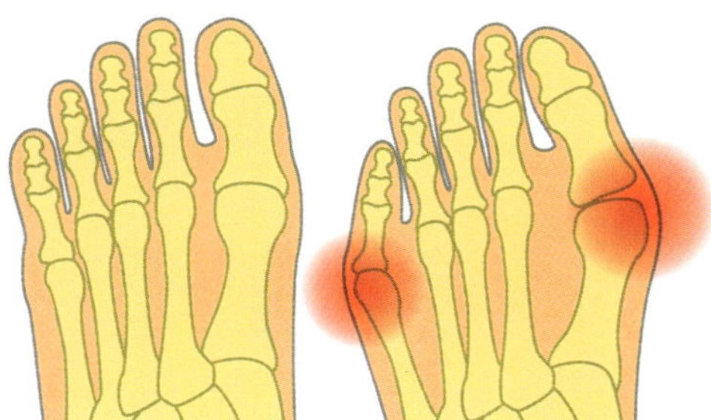

Активная часть. Скелетные мышцы

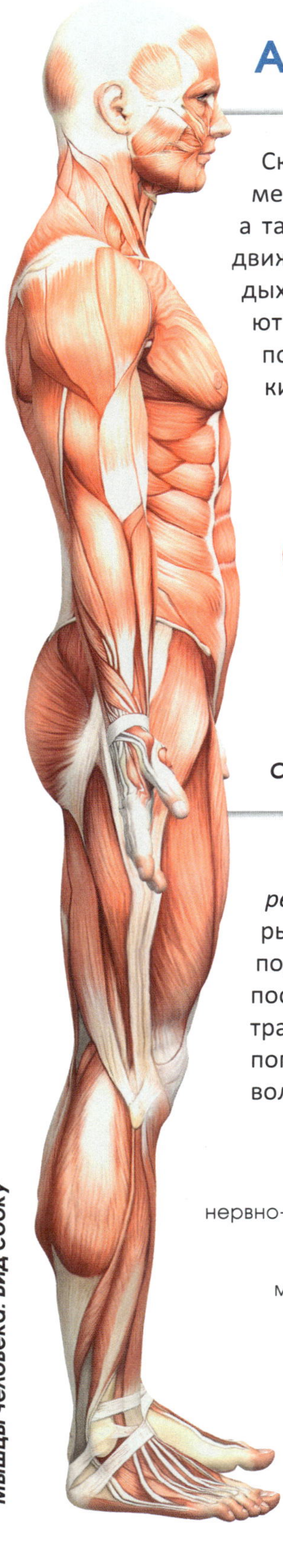

Мышцы человека. Вид сбоку

Скелетные мышцы человека удерживают в равновесии, перемещают и активно изменяют положение тела в пространстве; а также приводят в движение кости, осуществляют движения глазного яблока и слуховых косточек, дыхательные и глотательные движения, участвуют в образовании стенок ротовой, брюшной полостей, таза, входят в состав стенок глотки, верхней части пищевода, гортани и других органов.

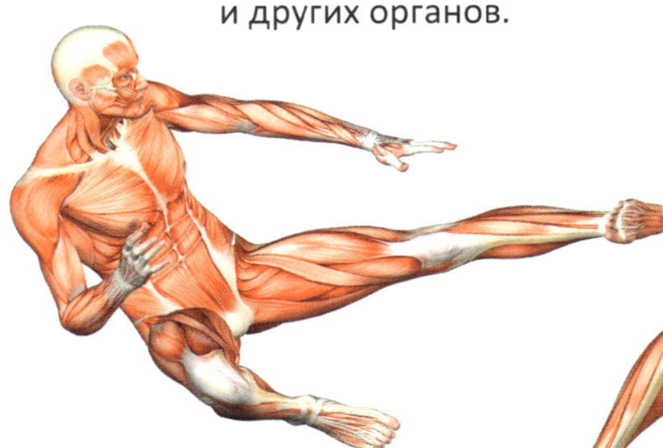

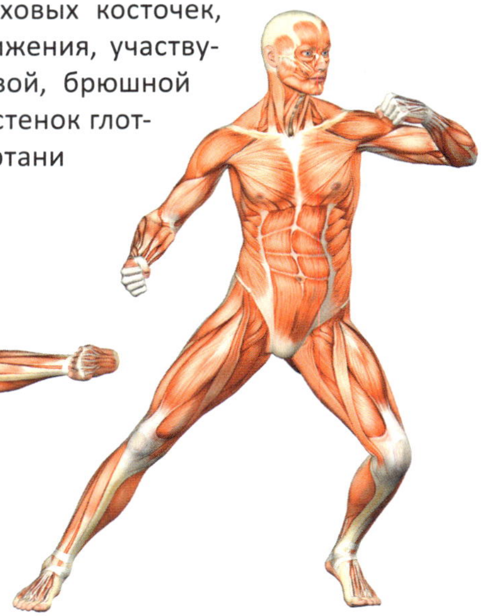

Скелетные мышцы в движении

У человека около 400 *поперечнополосатых мышц*, которые сокращаются произвольно под воздействием импульсов, поступающих по нервам из центральной нервной системы. Пучки поперечнополосатых мышечных волокон образуют скелетные мышцы, иннервирующиеся двигательными нейронами передних рогов спинного мозга.

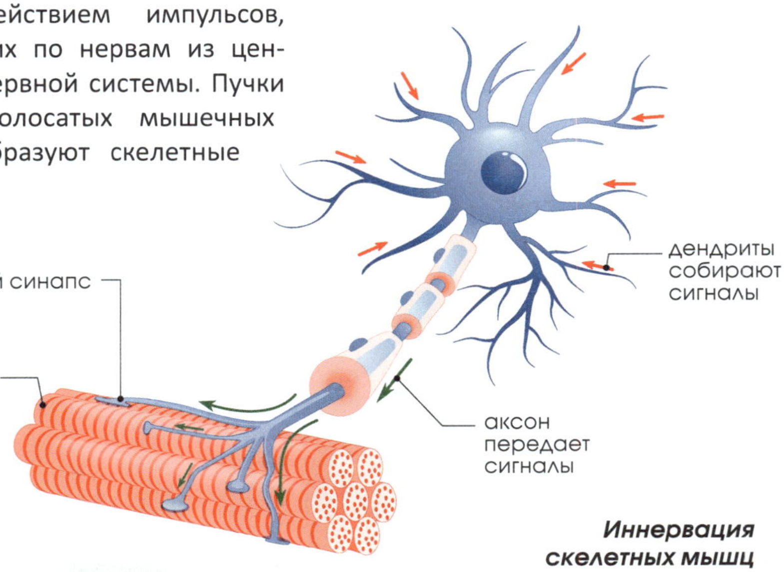

Иннервация скелетных мышц

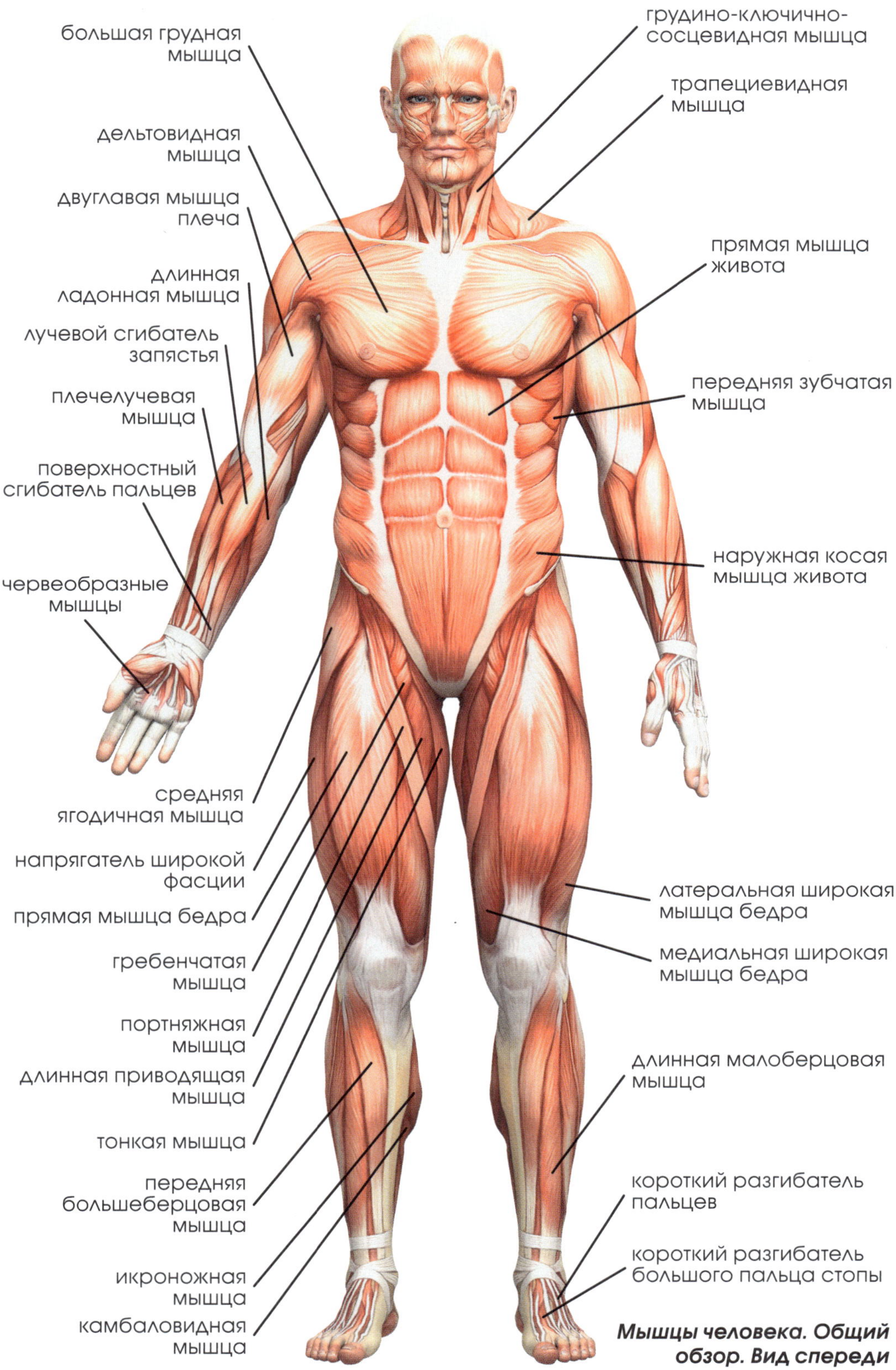

Мышцы человека. Общий обзор. Вид спереди

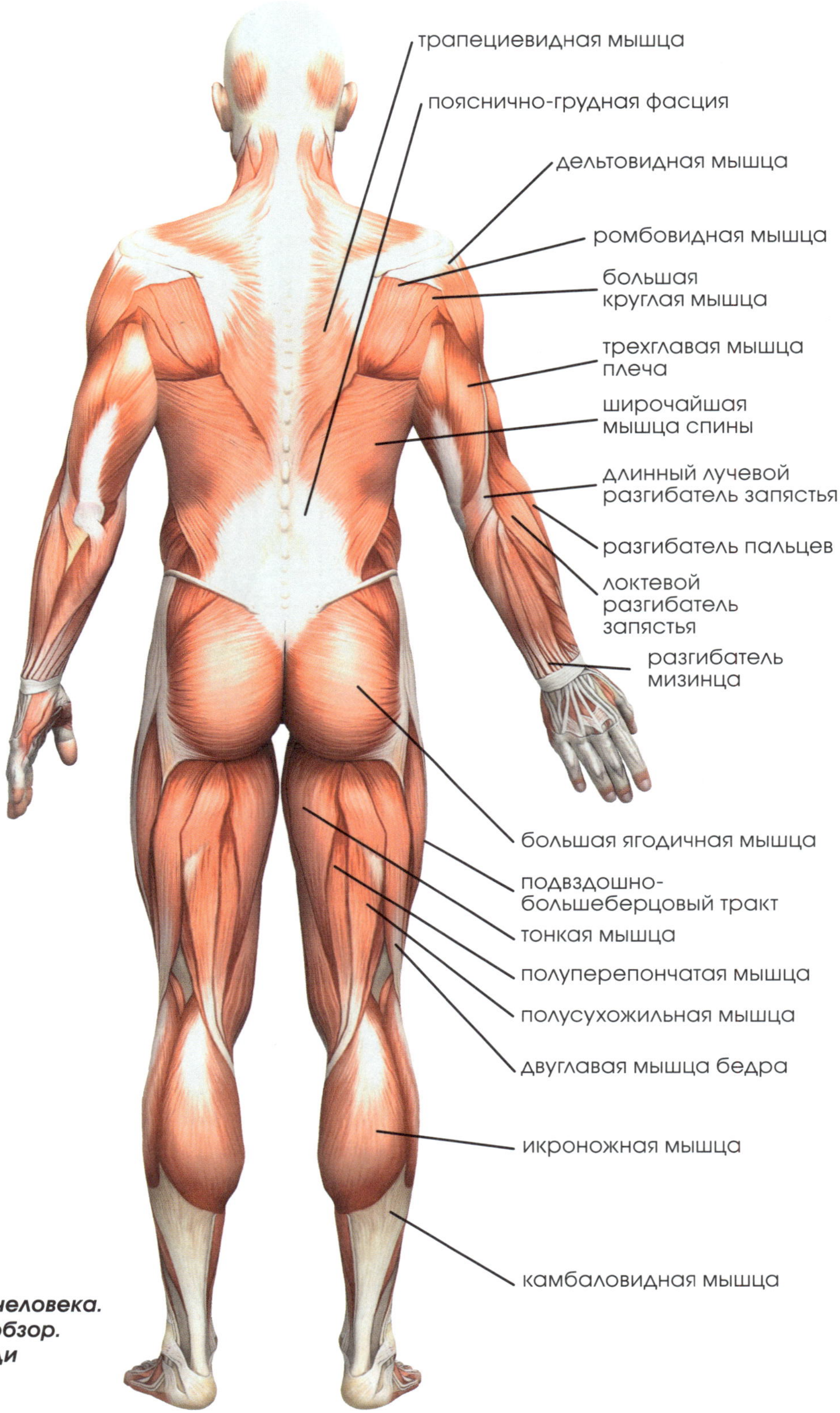

Мышцы человека. Общий обзор. Вид сзади

Скелетные мышцы человека содержат мышечные волокна трех типов (красные, промежуточные, белые), но в зависимости от функции мышцы в ней преобладает тот или иной тип волокон. В то же время соотношение тех и других в каждой мышце строго индивидуально и обусловлено генетически. Чем больше в мышцах белых мышечных волокон, тем человек лучше приспособлен к выполнению физической работы, требующей большой силы и скорости; чем больше красных мышечных волокон, тем выносливее человек.

Мышца как орган включает пучки поперечнополосатых мышечных волокон, каждое из которых покрыто соединительнотканной оболочкой — *эндомизий*. Пучки волокон различной величины, отделеные друг от друга прослойками соединительной ткани — *перимизий*. Мышца, покрытая наружным перимизием — *эпимизий*, переходящий на сухожилие. Из эпимизия в мышцу проникают кровеносные сосуды, разветвляющиеся во внутреннем перимизии и эндомизии, в последнем располагаются капилляры и нервные волокна.

ИНТЕРЕСНО!

Общая масса скелетных мышц новорожденного ребенка 20–22% массы тела, взрослого человека 40% массы тела, после 60–70 лет уменьшается до 25—30% в зависимости от физической активности человека.

Мышцы и сухожилия содержат огромное количество чувствительных нервных окончаний, воспринимающих «мышечное и сухожильное чувство» (информация о тонусе мышечных волокон, степени их сокращения, растяжении сухожилий) и передающих ее по нервам в мозг. Эти рецепторы образуют *нервно-мышечные* и *нервно-сухожильные веретена*, окруженные соединительнотканными капсулами. Двигательные окончания аксонов образуют *моторные бляшки* (аксомышечные синапсы), похожие по своему строению на синапсы.

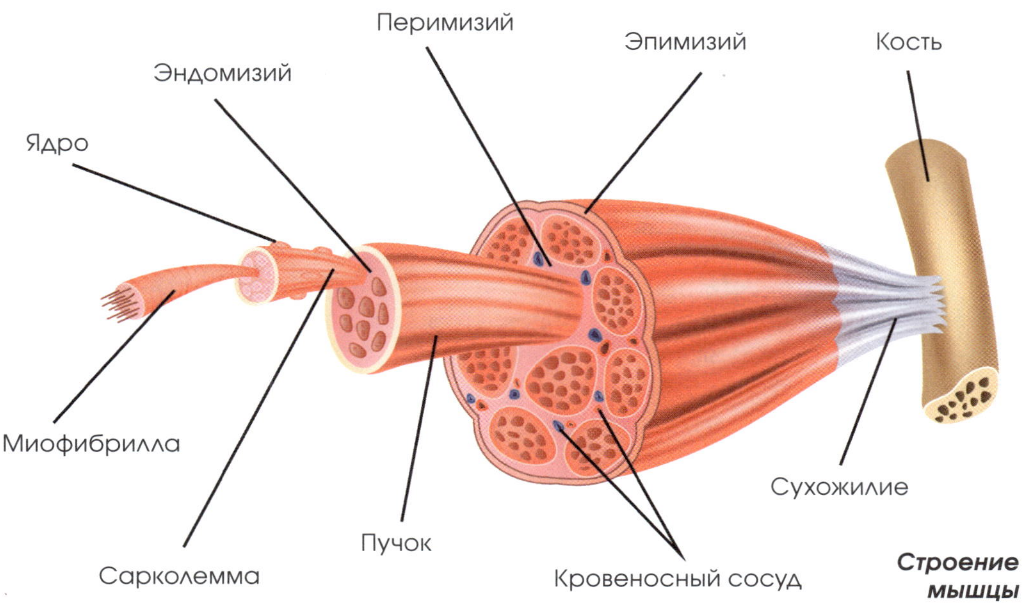

Строение мышцы

Великий Леонардо да Винчи — первый художник, который начал сам расчленять мертвые человеческие тела, чтобы понять и зарисовать строение и расположение мышц.

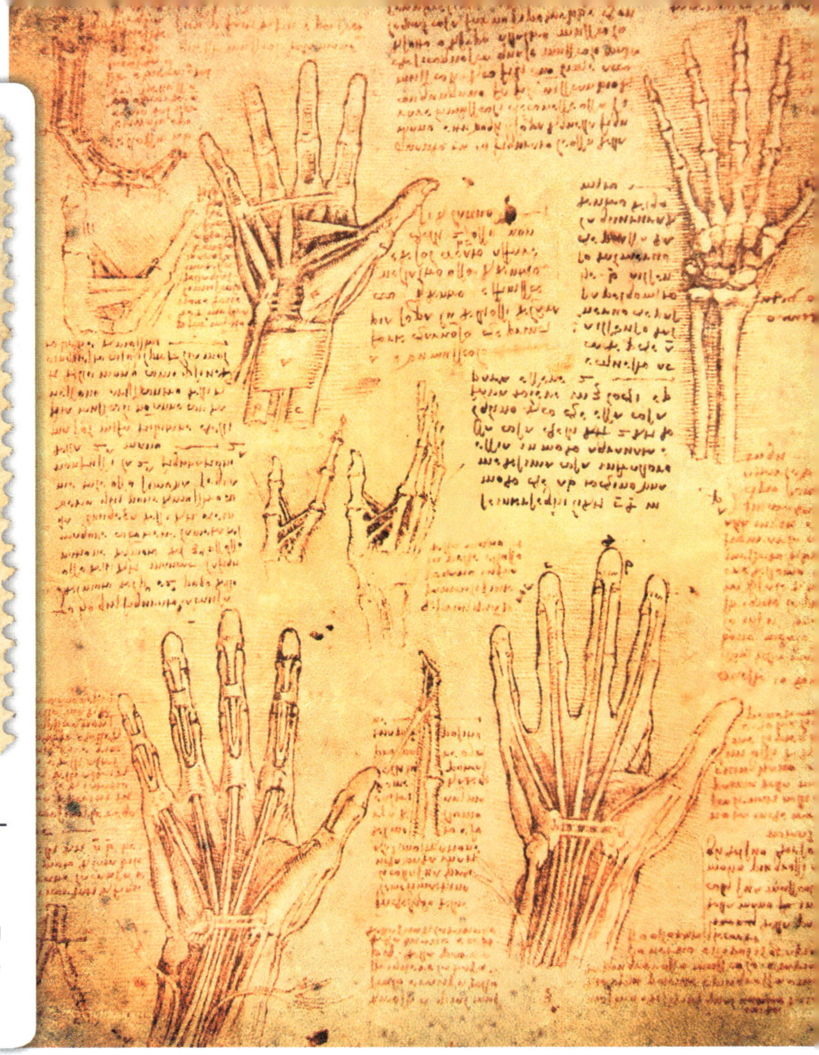

Анатомия кисти. Страница из книги Леонардо да Винчи "Анатомия. Записи и рисунки"

Мышечные пучки формируют *брюшко мышцы*, которое переходит в ее *сухожильную часть*. Мышцы начинаются от одной кости, перекидываются через один или несколько суставов, прикрепляются к другой кости, поэтому они могут воздействовать на суставы, осуществляя движения в них. Исключение из этого правила — мимические мышцы, мышцы дна полости рта и промежности, т.к. они не прикрепляются к костям. Начало сокращающейся мышцы остается неподвижным — *фиксированная точка*. На другой кости, к которой прикрепляются мышцы, находится *подвижная точка*, которая при сокращении мышцы изменяет свое положение. При некоторых движениях положения фиксированной и подвижной точек меняются, например, когда человек подтягивается на руках.

Сухожилия различных мышц отличаются друг от друга, например, мышцы конечностей имеют узкие и длинные сухожилия. Широкое и плоское сухожилие, *сухожильное растяжение*, или *апоневроз*, характерно для мышц, которые участвуют в формировании стенок полостей тела. Сухожилия относительно тонкие, мало растяжимые, но очень прочные и способны выдерживать огромные нагрузки.

ЛЮБОПЫТНО!

Сухожилие четырехглавой мышцы бедра способно выдержать растяжение силой в 600 кг, ахиллово сухожилие — в 400 кг.

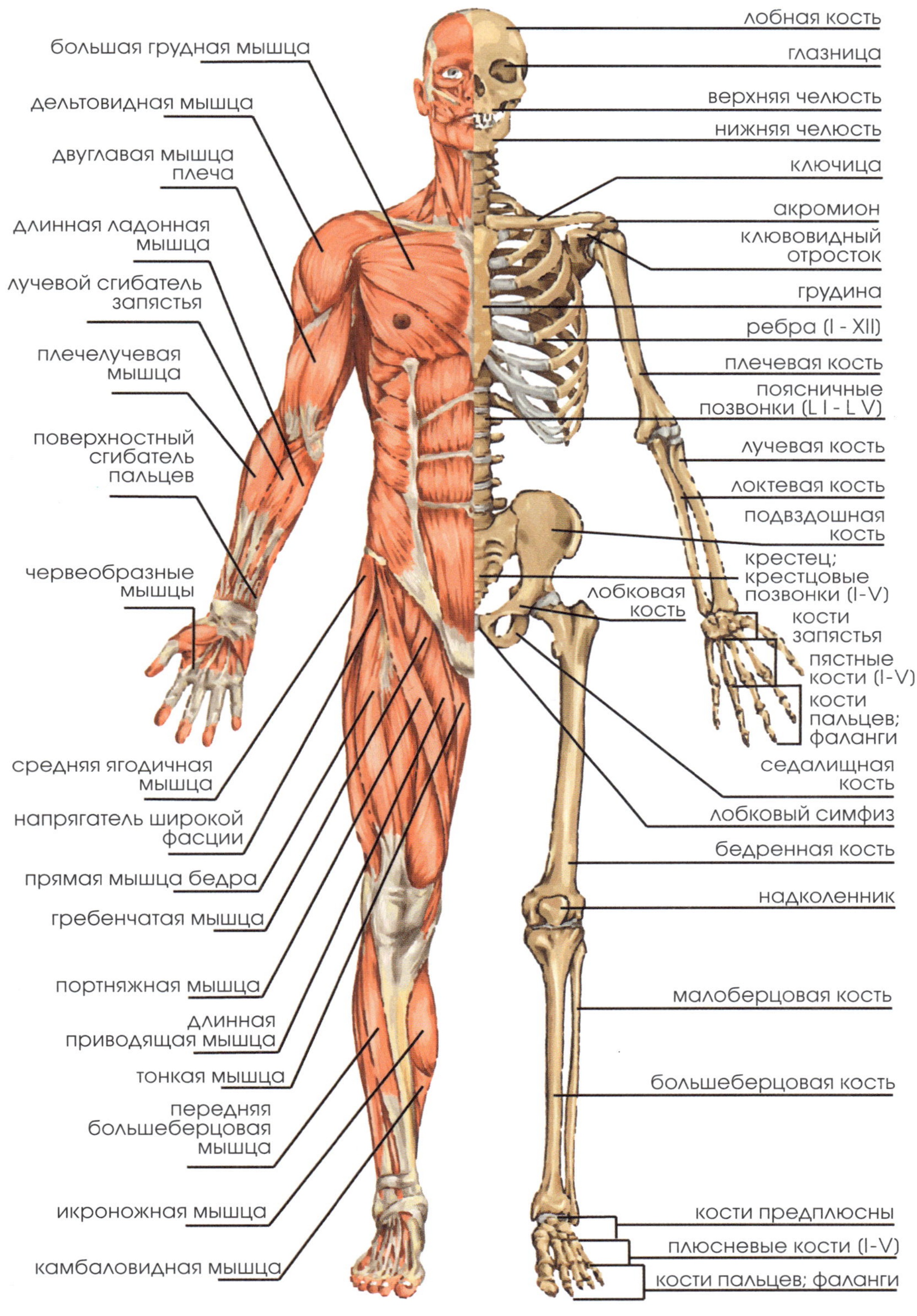

Взаимоотношения мышц и скелета. Вид спереди

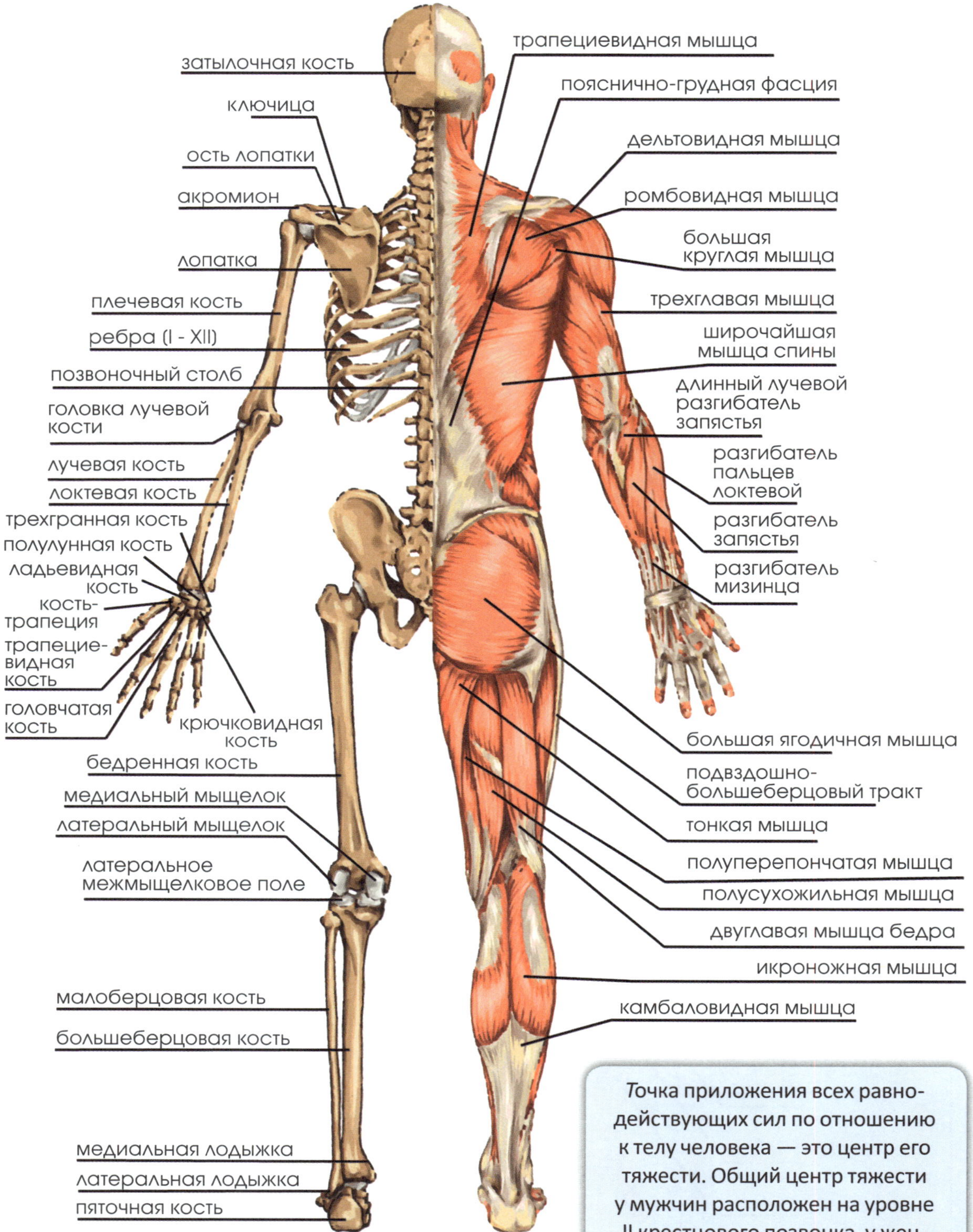

Взаимоотношения мышц и скелета. Вид сзади

Точка приложения всех равнодействующих сил по отношению к телу человека — это центр его тяжести. Общий центр тяжести у мужчин расположен на уровне II крестцового позвонка, у женщин — чуть ниже, у детей — выше.

Функция мышцы связана с ее формой. Конечности чаще всего имеют мышцы *веретенообразной формы*, т.к. они прикрепляются своими общими концами к длинным костям, выполняющим роль рычагов (двуглавая мышца плеча и др.). Мышцы *лентовидной формы* или мышцы в виде *пластин* участвуют в образовании стенок туловища (косые и поперечные мышцы живота и др.). Пучки некоторых мышц расположены *циркулярно* (круговая мышца рта и др.). *Мышцы–сжиматели* окружают ротовое, заднепроходное и другие естественные отверстия тела человека.

При *сокращении* концы мышцы, прикрепленные к костям, приближаются друг к другу. Кости соединены суставами и действуют как *костные рычаги*. Изменяя положение рычагов, мышцы действуют на суставы. При этом каждая мышца действует на сустав только в одном направлении. Одноосный сустав (цилиндрический, блоковидный) имеет две действующие на него мышцы, являющиеся *антагонистами:* одна мышца — *сгибатель*, другая — *разгибатель*. Одновременно на каждый сустав в одном направлении действуют, как правило, две и более мышцы, являющиеся *синергистами.*

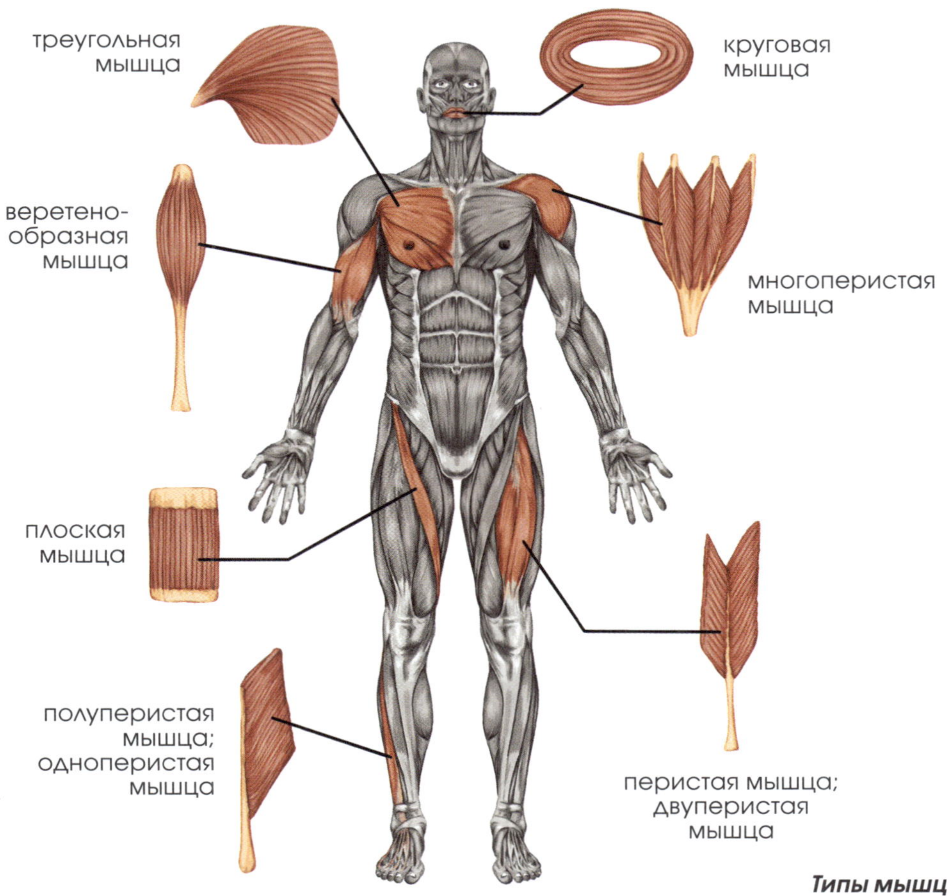

Типы мышц

Мышцы головы

ЛЮБОПЫТНО!

Когда человек улыбается, функционируют 17 мышц, а при отрицательных эмоциях — 43. Улыбайтесь!

Мышцы головы могут функционировать совместно (жевание, глотание, зевота, членораздельная речь) и раздельно — мимические и жевательные мышцы.

Мимические мышцы находятся под кожей лица, начинаются от костей или фасций и вплетаются в кожу, располагаясь циркулярно или радиально вокруг глазницы, наружного слухового прохода, ротового и носового отверстий. Мимические мышцы — *мышцы, окружающие отверстие рта (круговая мышца рта, мышца, опускающая угол рта, мышца, опускающая нижнюю губу, подбородочная мышца, щечная мышца, мышца, поднимающая верхнюю губу, малая и большая скуловые мышцы, мышца, поднимающая угол рта, мышца смеха), мышцы, окружающие глазную щель (круговая мышца глаза — вековая, глазничная и слезная части), мышцы, окружающие отверстия носа (носовая мышца, мышца, опускающая перегородку носа), мышцы свода черепа (надчерепная мышца, мышца гордецов, мышца, сморщивающая бровь, мышца, опускающая бровь), мышцы ушной раковины (передняя, верхняя и задняя ушные мышцы). Функции* — осуществление мимических движений.

Жевательные мышцы располагаются на боковых отделах черепа по четыре с каждой стороны, начинаясь на костях лица и прикрепляясь к нижней челюсти: две мышцы — в нижневисочной ямке, две мышцы — более поверхностно.

Жевательные мышцы — *жевательная мышца, височная мышца, медиальная и латеральная крыловидные мышцы. Функции* — движение нижней челюсти.

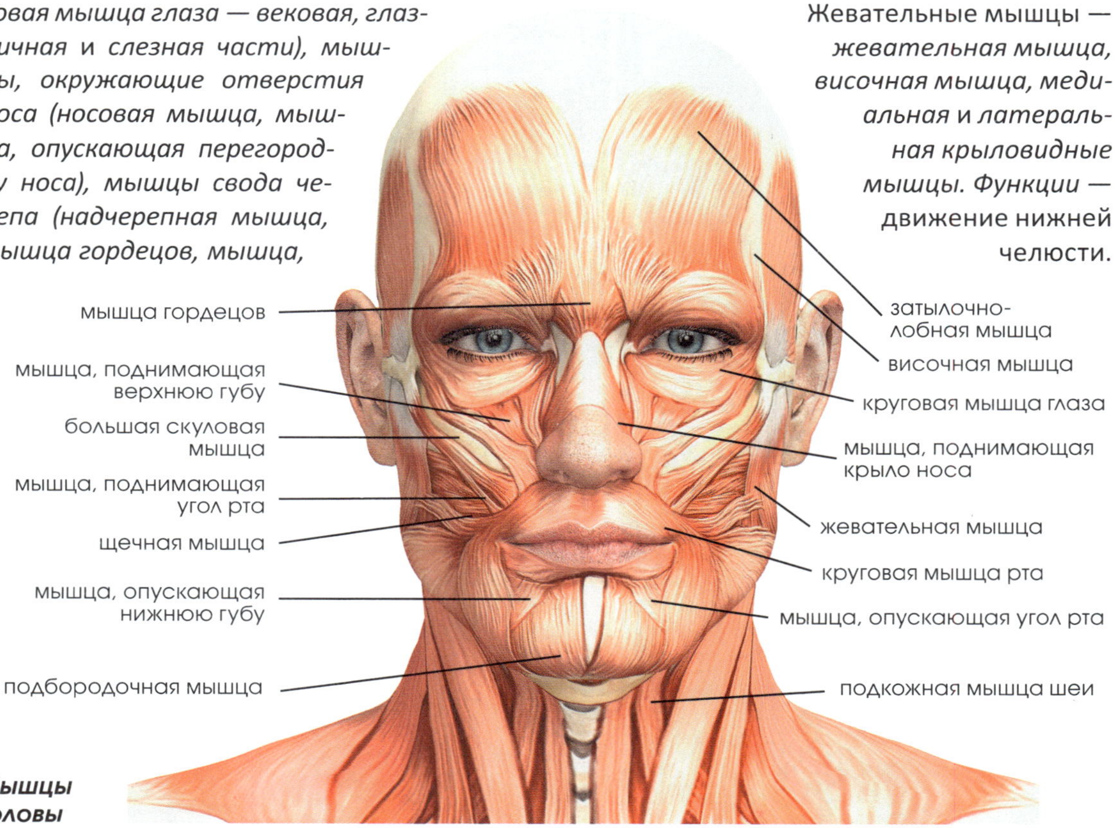

Мышцы головы

Мышцы шеи

Движения шеи чаще всего комбинированные, совершаемые большим количеством мышц, которые делятся на две группы: мышцы, лежащие поверх гортани и кровеносных сосудов, и глубокие.

Мышцы, лежащие поверх гортани и кровеносных сосудов. *Грудино-ключично-сосцевидная мышца* очень хорошо развита у человека в связи с прямохождением. *Функции* — при двустороннем сокращении грудино-ключично-сосцевидная и подкожная мышцы запрокидывают голову, при одностороннем сокращении — наклоняют ее. Большая часть мышц шеи осуществляют движения гортани и опускание подъязычной кости.

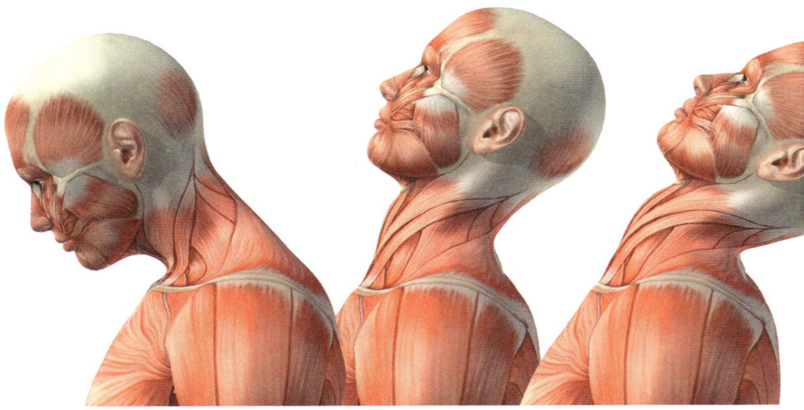

Мышцы шеи при наклоне и запрокидывании головы

Глубокие мышцы расположены спереди и сбоку на шейном отделе позвоночника. Это *боковые мышцы (передняя, средняя, задняя лестничные мышцы)* и *предпозвоночная группа (длинная мышца головы, передняя и латеральная прямые мышцы головы, длинная мышца шеи). Функции* — поднимание I и II ребра, участие в движении головы и шеи.

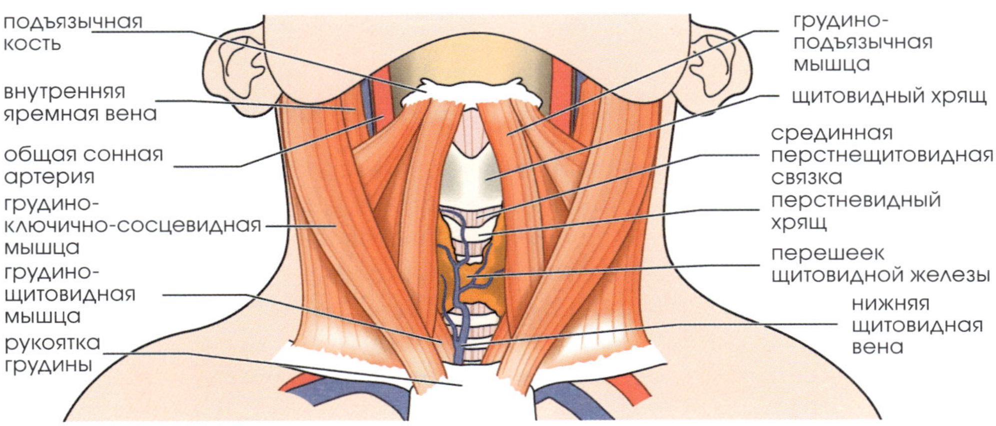

Мышцы шеи, вид спереди

Мышцы груди

Мышцы груди располагаются послойно. ***Поверхностные мышцы груди*** прикрепляются к лопатке, ключице и плечевой кости. Это *большая* и *малая грудные мышцы, подключичная мышца, передняя зубчатая мышца. Функции* поверхностных мышц — движения плечевой кости, лопатки, ключицы.

Глубокие мышцы груди расположены целиком на груди. Это *наружные* и *внутренние межреберные мышцы, подреберные мышцы, поперечная мышца груди, мышца, поднимающая ребра. Функции* глубоких мышц — движения ребер при вдохе и выдохе.

Мышцы груди

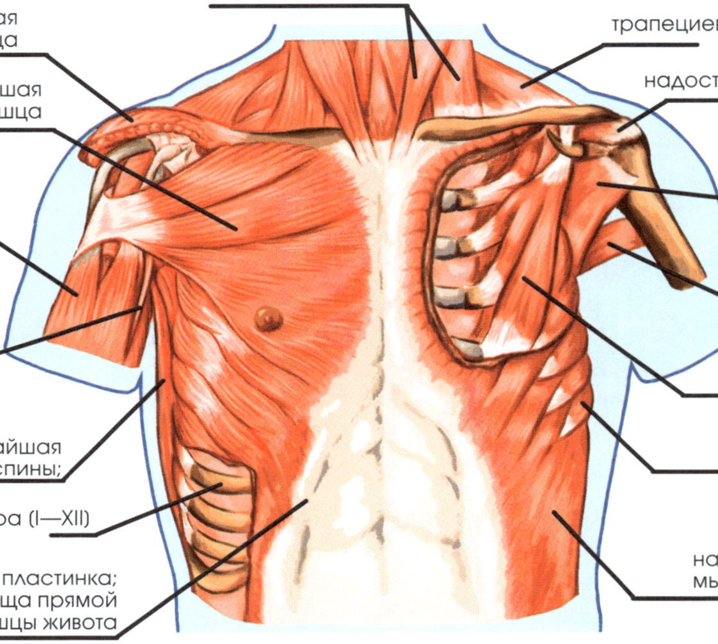

ВНИМАНИЕ!

Большое число мышц способны совершать вращательные движения, а не просто сгибание или разгибание. Чем больше количество и объем вращательных движений, тем крепче и эластичнее мышцы. Упражнения, направленные на растяжку и гибкость, помогают повысить тонус мышц. Кроме того, мышечная ткань сжигает больше калорий, в отличие от жировой. Даже при небольших физических нагрузках хороший мышечный тонус обеспечивает достаточно высокий расход калорий, поэтому тренированному человеку легче держать себя в хорошей физической форме. Старайтесь поддерживать свои мышцы в тонусе, что положительно скажется на качестве и продолжительности жизни.

Мышцы спины

Мышцы спины — мышцы, расположенные от шеи по позвоночнику ниже и в стороны. Мышцы спины располагаются послойно, в связи с чем выделяют поверхностные и глубокие мышцы.

Поверхностные мышцы прикрепляются к плечевой кости, лопатке, ключице, ребрам. Поверхностные мышцы — *трапециевидная мышца, широчайшая мышца спины, мышца, поднимающая лопатку, малая ромбовидная и большая ромбовидная мышцы, нижняя задняя зубчатая и верхняя задняя зубчатая мышцы. Функции* поверхностных мышц — движение плечевых костей, лопаток, ключиц, ребер; нижняя задняя зубчатая и верхняя задняя зубчатая мышцы — участие в акте вдоха.

Глубокие мышцы. К глубоким мышцам относятся *ременная мышца головы и шеи, поперечно-остистая мышца, полуостистые мышцы (головы, шеи, груди), многораздельные мышцы, мышцы-вращатели (шеи, груди, поясницы), межостистые мышцы (шеи, груди, поясницы), межпоперечные мышцы (шеи, груди, поясницы),* четыре *подзатылочные мышцы (большая* и *малая задние прямые мышцы головы, верхняя* и *нижняя косые мышцы головы),* а также важнейшая *мышца, выпрямляющая позвоночник,* очень хорошо развита у человека в связи с прямохождением. *Функции* глубоких мышц — разгибание позвоночника и удержание тела человека в вертикальном положении. Подзатылочные мышцы осуществляют движения головы.

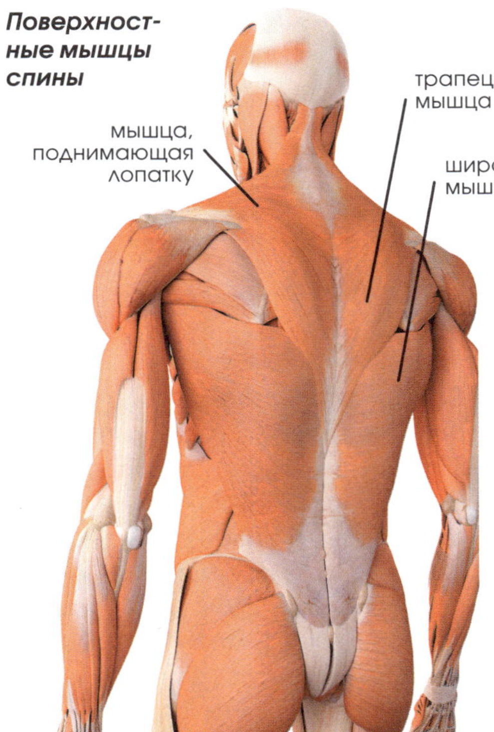

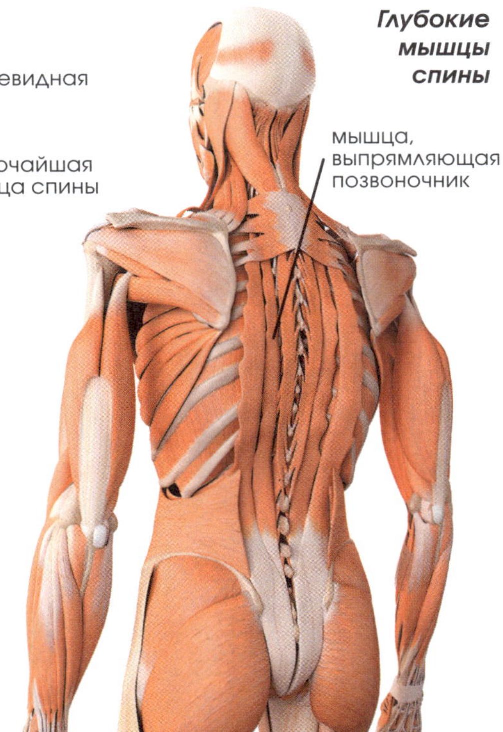

Мышцы живота

Брюшная полость, в которой залегают брюшные органы, расположена под диафрагмой. *Переднебоковую стенку брюшной полости* составляют три широкие мышцы живота, их сухожильные растяжения и прямые мышцы живота, *заднюю стенку брюшной полости* — поясничный отдел позвоночника, мышцы поясницы, *нижнюю стенку брюшной полости* — подвздошные кости, мышцы диафрагмы таза и мочеполовой диафрагмы.

Брюшная стенка человека в связи с прямохождением не несет тяжести внутренностей, лишена костного скелета. Отсутствие скелета компенсируют мощные мышцы, образующие брюшной пресс, они предохраняют внутренности, оказывают на них давление и удерживают в определенном положении, участвуют в движениях позвоночника и ребер.

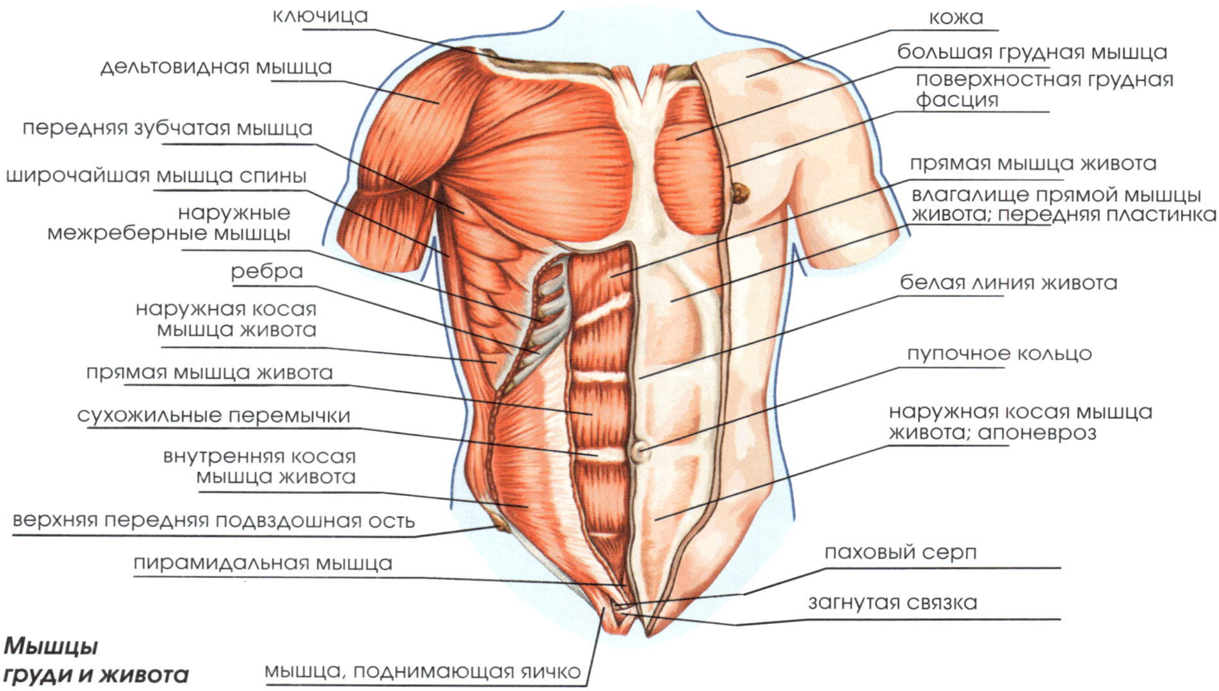

Мышцы груди и живота

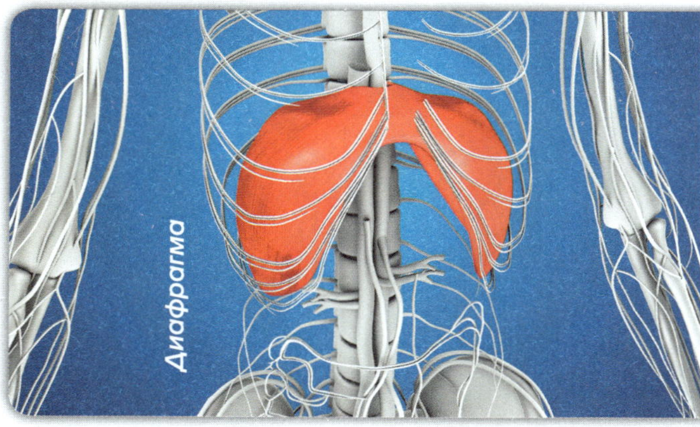

Диафрагма — тонкая мышца, изогнутая в виде купола, обращенного в грудную полость, служит верхней стенкой брюшной полости. *Функции* диафрагмы — участие в акте дыхания и вместе с мышцами живота осуществление функции брюшного пресса. Через диафрагму проходят аорта, пищевод, симпатические стволы, вены, нервы и т.д.

Дно малого таза — нижняя стенка брюшной полости, сформировано двумя группами мышц, образующих диафрагмы таза и мочеполовую. Диафрагма таза образована мощной парной *мышцей, поднимающей задний проход.* Обе мышцы спускаются вниз наподобие воронки, окружают конечный отдел прямой кишки и прикрепляются к копчику. Мышца формирует дно полости таза, укрепляет его и часть стенки мочевого пузыря, у женщин — укрепляет и суживает влагалище. Непосредственно под кожей, в поверхностном слое лежит *наружный сфинктер заднего прохода.*

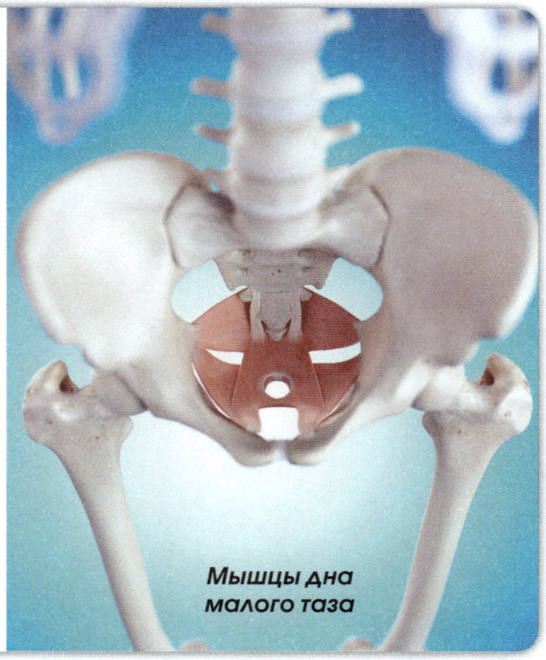

Мышцы дна малого таза

В ***мочеполовой диафрагме*** различают глубокое и поверхностное пространство промежности. В глубоком пространстве находятся парная *глубокая поперечная мышца промежности,* укрепляющая диафрагму, и *сфинктер мочеиспускательного канала,* являющийся, по существу, частью предыдущей мышцы. В поверхностном пространстве лежат парная *луковично-губчатая мышца,* которая окружает у мужчин луковицу полового члена и его губчатое тело, у женщин — наружное отверстие влагалища; *седалищно-пещеристая мышца,* способствующая эрекции полового члена или клитора; *поперечная мышца промежности.*

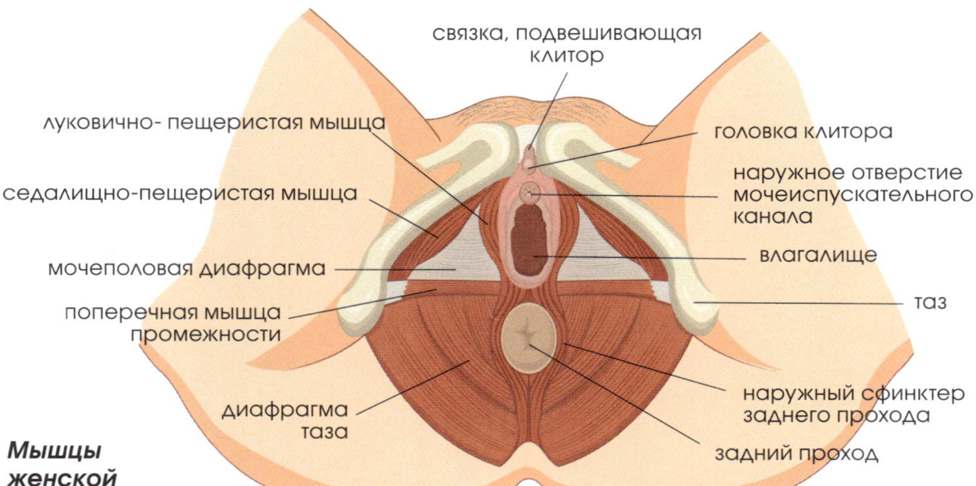

Мышцы женской промежности

Мышцы верхней конечности

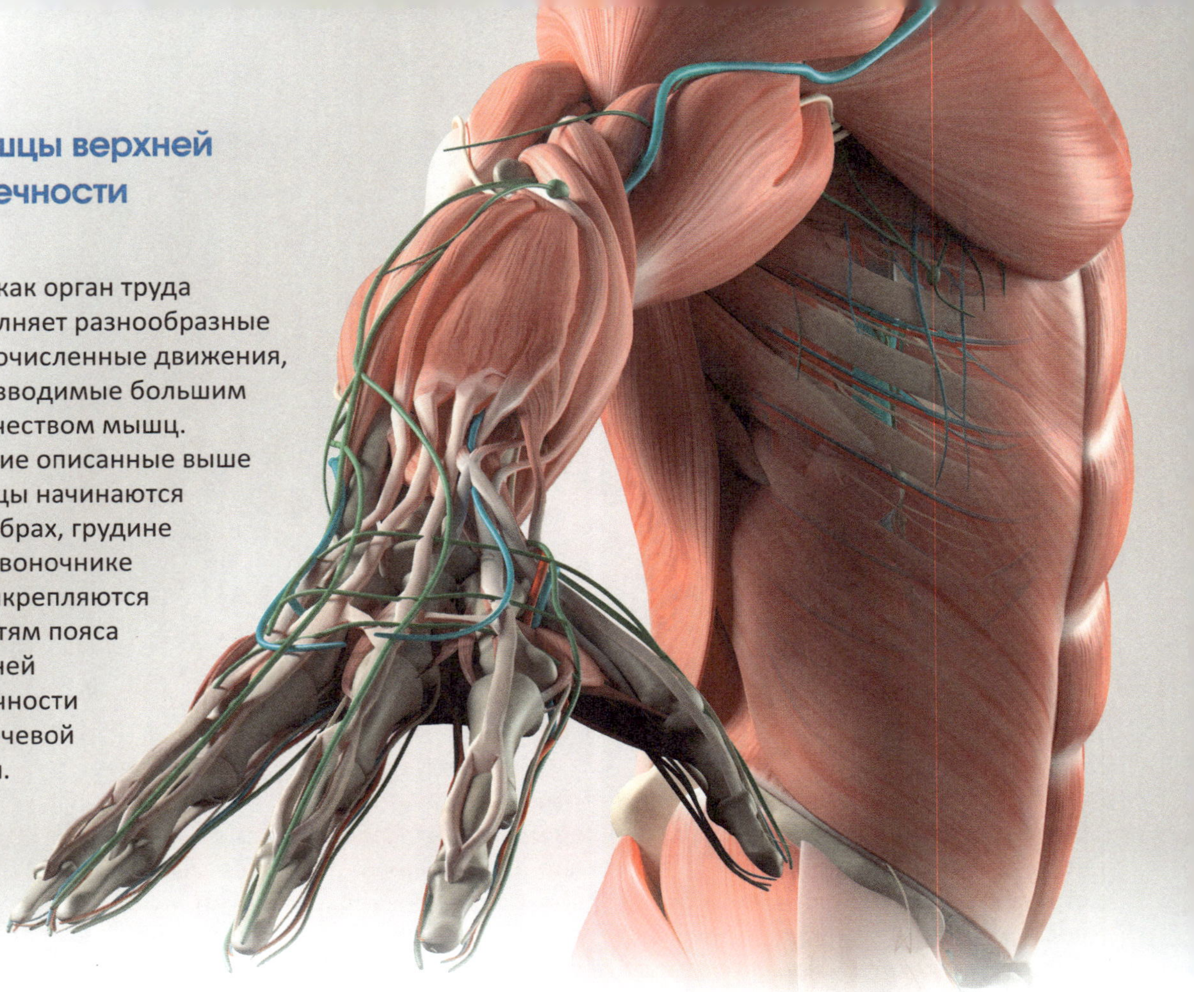

Рука как орган труда выполняет разнообразные многочисленные движения, производимые большим количеством мышц. Многие описанные выше мышцы начинаются на ребрах, грудине и позвоночнике и прикрепляются к костям пояса верхней конечности и плечевой кости.

Мышцы верхней конечности делятся на две группы: мышцы плечевого пояса и мышцы свободной верхней конечности.

Мышцы плечевого пояса со всех сторон окружают плечевой сустав. Поверхностный слой образован *дельтовидной мышцей,* которая формирует рельеф надплечья. Глубокий слой образован *надостной* и *подостными мышцами, малой* и *большой круглыми мышцами, подлопаточной мышцей.*

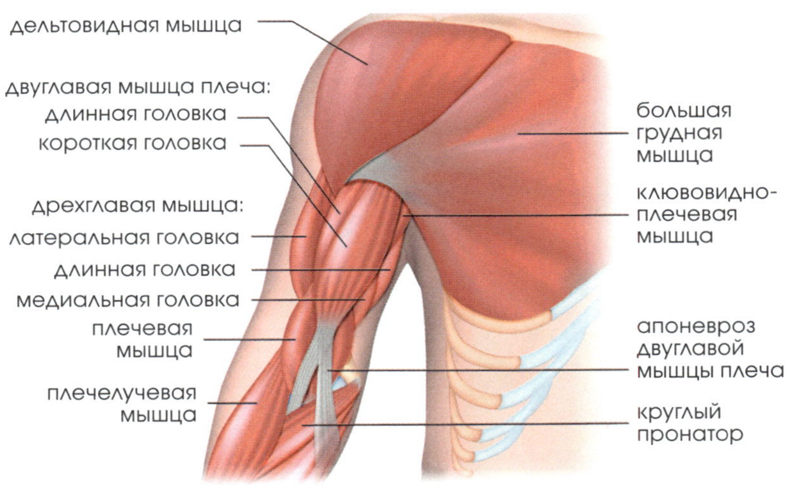

Мышцы плеча и груди

Мышцы свободной верхней конечности. *Мышцы плеча* делятся на *переднюю группу* — сгибатели (*клювовидно-плечевая, плечевая мышцы, двуглавая мышца плеча*), *заднюю группу* — разгибатели (*трехглавая мышца плеча, локтевая мышца*).

Мышцы предплечья делятся на две группы: переднюю и заднюю. Передняя группа включает *семь сгибателей кисти и пальцев* и два *пронатора*: круглый и квадратный. *Функции* сгибателей пальцев — осуществление чрезвычайно тонкие и высоко дифференцированные движения, свойственные лишь человеку. Во вторую группу входит *девять разгибателей кисти и пальцев* и один *супинатор* (мышца, поворачивающая предплечье до положения, при котором кисть обращена ладонью вперед).

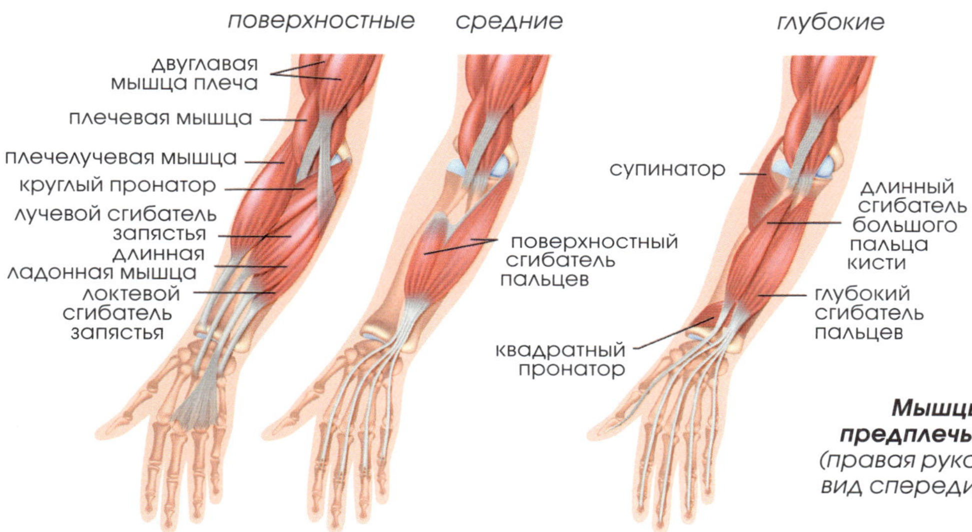

Мышцы предплечья
(правая рука, вид спереди)

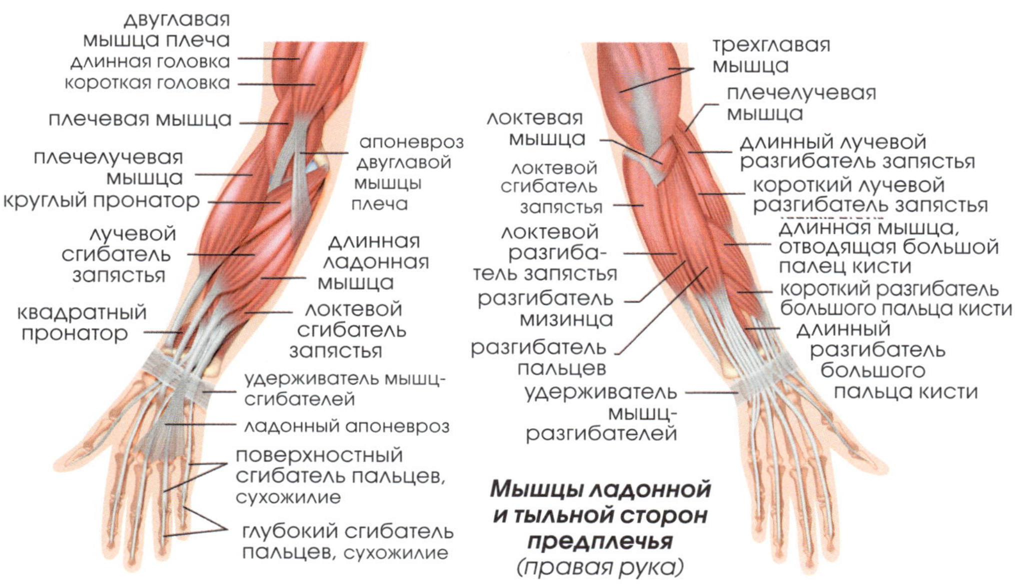

Мышцы ладонной и тыльной сторон предплечья
(правая рука)

Тело человека и его строение
Клетка
Ткани
Опорно-двигательный аппарат
Внутренние органы
Нервная система
Органы чувств
Сердечно-сосудистая система
Лимфоидная система
Эндокринные железы
Мочеполовой аппарат

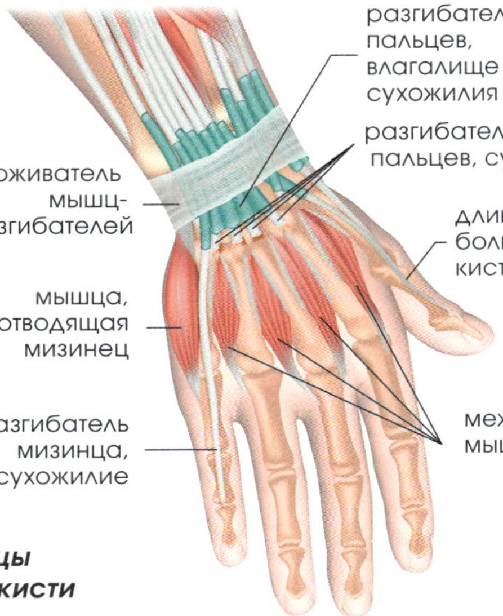

Мышцы тыла кисти

Мышцы кисти. Восемнадцать мышц кисти располагаются только на ладонной поверхности, на тыльной лишь проходят сухожилия мышц-разгибателей, лежащих не предплечье. Мышцы кисти включают три группы: *мышцы возвышения большого пальца; возвышения V пальца; средняя группа — червеобразные (4), ладонные (3) и тыльные межкостные (4)* — осуществляют движения II—IV пальцев.

Мышцы нижней конечности

Нижняя конечность имеет мышцы таза и мышцы свободной нижней конечности (бедра, голени и стопы). У человека наиболее развиты мышцы нижней конечности: *большая ягодичная*, разгибающая бедро и поддерживающая тело в вертикальном положении; *четырехглавая мышца бедра*, разгибающая голень и также поддерживающая тело в вертикальном положении, и *камбаловидная мышца.* Именно камбаловидная мышца осуществляет подошвенное сгибание стопы, начальные этапы передвижения и предотвращает наклон тела вперед.

ЛЮБОПЫТНО!

Нижняя конечность человека — орган опоры и передвижения с самой мощной мускулатурой, на долю которой приходится около 50% всей массы мышц тела.

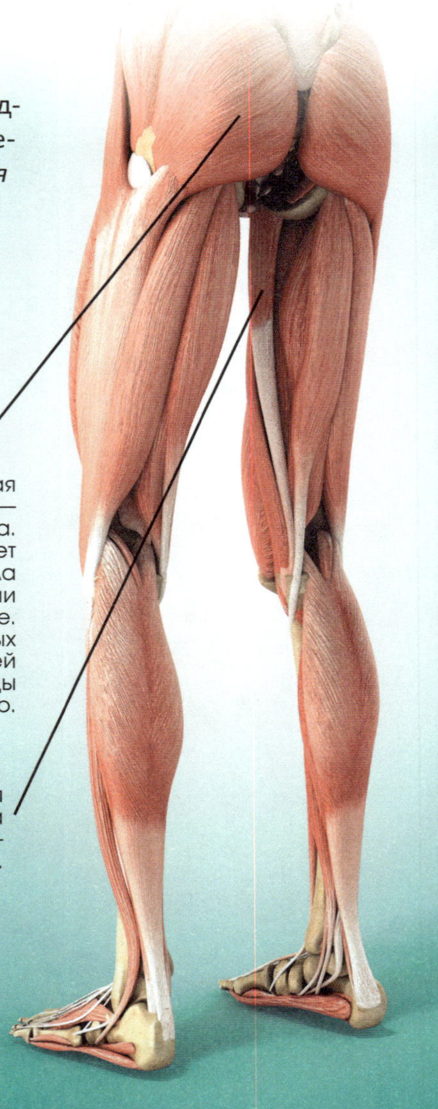

Расположение большой ягодичной и портняжной мышц нижней конечности

Мышцы таза окружают тазобедренный сустав со всех сторон, начинаются от костей таза и прикрепляются к верхней трети бедренной кости. Мышцы таза делятся на расположенную в полости таза *внутреннюю группу* — *подвздошно-поясничная, большая и малая поясничные, подвздошная, грушевидная, внутренняя запирательная мышцы* — и расположенную на боковой поверхности таза и в области ягодицы *наружную группу* — *большая, средняя и малая ягодичные, квадратная мышца бедра, напрягатель широкой фасции бедра, наружная запирательная, верхняя и нижняя близнецовые мышцы*. Мышцы наружной группы очень хорошо развиты у человека в связи с прямохождением, особенно большая ягодичная мышца.

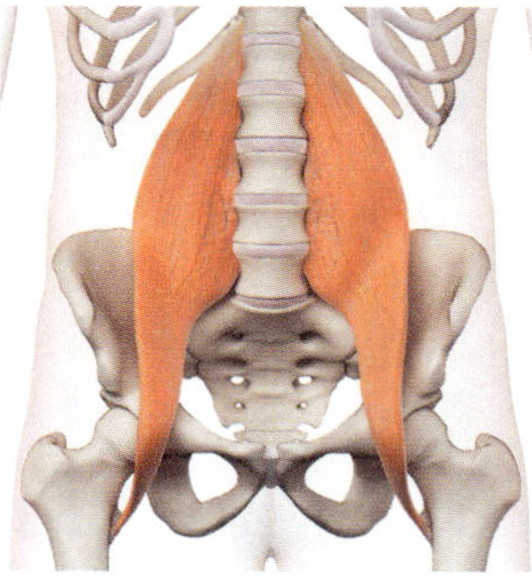

Большая поясничная и подвздошно-поясничная мышцы

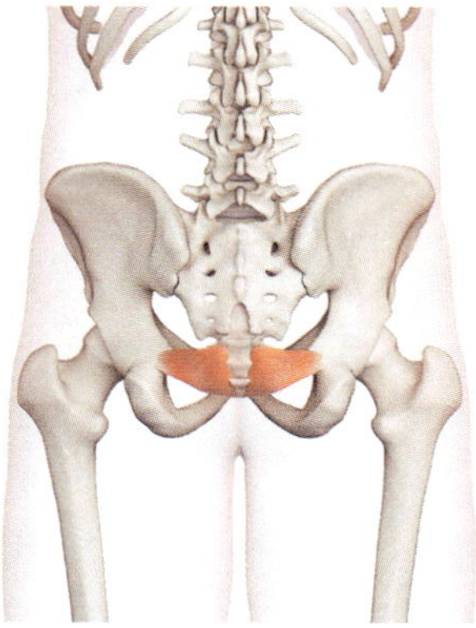

Грушевидная мышца

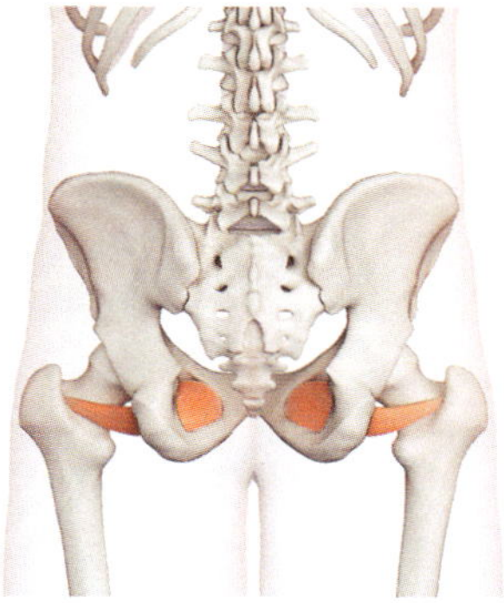

Внутренняя запирательная мышца

ИНТЕРЕСНО!

При долгом сидении, что происходит постоянно при малоподвижном образе жизни или связано с работой, происходит снижение тонуса мышц поясничной области и задней поверхности бедра.

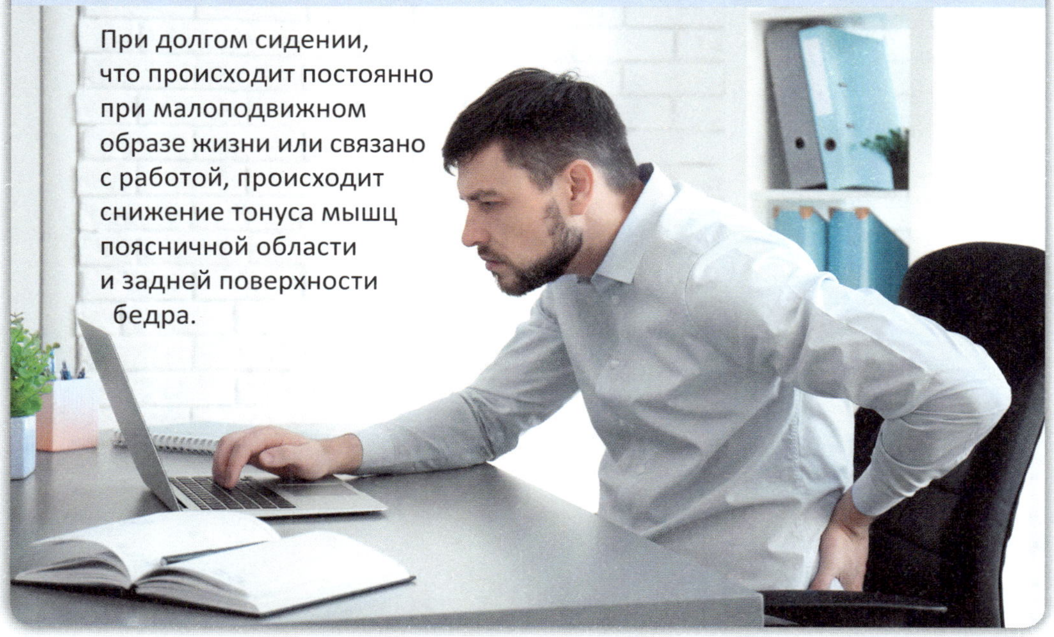

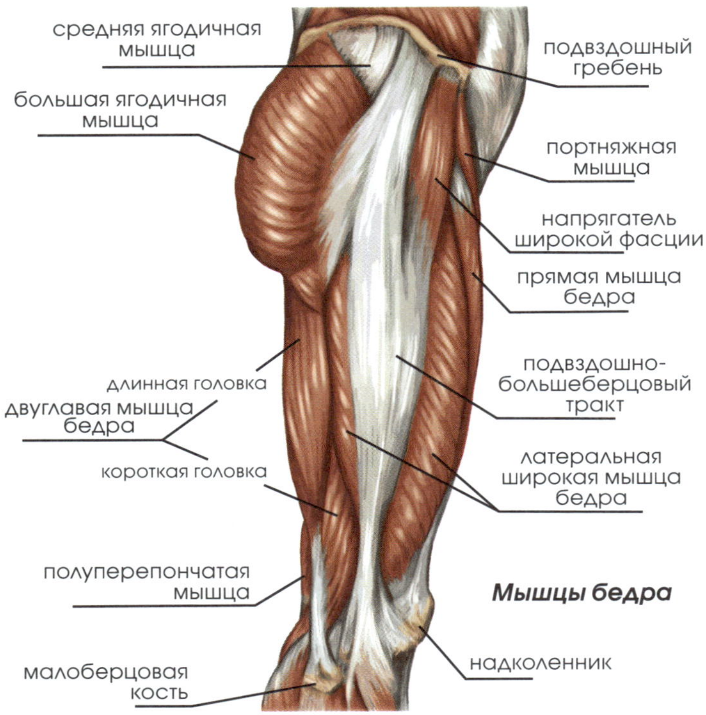

Мышцы бедра

Мышцы свободной нижней конечности. *Мышцы бедра* очень хорошо развиты в связи с прямохождением, участвуют в передвижении тела при ходьбе, удерживают тело в вертикальном положении. Мышцы бедра делятся на три группы: *передняя группа* (разгибатели) — *четырехглавая* и *портняжная мышцы*; *задняя группа* (сгибатели) — *двуглавая мышца бедра, полусухожильная, полуперепончатая мышцы*; *медиальная группа* (приводящие) — *гребенчатая, тонкая, длинная, короткая и большая приводящие мышцы*. Сгибание и разгибание в коленном суставе у человека облегчено в связи с прямохождением.

Мышцы голени участвуют в прямохождении и удерживают тело в вертикальном положении. Утолщенные мышечные части залегают в верхнем отделе, по направлению к стопе они переходят в сухожилия.

Мышцы голени делятся на три группы: *передняя группа* осуществляет тыльное сгибание стопы и разгибание пальцев — это *передняя большеберцовая мышца, длинный разгибатель пальцев, длинный разгибатель большого пальца стопы*; *задняя группа* осуществляет подошвенное сгибание стопы и пальцев — это *трехглавая мышца голени, подошвенная, подколенная мышцы, длинные сгибатели пальцев и большого пальца стопы, задняя большеберцовая мышца*; *латеральная группа* осуществляет пронацию и латеральное сгибание стопы — это *короткая и длинная малоберцовые мышцы*.

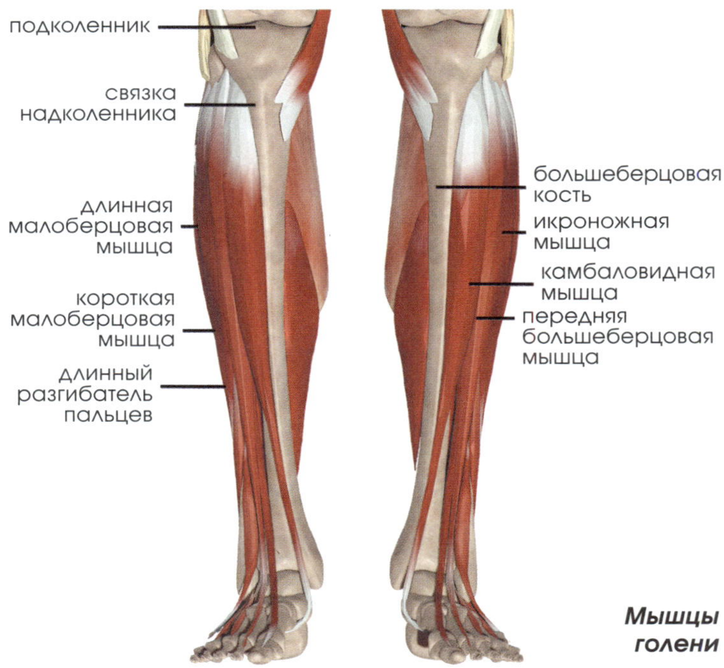

Мышцы голени

Мышцы стопы. Движения пальцев стопы незначительны, их осуществляют, помимо мышц голени, *собственные мышцы*, расположенные на тыле стопы *(короткие разгибатели пальцев и большого пальца)* и на подошве. *Подошвенные мышцы* укрепляют свод стопы и осуществляют движения пальцев.

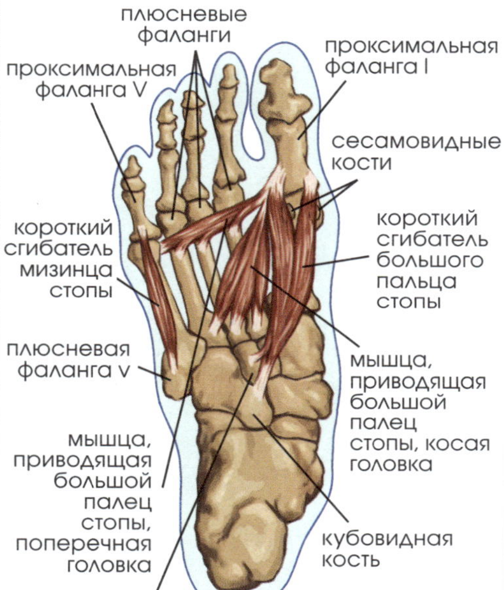

Мышцы подошвенной поверхности стопы

Чтобы сделать всего один шаг, человек должен «задействовать» около 200 мышц.

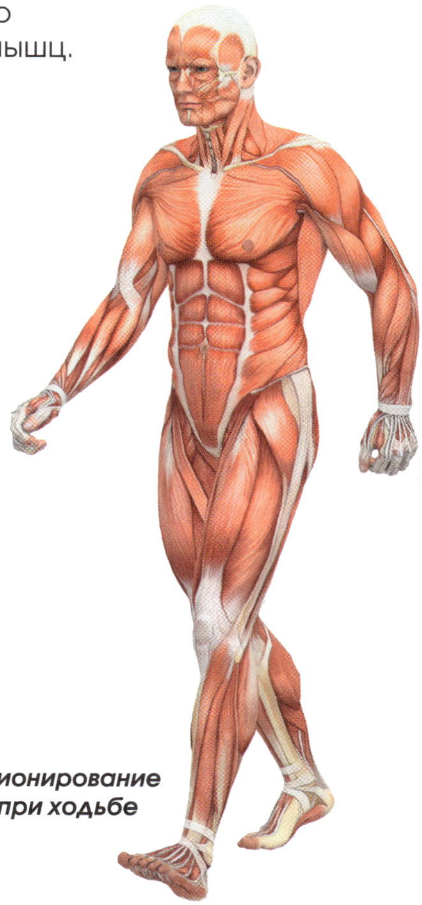

Функционирование мышц при ходьбе

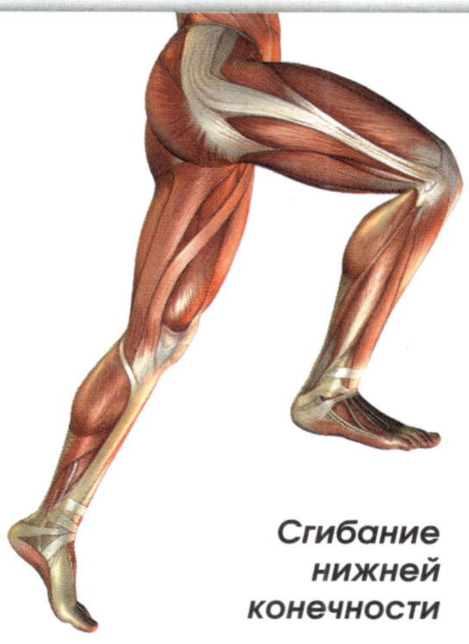

Сгибание нижней конечности

В связи с прямохождением человек постоянно преодолевает силу тяжести, стремящуюся согнуть нижние конечности в голеностопном суставе так, чтобы тело упало вперед.

У человека имеется большое количество мышц, осуществляющих подошвенное сгибание стопы (8), малоберцовые мышцы тоже сгибатели. Этому дополнительно способствует развитие наружной лодыжки человека и наличие мощного *ахиллова сухожилия.*

ВНУТРЕННИЕ ОРГАНЫ

В полостях тела человека расположены *внутренние органы*, или ***внутренности***, — это пищеварительная, дыхательная, мочевая и половые системы. Большинство органов этих систем построены по единому плану и имеет

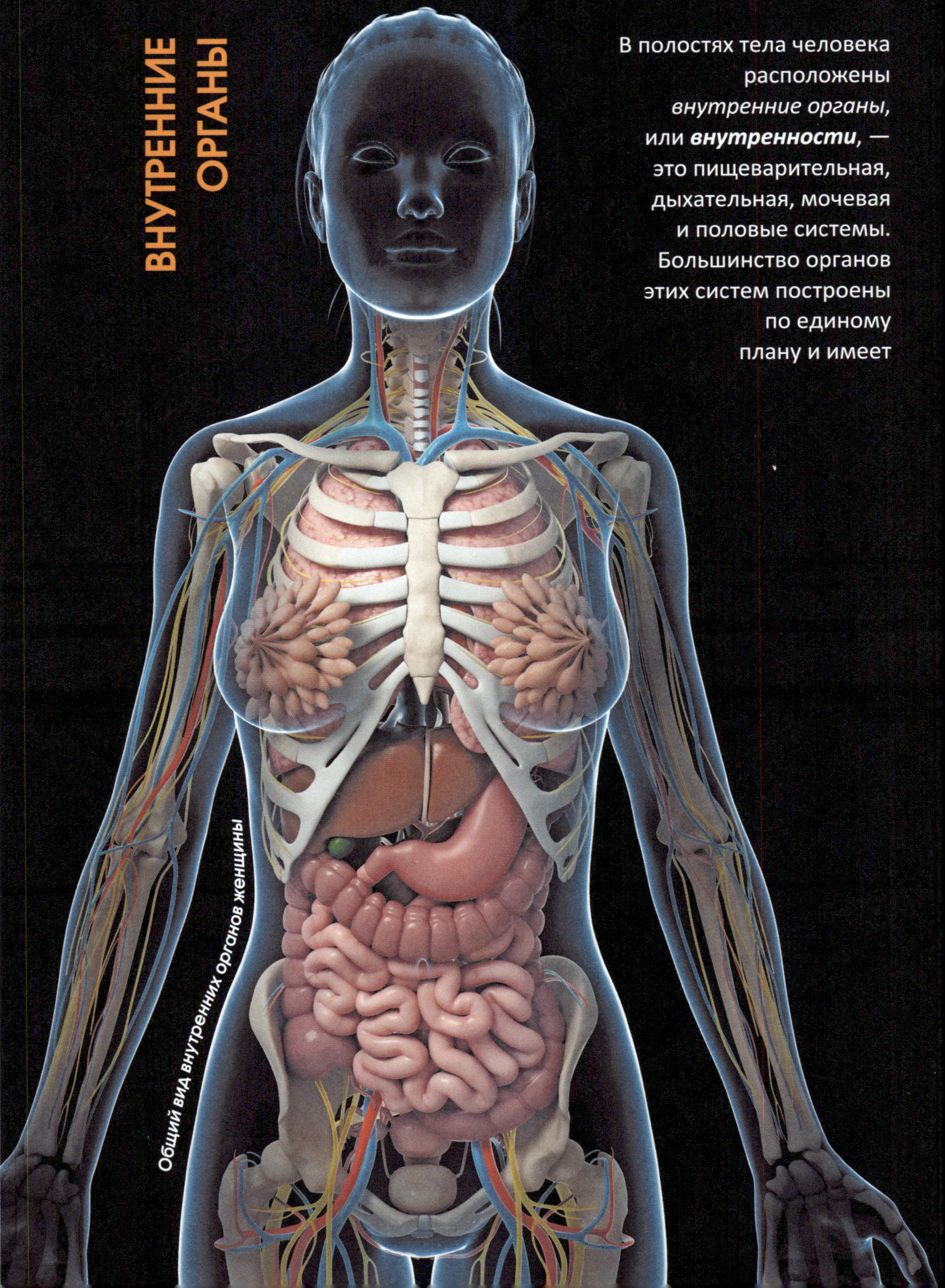

Общий вид внутренних органов женщины

трубчатое строение. Стенки трубчатых органов на всем протяжении состоят из четырех слоев: внутренней слизистой оболочки, подслизистой основы, мышечной и наружной оболочек.

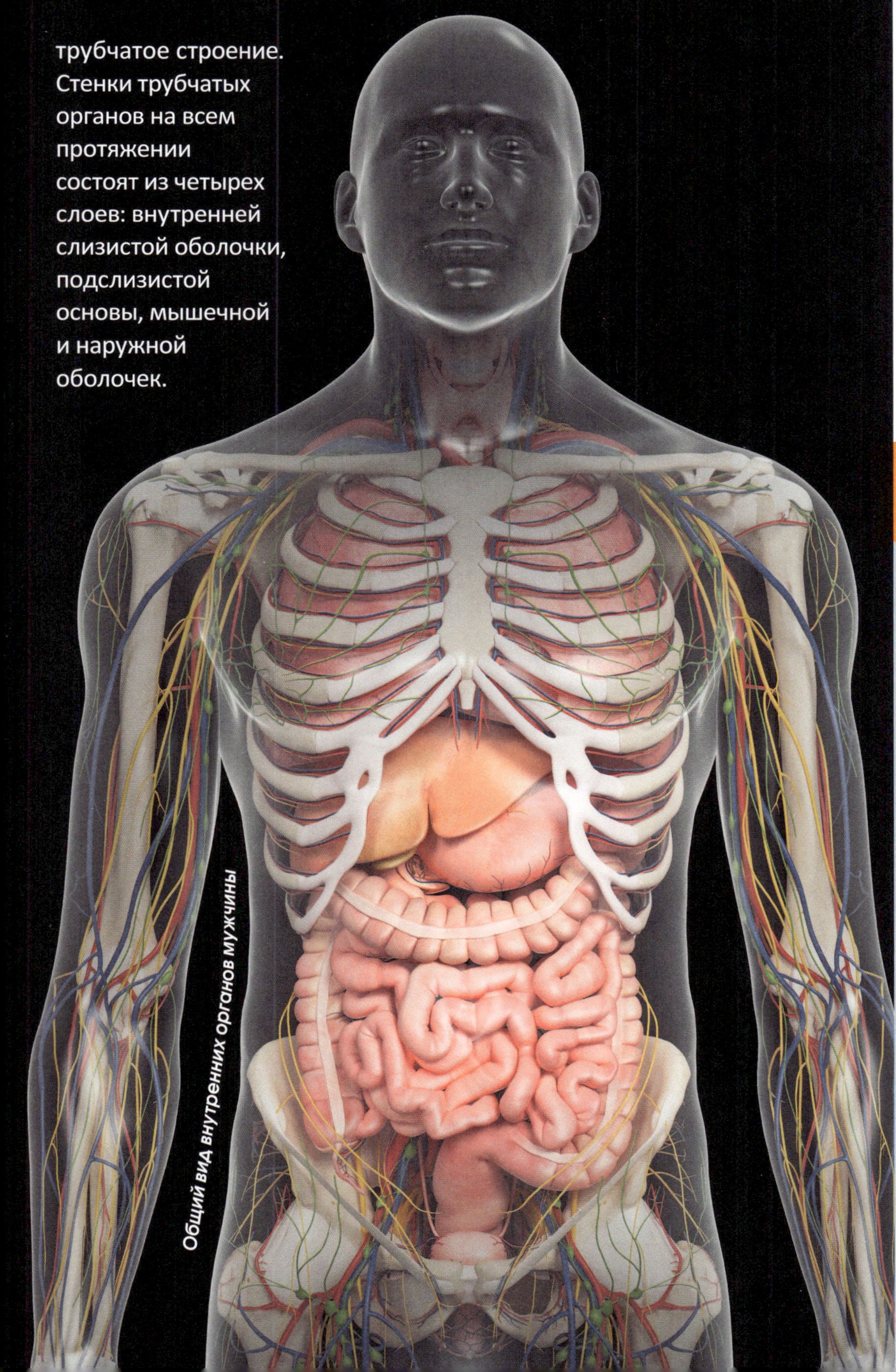

Общий вид внутренних органов мужчины

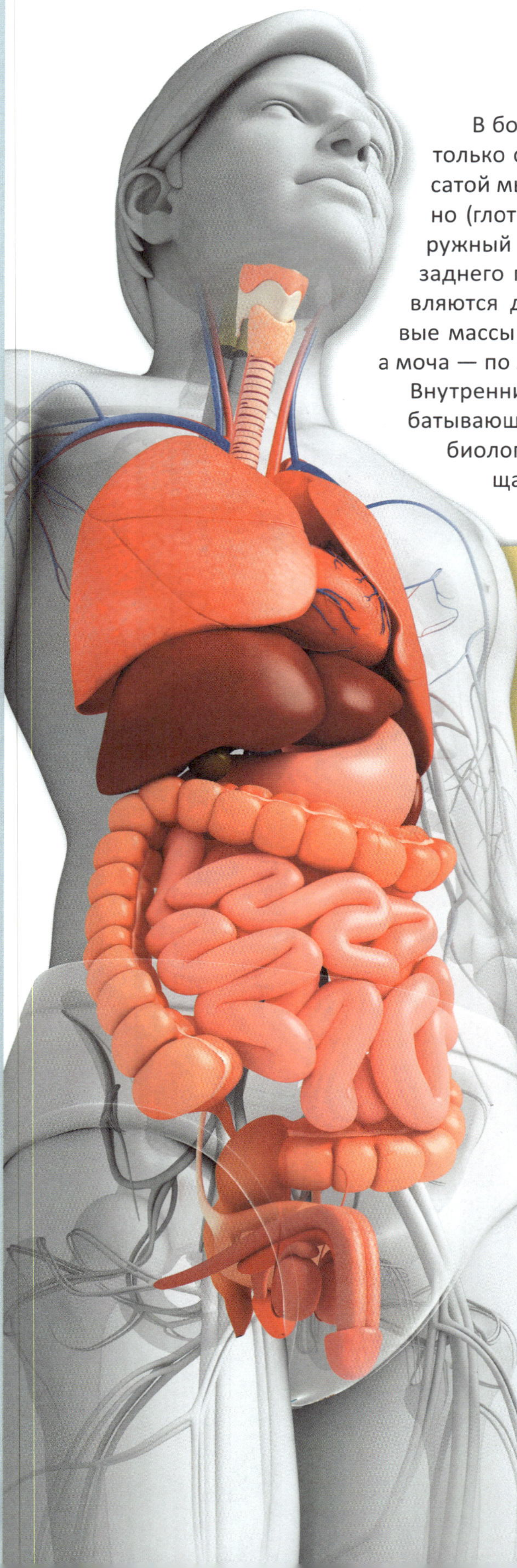

В большей части внутренних органов *мышцы гладкие*, только стенки ряда отделов образованы поперечнополосатой мышечной тканью, которая сокращается произвольно (глотка, мышцы гортани, верхняя треть пищевода, наружный сфинктер мочевого пузыря, наружный сфинктер заднего прохода). Благодаря сокращению мышц осуществляются движения внутренних органов (например, пищевые массы перемещаются по желудочно-кишечному тракту, а моча — по мочевыводящим путям).

Внутренние органы обильно снабжены *железами*, вырабатывающими необходимые для пищеварения ферменты, биологически активные вещества и слизь, которая защищает слизистую оболочку от действия ферментов и травм.

В Древней Греции настолько высоко ценили хорошее пищеварение, что жизнерадостного и бодрого человека называли «эйколос» (человек с добрыми кишками).

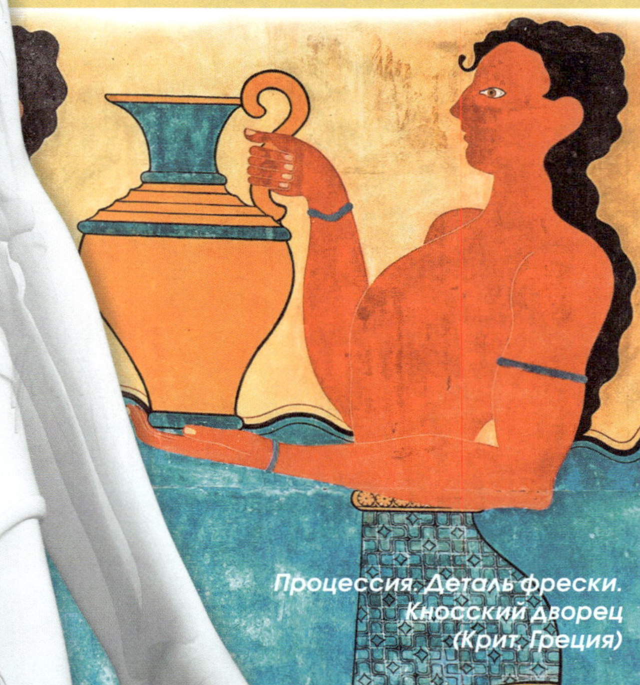

Процессия. Деталь фрески. Кносский дворец (Крит, Греция)

Пищеварительная система

Пищеварительная система включает пищеварительную трубку длиной у взрослого человека до 7—8 м, и ряда крупных желез, расположенных вне стенок пищеварительной трубки. Трубка образует множество изгибов, петель, расстояние по прямой от рта до заднепроходного отверстия составляет 70—90 см.

Функции пищеварительной системы: а) в *переднем отделе* (ротовая полость, глотка, пищевод, желудок) пища пережевывается, измельчается, частично обрабатывается химически, всасывается вода, алкоголь и некоторые другие вещества, после чего пища передвигается далее; б) в *среднем отделе* (тонкая кишка) пища подвергается химической обработке, в результате чего образуются простые соединения (аминокислоты, жирные кислоты, моносахариды), которые всасываются в кровь и лимфу; в) в *заднем отделе* (толстая кишка) формируются каловые массы, непереваренные и непригодные к всасыванию вещества удаляются наружу, интенсивно всасывается вода, с участием бактерий происходит частичное переваривание некоторых видов клетчатки. Еще одна важная *функция* толстой кишки — выделительная.

Пищеварительная система

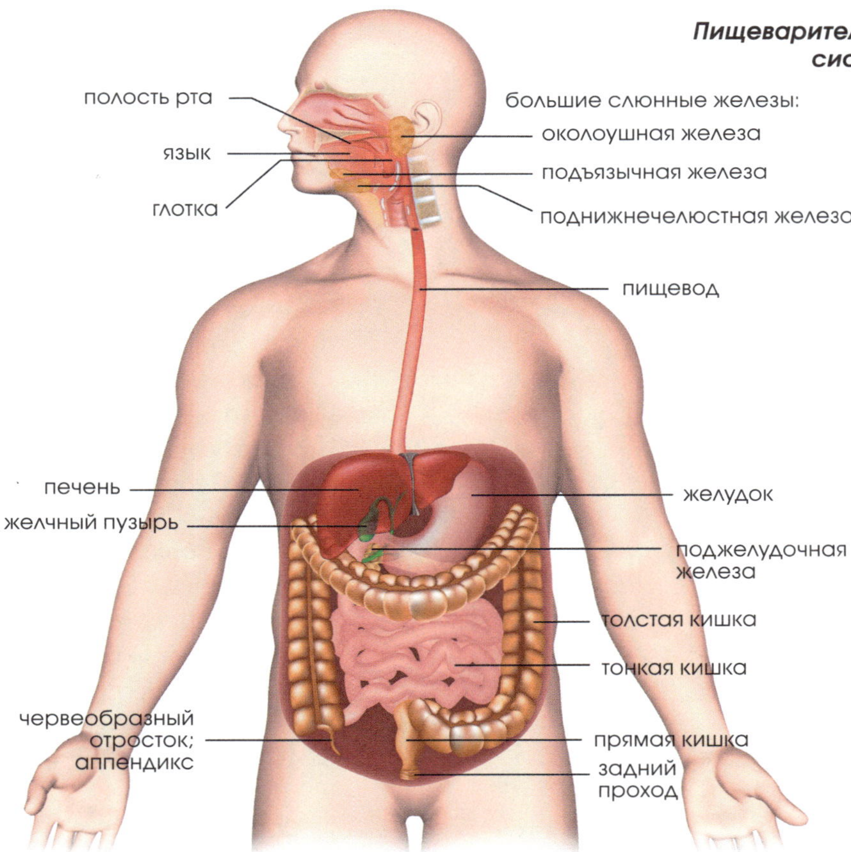

Полость рта

Полость рта подразделяют на два отдела — преддверие рта и собственно полость рта. ***Преддверие рта*** ограничено снаружи щеками и губами, изнутри — зубами и деснами. В толще *щек* находится *щечная мышца*, или *мышца трубачей*. ***Собственно полость рта*** сверху ограничена небом, которое разделяется на твердое и мягкое. *Мягкое нёбо* — нёбная занавеска — заканчивается удлиненным язычком. Дном полости рта является *диафрагма рта,* образованная мышцами. *Полость рта* сообщается с полостью глотки через *зев*.

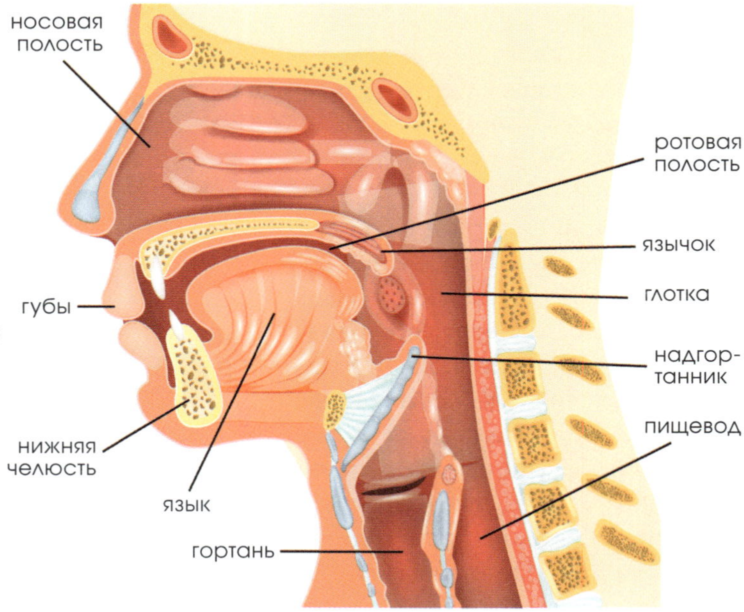

Ротовая полость, полость глотки

Язык

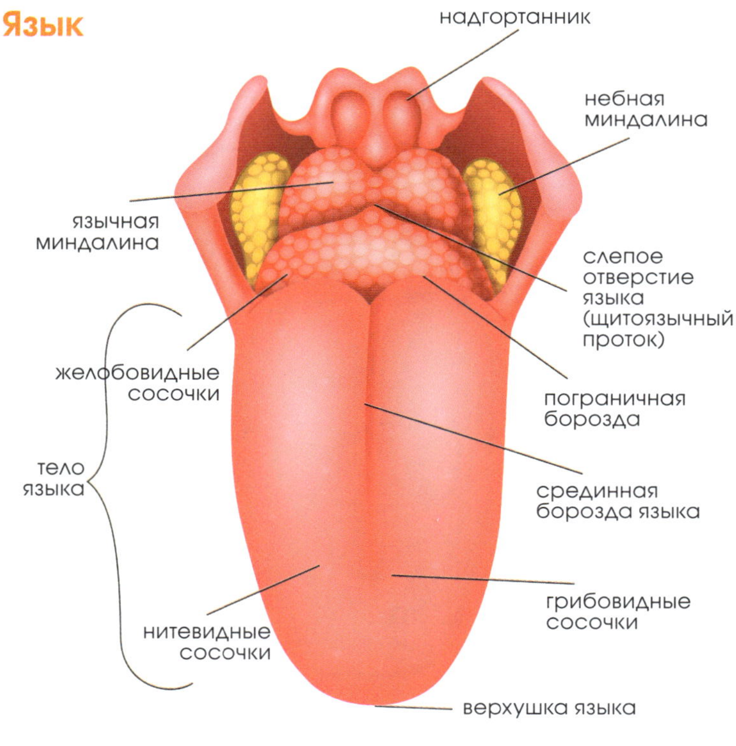

Язык человека образован поперечнополосатой мышечной тканью, покрытой слизистой оболочкой. Язык имеет удлиненную овальную форму, справа и слева он ограничен краями, которые впереди переходят в верхушку, кзади — в корень. Переходя на нижнюю поверхность языка, слизистая оболочка образует *уздечку языка*. Передний отдел *спинки языка* имеет множество сосочков: нитевидные, грибовидные, желобоватые (окруженные валом) и листовидные.

Строение языка

Самое большое количество на языке *нитевидных сосочков,* придающих языку бархатистый вид. *Функции* — нитевидные сосочки имеют нервные окончания, воспринимающие ощущения прикосновения. *Грибовидные сосочки* по форме своей напоминают гриб. *Сосочки, окруженные валом,* или *желобоватые,* образуют фигуру в виде римской цифры V. На поверхности грибовидных и желобоватых сосочков залегают *вкусовые почки*, которые образуют ***орган вкуса***. *Листовидные сосочки* расположены по краям языка в виде *листиков*. Листовидные сосочки имеют очень большое количество вкусовых почек. Листовидные сосочки хорошо развиты у новорожденных и грудных детей, а у взрослых людей они отсутствуют.

Уже в Древней Греции понимали важную роль языка для человека. Легендарный философ и баснописец Эзоп говорил: «Есть ли что на свете лучше и прекраснее, чем язык? Разве не языком держится вся философия и вся ученость? Без языка нельзя сделать... порядок в государстве, законы, постановления — все это существует лишь благодаря языку. Всей нашей жизни основа — язык; нет ничего лучше на свете... Что же на свете хуже языка? Язык несет нам раздоры, заговоры, обманы, побоища, зависть, распри, войну; разве может быть что-то хуже, еще презреннее, чем язык?»

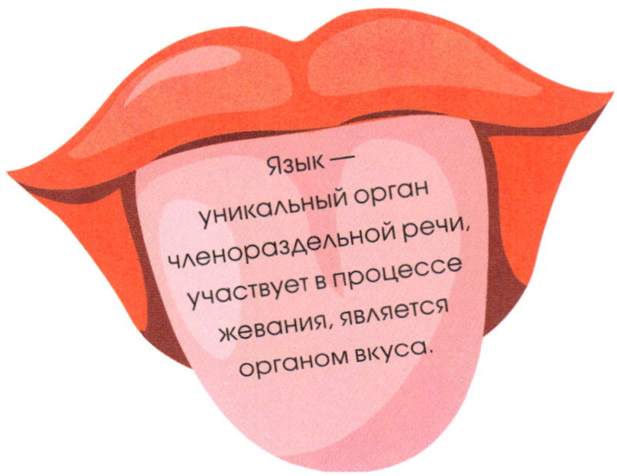

Очень важна роль языка при сосании молока матери грудным ребенком.

Зубы

У человека последовательно сменяются два типа зубов: молочные и постоянные. У взрослого человека 32 постоянных зуба. Различают три типа зубов: *резцы,* которые служат для захватывания и откусывания пищи; *клыки,* которые дробят, разрывают пищу; *коренные,* которые растирают, перемалывают пищу. На каждой верхней и половине нижней челюсти, начиная от средней вертикальной линии вправо и влево расположены *два резца, один клык, два малых коренных* и *три больших коренных зуба. Функции* зубов — механическое измельчение пищи, участие в членораздельной речи, формообразующая роль.

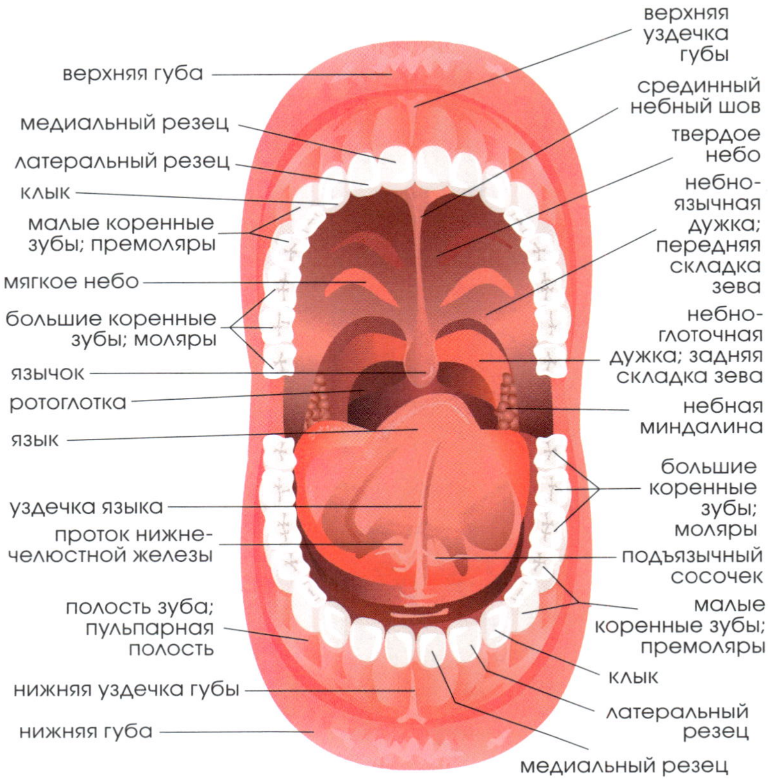

Ротовая полость и зубы

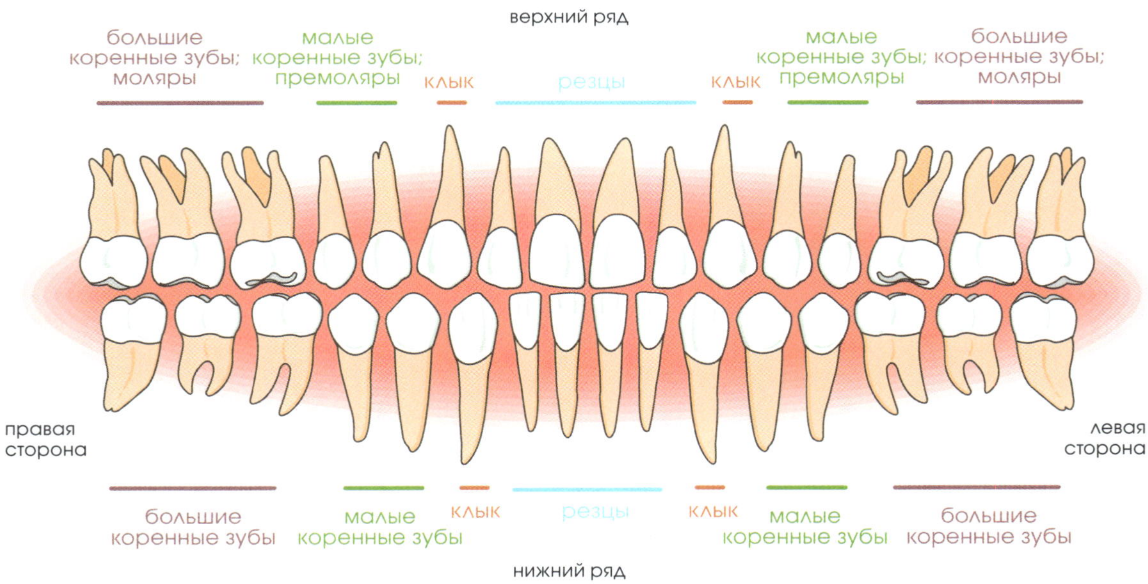

Постоянные зубы

Вставная челюсть

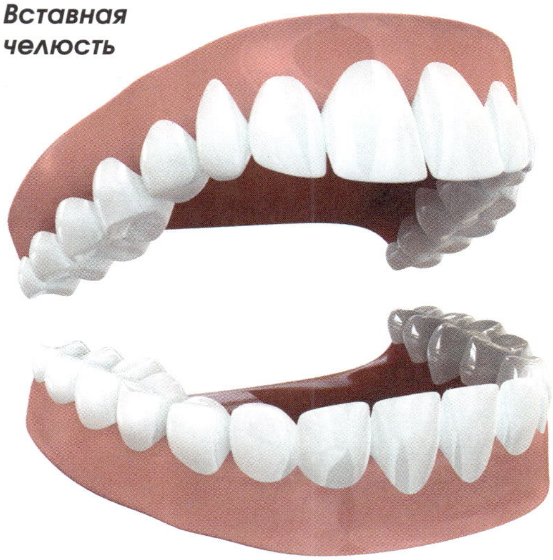

инТЕРЕСно!

Ученые Японии и Швеции научно доказали, что объем памяти человека напрямую зависит от количества зубов. Особенно память ухудшается после удаления коренных зубов.

Зуб состоит из трех частей. ***Коронка*** — более массивный отдел зуба, выступающий над уровнем входа в *зубную альвеолу*, несколько суженная ***шейка*** находится на границе между корнем и коронкой, в этом месте с зубом соприкасается *слизистая оболочка десен*. ***Корень*** расположен в зубной альвеоле, оканчивается верхушкой, на которой находится маленькое отверстие, через которое в полость зуба входят сосуды и нервы. Каждый зуб имеет один, два или три корня. Внутри зуба есть полость, заполненная зубной пульпой, богатой сосудами и нервами.

Зубы укреплены в зубных альвеолах челюстей. Корни зубов прочно срастаются с поверхностью зубных ячеек посредством *периодонта* — соединительнотканных волокон. Зуб построен большей частью из *дентина*, который в области корня покрыт цементом, а в области коронки — *эмалью*.

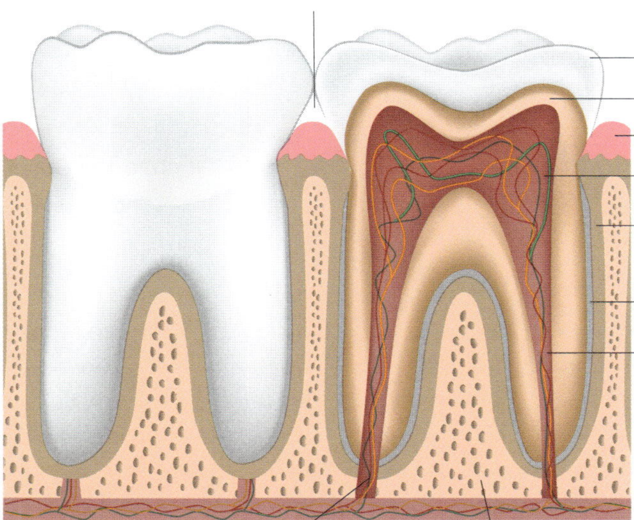

Строение зуба

Прорезывание *молочных зубов* начинается на шестом–седьмом месяце жизни ребенка и заканчивается к трем годам жизни.

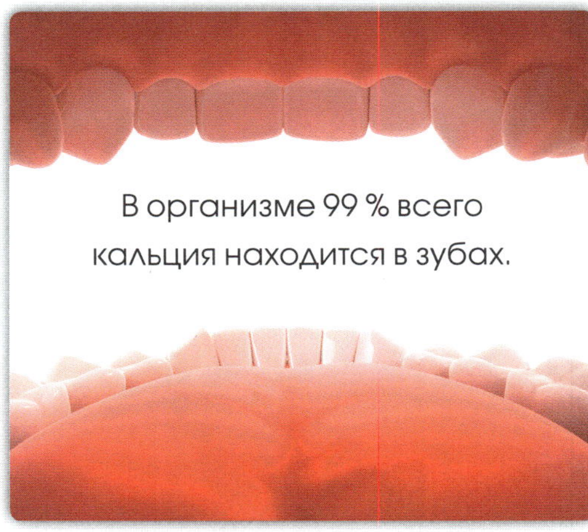

У ребенка 20 молочных зубов. С 6—7 лет молочные зубы постепенно сменяются.

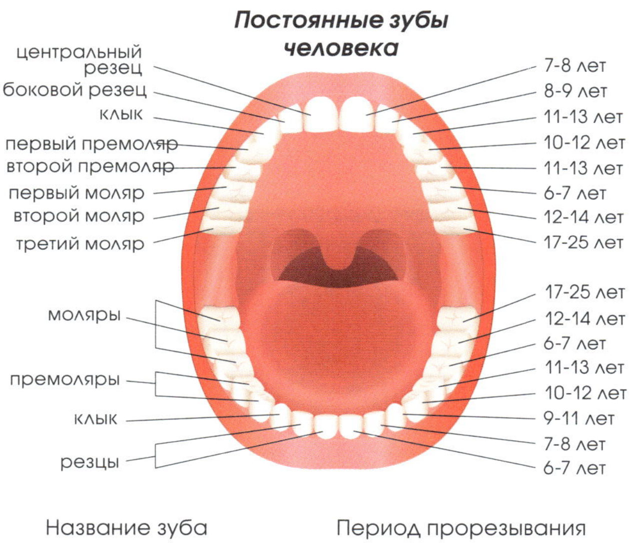

ИНТЕРЕСНО! Придворные дамы французского короля Людовика XVI питались только супом, считая, что чрезмерные жевательные усилия могут привести к появлению морщинок и нанести непоправимый вред красоте.

КАРИЕС ЗУБНОЙ. Кариес — гниение и разрушение тканей зуба. Зубной кариес возникает в результате жизнедеятельности бактерий, которые всегда присутствуют в зубном налете на поверхности зубов. Кислота, которая под действием этих бактерий образуется в результате распада сахара, поступающего в организм человека с пищей, вызывает деминерализацию эмали зуба. Если не предпринимать никаких профилактических мер и не проводить лечения, то этот процесс быстро распространяется на дентин и приводит к разрушению зуба. Чаще всего именно это является причиной сильной зубной боли. В случае распространения кариеса на дентин врач удаляет пораженную ткань зуба и заменяет ее зубной пломбой.

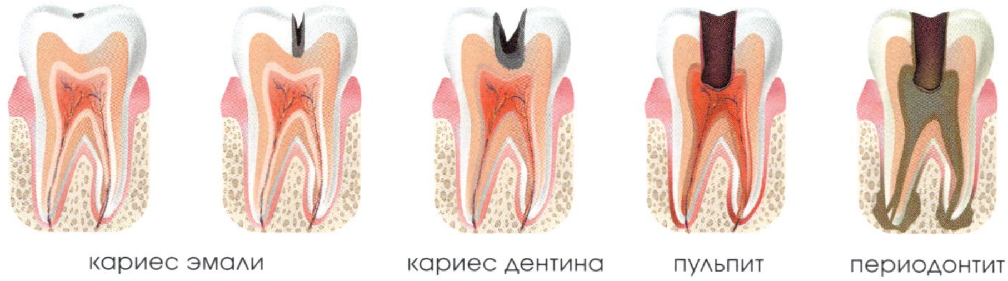

Стадии кариеса

Избыточное потребление сахара — основная причина развития кариеса, причем данное заболевание очень распространено среди молодых людей и склонно к локализации в определенных зонах полости рта. Развитие зубного кариеса может быть предотвращено путем ограничения потребления сахара и избегания приемов сладкой пищи и напитков вечером перед сном.

УХОД ЗА ЗУБАМИ. Включает в себя комплекс процедур:

1. Ежедневная тщательная чистка зубов зубной щеткой и зубной пастой два раза в день: утром и вечером. После каждого приема пищи прополоскать рот и по возможности почистить зубы зубной щеткой.
2. Зубную щетку необходимо менять каждые два месяца. Это связано с накоплением в щетинках щетки болезнетворных бактерий.
3. Посещение стоматолога два раза в год.

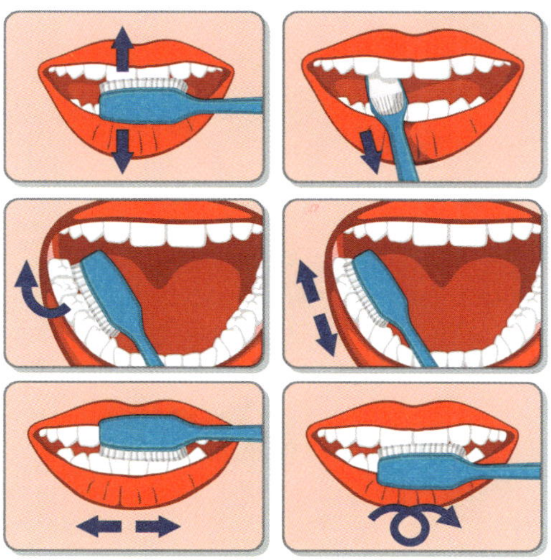

Правила чистки зубов

Железы рта

В слизистой оболочке, подслизистой основе, толще мышц, между слизистой оболочкой и надкостницей твердого неба залегает множество мелких слюнных желез. В ротовую полость открываются *протоки трех пар больших слюнных желез*: *околоушных, подчелюстных, подъязычных* и множества мелких, выделяющих белковый секрет, слизь или смешанный секрет.

Слюнные железы выделяют в сутки от 500,0 мл до 2 л *слюны,* которая состоит из воды (до 99,5 %), солей, ферментов (амилазы и глюкозидазы), слизи, электролитов, бактерицидного вещества лизоцима и антител. Сразу в полости рта начинается расщепление углеводов. Слюна смачивает пищу, слизь, содержащаяся в слюне, облегчает глотание. Слюна растворяет молекулы вкусовых веществ, и они попадают во вкусовые почки в растворенном виде. Благодаря содержанию лизоцима слюна дезинфицирует полость рта. В полости рта пища измельчается, увлажняется и смешивается со слюной.

Большие слюнные железы

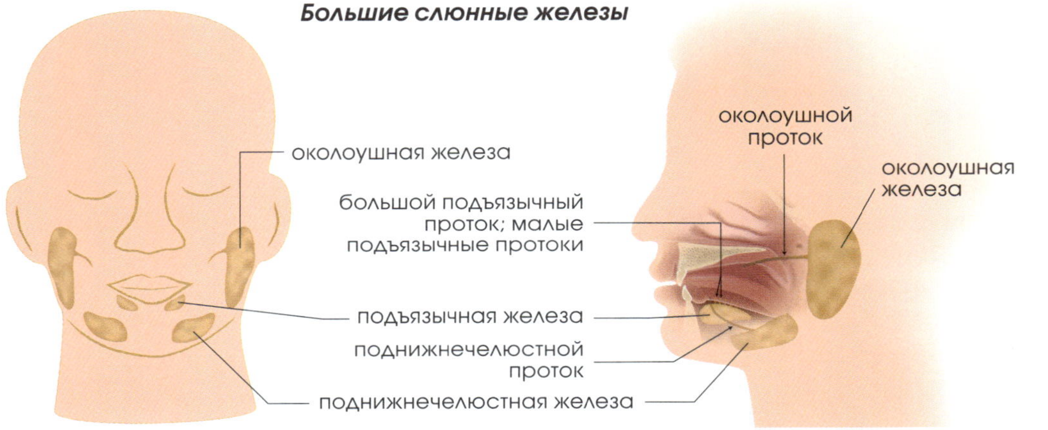

Жевание — рефлекторный акт, регулируемый корой больших полушарий головного мозга, и происходит благодаря координированной деятельности челюстей зубов, жевательных и мимических мышц, языка, щек, неба, дна полости рта.

Слюноотделение — тоже рефлекторный акт, возникает уже при виде пищи, в ответ на запах пищи и при мыслях о еде. Это явление называется *условным рефлексом.*

Глотка

Глотка — воронкообразный мышечный канал, выстланный слизистой оболочкой, длиной около 11—12 см. Поперечнополосатые мышцы глотки располагаются в двух направлениях — продольном (подниматели) и поперечном, или циркулярном (сжиматели). Полость глотки делится на три части: верхнюю — *носовую*, среднюю — *ротовую* и нижнюю — *гортанную*. В полости глотки имеется защитный (иммунный) аппарат — *лимфоэпителиальное кольцо*, куда входят *небные, язычная, глоточная* и *трубные миндалины*.

ЛЮБОПЫТНО!

Во время обеда человек глотает примерно 290 — 300 раз.

Глотание — рефлекторный акт, начинается в момент, когда пищевой комок соприкасается с небом, корнем языка или задней стенкой глотки. В акте глотания участвует еще *небная занавеска* и *мышцы языка*. В процессе глотания *продольные мышцы глотки*, сокращаясь, поднимают ее, *циркулярные мышцы* сокращаются сверху вниз, тем самым продвигая пищу в направлении к пищеводу. ***В глотке человека происходит перекрест дыхательного и пищеварительного путей, но в момент прохождения пищи вход в гортань закрыт и пища не может попасть в дыхательные пути.***

Глотание

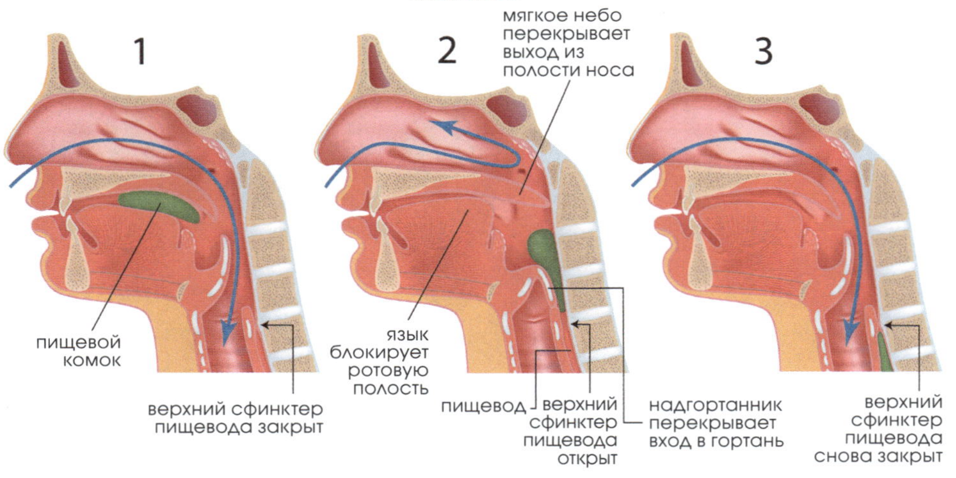

ВНИМАНИЕ!

«Когда я ем — я глух и нем». Эта пословица не зря говорит о молчании во время еды, т. к. известны случаи попадания пищи в дыхательные пути во время разговора человека.

Пищевод

Пищевод человека — цилиндрическая трубка длиной 22–30 см, сплющенная спереди назад, имеющая в спокойном состоянии щелевидный просвет. Через *пищеводное отверстие диафрагмы* пищевод проходит в брюшную полость. Пищевод подвижен. *Функции* пищевода — мышечная оболочка обусловливает движения пищевода и его постоянный тонус. Последовательно сокращаясь сверху вниз, мышцы пищевода проталкивают пищевой комок в желудок. Плотная пища проходит по пищеводу за 3–9 с, жидкая пища — всего за 1–2 с.

Желудок

Желудок расположен в левом подреберье и надчревной области. Он напоминает грушу или реторту, но форма его непостоянна и зависит от количества съеденной пищи, положения тела и т.д. Емкость желудка варьирует в зависимости от принятой пищи и жидкости от 1,5 до 4 л.

ЗАНИМАТЕЛЬНО!

Желудок любителя пива способен вместить до восьми литров пива.

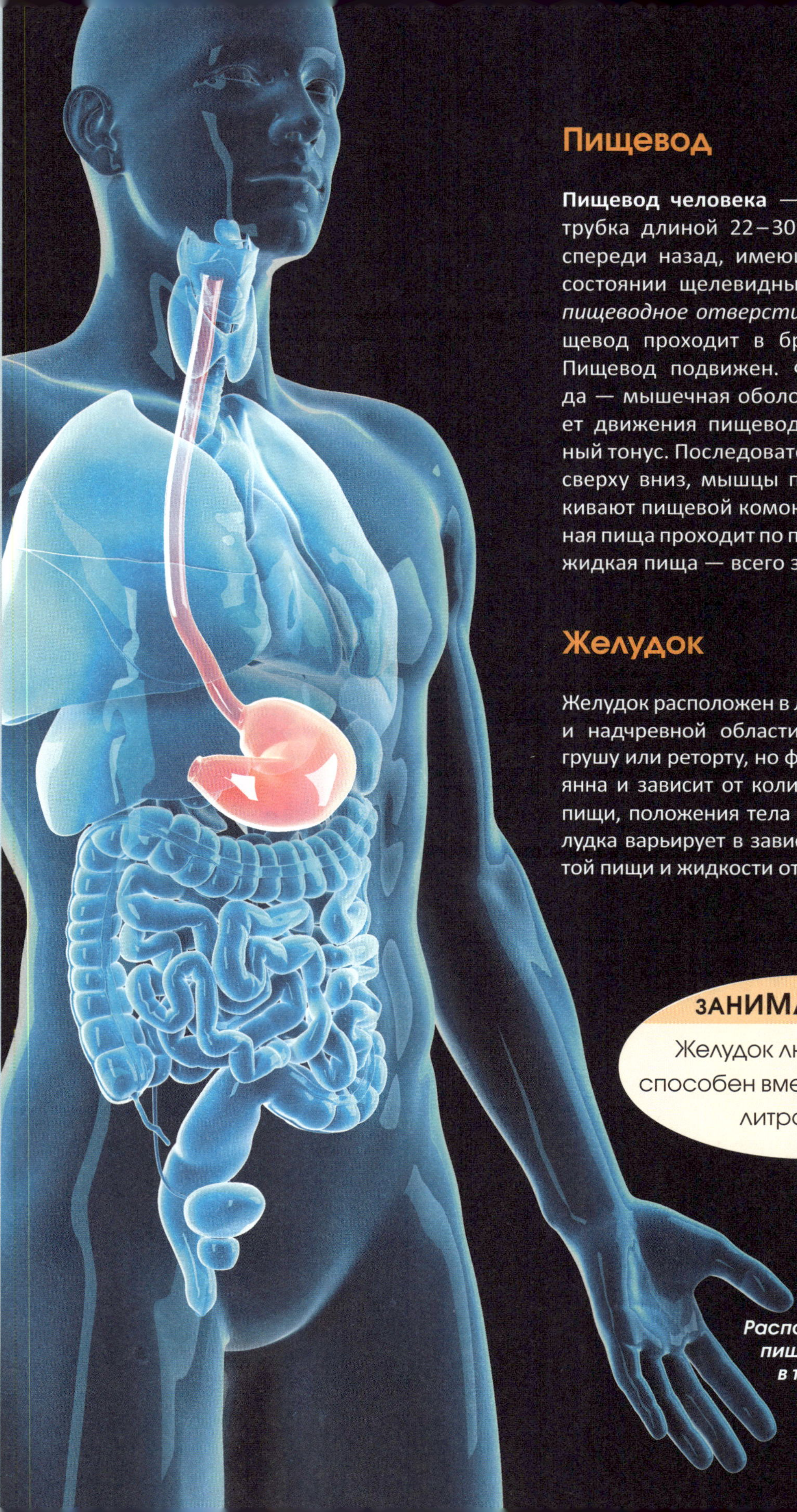

Расположение пищевода и желудка в теле человека

Вход в желудок — это *кардиальная часть желудка*, слева от нее желудок расширяется и образует *дно*, которое переходит в *тело*. *Привратник*, или *пилорус*, — выход из желудка, который снабжен *кольцевой мышцей* (сфинктером). *Пилорическая часть* желудка — примыкающая к привратнику суженная часть желудка.

Строение желудка

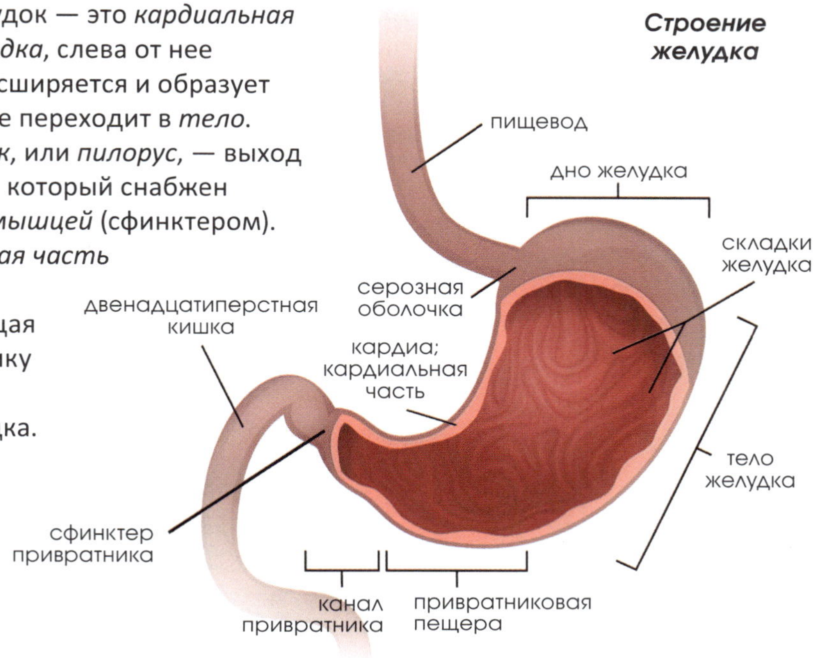

Слизистая оболочка желудка выстлана эпителием, который выделяет слизь. Она располагается в виде нескольких слоев и выполняет защитную функцию. В собственной пластинке слизистой оболочки почти вплотную друг к другу залегают многочисленные желудочные железы. Железы вырабатывают пепсиноген, реннин, компоненты соляной кислоты и внутренний антианемический фактор, слизь, биологически активные вещества (серотонин, эндорфины, соматостатин, гастрин и др.).

Железы желудка выделяют за сутки 1,5 2,5 л кислого *желудочного сока* (pH = 0,8–1,5), в котором около 99% воды, соляная кислота (0,3–0,5%), ферменты, слизь, соли и другие вещества. Под влиянием соляной кислоты пепсиноген превращается в активный пепсин, который расщепляет белки. Соляная кислота образуется уже в полости желудка из выделяемых клетками желез ионов H^+ и Cl^-. Слизь предохраняет слизистую оболочку желудка от ее повреждения соляной кислотой и пепсином.

ЛЮБОПЫТНО!

В слизистой оболочке желудка около 40 млн желез.

Мышечная оболочка желудка сформирована гладкой мышечной тканью. В пилорическом отделе желудка находится сжиматель (сфинктер) привратника (толщиной 3–5 мм), при сокращении которого закрывается выход из желудка.

Желудок однокамерный, он является *резервуаром для проглоченной пищи*: пища интенсивно перемешивается и передвигается; осуществляется частичная химическая переработка пищи благодаря выделению желудочного сока, в состав которого входят пепсин, реннин, липаза, соляная кислота и слизь. Желудок выполняет выделительную, эндокринную и всасывательную *функции* (всасываются сахара, спирт, вода, соли), в стенке желудка образуется внутренний антианемический фактор, способствующий поглощению поступающего с пищей витамина B_{12} (предотвращение развития анемии).

ВНИМАНИЕ!

Деятельность мышц желудка обусловливает его движения, поддерживает тонус, осуществляет перемешивание пищи и опорожнение.

ЛЮБОПЫТНО!

Когда человек краснеет, его желудок тоже «краснеет».

Количество желудочного сока, его состав, кислотность, содержание ферментов зависят от количества, качества и консистенции пищи. Смешанная с желудочным соком пища называется *химусом*. Желудочный сок вырабатывается условнорефлекторно. При попадании пищи в рот возбуждаются рецепторы органов вкуса и обоняния, в результате усиливается выделение желудочного сока (*безусловный рефлекс*). Выделение желудочного сока при попадании пищи в желудок усиливается.

Желудочный сок содержит соляную кислоту, способную всего за неделю растворить полностью лезвие бритвы. По этой причине желудок обновляет полностью свою слизистую поверхность в течение двух недель.

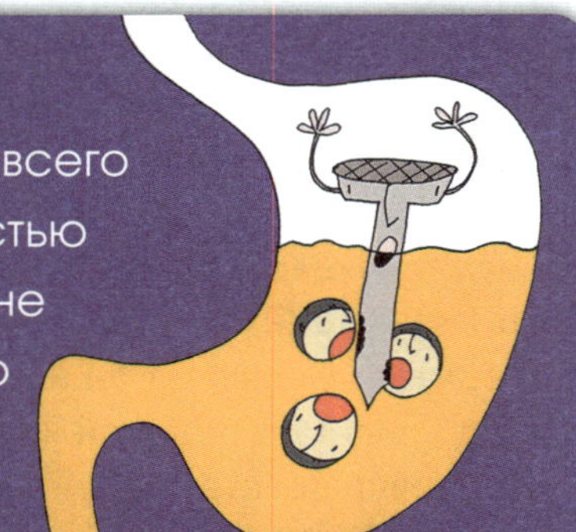

Вначале смешанная пища эвакуируется из желудка быстро, затем постепенно ее эвакуация замедляется. Время нахождения химуса в желудке различно. Скорость эвакуации связана с количеством, составом и степенью измельчения пищи в ротовой полости. Эвакуация химуса из желудка начинается лишь после того, как он становится жидким (или полужидким). Перемещение химуса из желудка в двенадцатиперстную кишку происходит отдельными порциями благодаря сокращениям мышечной оболочки желудка, а *пилорический жом* препятствует его обратному забрасыванию в желудок.

ЛЮБОПЫТНО! За один день железы желудка вырабатывают 1,5 л желудочного сока.

ГАСТРИТ. Воспаление слизистой оболочки желудка. Острый гастрит развивается в результате избыточного потребления спиртных напитков или других раздражающих или разъедающих слизистую оболочку желудка веществ, вызывая у человека рвоту. Хронический гастрит развивается у хронических курильщиков или у людей, страдающих хроническим алкоголизмом. Часто причиной хронического гастрита является бактерия Helicobacter pylori. Острый гастрит не имеет каких-либо четких симптомов проявления, однако люди, страдающие им, имеют повышенную склонность к развитию язвы желудка.

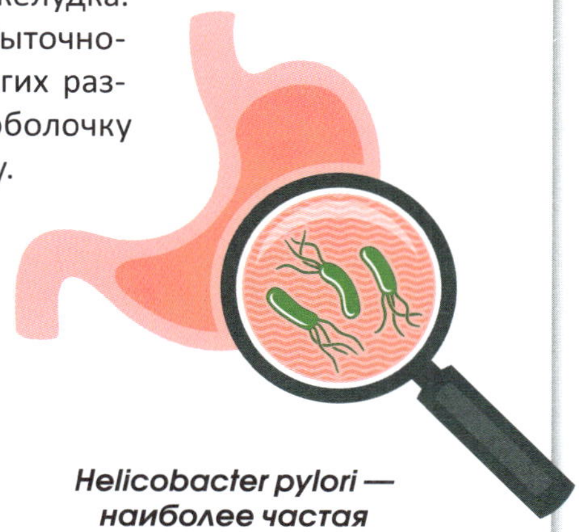

***Helicobacter pylori* — наиболее частая причина гастрита**

ЯЗВА ЖЕЛУДКА И ДВЕНАДЦАТИПЕРСТНОЙ КИШКИ. Язва, возникающая в результате действия кислоты и пепсина на слизистую оболочку желудка и двенадцатиперстной кишки у людей с повышенной чувствительностью. Обычно возникает при повышенной кислотности желудочного сока, причем чаще наблюдается у людей, имеющих группу крови 0. Почти всегда в полости желудка отмечается наличие бактерий Helicobacter pylori.

ИНТЕРЕСНО!

Древние врачи утверждали, что тщательное пережевывание пищи продлевает жизнь человека.

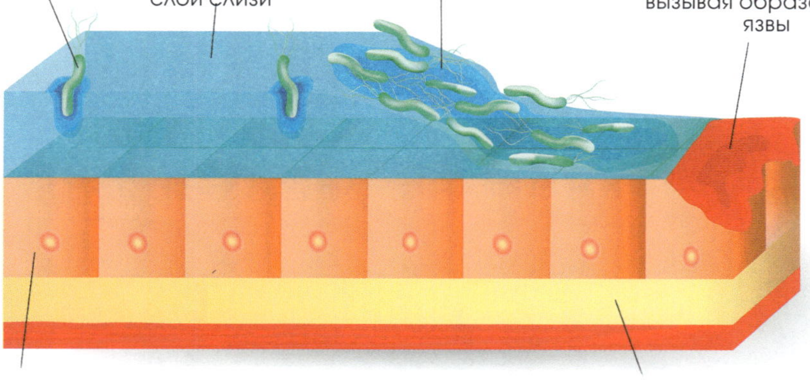

Поражение слизистой оболочки желудка Helicobacter pylori

Основной симптом заболевания (язвы) — боль в верхней части живота, особенно беспокоящая человека или вскоре после приема пищи, или натощак; она может полностью исчезать на недели и даже месяцы, но затем появляется снова. Нередко развиваются осложнения в виде кровотечений, перфорации (прободения) стенки желудка или кишки и ее закупорка в результате образовавшихся рубцов. Симптомы заболевания уменьшаются при приеме антацидных лекарственных препаратов. Хирургическое вмешательство требуется сравнительно редко.

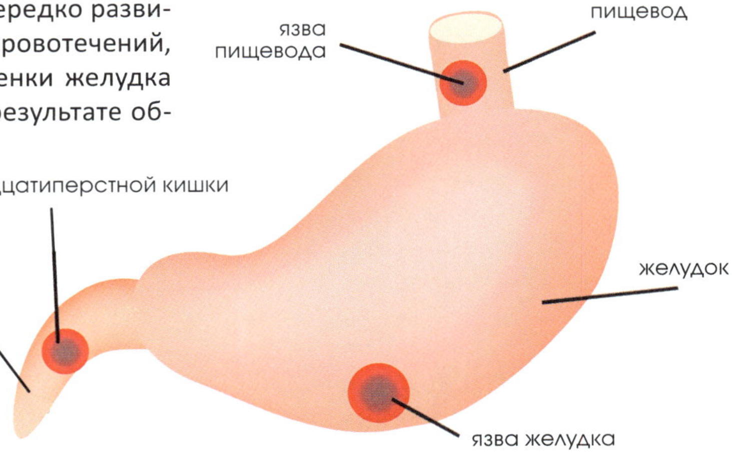

Локализация язв пищевода, желудка и двенадцатиперстной кишки

Кишечник

Кишечник — часть желудочно-кишечного тракта, расположенная между желудком и анусом. В состав кишечника входят две главные части — тонкая кишка и толстая кишка.

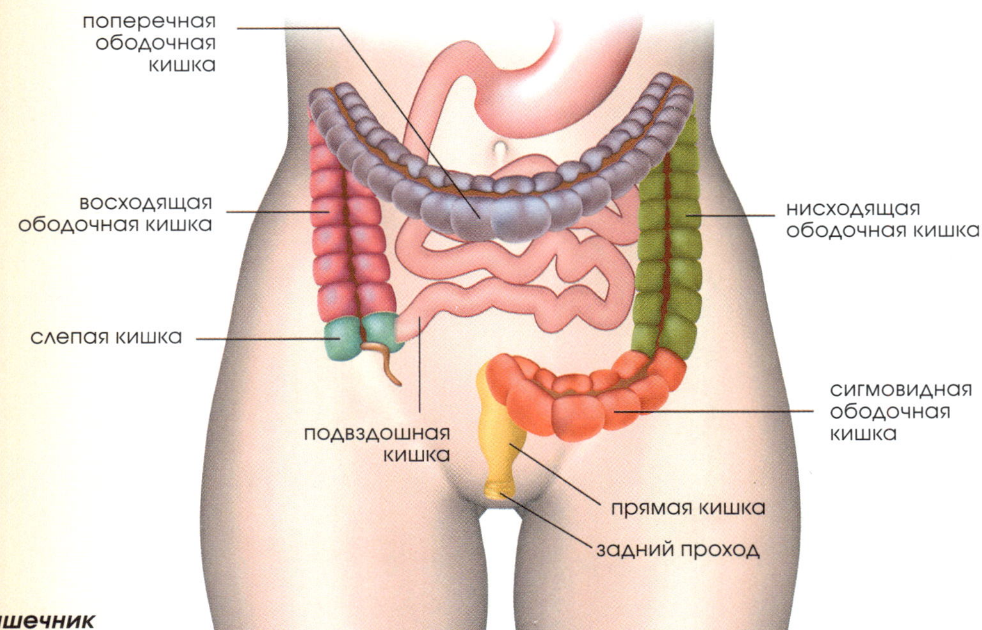

Кишечник

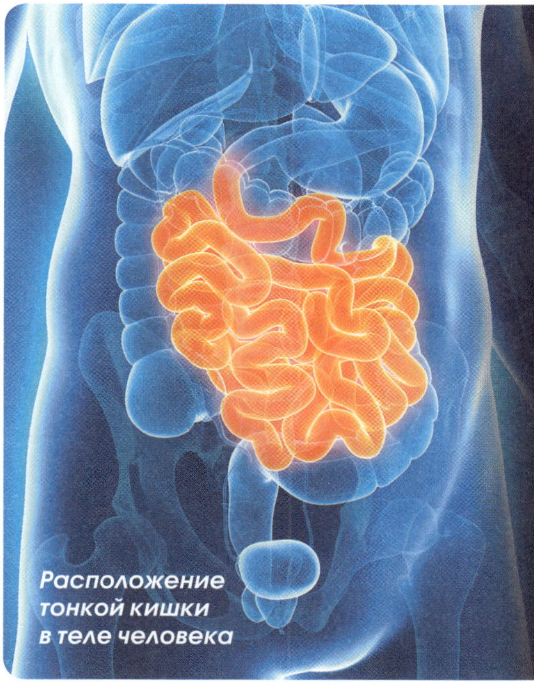

Тонкая кишка

Тонкую кишку человека подразделяют на двенадцатиперстную кишку длиной 25—30 см, тощую кишку длиной 2—2,5 м и подвздошную кишку длиной 2,5—3,5 м. Диаметр тонкой кишки не превышает пяти см. Тонкая кишка образует множество *петель*. *Мышечная оболочка тонкой кишки* осуществляет маятникообразные и перистальтические движения кишки и обеспечивает постоянное тоническое сокращение ее мускулатуры. *Слизистая оболочка тонкой кишки* имеет многочисленные круговые складки. Поверхность слизистой оболочки усеяна кишечными ворсинками и криптами.

Ворсинки — выросты собственной пластинки слизистой оболочки. Поверхность ворсинок покрыта эпителием с огромным количеством микроворсинок (1500—3000 на поверхности каждой клетки). В эпителии большое количество клеток, выделяющих слизь. В центре ворсинки проходит лимфатический капилляр. В каждую ворсинку входит 1—2 артериолы. Из капилляров кровь собирается в венулу.

В слизистой оболочке тонкой кишки имеется множество *кишечных крипт* — углубления слизистой оболочки в виде трубочек. Количество их достигает 80—100 на 1 $мм^2$.

Лимфоидная ткань, расположенная в стенке кишки, выполняет защитную и кроветворную функции. Лимфоидная ткань лучше выражена у детей.

Двенадцатиперстная кишка имеет форму подковы, которая огибает головку поджелудочной железы. *Слизистая оболочка* двенадцатиперстной кишки образует множество широких и коротких ворсинок, а также формирует одну продольную складку, которая заканчивается большим *двенадцатиперстным сосочком (фатеров)*, на вершине которого открываются общий желчный проток и главный проток поджелудочной железы. В двенадцатиперстной кишке вырабатывается секрет, участвующий в переваривании белков и углеводов, слизь, многочисленные гормоны и биологически активные вещества.

Тощая кишка короче, ***подвздошная кишка*** длиннее, но переваривающая поверхность тощей кишки больше.

ИНТЕРЕСНО!

Длина тонкой кишки приблизительно в четыре раза больше роста человека.

Толстая кишка

Толстую кишку подразделяют на слепую кишку с червеобразным отростком, восходящую ободочную, поперечную ободочную, нисходящую ободочную, сигмовидную ободочную и прямую. Толстая кишка имеет длину от 1,5 до 2 м. *Слизистая оболочка* толстой кишки не содержит ворсинки, но в ней много складок и значительно большее число крипт, чем в тонкой.

Толстая кишка заселена огромным количеством микроорганизмов: кишечная палочка, молочнокислые бактерии и др. Микроорганизмы участвуют в сбраживании углеводов, гнилостном разложении белков, расщеплении желчных пигментов. Огромную роль играет равновесие между процессами брожения и гниения: в результате брожения в кишечнике создается кислая среда, препятствующая избыточному гниению. Нормальная кишечная микрофлора способствует выработке организмом естественных защитных факторов, подавляет жизнедеятельность патогенных микробов, синтезирует некоторые витамины (К, Е, B_6, B_{12}), расщепляет небольшое количество клетчатки.

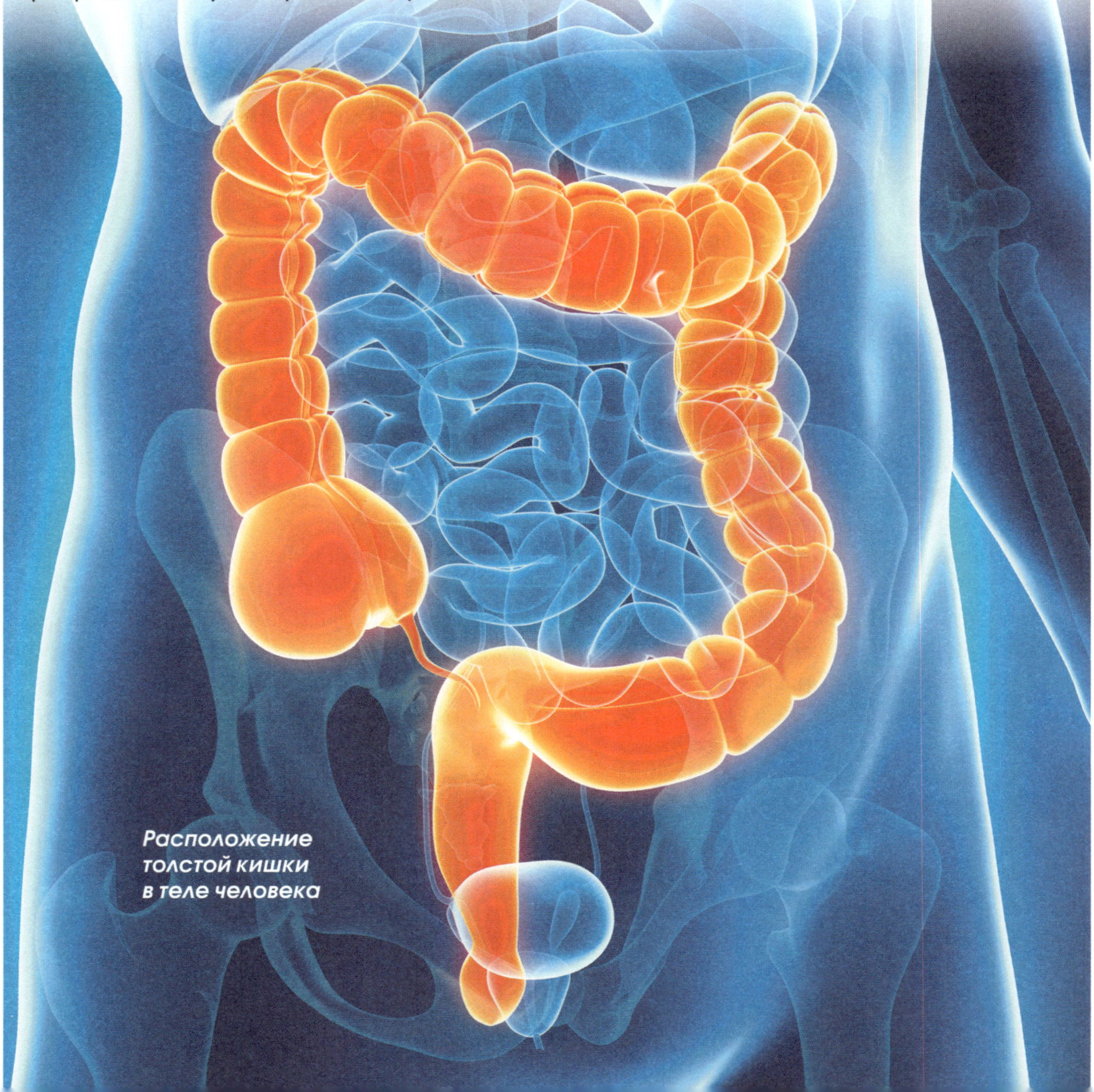

Расположение толстой кишки в теле человека

Тонкая кишка впадает в стенку слепой кишки, ниже впадения слепая кишка образует мешок. Подвздошная кишка как бы вдается своим концом внутрь толстой, где есть сложное анатомическое устройство — *илеоцекальный клапан,* снабженный *мышечным сфинктером* и *двумя губами*. Клапан замыкает выход из тонкой кишки, он открывается периодически, пропуская содержимое небольшими порциями в толстую кишку; также он препятствует обратному затеканию содержимого толстой кишки в тонкую.

Слепая кишка расположена в правой подвздошной ямке; от задней стенки слепой кишки отходит *червеобразный отросток* (аппендикс), размеры его непостоянны и варьируют. В стенке аппендикса находится множество лимфоидных узелков, аппендикс — один из органов иммунной системы.

Слепая кишка непосредственно переходит в ***восходящую ободочную кишку***, которая направляется вверх. У нижней поверхности печени она переходит в ***поперечную ободочную кишку***, которая пересекает брюшную полость справа налево. В левой части брюшной полости у нижнего конца селезенки ободочная кишка вновь изгибается, поворачивает вниз и продолжается в ***нисходящую ободочную кишку***. В левой подвздошной ямке она образует петлю — ***сигмовидную ободочную кишку*** и опускается в малый таз, где переходит на уровне крестца в ***прямую кишку,*** которая тянется до заднего прохода.

Верхний отдел прямой кишки расположен в полости таза, книзу кишка расширяется, образуя *ампулу*.

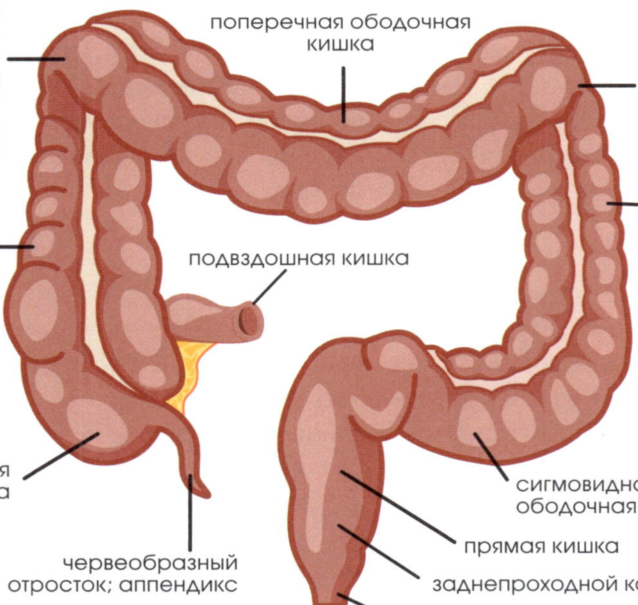

Толстая кишка

Заднепроходной канал — конечный отдел, который направляется назад и вниз, проходит сквозь тазовое дно и заканчивается *задним проходом*. Продольные мышечные волокна расположены на прямой кишке сплошным слоем, который утолщается в области заднепроходного канала и образует *внутренний сфинктер заднего прохода,* состоящий из гладких мышечных волокон. Непосредственно под кожей лежит кольцеобразный *наружный сфинктер заднего прохода,* который образован поперечнополосатой мышечной тканью. Оба сфинктера в обычном состоянии замыкают задний проход, но открываются при акте дефекации. До начала акта дефекации прямая кишка не содержит кал. Резервуар кала — *тазовый отдел толстой кишки*.

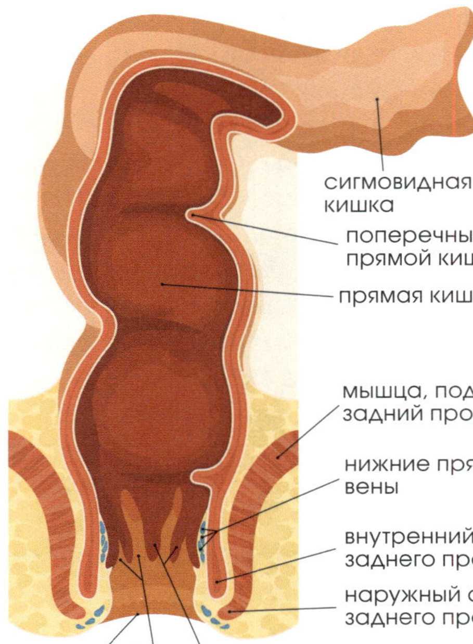

Строение прямой кишки

АППЕНДИЦИТ. Воспаление червеобразного отростка — аппендикса. Острый аппендицит чаще всего встречается у молодых людей. Основным симптомом заболевания является боль в животе, сначала в надчревной, а позднее в правой подвздошной области, над местом, где расположен аппендикс. Боль может локализоваться также и в других местах, что затрудняет постановку диагноза. Иногда наблюдается рвота, понос и небольшое повышение температуры. Если не провести своевременную операцию, аппендицит может привести к развитию абсцесса или общего, разлитого перитонита.

ЗАПОР. Состояние, при котором опорожнение кишечника происходит редко, или кал плотный в виде небольших шариков, или когда дефекация значительно затруднена и болезненна. Частота опорожнения кишечника является сугубо индивидуальной характеристикой и может быть различной у разных людей, поэтому установить какую-либо норму достаточно сложно. Возникновение запора у людей, у которых до этого происходило регулярное опорожнение кишечника, может быть симптомом какого-либо кишечного заболевания. Частые или длительные запоры лечатся путем увеличения потребления клетчатки с пищей, применения слабительных средств или клизм.

ЛЮБОПЫТНО!

Ампула прямой кишки при наполнении способна растягиваться и увеличиваться до 30 — 40 см в диаметре.

Печень

Желудочно-кишечный тракт снабжен огромным количеством мелких желез, которые вырабатывают слизь, и две крупные железы — печень и поджелудочная.

Печень — самая крупная железа человека, масса которой 1,5—2 кг. Печень занимает большую часть брюшной полости, расположена справа под диафрагмой. *Борозды* разделяют печень на четыре *доли*: квадратную, хвостатую, левую и правую — самую большую. Печень покрыта оболочкой (*глиссонова капсула*), от капсулы отходят прослойки, которые разделяют ее на шестиугольные *дольки* призматической формы.

Печень, как и многие органы, обильно снабжается кровью, но в отличие от всех других органов, печень получает кровь из двух источников: артериальную кровь — из *печеночной артерии* и венозную кровь — из *воротной вены*.

Воротная вена собирает кровь от желудка, тонкой кишки, поджелудочной железы, селезенки, большого сальника. Вся кровь проходит очень медленно через кровеносные капилляры печени. Капилляры на периферии долек соединяются между собой, образуя один капилляр, идущий к центру дольки и вливающийся в *центральную вену дольки*. Вены собираются в три-четыре *печеночные вены* и впадают в *нижнюю полую вену*.

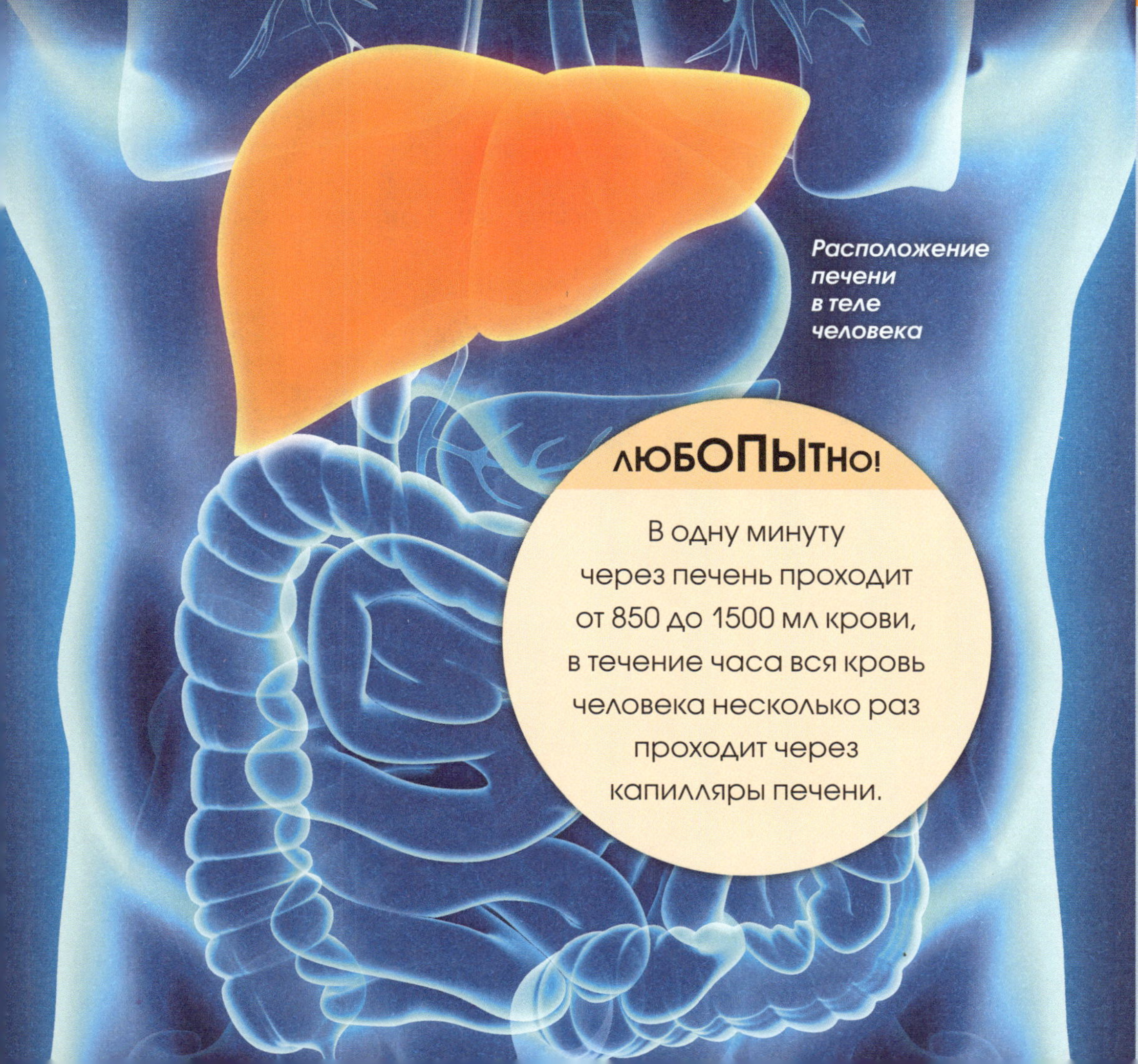

Расположение печени в теле человека

ЛЮБОПЫТНО!

В одну минуту через печень проходит от 850 до 1500 мл крови, в течение часа вся кровь человека несколько раз проходит через капилляры печени.

Желчь образуется в печени, поступает в желчный пузырь и затем попадает в двенадцатиперстную кишку. Желчь вырабатывается непрерывно. Секреция желчи и ее выделение в просвет кишечника резко увеличивается во время пищеварения — через 3—12 минут после начала еды рефлекторно усиливается секреция желчи. В другое время *сфинктер ампулы желчного протока*, или *сфинктер Одди*, закрыт, и желчь накапливается и концентрируется в желчном пузыре. Из желчного пузыря желчь выделяется в двенадцатиперстную кишку. *Функции* желчи — стимуляция перистальтики двенадцатиперстной кишки, эмульгирование и расщепление жиров, нейтрализация кислой реакции химуса, инактивация пепсина.

В течение суток у человека образуется от 500,0 до 1000,0 мл желчи, ее pH=7,8—8,6; содержание воды в ней достигает 95—98%. Желчь содержит билирубин, холестерин, жирные кислоты, лецитин, минеральные элементы, соли желчных кислот.

Функции печени — важнейшие процессы углеводного, белкового и жирового обмена. Печень регулирует содержание сахара в крови, преобразуя избыток глюкозы в гликоген; удаляет излишние аминокислоты из организма путем их разложения на аммиак и мочевину; накапливает и совершает обмен жиров и образование белков плазмы. В печени происходит синтез основных веществ, влияющих на процесс свертывания крови (фибриногена и протромбина), и противосвертывающего вещества гепарина. Печень играет огромную роль в обезвреживании ядовитых веществ, удалении поврежденных красных клеток крови, других нежелательных веществ (избыточного женского полового гормона эстрогена у мужчин и др.). В печени синтезируется и накапливается витамин А вместе с витаминами B_{12}, D и К.

ИНТЕРЕСНО!

Печень — второй по нагруженности, после сердца, сложный орган тела. Она выполняет около 400 функций, среди которых детоксикация, выработка желчи, разрушение эритроцитов, синтез огромного количества белков, участие в свертывании крови.

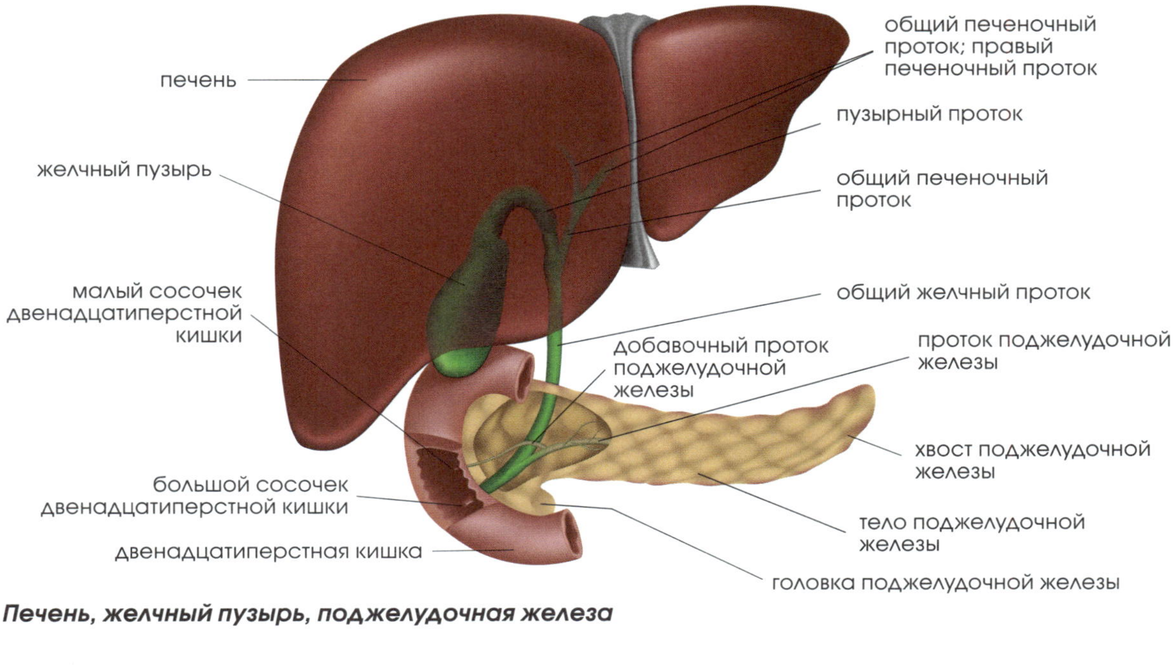

Печень, желчный пузырь, поджелудочная железа

Желчный пузырь

Желчный пузырь — резервуар для хранения желчи, по форме напоминает удлиненный мешок грушевидной формы емкостью около 40 см^3. В желчной пузыре интенсивно всасывается вода, в результате пузырная желчь сгущается в три—пять раз по сравнению с желчью из общего печеночного протока. *Пузырный проток* соединяется с *общим печеночным протоком* и образует *общий желчный проток.* Общий желчный проток направляется вниз, прободает *нисходящую часть двенадцатиперстной кишки*, сливаясь с *протоком поджелудочной железы*, и открывается на вершине *большого сосочка двенадцатиперстной кишки*. Конец общего желчного протока окружен сфинктером, препятствующим затеканию содержимого двенадцатиперстной кишки в желчный и панкреатический протоки.

Поджелудочная железа

Поджелудочная железа — вторая по величине железа после печени: масса 60—100 г. Ее широкая *головка* располагается внутри «подковы» двенадцатиперстной кишки и постепенно переходит в *тело*, которое заканчивается суженным *хвостом*, достигающим ворот селезенки.

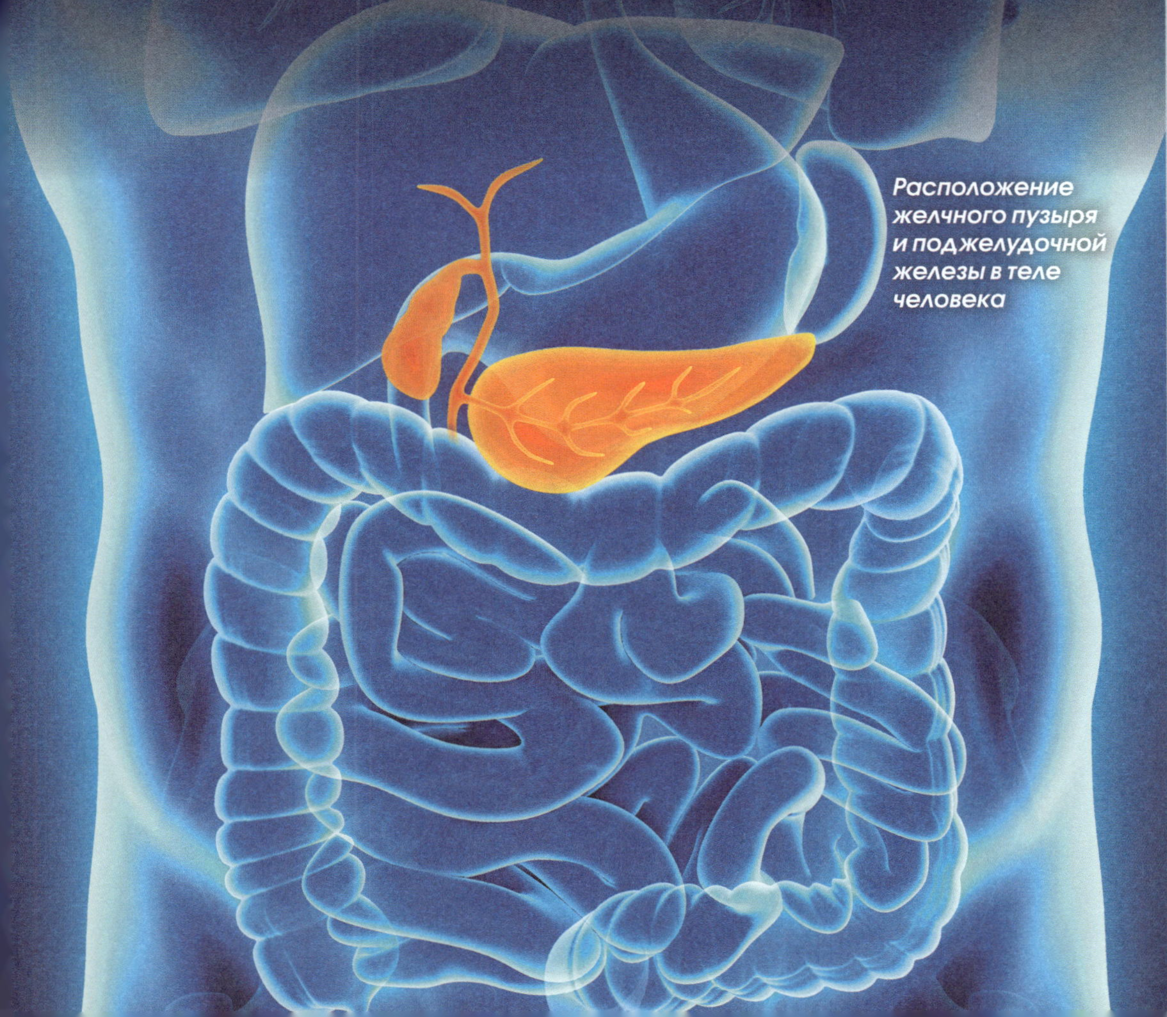

Расположение желчного пузыря и поджелудочной железы в теле человека

Поджелудочная железа состоит из двух желез. *Экзокринная часть* вырабатывает водянистый панкреатический сок (pH = 8—8,5) 1500—2000 мл в течение суток. *Панкреатический сок* содержит ферменты, участвующие в переваривании белков, углеводов, жиров и нуклеиновых кислот. Главный *проток поджелудочной железы* (вирсунгов) проходит слева направо через железу и после слияния с общим желчным протоком открывается на вершине большого сосочка двенадцатиперстной кишки.

Секреция сока поджелудочной железы начинается рефлекторно при мыслях о пище, взгляде на нее. Поступление пищи в ротовую полость, раздражение рецепторов органа вкуса и обоняния, поступление пищи в желудок и раздражение его нервных окончаний рефлекторно усиливает секрецию сока поджелудочной железы, которая достигает максимума при поступлении пищевой кашицы (химуса) в двенадцатиперстную кишку.

Эндокринная часть поджелудочной железы образована группами клеток, которые располагаются в виде островков в толще долек (*островки Лангерганса*). Количество островков у взрослого человека колеблется от 200 000 до 1 800 000. *Функция* эндокринной части — продуцирование гормонов, регулирующих углеводный и жировой обмен (инсулин, глюкагон), соматостатина и т.д.

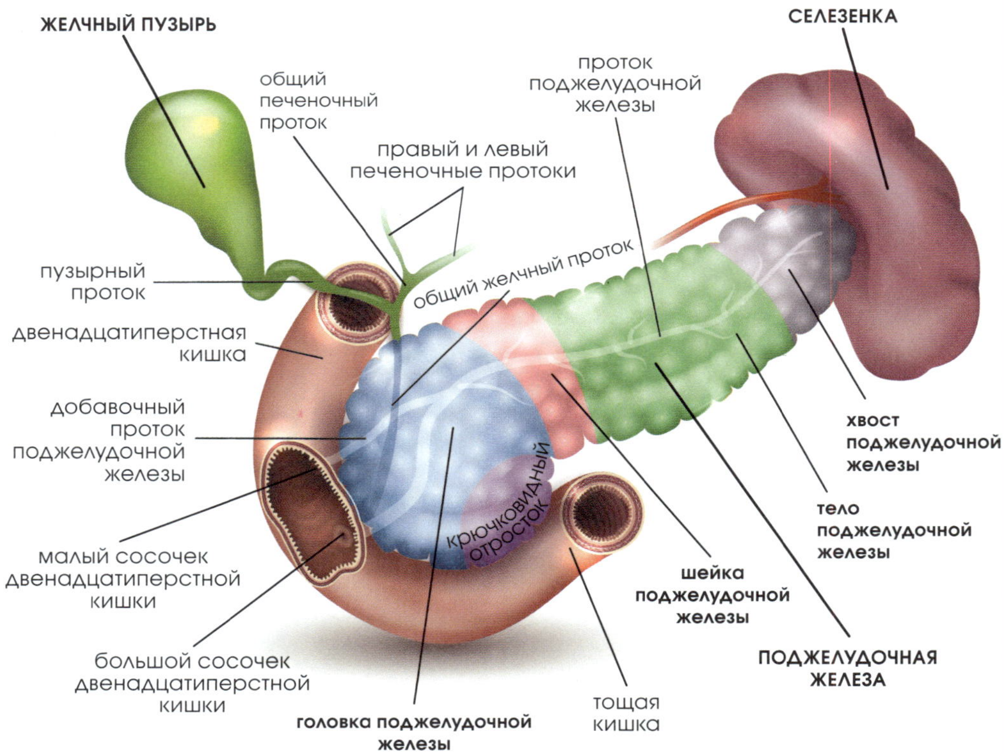

Поджелудочная железа, желчный пузырь, селезенка

ЖЕЛЧНОКАМЕННАЯ БОЛЕЗНЬ (ХОЛЕЛИТИАЗ). Твердое образование в желчном пузыре, состоящее из желчных пигментов, холестерина и солей кальция. Образование желчных камней начинает происходить, когда растворимость холестерина уменьшается; в некоторых случаях — хроническое воспаление желчного пузыря (холецистит). Существование желчных камней может быть бессимптомным, однако иногда возникают сильные боли, или камни начинают выходить в общий желчный проток, вызывая холангит. Холелитиаз может спровоцировать панкреатит. Холелитиаз обычно лечится хирургически путем удаления всего желчного пузыря. Возможно удаление самих камней, которые или растворяются при приеме желчных солей, или размельчаются под воздействием ультразвуковых волн. Если камни не беспокоят человека, то лечение обычно не проводится.

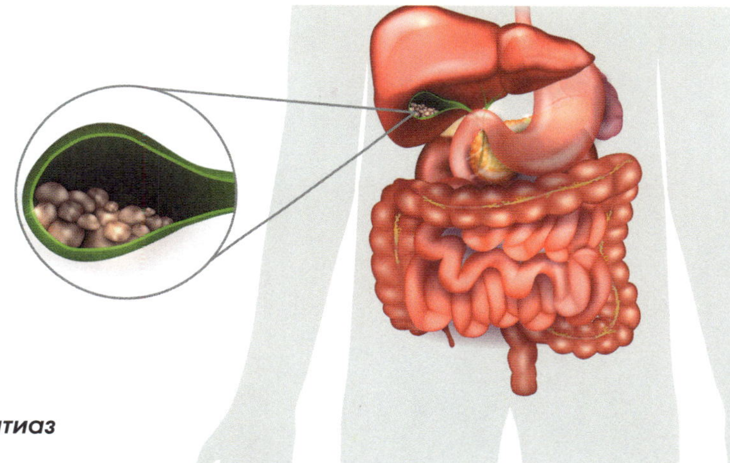

Холелитиаз

ПАНКРЕАТИТ. Воспаление поджелудочной железы. Острый панкреатит обычно развивается внезапно и характеризуется сильной болью в верхней части живота и спины, которая нередко может сопровождаться развитием шока. Причины возникновения острого панкреатита до конца не изучены, однако установлено, что он может развиваться при наличии у человека камней в желчном пузыре, а также у людей, страдающих алкоголизмом. Основной симптом панкреатита — значительное повышение активности фермента амилазы. Для лечения больного применяется внутривенное питание (необходимо на некоторое время полностью исключить прием пищи и воды через рот) и лекарственные препараты. При гнойном панкреатите требуется операция.

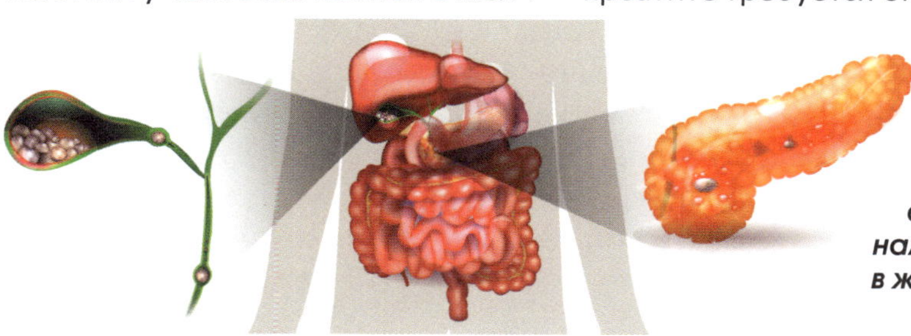

Панкреатит, обусловленный наличием камней в желчном пузыре

Дыхательная система

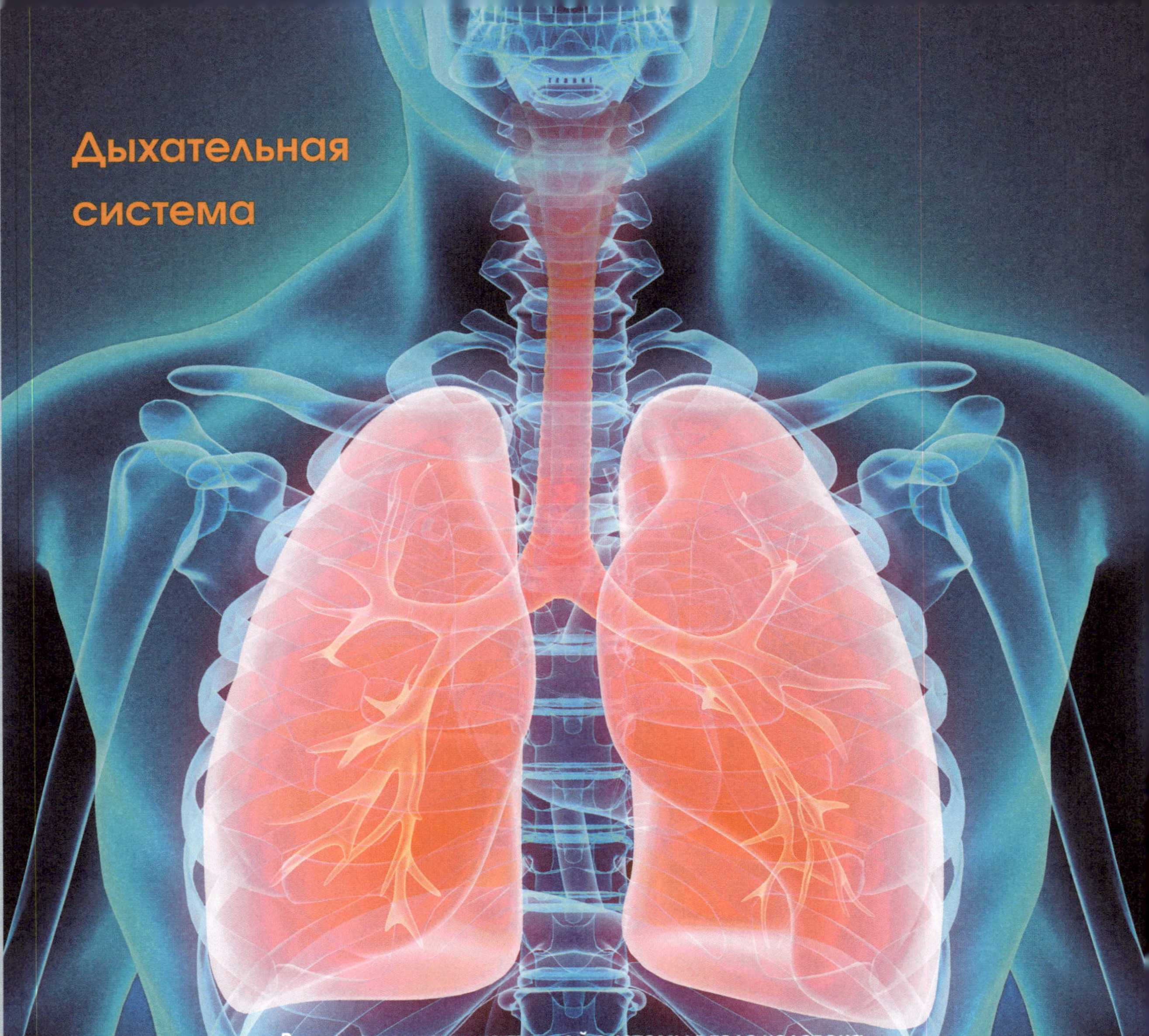

Расположение дыхательной системы в теле человека

Процесс дыхания

Дыхание — процесс газообмена между организмом и окружающей средой, который сопровождается поглощением кислорода и выделением углекислого газа. Важнейшая *функция* дыхательной системы — газообмен, без которого невозможна жизнь, т.к. превращение энергии в организме происходит в результате распада питательных веществ с участием кислорода. Газообмен удаляет углекислый газ — один из конечных продуктов дыхательного обмена. Дыхание проходит несколько этапов: *легочное*, или *внешнее*, *дыхание* — поступление кислорода в альвеолы *(легочная вентиляция), диффузия кислорода* из альвеол в кровь капилляров малого круга кровообращения и удаление из крови углекислого газа; *транспорт газов* кровеносной системой; *тканевое дыхание* — диффузия кислорода из капилляров в ткани, а углекислого газа из тканей в кровь.

Строение дыхательной системы

Дыхательная система включает *воздухоносные пути* и *собственно дыхательные*, или *респираторные*, *отделы*. Воздухоносные пути — полость носа, носовая часть глотки, гортань, трахея, бронхи различных калибров, включая бронхиолы. В них воздух согревается, очищается от различных частиц, увлажняется. Собственно дыхательные отделы — альвеолярные ходы и альвеолы, в которых происходит газообмен. *Гортань* — один из органов дыхательной системы — выполняет две функции: воздухоносную и голосообразовательную.

Дыхательная система

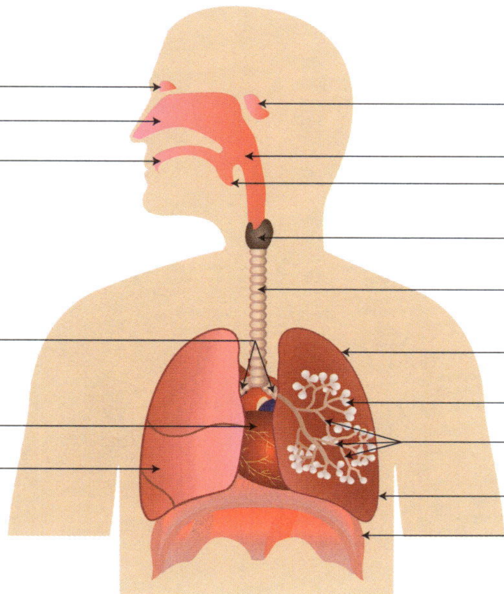

Нормальное дыхание происходит через ***полость носа***, в котором находится орган обоняния, анализирующий качество вдыхаемого воздуха. Изнутри полость носа выстлана *слизистой оболочкой*, которую разделяют на две зоны, резко отличающиеся друг от друга по строению и функции, — дыхательную и обонятельную. *Обонятельная область* описана в теме «Орган обоняния». *Дыхательная область* покрыта эпителием с огромным количеством клеток, которые вырабатывают слизь. Слизь удаляется из носоглотки вместе с погруженными в нее вдыхаемыми частичками. В полость носа выделяется секрет многочисленных желез, вырабатывающих около 500 мл жидкости в течение суток. Слизь обволакивает частицы и увлажняет вдыхаемый воздух. Важнейшая *функция* слизистой оболочки носа — согревание вдыхаемого воздуха благодаря обилию кровеносных сосудов.

ИНТЕРЕСНО!

Чем старше человек, тем медленее он дышит.

ЗАНИМАТЕЛЬНО!

Наш нос — это индивидуальный кондиционер, способный всего за одну секунду очистить, увлажнить и нагреть воздух до оптимальной температуры 36 — 37 градусов Цельсия.

Общую поверхность полости носа увеличивают три *носовые раковины*, где расположено множество тонких вен. Эти вены в обычных условиях находятся в спавшемся состоянии, при воспалении происходит переполнение их кровью, слизистая оболочка набухает и дыхание затрудняется (при насморке). Из полости носа воздух поступает *в глотку* и в гортань.

ИНТЕРЕСНО! Обонятельная область носа площадью всего 5 $см^2$ содержит около миллиона обонятельных нервных окончаний.

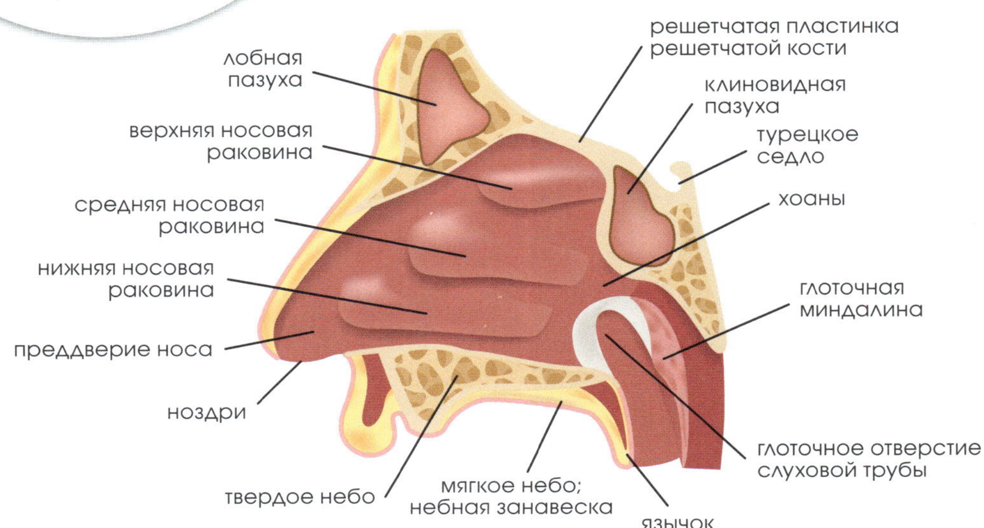

Полость носа

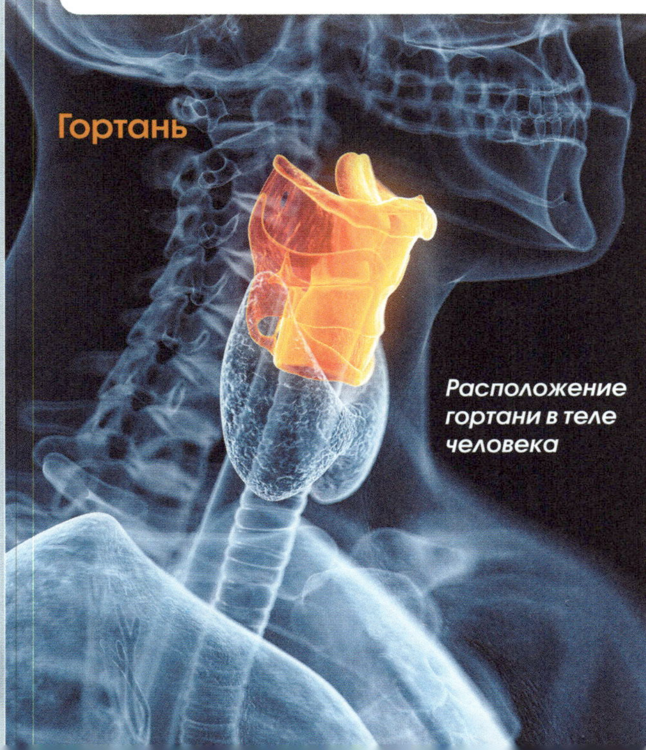

Расположение гортани в теле человека

Сложное устройство гортани связано с голосообразованием. Снаружи положение ее заметно по выступу — *кадыку*, более развитому у мужчин и образованному соединением обеих пластинок щитовидного хряща (*адамово яблоко*).

Скелет гортани образован несколькими, подвижно соединенными между собой *хрящами*. Самый крупный из хрящей — *щитовидный хрящ,* в котором четырехугольные пластинки соединяются между собой под прямым или почти прямым углом у мужчин и углом около 120° у женщин, образуя выступ гортани (кадык).

Функционально наиболее важны *черпаловидные хрящи,* от основания которых вперед отходит *голосовой отросток*; назад и кнаружи — *мышечный отросток*. К мышечному отростку прикрепляются мышцы, двигающие *черпаловидный хрящ* в *перстнечерпаловидном суставе*. Положение голосового отростка, к которому прикрепляются голосовые связки, меняется при этом. Сверху гортань покрыта *надгортанником*. В основании гортани залегает *перстневидный хрящ*. Нижний край хряща соединен с первым *хрящом трахеи*. Посредством связок и суставов хрящи соединяются между собой.

ИНТЕРЕСНО!

Гортань имеет возрастные и половые особенности. Рост и функция гортани связаны с развитием половых желез: у женщин она несколько выше, чем у мужчин, причем гортань мужчины в среднем на 1/3 больше женской. У мальчиков перед наступлением половой зрелости рост гортани быстро ускоряется и размеры стремительно увеличиваются. В это время изменяется голос мальчиков.

От щитовидного хряща к черпаловидным хрящам идут *голосовые связки*. Колебания голосовых связок при прохождении через них выдыхаемого воздуха создают звук, который может меняться в зависимости от натяжения связок и ширины голосовой щели. Изменение положения хрящей гортани, натяжение голосовых связок, ширина голосовой щели регулируется *мышцами гортани,* они и определяют ширину голосовой щели. Человек сознательно контролирует этот процесс. Важно помнить, что в гортани происходит лишь голосообразование, а в членораздельной речи участвуют околоносовые пазухи, губы, язык, мягкое нёбо, мимические мышцы, зубы.

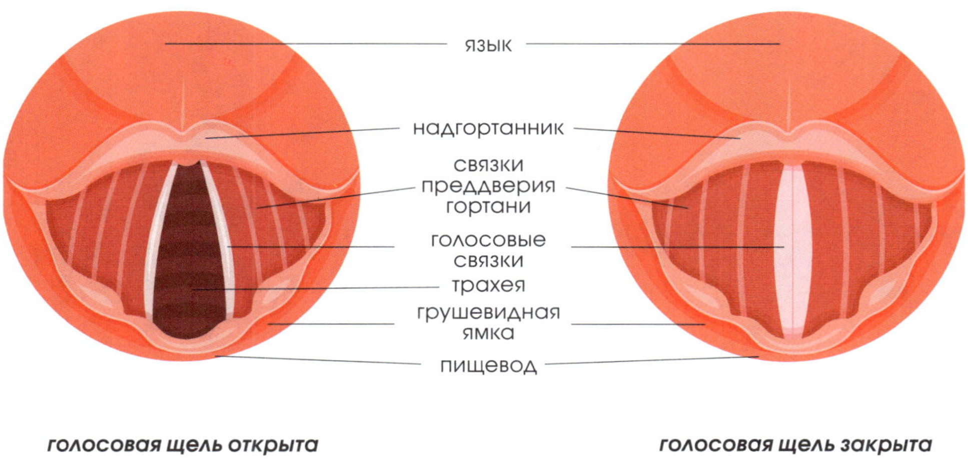

Голосовые связки

Трахея

Трахея, соединенная с гортанью, разделяется на два бронха, образуя *бифуркацию*. В просвете трахеи на месте бифуркации находится полулунный выступ — *киль*. *Стенка трахеи* образована 16—20 гиалиновыми хрящами, каждый из которых — открытая кзади дуга. На задней стенке хрящи отсутствуют, благодаря этому пищевой комок, который проходит по расположенному позади трахеи пищеводу, не испытывая сопротивления с ее стороны. Наличие в стенке трахеи хрящей, связанных плотной фиброзной тканью перепончатой части, делает трахею очень упругой и эластичной. Трахея противостоит значительному давлению извне, сохраняя просвет постоянно открытым, и может растягиваться, изменяя свои продольные и поперечные размеры.

Бронхи

«Бронхиальное дерево» состоит из ветвящихся бронхов, просвет которых постепенно уменьшается. *Главные бронхи* имеют выраженную упругость. От главных бронхов отходят *вторичные,* или *долевые, бронхи*. От правого бронха — три: верхний, средний и нижний долевые, от левого бронха — два: верхний и нижний долевые, которые делятся на более мелкие *третичные,* или *сегментарные, бронхи* (справа — 10, слева — 9), разделяющиеся на еще более мелкие бронхи. Главные бронхи — бронхи первого порядка, долевые бронхи — бронхи второго порядка, сегментарные бронхи — бронхи третьего порядка. В дальнейшем бронхи делятся на *субсегментарные, междольковые, внутридольковые бронхи*.

В стенках бронхов находятся гиалиновые хрящи. По мере уменьшения калибра бронха хрящи постепенно меняют форму: образуют вначале *полукольца*, затем хрящевые пластинки неодинаковой величины, которые совершенно исчезают в бронхиолах диаметром около 1 мм. Диаметр самых мелких разветвлений воздухопроводящих путей — *бронхиол*— от 0,5 до 1 мм. Имеется около 20 их генераций, последняя — *конечные (терминальные) бронхиолы*, каждая из которых делится на 14—16 *дыхательных (респираторных) бронхиол*.

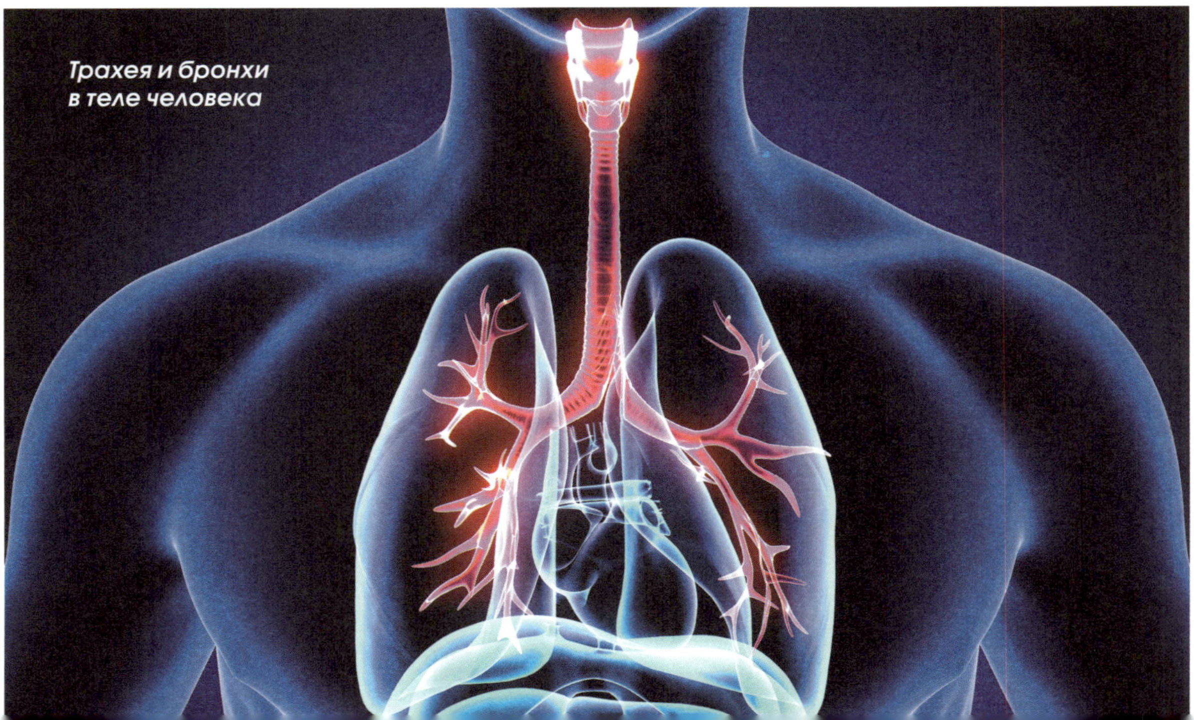
Трахея и бронхи в теле человека

Легкие

По форме легкие напоминают *конус* с закругленной *верхушкой*, которая выступает над первым ребром. Консистенция легкого мягкая, упругая, напоминает губку. Легкие и их кусочки плавают в воде благодаря содержащемуся в них воздуху. Цвет легких у детей бледно-розовый, у взрослых ткань постепенно темнеет, появляются черные пятна ближе к поверхности за счет частиц пыли, угля, которые откладываются в соединительнотканной основе легкого. Легкое разделяется глубокими щелями на *доли*: правое легкое — на три, левое легкое — на две, доли образованы *сегментами* (в левом легком их 9, в правом — 10). Каждому сегментарному бронху соответствует *бронхолегочный сегмент*; сегменты сформированы *легочными дольками* (в одном сегменте около 80 долек), разделенными междольковыми перегородками. В верхушку каждой дольки входит *претерминальная дольковая бронхиола,* которая разветвляется на 3—7 мельчайших *концевых (терминальных) бронхиол*.

Ацинус — функциональная единица легкого, система разветвлений одной концевой бронхиолы, делящейся на 14—16 дыхательных (респираторных) бронхиол первого порядка, которые делятся на респираторные бронхиолы второго порядка, затем разветвляются на респираторные бронхиолы третьего порядка, образующие *альвеолярные ходы* (до 1500), несущие на себе до 20 000 *альвеолярных мешочков* и *альвеол*. При выдохе бронхиолы не спадаются.

Альвеолы — бухтообразные выпячивания на стенках дыхательных бронхиол. *Альвеолы, альвеолярные мешочки и ходы являются пространствами, содержащими воздух.* Альвеолы похожие на пузырьки неправильной формы, разделяются тонкими межальвеолярными перегородками. В каждой перегородке находится густая сеть кровеносных капилляров.

Воздушно-кровяной барьер очень тонкий, его функция — газообмен.

Легкие, альвеолы

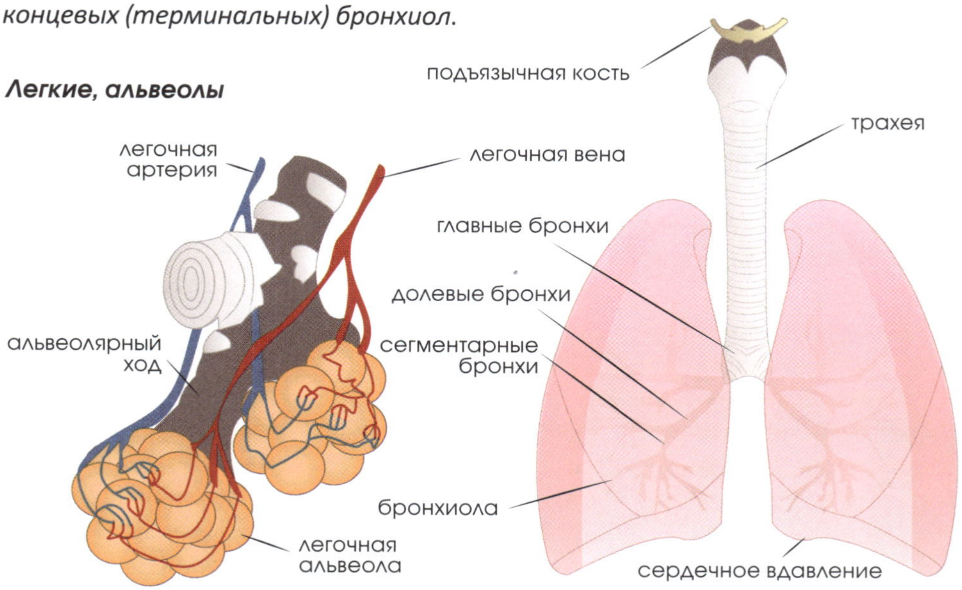

Плевра

Плевра выстилает изнутри грудную полость. Она состоит из двух листков: париетального и висцерального. *Висцеральный листок* плотно срастается с легочной тканью, покрывает легкое со всех сторон, заходит в щели между его долями. *Париетальная,* или *пристеночная, плевра* — сплошной листок, который срастается с внутренней поверхностью грудной полости и средостением. *Полость плевры* — узкая замкнутая щель между париетальной и висцеральной плеврой.

Средостение

Средостение — комплекс органов между правой и левой плевральными полостями, в котором располагаются сердце, аорта, легочные артерии и вены, тимус, пищевод, трахея, главные бронхи, кровеносные и лимфатические сосуды, лимфатические узлы, симпатические стволы, нервы и др.

Функция дыхательной системы

Процесс легочного дыхания: чередование вдоха, во время которого атмосферный воздух, насыщенный кислородом, поступает в альвеолы, и выдоха, при котором воздух, обогащенный углекислым газом, удаляется в окружающую среду. ***Вдох*** осуществляется благодаря сокращению *наружных межреберных мышц* и *диафрагмы* (главные мышцы), других мышц. В акте ***выдоха*** участвуют *внутренние межреберные мышцы* и *диафрагма* (главные мышцы), *мышцы брюшного пресса*. Мышцы воздействуют на реберно-позвоночные суставы, поднимая (вдох) и опуская (выдох) ребра.

Легочная вентиляция меняется в зависимости от состояния организма: чем больше физическая нагрузка, тем больше легочная вентиляция. Интенсивность легочной вентиляции определяется *глубиной вдоха* и *частотой дыхательных движений*.

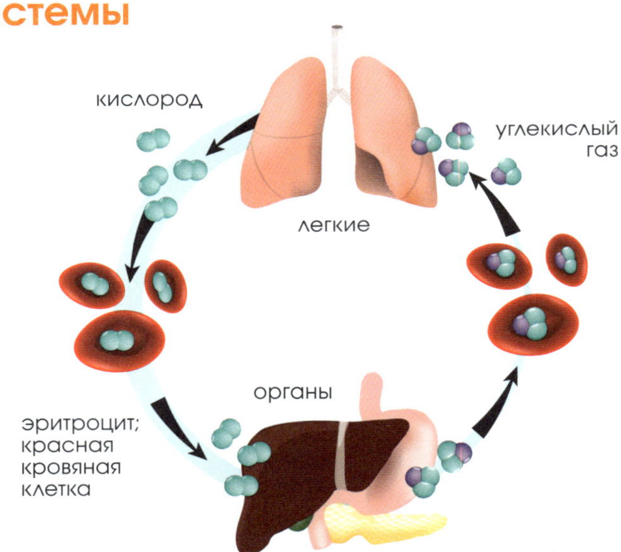

Функция дыхательной системы

ЛЮБОПЫТНО!

Различают грудной (реберный) и брюшной (диафрагмальный) тип дыхания в зависимости от того, преобладает ли при дыхании поднимание ребер или уплощение диафрагмы. Первый тип преобладает у женщин, второй — у мужчин.

Жизненная емкость легких (ЖЕЛ) — наибольшее количество воздуха, которое человек может выдохнуть после максимального вдоха. ЖЕЛ складывается из дыхательного объема и резервных объемов вдоха и выдоха. ЖЕЛ — один из важнейших показателей, позволяющих судить о подвижности легких и грудной клетки. У молодого мужчины ЖЕЛ в норме можно определить по формуле: ЖЕЛ (л)=рост (м)×2,5; у женщины ЖЕЛ (л)=рост (м)×2,0.

ЛЮБОПЫТНО!

В течение жизни человек делает около 700 млн вдохов и вдыхает 300—350 млн л воздуха. Получается, что каждый день человек делает 23 000 вдохов и выдохов.

Альвеолярный воздух — воздух в альвеолах, он отличается от атмосферного по концентрации содержащихся в нем газов. В процессе диффузии кислород проходит из просвета альвеолы в кровеносные капилляры через аэрогематический барьер, плазму крови и мембрану эритроцита. Углекислый газ диффундирует в обратном направлении.

Функция альвеолы

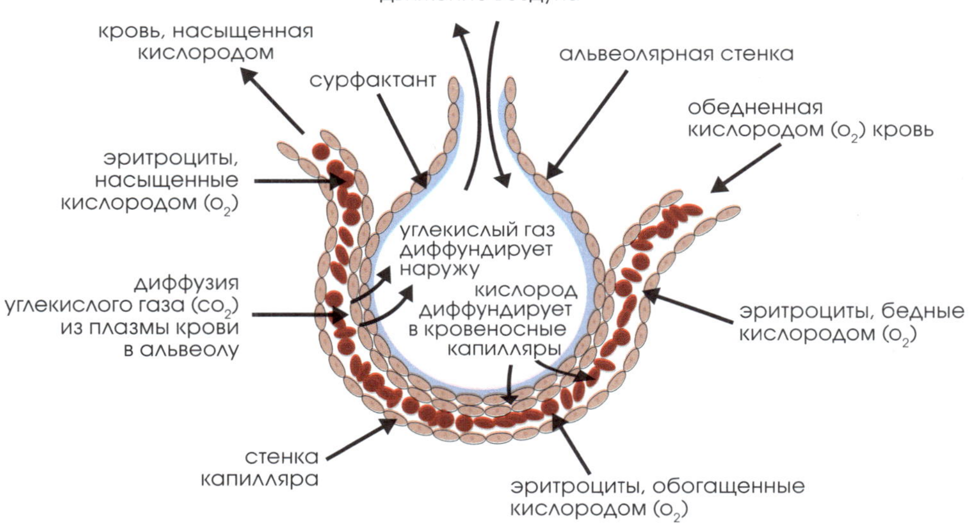

Легкие человека содержат около 3 миллионов легочных альвеол. Если все эти альвеолы разложить на ровной поверхности, то они заняли бы площадь около 100 м^2 (теннисный корт).

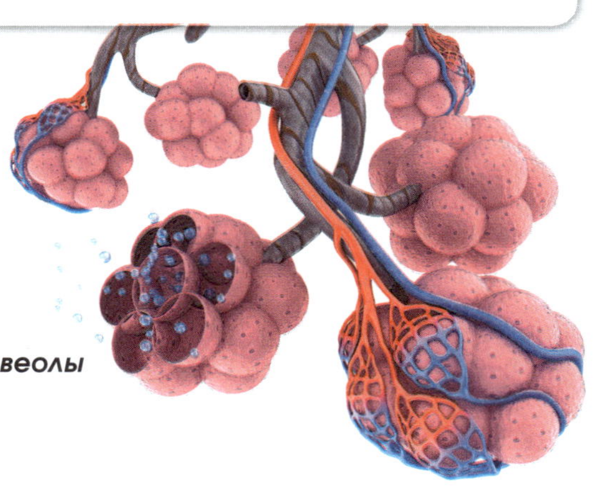

Легочные альвеолы

Гемоглобин (Hb) — специальный пигмент, молекула которого содержит ион двухвалентного железа. Гемоглобин имеет уникальную способность обратимым образом соединяться с кислородом и является средой для переноса кислорода по организму к различным тканям и органам. Соединение гемоглобина с кислородом происходит в момент прохождения крови через легкие; освобождение кислорода происходит в период достижения кровью тканей.

ВНИМАНИЕ!

В норме в крови содержится 120—180 г/л гемоглобина (примерно 158 г/л у мужчин и 140 г/л у женщин). Данный показатель меняется в зависимости от возраста, состояния здоровья, географических условий (высота над уровнем моря) и т.д.

Сложная работа дыхательной системы постоянно приспосабливает внешнее дыхание к меняющимся условиям внешней и внутренней среды организма. Данная деятельность регулируется нервной системой: *центры вдоха и выдоха расположены в продолговатом мозге.* На дыхательные центры действуют сильные температурные воздействия, температура тела, различные гормоны, боль.

АСТМА БРОНХИАЛЬНАЯ. Состояние, характеризующееся приступами резкого сужения бронхиальных путей (может развиться либо самопроизвольно, либо вследствие какого-то внешнего воздействия), сопровождающееся кашлем и затруднением дыхания (выдоха). Бронхиальная астма может быть спровоцирована действием одного или нескольких факторов, например, аллергенов, лекарственных веществ, большой физической нагрузки, эмоциональным возбуждением, инфекционными заболеваниями или загрязнением окружающего воздуха. Астма обычно развивается в юном возрасте, а у страдающих аллергией людей может сопровождаться сенной лихорадкой и дерматитом. В некоторых случаях приступы бронхиальной астмы возникают в зрелом и даже пожилом возрасте.

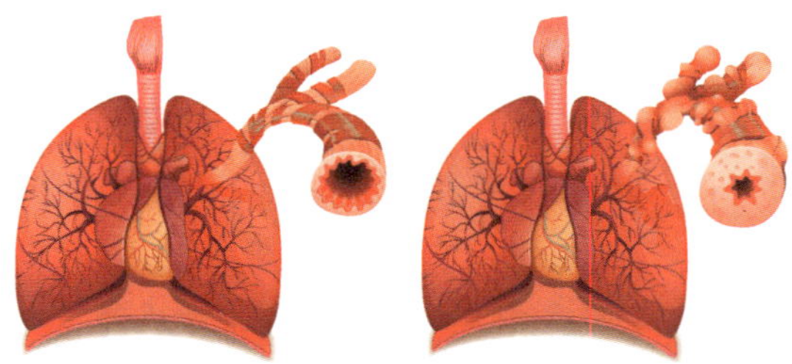

Нормальные и пораженные бронхи (астма)

БРОНХИТ. Воспаление бронхов. Острый бронхит вызывается попаданием в организм человека определенных вирусов или бактерий. Основные его симптомы — кашель, приводящий к отделению слизисто-гнойной мокроты, сужение бронхов вследствие их спастического сокращения. В случае хронического бронхита больной откашливает большое количество слизистой мокроты, выделяемой увеличенными железами бронхов. Воспаление может и не являться первопричиной развития бронхита, хотя чаще всего это заболевание — осложнение других перенесенных острых инфекций. Болезнь широко распространена среди курильщиков и страдающих эмфиземой людей, а также связана с загрязнением окружающего воздуха.

ПНЕВМОНИЯ. Воспаление легкого, вызываемое различными бактериями, с преимущественным поражением альвеол, их заполнением воспалительным экссудатом и клетками крови, в результате чего легкое становится плотным. Симптомы пневмонии аналогичны симптомам любого другого инфекционного процесса: повышение температуры, общее недомогание, головная боль и т. д.; кроме того, возникает кашель и боли в груди. Пневмония может быть классифицирована по следующим показателям: 1) на основании результатов рентгенологического исследования; 2) в зависимости от вида микроорганизмов, вызвавших развитие заболевания; 3) в соответствии с клиническими симптомами и обстоятельствами, при которых у человека возникло заболевание.

Различают пневмонию, приобретенную во внебольничных условиях; пневмонию, приобретенную в больнице; пневмонию, развивающуюся у лиц с пониженным иммунитетом (в том числе у больных СПИДом). В большинстве случаев с помощью антибиотикотерапии, основанной на анализе клинической картины заболевания и результатах микробиологических анализов, удается добиться полного выздоровления больного.

ТАБАКОКУРЕНИЕ. Курение — распространенная, очень вредная для организма привычка огромного числа людей. Вред курения состоит в способности провоцировать тяжелые заболевания различных систем организма: дыхательной, сердечно-сосудистой, пищеварительной, нервной, полового аппарата.

НЕРВНАЯ СИСТЕМА

Нервная система объединяет все части организма в единое целое, координирует умственную деятельность, связь организма с внешней средой (ощущения), управляет движениями, регулирует все функции. В основе сознания, мышления, речи, бодрствования и сна, памяти, интеллекта, творчества и эмоций лежат интегративные функции нервной системы. Группы нервных клеток, которые связаны между собой многочисленными синапсами, осуществляют все функции, включая умственную деятельность.

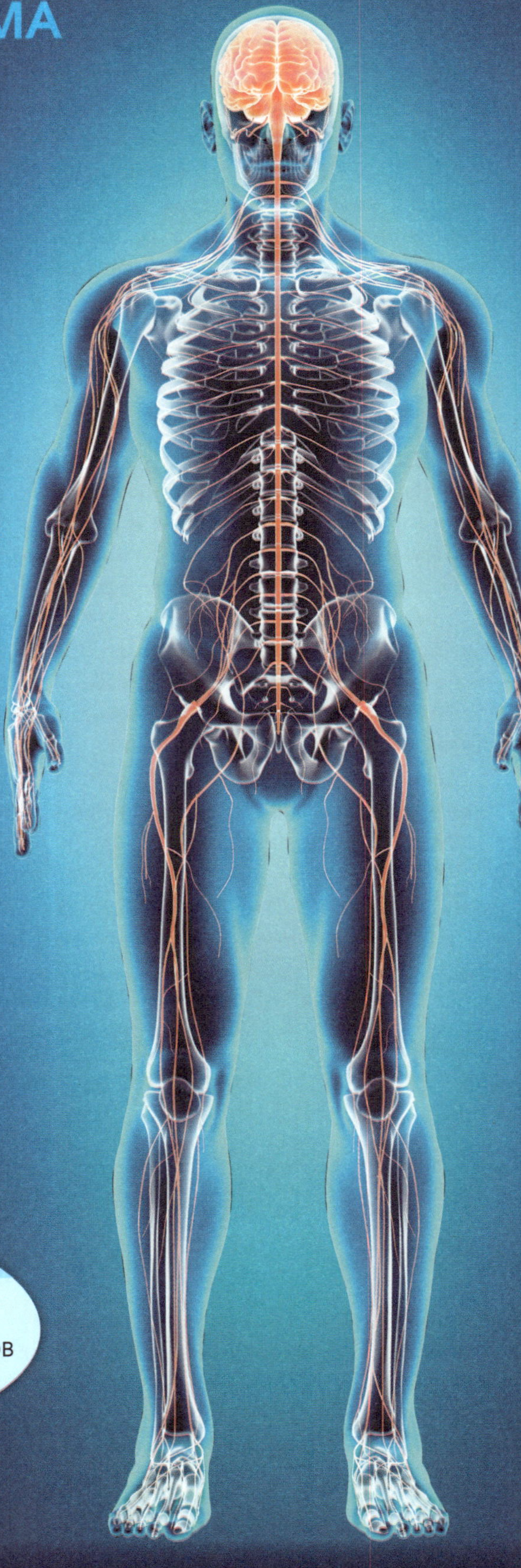

ЗАНИМАТЕЛЬНО!

В теле взрослого человека приблизительно 75 километров нервов.

Нервную систему человека подразделяют на центральную и периферическую. *Центральная нервная система* включает спинной и головной мозг.

Периферическая нервная система — отходящие от них парные спинномозговые и черепные нервы с корешками, их ветви, нервные окончания и нервные узлы, образованные телами нейронов (ганглии). Кроме того, в нервной системе выделяют соматическую и вегетативную. *Соматическая,* или *анимальная, нервная система* иннервирует в основном тело (кости, скелетные мышцы, кожу) и обеспечивает связь организма с внешней средой. *Вегетативная*, или *автономная, нервная система* иннервирует все внутренности, гладкие мышцы органов и кожи, сосуды и сердце, железы, в том числе и эндокринные, и обеспечивает обменные процессы во всех тканях и органах.

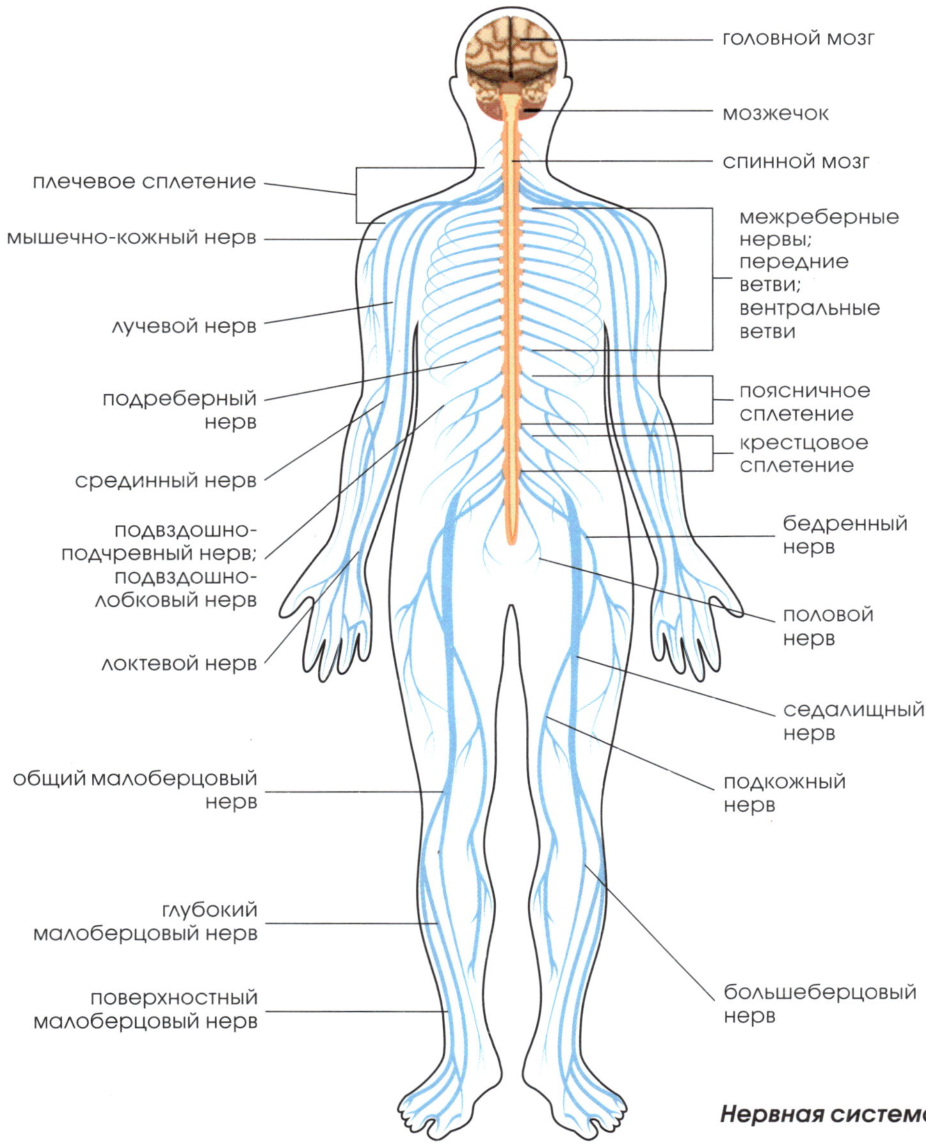

Нервная система

Центральная нервная система (ЦНС)

Головной мозг

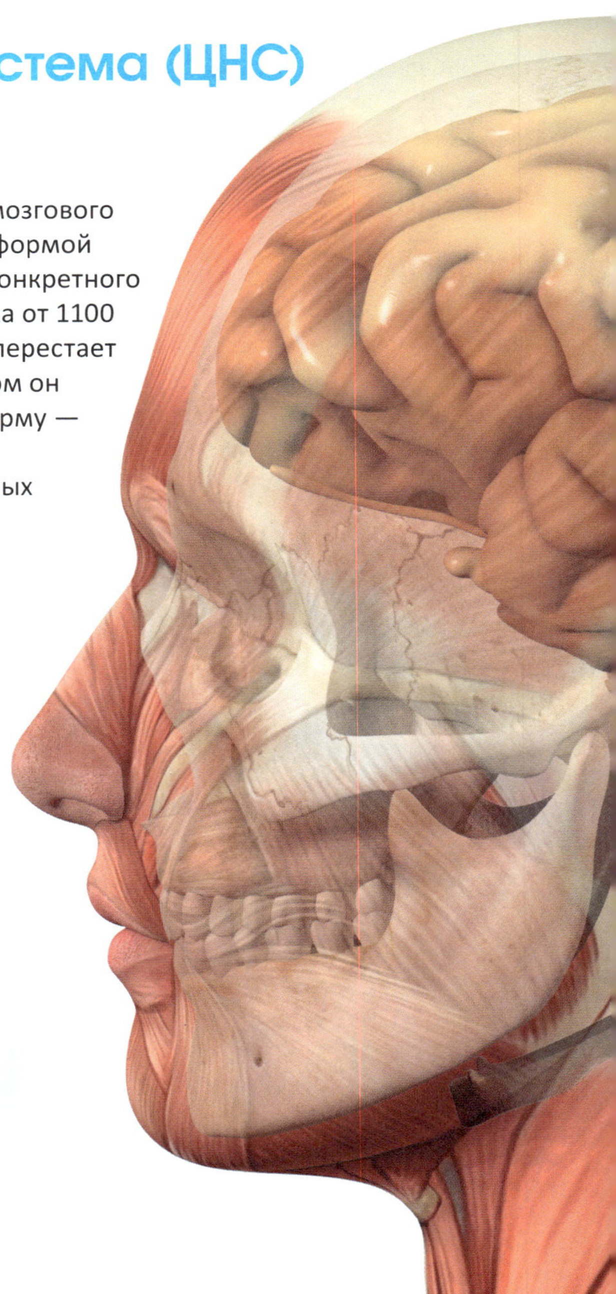

Головной мозг расположен в полости мозгового черепа, объем и форма определяется формой и размером мозга, возрастом, полом конкретного человека. Вес мозга взрослого человека от 1100 до 2000 г. После 18 лет головной мозг перестает увеличиваться в размерах, а с возрастом он не только теряет вес, но и изменяет форму — уплощается.

Головной мозг включает три основных отдела: ствол, мозжечок и конечный мозг (полушария большого мозга). К *стволу* относят продолговатый мозг, мост, средний и промежуточный мозг, из ствола выходят черепные нервы. Головной мозг, как и спинной, включает серое и белое вещества. Отличие: в головном мозге серое вещество расположено снаружи (кора) и в виде скоплений (ядер) внутри белого. *Полушария большого мозга, покрытые корой,* — самая крупная, развитая, функционально значимая часть мозга.

Головной мозг человека

Оранжевый цвет — лобная доля;
голубой цвет — теменная доля;
зеленый цвет — затылочная доля;
желтый цвет — височная доля;
серый цвет — ствол мозга

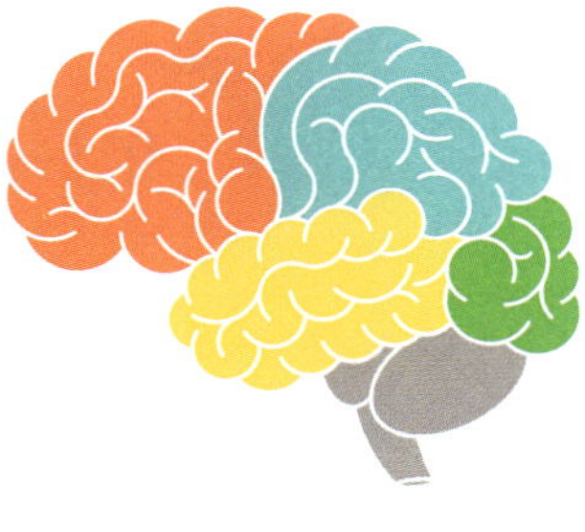

Вид сбоку

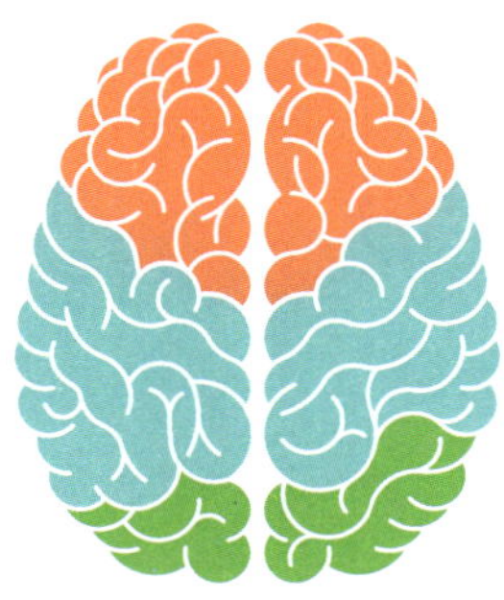

Вид сверху

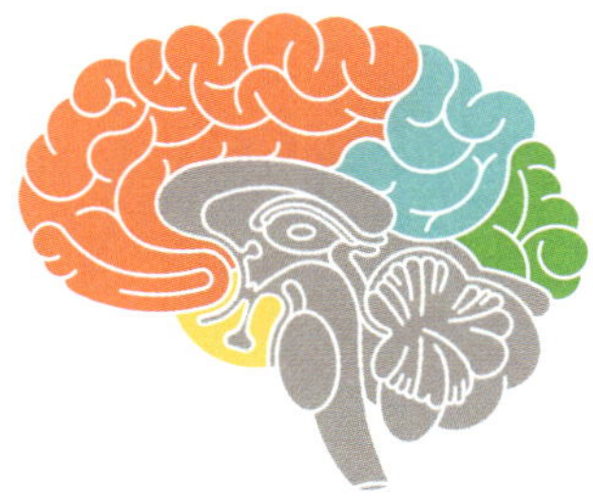

Медиальная Поверхность

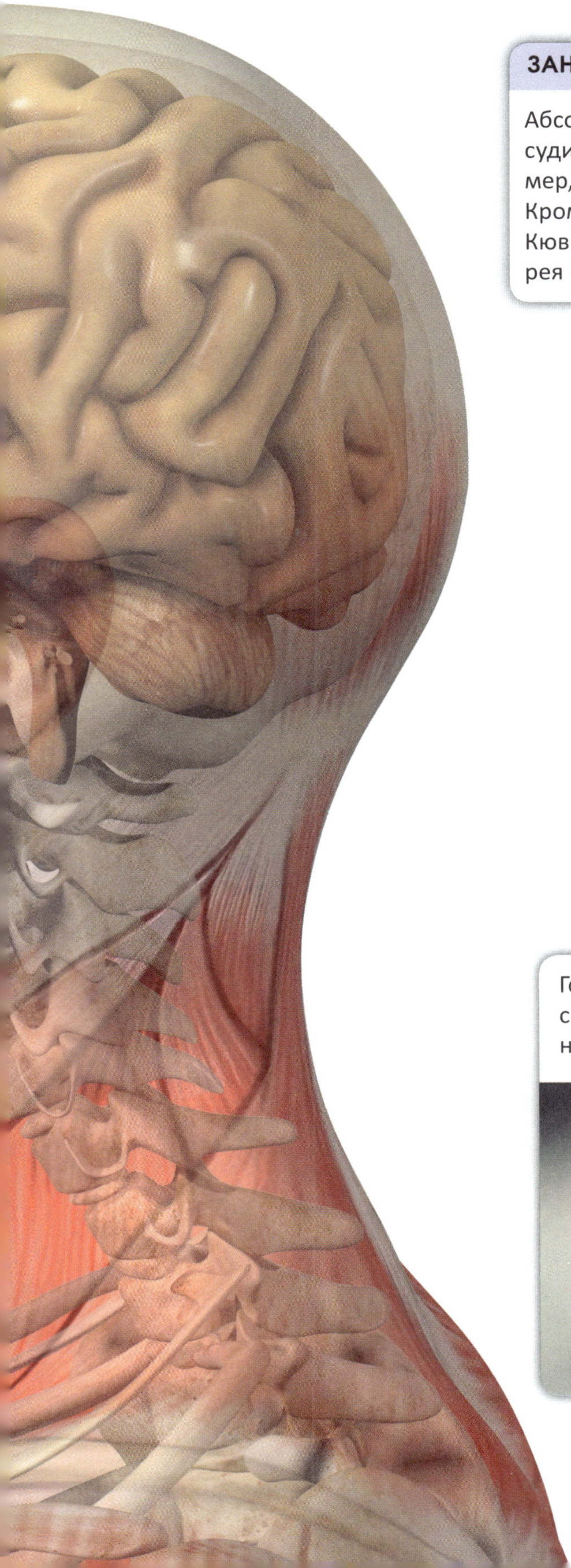

ЗАНИМАТЕЛЬНО!

Абсолютная масса мозга не позволяет судить об интеллекте человека, например, масса мозга Тургенева была 2012 г, Кромвеля — 2000, Байрона — 2238, Кювье — 1830, Шиллера — 1871, Теккерея — 1294, Анатоля Франса — 1017 г.

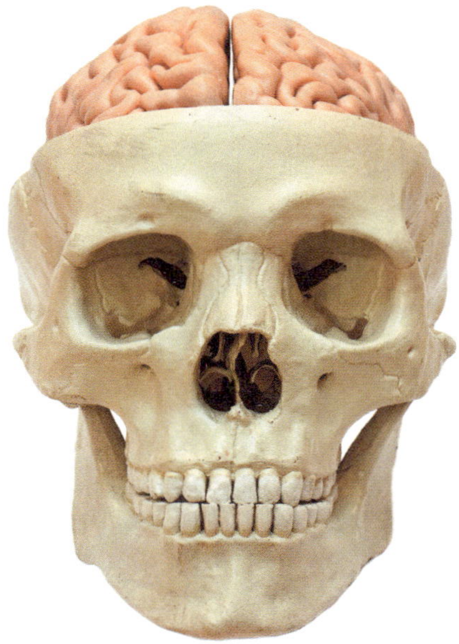

Расположение мозга в черепе человека

Головной мозг является, пожалуй, самой сложной и наименее изученной частью человеческой анатомии.

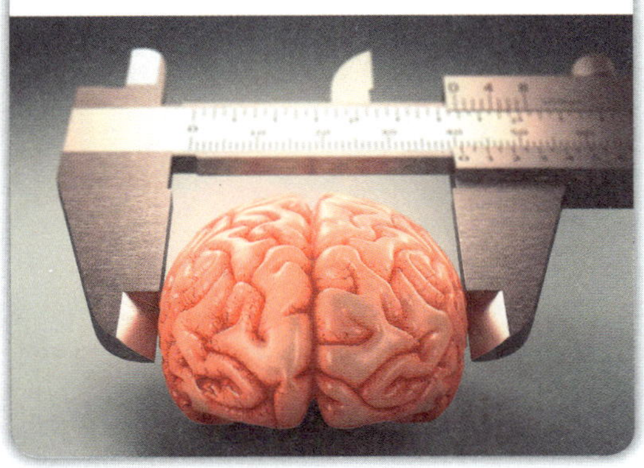

ЛЮБОПЫТНО!

Мозг часто представляют в виде серой массы. На самом деле, живой мозг — мягкий железобразный орган розового цвета благодаря большому содержанию крови и высокому содержанию воды (80% мозга состоит из воды). В этом смысле мозг можно сравнить с медузой, в которой 90% воды, но которую, тем не менее, можно взять в руки. Для поддержания мозга в «рабочем» состоянии человеку необходимо выпивать достаточное количество воды.

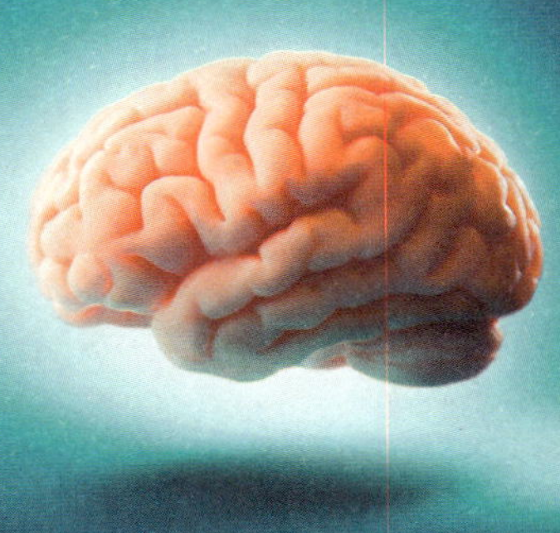

Функциональные системы мозга

Функциональных систем мозга несколько, и все они очень важны.

Лимбическая система (ЛС) **— комплекс образований по краям полушарий, которые помогают в регуляции эмоций. Деятельность лимбической системы регулирует кора лобных долей полушарий большого мозга. ЛС изображают в виде «анатомического эмоционального кольца». Через лимбическую систему проходят сигналы от всех органов чувств в кору полушарий (в направлениях и туда, и обратно).** ***Функции ЛС*** **— участие в регуляции памяти, эмоций, мотивации, поведения, памяти, инстинкта самосохранения, выживания вида (рождение потомства и забота о нем), общего приспособления к условиям внешней среды.**

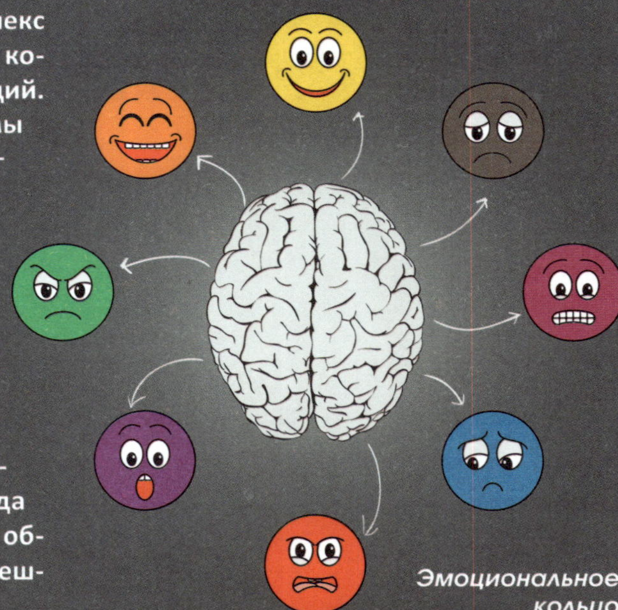

Эмоциональное кольцо

Ретикулярная формация (*лат.* rete — сеть) — совокупность клеточных скоплений, отдельных клеток, нервных волокон, залегающих в центральных отделах спинного мозга и на всем протяжении ствола мозга (продолговатый мозг, мост, средний и промежуточный мозг). *Функции* ретикулярной формации — получение информации, оценка, фильтрация и передача этой информации от всех органов чувств, внутренних и других органов в лимбическую систему и кору большого мозга. Именно функция фильтра позволяет важным для организма сигналам активировать кору мозга, но не пропускает привычные для него или повторяющиеся сигналы. Ретикулярная формация регулирует уровень возбудимости и тонуса различных отделов центральной нервной системы, в том числе коры мозга; имеет важное значение для эмоций, мышления, сознания, памяти, восприятия, бодрствования, сна, вегетативных функциях, целенаправленных движениях, в механизмах формирования целостных реакций организма.

Сенсорная (*лат.* sensus — чувство, ощущение) *система* — комплекс а) рецепторов в органах чувств и в собственном теле, трансформирующих энергию раздражения (например, звуковых или световых волн) в энергию нервного импульса; б) нервов, по которым импульс направляется в центральную нервную систему; в) ядер (скоплений нейронов) в спинном и головном мозге, где осуществляется переключение этих импульсов; г) корковые центры (концы). Сенсорные системы воспринимают конкретные ощущения.

Двигательная система включает двигательные центры коры полушарий большого мозга, запускающие движения; базальные ганглии больших полушарий, мозжечок, таламус (зрительный бугор), координирующие движения; двигательные нейроны спинного мозга, передающие команды, которые поступают из двигательного центра мышцам; и мышцы с их нервными механизмами, которые осуществляют движение. Лимбическая, сенсорная и двигательная системы тесно связаны между собой.

Регуляторные системы включают гипоталамус и гипофиз, контролирующие информацию, которая поступает из внутренней среды организма. Эти системы через вегетативные нервы, гипофиз и железы внутренней секреции контролируют все функции и сохранение постоянства внутренней среды.

Системы, ответственные за человеческие психические функции (речь, мышление, сознание, научение, память, творчество, поведение, сексуальность), включают кору полушарий большого мозга и его ствол и функционально связаны с предыдущими.

ЗАНИМАТЕЛЬНО!

Человеческий мозг составляет всего около 2% от общего веса тела, но потребляет больше кислорода, чем любой другой орган (более 20% кислорода, который присутствует в крови). «Кислородное голодание» для мозга чрезвычайно вредно, поэтому дышите глубоко, чтобы Ваш мозг и соответственно Вы были счастливы.

ЛЮБОПЫТНО!

Ежедневно человек выполняет сложнейшие вычисления, решает стоящие перед ним задачи, затрачивает огромное количество энергии. Казалось бы, что именно днем мозг проявляет большую активность. Это не так. Ночью, во время сна, мозг гораздо более продуктивен и дарит человеку во сне идеи, открытия. Достаточно вспомнить Менделеева, которому приснилась его знаменитая периодическая система химических элементов.

Конечный мозг

Конечный мозг состоит из двух очень хорошо развитых полушарий, масса полушарий составляет около 78% общей массы головного мозга, площадь поверхности коры полушарий достигает около 2200 тыс. мм^2 при наличии большого количества борозд и извилин. Каждое полушарие включает пять долей: *лобная, теменная, височная, затылочная, островковая.* Поверхность лобных долей составляет около 29% всей поверхности коры, масса — более 50% всей массы головного мозга. Между полушариями большого мозга залегает продольная щель, в глубине которой находится *мозолистое тело*, образованное белым веществом (волокнами). Затылочные доли полушарий от мозжечка отделяет *поперечная щель большого мозга. Мозжечок* и *продолговатый мозг*, переходящий в спинной, расположены сзади и книзу от затылочных долей. *Функция* конечного мозга — управление всей деятельностью организма.

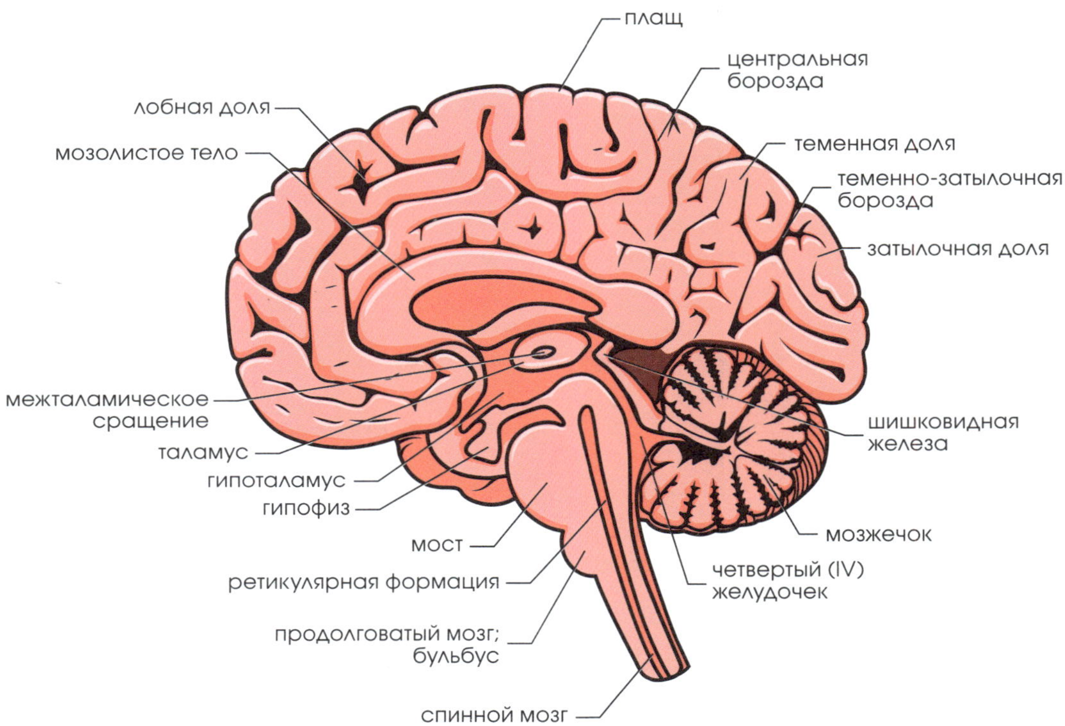

Медиальная поверхность полушарий большого мозга

Кора полушарий большого мозга состоит из серого вещества (нейронов и отходящих от них отростков). Под корой расположено белое вещество — нервные волокна, связывающие кору полушарий со всей нервной системой. Количество нейронов в коре человека достигает 10–14 млрд, где каждый нейрон связан с тысячами других нейронов. Доля коры полушарий большого мозга составляет около 40% всей массы мозга, поэтому прямо или косвенно кора связана со всем телом человека.

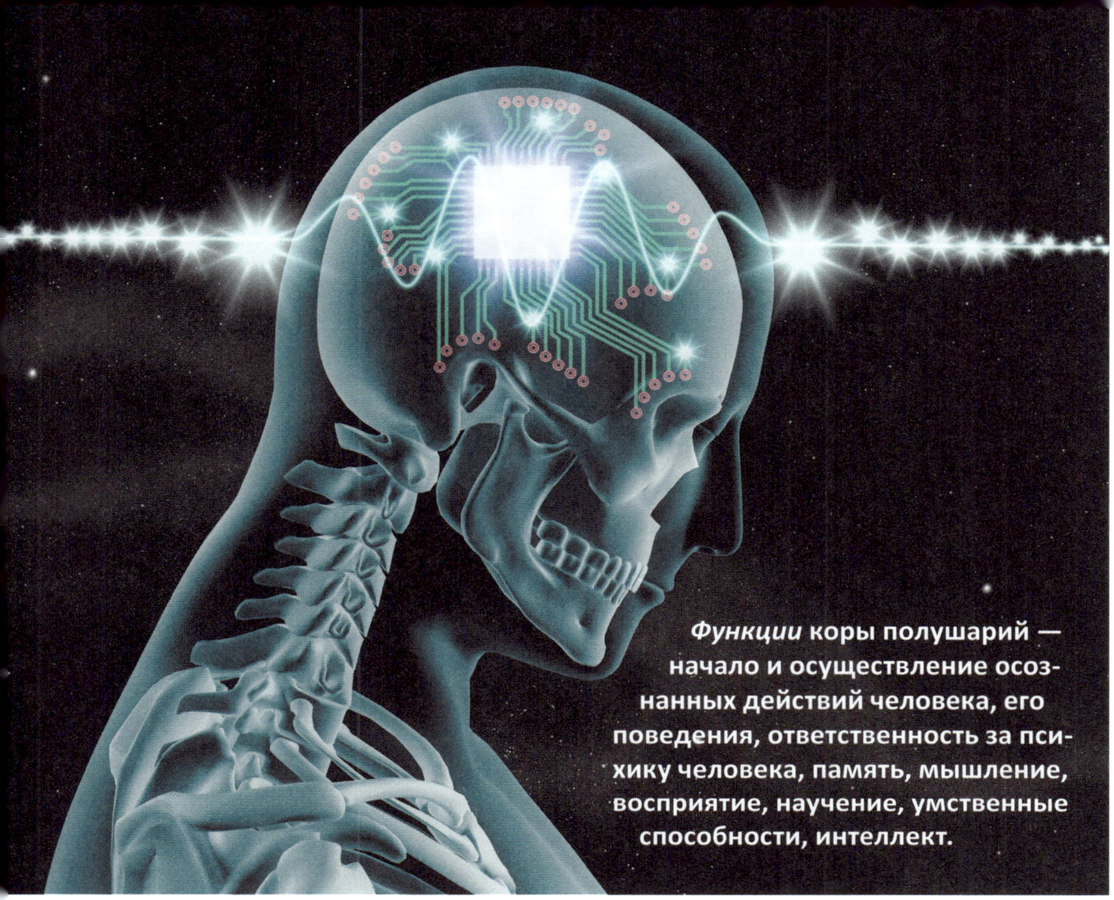

Функции коры полушарий — начало и осуществление осознанных действий человека, его поведения, ответственность за психику человека, память, мышление, восприятие, научение, умственные способности, интеллект.

ЗАНЯТНО!

Чем выше уровень интеллекта человека (IQ), тем больше он мечтает. К сожалению, люди не всегда могут вспомнить свои мечты.

Достаточно всего 2–3 секунды для «регистрации» любой мысли или мечты в мозге на постоянной основе.

Корковые центры ощущений в полушариях большого мозга

Энергия раздражения воспринимается различными рецепторами и передается в виде нервного импульса в кору полушарий головного мозга. В коре полушарий анализируются все раздражения, поступающие из внешней и внутренней среды, располагаются *центры* (*корковые концы анализаторов*). Центры координируют исполнение определенных функций. Кору полушарий большого мозга можно рассматривать как совокупность корковых концов анализаторов. *Анализатор* — комплекс из рецепторов, которые воспринимают раздражения, нервных проводников и центра (скопления нейронов), залегающего в коре.

Корковые концы анализаторов проводят анализ и синтез сигналов, которые поступают из внешней и внутренней среды организма, — это *первая сигнальная система* действительности. В отличие от первой, *вторая сигнальная система* имеется только у человека и тесно связана с членораздельной речью.

Учение об анализаторах, первой и второй сигнальной системах создал великий русский ученый И.П. Павлов.

Ядра коркового анализатора чувствительности воспринимают температурное, болевое, осязательное, мышечное и сухожильное чувства. *Ядро двигательного анализатора* связано со скелетными мышцами, *ядро слухового анализатора* — с органом слуха, *ядро зрительного анализатора* — с органом зрения. *Ядра обонятельного* и *вкусового анализаторов* благодаря близкому расположению органов обоняния и вкуса тесно связаны между собой.

ЛЮБОПЫТНО!

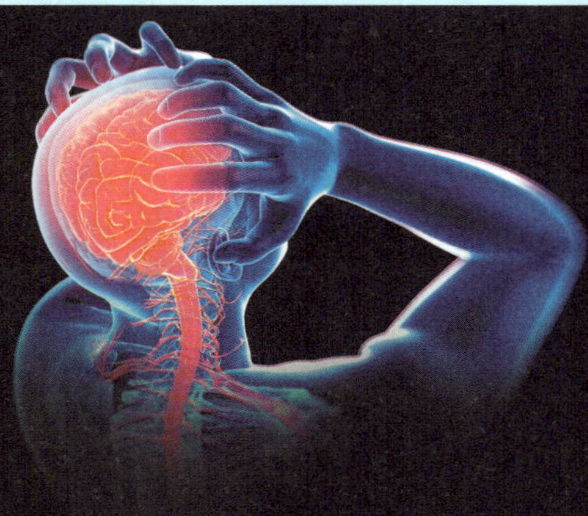

Хотя мозг является болевым центром, но сам по себе мозг не способен ощущать боль. Благодаря огромному количеству нервов, тканей, кровеносных сосудов, которые окружают мозг, вы способны почувствовать боль при порезе или ожоге пальца, страдать от головной боли, совершенно не связанной напрямую с мозгом.

Ассоциативные зоны (ассоциативная кора) непосредственно не выполняют чувствительные и двигательные функции, но формирует схему тела, т.е. представление человека о расположении его конечностей и частей тела, поддерживает умственную деятельность человека на возможно более высоком уровне.

При участии всей коры полушарий большого мозга осуществляются речь и мышление человека. С другой стороны, в коре есть зоны со специальными функциями, которые связаны с речью: *центры зрительного* и *слухового восприятия речи*; *двигательные анализаторы устной* и *письменной речи*. Причем речевые анализаторы у «правшей» локализируются лишь в левом полушарии, у «левшей» — в большинстве случаев тоже в левом.

ЗАНИМАТЕЛЬНО!

Наш мозг генерирует и потребляет столько же энергии, сколько и лампочка в 10 ватт. Не случайно в мультфильмах, комиксах появляется образ лампочки над головой, когда в голову персонажа приходит интересная или гениальная мысль.

Функции полушарий большого мозга

Функции обоих полушарий — ответственность за сознание и самосознание человека, его социальные функции; оба полушария образуют единый мозг и работают вместе. Анатомическое изучение мозга определило и межполушарные различия. *Функции коры левого полушария* — вербальные (*лат.* verbalis — словесный) операции и речь, понимание речи, выполнение движений и жестов, связанных с языком; математические расчеты, абстрактное мышление, интерпретацию символических понятий. *Функции коры правого полушария* — контроль выполнения невербальных функций, т.е. не связанных с речью, управление интерпретацией зрительных образов, пространственных взаимоотношений, распознавание звуковых образов, восприятие музыки, распознавание предмета без его словесного определения.

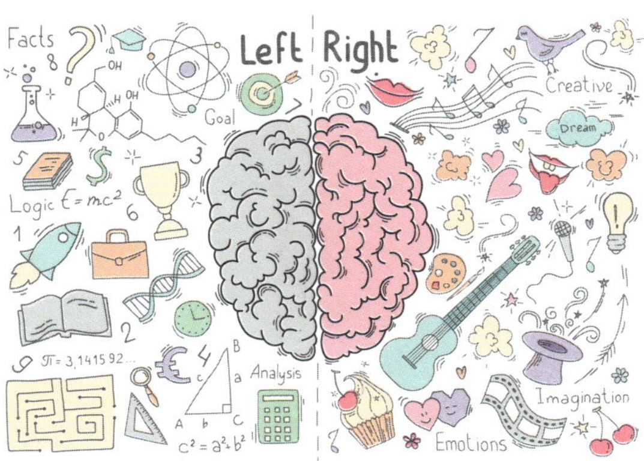

ЛЮБОПЫТНО!

Клетки мозга способны удерживать в пять раз больше информации, чем любая энциклопедия. Ученые до сих пор не могут определить возможности запоминания информации человеческим мозгом. Полагают, в электронном эквиваленте это до 1000 терабайт. Для сравнения: Национальный Архив Великобритании, в котором собрана история страны за более 900 лет, занимает до 70 терабайт.

Промежуточный мозг

Промежуточный мозг — регулятор вегетативных функций, расположен под мозолистым телом, включает таламус, эпиталамуса, метаталамус и гипоталамус.

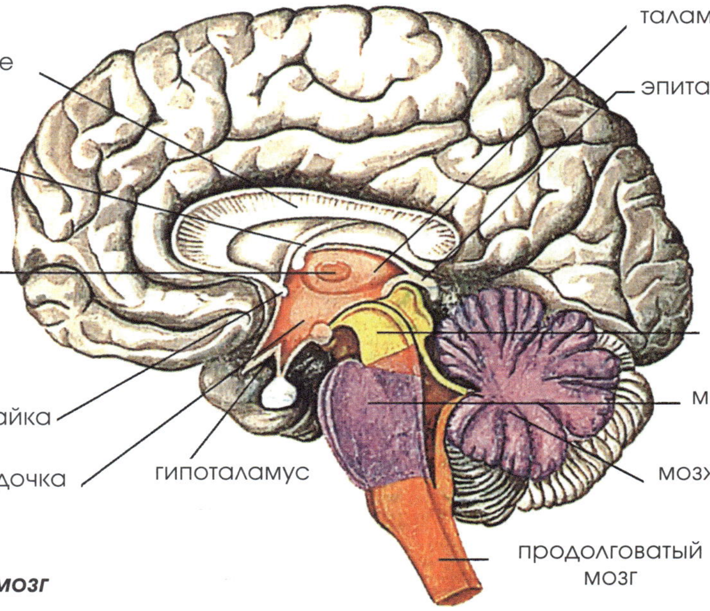

Промежуточный мозг

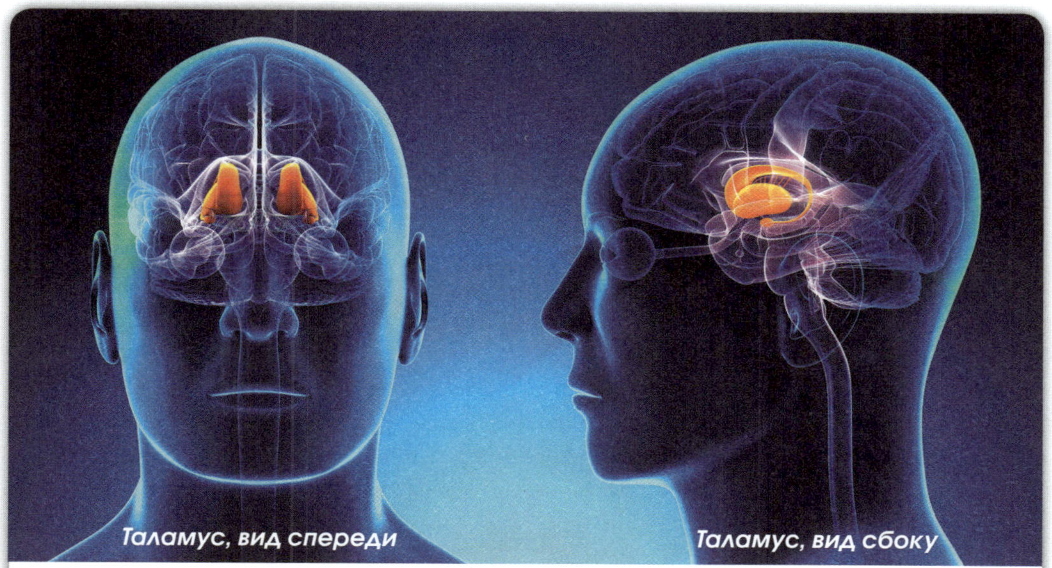

Таламус (зрительный бугор), парный, — подкорковый центр всех видов чувствительности. Таламус образован серым веществом с несколькими десятками ядер, которые получают информацию ото всех органов чувств и передают ее в кору головного мозга. Таламус связан с гипоталамусом, мозжечком, базальными ганглиями, лимбической системой, ретикулярной формацией. *Функция* таламуса — участие в осуществлении высших интегративных процессов головного мозга — это фильтрация информации, поступающей от всех рецепторов, предварительная ее обработка и после этого отправление ее в различные области коры; осуществление связи между корой, с одной стороны, мозжечком и базальными ганглиями — с другой. *Через таламус сознание контролирует автоматические движения*.

Эпиталамус состоит из эпифиза (шишковидного тела), являющегося железой внутренней секреции. Гормоны эпифиза влияют на развитие половых желез, приостанавливая их деятельность.

В ***метаталамусе*** находится *подкорковый центр слухового анализатора* и *зрительного анализатора*.

Гипоталамус расположен кпереди от ножек мозга и включает ряд структур: зрительную и обонятельную части. *Функции* гипоталамуса — контроль деятельности эндокринных желез человека, т.к. его нейроны секретируют нейрогормоны (вазопрессин и окситоцин), а также факторы, стимулирующие или угнетающие выработку гормонов гипофизом. Гипоталамус объединяет нервные и эндокринные регуляторные механизмы в общую нейроэндокринную систему. Гипоталамус контролирует температуру тела, водный баланс, половую функцию, эмоции и поведение человека, сон и бодрствование, чувство жажды, голода, аппетит. Гипоталамус управляет всеми функциями организма, кроме ритма сердца, кровяного давления и спонтанных дыхательных движений, которые регулируются продолговатым мозгом. В свою очередь, центры коры полушарий большого мозга корректируют реакции гипоталамуса, возникающие в ответ на изменения внутренней среды организма.

Средний мозг

Средний мозг включает ножки мозга и крышу. *Ножки мозга* — белые округлые довольно толстые тяжи, которые выходят из моста и направляются вперед в полушария большого мозга. В ножках находятся богатые меланином группы нейронов черного цвета (черное вещество), а также красные ядра. *Функции* черного вещества и красных ядер — участие в регуляции мышечного тонуса и подсознательных автоматических движений.

Задний мозг

Задний мозг — это мост и лежащий позади него мозжечок.

Мост (варолиев мост) в форме валика состоит из большого количества нервных волокон, объединяющих кору полушарий большого мозга со спинным мозгом и с корой полушарий мозжечка.

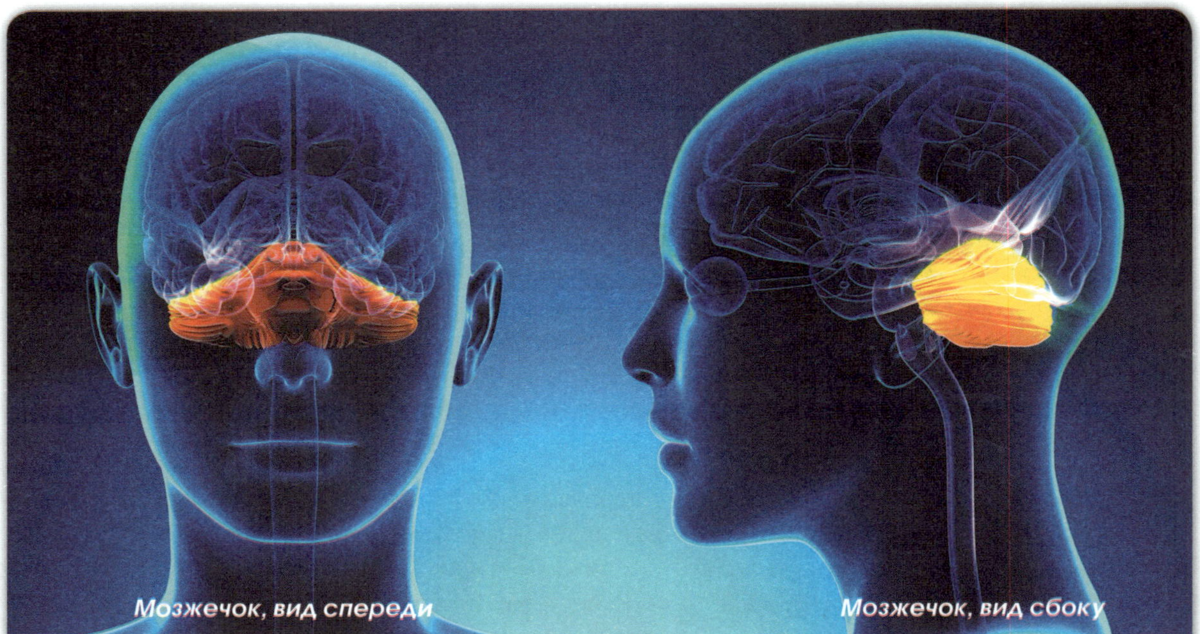

Мозжечок, вид спереди

Мозжечок, вид сбоку

Мозжечок очень хорошо развит у человека в связи с прямохождением и трудовой деятельностью. Масса мозжечка у взрослого человека 120–160 г (это 8–12% массы головного мозга). Мозжечок состоит из *двух полушарий* и срединной части — *червя*. Поверхности полушарий и червя разделены поперечными параллельными бороздами, между ними залегают узкие длинные листки мозжечка. В составе мозжечка серое и белое вещества. Проникая между серым веществом, белое вещество как бы ветвится, образует белые полоски, напоминая на срединном разрезе очертания ветвящегося дерева — «древо жизни».

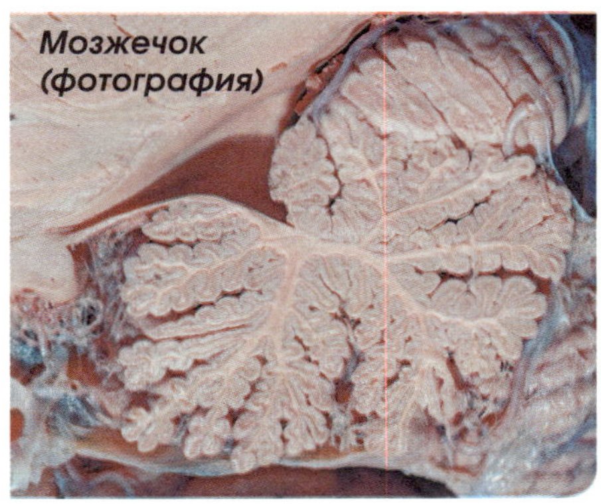

Мозжечок (фотография)

Функция мозжечка — поддержание равновесия тела, мышечного тонуса и координации движений. Из спинного мозга мозжечок получает информацию о положении частей тела и глаз, а затем как бы согласовывает деятельность спинного мозга и двигательной коры для осуществления последовательных, тонких, быстрых движений. Мозжечок координирует сигналы, которые идут к мышцам от двигательных зон коры полушарий большого мозга на основании информации, получаемой мозгом от органов зрения, слуха и проприорецепторов. Функциями мозжечка управляет кора полушарий большого мозга.

Продолговатый мозг

Продолговатый мозг — непосредственное продолжение спинного мозга, состоит из белого и серого вещества. *Функции* центров продолговатого мозга — регуляция спонтанных дыхательных движений, кровяного давления, сердечного ритма.

ДЕПРЕССИЯ. Психическое состояние, которое характеризуется подавленностью. Человек может быть возбужден и беспокоен, или, наоборот, его действия могут быть вялыми и замедленными. Поведение человека основано на пессимистических убеждениях и отчаянии, у него нарушаются сон, аппетит и внимание. Существует несколько причин развития депрессии. Маниакально-депрессивный психоз приводит к развитию очень сильной депрессии, при которой наблюдается бред по поводу собственной никчемности, болезни, негодности. Крах несбывшихся надежд и фрустрация также могут привести к развитию депрессии. Депрессии возникают чаще всего поздней осенью или зимой. Лечение проводится с помощью антидепрессантов, когнитивной терапии и/или психотерапии.

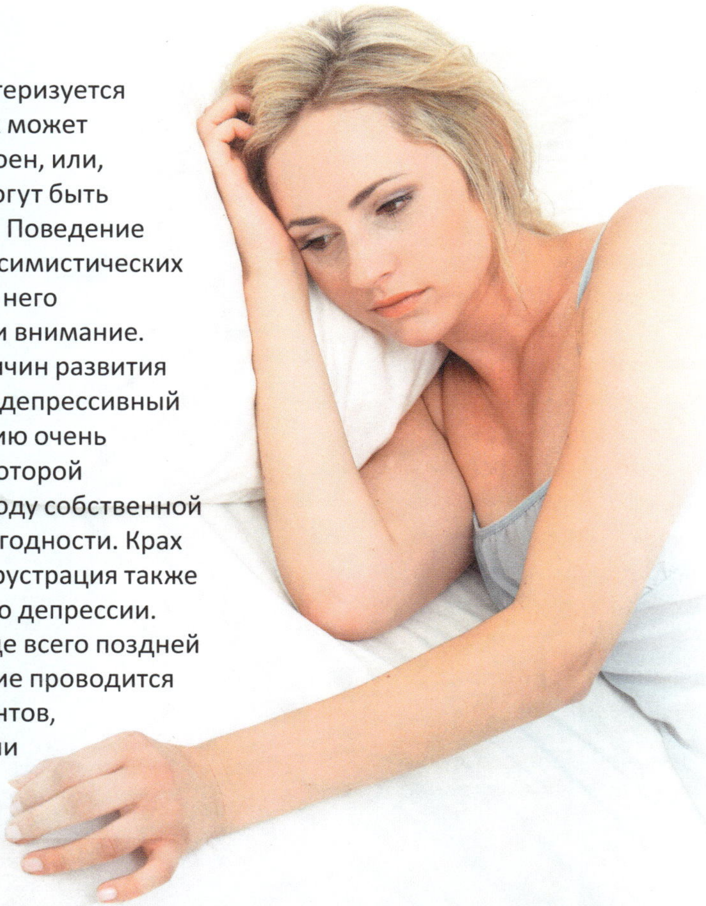

СОТРЯСЕНИЕ МОЗГА. Это комплекс симптомов, появляющийся непосредственно после травмы черепа, включающий кратковременное нарушение сознания, которое может продолжаться от нескольких секунд до нескольких часов, ретроградную амнезию (забывание предыдущих событий), головные боли, слабость, однократную рвоту. Сотрясение мозга может не сопровождаться заметными структурными повреждениями мозга, однако при сканировании могут проявиться последствия контузии (или ушиба) внутри мозга. Повторное сотрясение мозга приводит к возникновению симптомов, свидетельствующих о повреждении мозга (деменция боксеров).

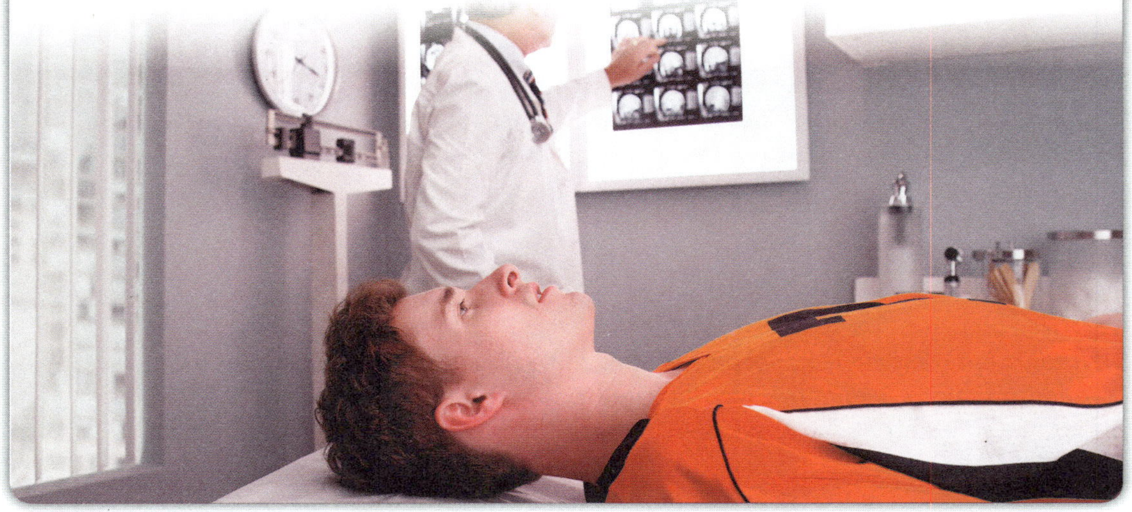

Спинной мозг

Спинной мозг расположен в позвоночном канале. Спинной мозг в среднем имеет длину у мужчин 45 см, у женщин 41—42, массу 34—38 г. Он разделен на две половины: на боковых поверхностях симметрично входят *афферентные* (задние) *корешки спинномозговых нервов* и выходят *эфферентные* (передние) *корешки спинномозговых нервов*. *Сегмент* — участок спинного мозга, соответствующий каждой паре корешков. В спинном мозге определены *сегменты шейные* (I—VIII), *грудные* (I—XII), *поясничные* (I—V), *крестцовые* (IV—V) и *копчиковые* (I—III).

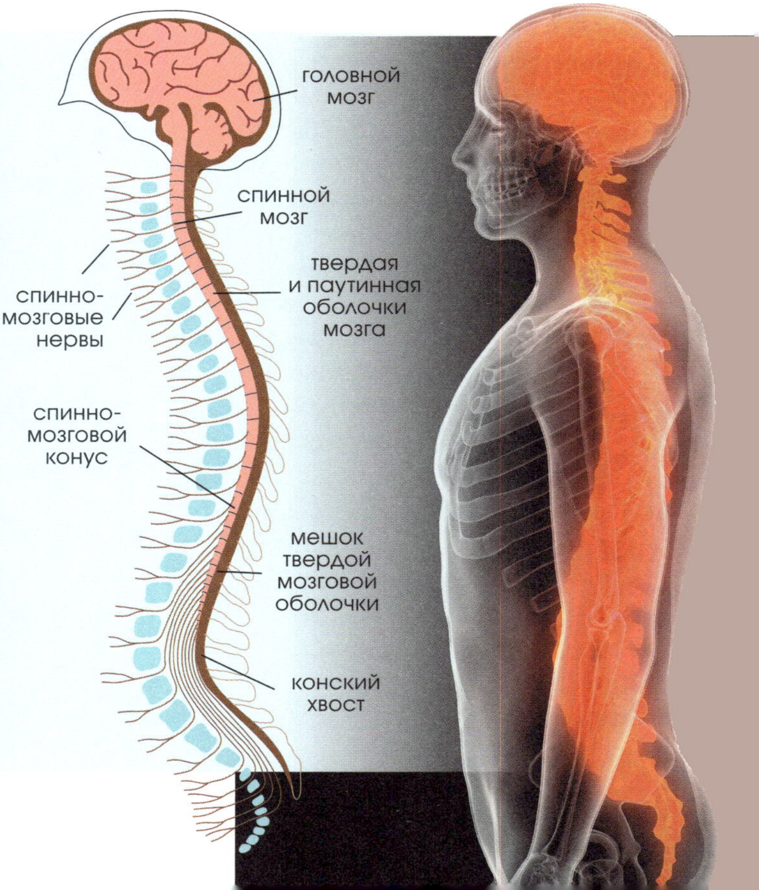

Головной и спинной мозг, строение и расположение в теле человека

Спинной и головной мозг покрыты тремя оболочками. Оболочки головного мозга в области большого затылочного отверстия продолжаются в одноименные оболочки спинного мозга: наружная — *твердая оболочка мозга*, средняя — *паутинная оболочка мозга*, внутренняя — *мягкая оболочка мозга*.

Великий русский ученый И.М. Сеченов доказал, что деятельность нервной системы носит рефлекторный характер.

Как работает нервная система

Рефлекс (*лат.* reflexus — отражение) — ответная реакция организма на любое раздражение, осуществляемая при участии нервной системы и являющейся основой деятельности нервной системы. Рефлекс передается по *рефлекторной дуге*, где находятся различные структуры. Воспринимающим аппаратом *окончания дендрита афферентного (чувствительного) нейрона спинномозгового узла* является *рецептор*, в котором энергия раздражителя перерабатывается в нервный импульс. По *дендриту* нервный импульс передается *телу нейрона*, а по его *аксону* импульс направляется в спинной мозг. Через *синапс* импульс передается *эффекторному (двигательному) нейрону*. Импульс из спинного мозга по *аксону* двигательного нейрона направляется к рабочему органу.

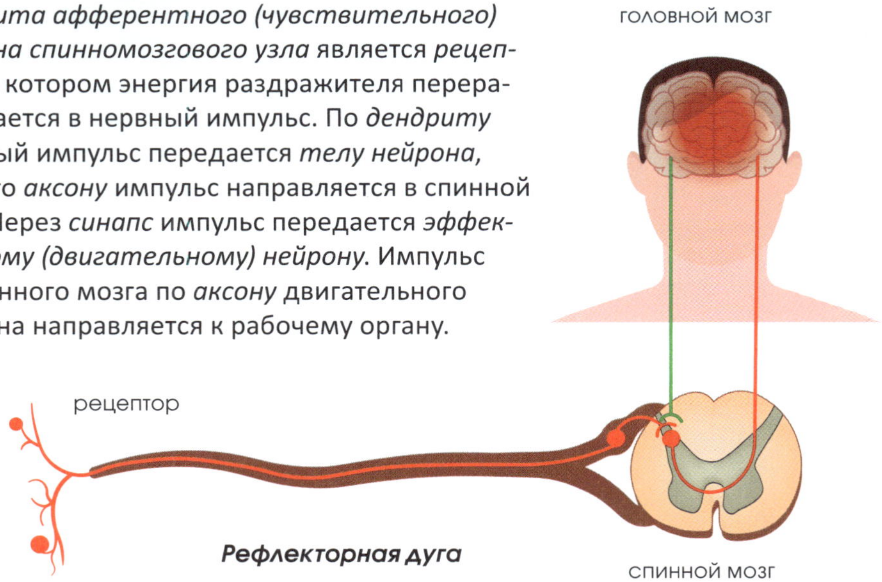

Рефлекторная дуга

ЛЮБОПЫТНО! Почему человек способен так быстро реагировать на происходящее вокруг? Дело в том, что наша мгновенная реакция связана с молниеносным движениям нервных импульсов от мозга к другим частям тела, и наоборот. Скорость нервных импульсов — около 300 км/ч, что равняется скорости мощного спортивного автомобиля.

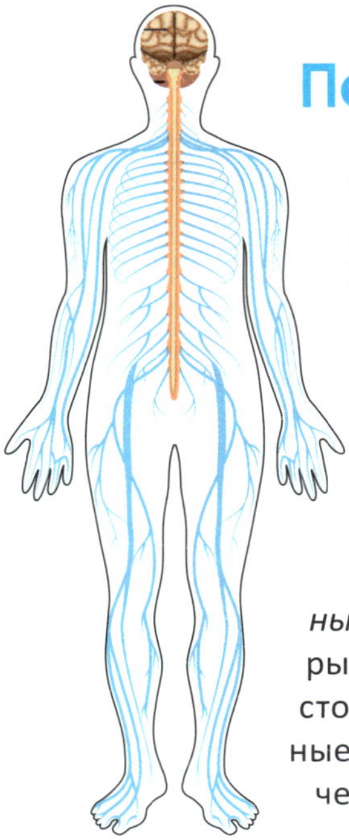

Периферическая нервная система

Периферическая нервная система (ПНС) включает все нервные структуры, находящиеся вне головного и спинного мозга. ПНС сформирована узлами (спинномозговыми, черепными и вегетативными), нервами (31 пара спинномозговых и 12 пар черепных), нервными окончаниями, воспринимающими раздражения внешней и внутренней среды, и нервами, передающих импульсы рабочим органам.

Нервы в зависимости от выполняемой функции различают чувствительные, двигательные и смешанные. *Чувствительные нервы* образованы отростками (дендритами) нервных клеток чувствительных узлов черепных нервов или спинномозговых узлов. *Двигательные нервы* сформированы отростками (аксонами) нервных клеток, которые лежат в двигательных ядрах черепных нервов или в ядрах передних столбов спинного мозга. *Смешанные нервы*, содержащие чувствительные, двигательные и симпатические волокна, преобладают в периферической нервной системе человека.

Черепные нервы

Двенадцать пар черепных нервов отходят от ствола головного мозга. В состав черепных нервов входят чувствительные («приходящие»), двигательные («выходящие») и вегетативные волокна.

Чувствительные нервы — это обонятельные нервы (I), зрительный нерв (II), преддверно-улитковый нерв (VIII).

Двигательные нервы. *Глазодвигательный нерв* (III), *блоковый нерв* (IV), *отводящий нерв* (VI) иннервируют мышцы глазного яблока и мышцу, поднимающую верхнее веко. *Подъязычный нерв* (XII) иннервирует мышцы языка. Имеется еще *добавочный нерв* (XI).

Смешанные нервы. *Тройничный нерв* (V) производит чувствительную иннервацию твердой мозговой оболочки, кожи головы полости носа и рта, придаточных пазух носа, слизистых оболочек глаза, передних 2/3 языка (общая чувствительность — температура, осязание, боль), слюнных желез, двигательную иннервацию жевательных мышц и некоторых мышц шеи. *Лицевой нерв* (VII) иннервирует мимические мышцы, передние 2/3 языка (вкусовая чувствительность), а также слезную железу, железы слизистой оболочки полости носа, подчелюстную и подъязычную слюнные железы.

Языкоглоточный нерв (IX) иннервирует слизистую оболочку задней трети языка, глотки, среднего уха, мышцы глотки и околоушную слюнную железу. *Блуждающий нерв* (X) иннервирует часть твердой оболочки головного мозга, кожу наружного слухового прохода и ушной раковины, слизистую оболочку и мышцы-сжиматели глотки, мышцы мягкого неба, слизистую оболочку и мышцы гортани, трахею, бронхи, пищевод, сердце. Блуждающий нерв осуществляет парасимпатическую иннервацию органов шеи, грудной и брюшной полостей (до сигмовидной ободочной кишки). От ствола нерва в брюшной полости отходят желудочные, печеночные и чревные ветви.

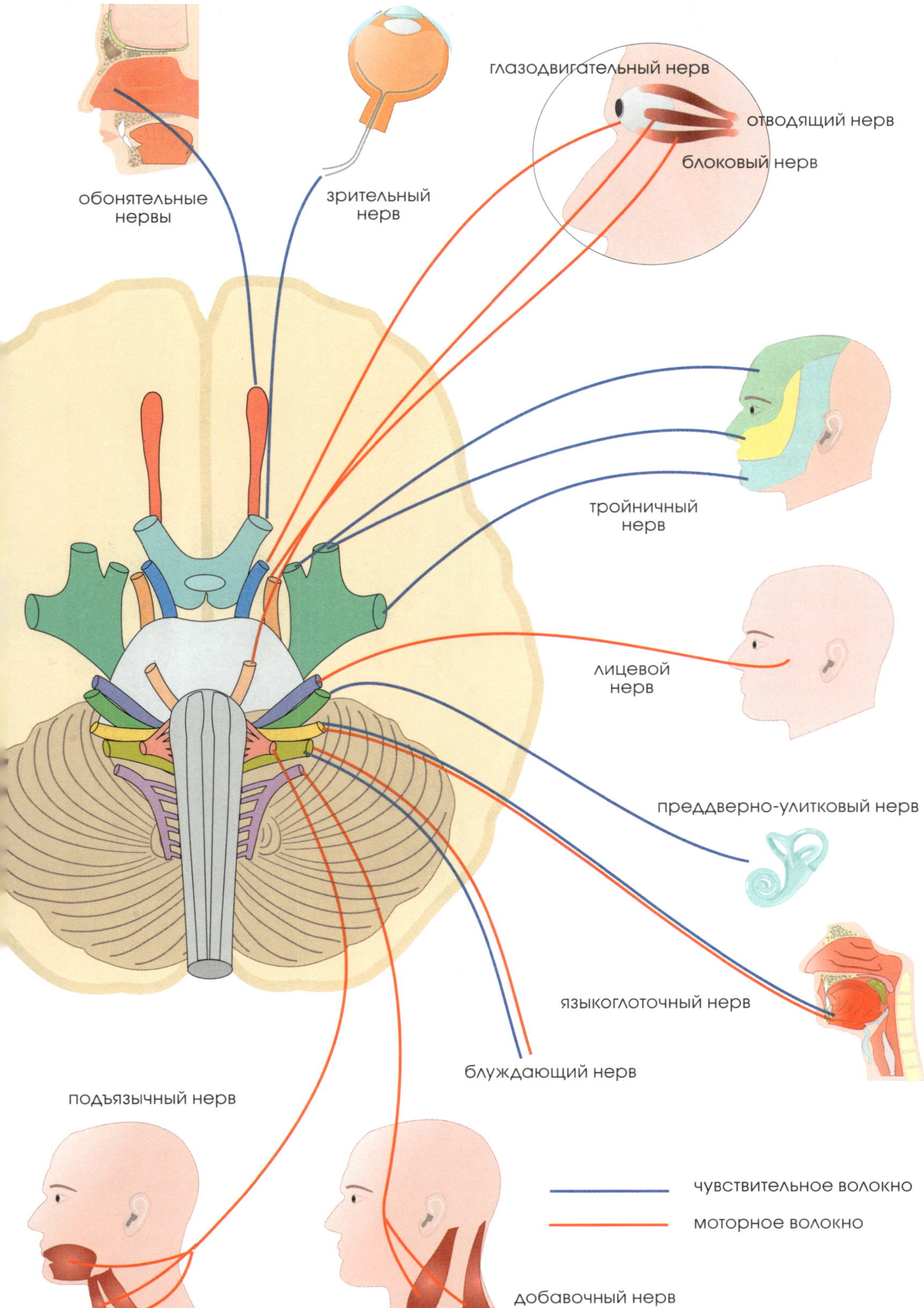

Черепные нервы

Спинномозговые нервы

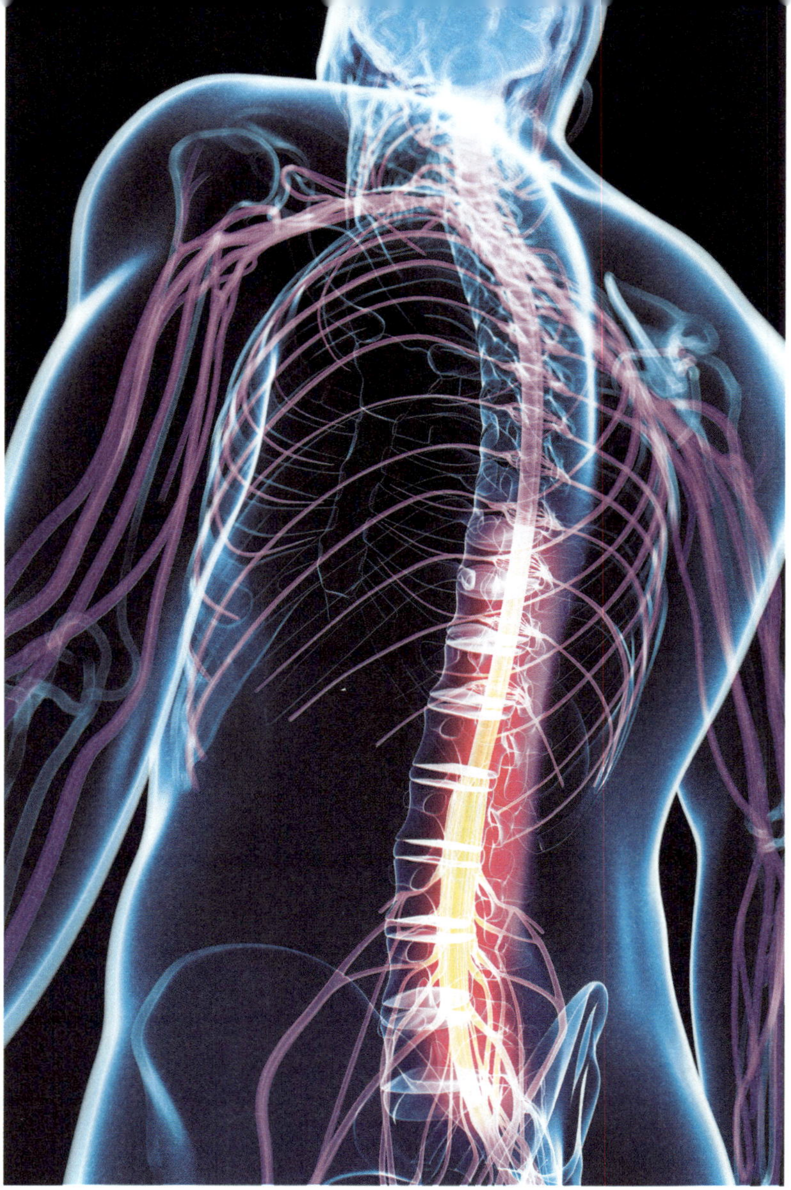

Спинномозговые нервы (31 пара) — это 8 шейных, 12 грудных, 5 поясничных, 5 крестцовых и 1 копчиковый нерв. Спинномозговые нервы полностью соответствуют сегментам спинного мозга. Они формируются из двух корешков, отходящих от спинного мозга — переднего (двигательного) и заднего (чувствительного), которые соединяются между собой в межпозвоночном отверстии и образуют ствол спинномозгового нерва. Нервы сохраняют сегментарное строение (межреберные нервы) в грудном отделе, в остальных отделах соединяются друг с другом петлями, образуя сплетения, от которых отходят периферические нервы, иннервирующие кожу и скелетные мышцы: шейное, плечевое, поясничное, крестцовое и копчиковое.

Нервы ***шейного сплетения*** иннервируют кожу затылочной области, ушной раковины, наружного слухового прохода, шеи (чувствительные нервы), близлежащие мышцы шеи (двигательные нервы) и диафрагму (смешанный диафрагмальный нерв). Нервы ***плечевого сплетения*** иннервируют часть мышц шеи, мышцы плечевого пояса, плечевой сустав, кожу и мышцы верхней конечности. Нервы ***поясничного сплетения*** иннервируют кожу нижнего отдела передней брюшной стенки и частично бедра, голени и стопы, наружных половых органов. Двигательные нервы иннервируют мышцы стенок живота, переднюю и медиальную группы мышц бедра. Нервы ***крестцового сплетения*** иннервирует мышцы и частично кожу ягодичной области и промежности, кожу наружных половых органов, кожу и мышцы задней поверхности бедра, кости, суставы, мышцы и кожу голени и стопы. Нервы ***копчикового сплетения*** иннервируют кожу в области копчика и в окружности заднего прохода.

Причины возникновения радикулита

РАДИКУЛИТ. Радикулит (*лат.* radix — корешок) — заболевание периферической нервной системы, которое возникает вследствие сдавливания корешков спинного мозга (пучки нервных волокон, отходящие от спинного мозга), либо нервных стволов на любом участке периферической нервной системы, и которое вызывает двигательные, вегетативные и болевые нарушения. Причинами радикулита могут быть изменения в позвоночнике (например, остеохондроз), воспалительные процессы в позвоночнике (травмы, переохлаждения, инфекции), болевой синдром в результате неловкого движения, поднятия тяжести, простуды. В зависимости от зоны поражения выделяют шейный, грудной, пояснично-крестцовый радикулит. Профилактика радикулита включает меры, направленные на укрепление мышц спины, поддержание правильной осанки, профилактику остеохондроза.

ИШИАЛГИЯ. Боль в пояснице, распространяющаяся по задней поверхности бедра на голень и стопу. Обычно причиной возникновения ишиалгии является изменение межпозвоночного диска, который сдавливает поясничные или крестцовые спинномозговые нервные корешки. Боль может развиться внезапно во время неудачного поднятия какого-либо предмета или поворота туловища. Спина становится крайне болезненной, значительно уменьшается ее подвижность. Человек может испытывать чувство онемения и слабости в ноге. Часто при строгом соблюдении постельного режима боль постепенно ослабевает, однако в некоторых случаях возникает необходимость в хирургическом вмешательстве.

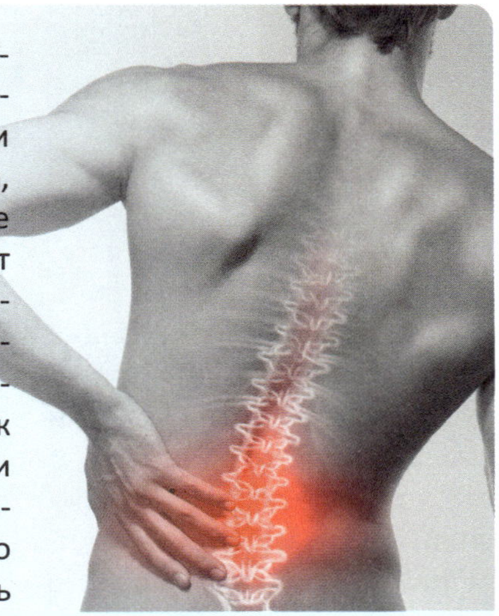

Боль в пояснице

НЕВРИТ. Поражение периферических нервов, проявляющееся патологическими изменениями в них, связанными с воспалением. Наряду с болью снижается или даже утрачивается чувствительность в определенной зоне. Причины неврита — травмы, переохлаждения.

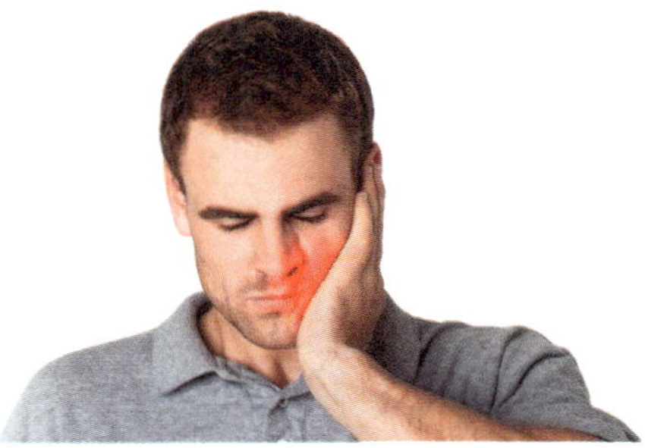

Неврит тройничного нерва

Вегетативная (автономная) нервная система

Вегетативная нервная система (*лат.* vegeto — возбуждаю, оживляю) — часть нервной системы, которая координирует и регулирует деятельность внутренних органов (например, сердца, движения кишечника, выделение пота, слюноотделение, обмен веществ, функциональную активность тканей и др.). Она делится на *симпатическую* (*греч.* sympathes — чувствительный, восприимчивый к влиянию) и *парасимпатическую* (*греч.* para — возле, при). И симпатическая, и парасимпатическая имеют центральную и периферическую части. Взаимодействие симпатической и парасимпатической активности (их действие прямо противоположно друг другу) управляет работой всех органов.

Функции вегетативной нервной системы (ВНС) — сохранение постоянства внутренней среды организма, иннервация всего организма, всех органов, всех тканей. Функции ВНС управляются высшими отделами мозга. ВНС действует совместно с соматической нервной системой. Функции вегетативной нервной системы координируются корой полушарий головного мозга через гипоталамус и ствол мозга (главным образом продолговатый мозг).

> Большое значение имеет состояние вегетативной нервной сисемы у подростков в период полового созревания. Чтобы нормализовать регуляцию вегетативных функций, важно чередовать учебу и отдых, заниматься физкультурой, соблюдать режим дня, достаточно спать.

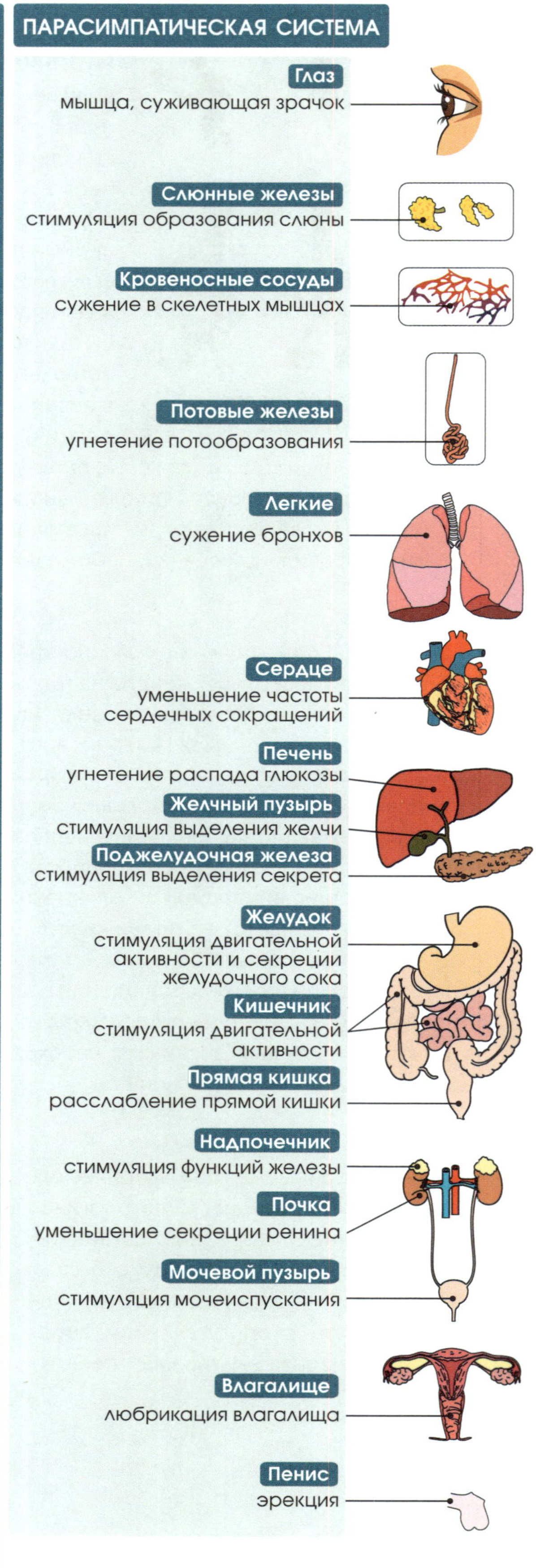

Симпатическая и парасимпатическая системы

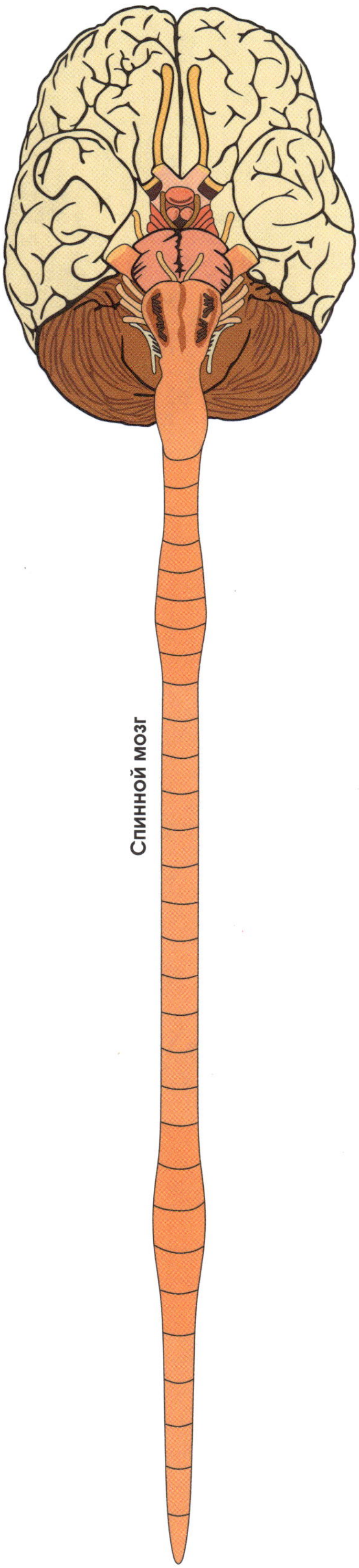

СИМПАТИЧЕСКАЯ СИСТЕМА

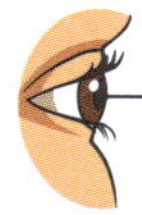

Глаз
мышца, расширяющая зрачок

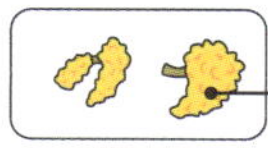

Слюнные железы
угнетение образования слюны

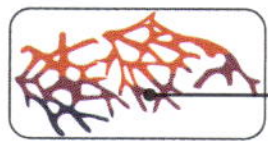

Кровеносные сосуды
расширение в скелетных мышцах

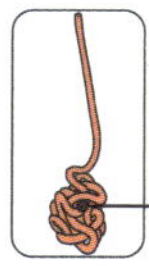

Потовые железы
стимуляция потообразования

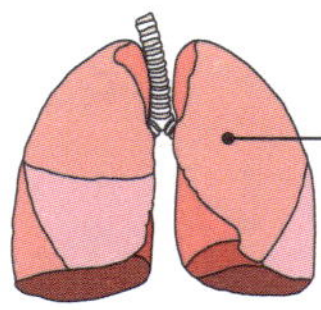

Легкие
расширение бронхов

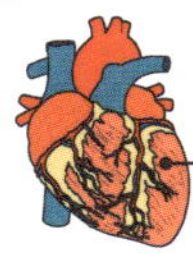

Сердце
ускорение частоты сердечных сокращений

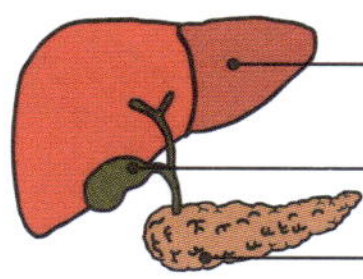

Печень
стимуляция распада глюкозы

Желчный пузырь
угнетение выделения желчи

Поджелудочная железа
угнетение выделения секрета

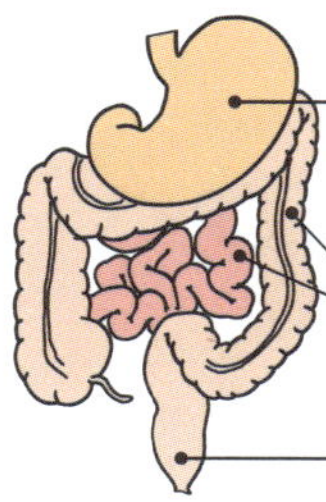

Желудок
угнетение двигательной активности и секреции желудочного сока

Кишечник
угнетение двигательной активности

Прямая кишка
сокращение прямой кишки

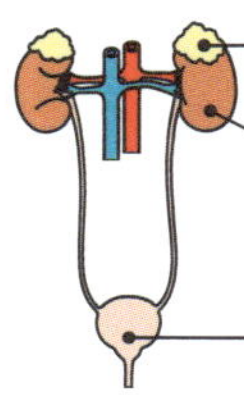

Надпочечник
угнетение функций железы

Почка
увеличение секреции ренина

Мочевой пузырь
угнетение мочеиспускания

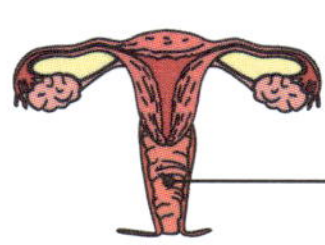

Влагалище
сокращение стенок влагалища и оргазм

Пенис
эякуляция

ОРГАНЫ ЧУВСТВ

Взаимодействие организма с внешней средой осуществляют органы чувств (анализаторы). **Органов чувств пять**: зрения, слуха и равновесия, вкуса, обоняния и осязания (кожного чувства). Органы чувств помогают человеку не только «ощущать» внешний мир. Благодаря членораздельной речи и труду «ощущения» создают возможность обладать человеку специфическими, присущими только ему общественными формами отражения — сознание, самосознание, творчество, прогнозирование и т.д.

Все органы чувств имеют четкую локализацию и строго специальные функции.

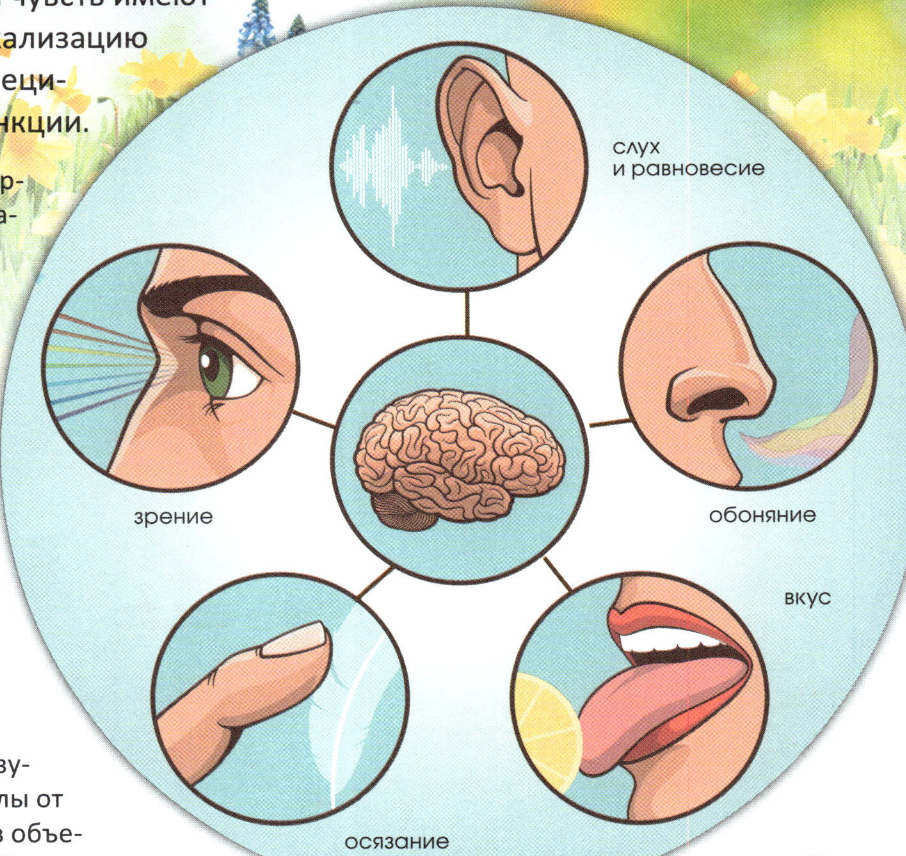

Пять органов чувств

Анализаторы, во-первых, воспринимают и анализируют различные раздражения внешней и внутренней среды, преобразуют их энергию в нервный импульс, во-вторых, производят высший анализ и синтез. Очень важен *сенсорный,* или *чувствительный*, *центр*, залегающий в определенных участках коры головного мозга. В сенсорном центре сигналы внешнего мира преобразуются и сличаются. Сигналы от различных анализаторов объединяются с информацией, которая накапливается и хранится в памяти для создания определенного восприятия внешнего мира (высший анализ). *Каждый анализатор реагирует оптимально только на определенные адекватные стимулы.*

Восприятие происходит через призму предшествующего опыта. Раздражения внешней среды, учитывая накопленную человеком информацию, интерпретируются мозгом, а при наличии неполной или новой информации мозг выдвигает некую гипотезу.

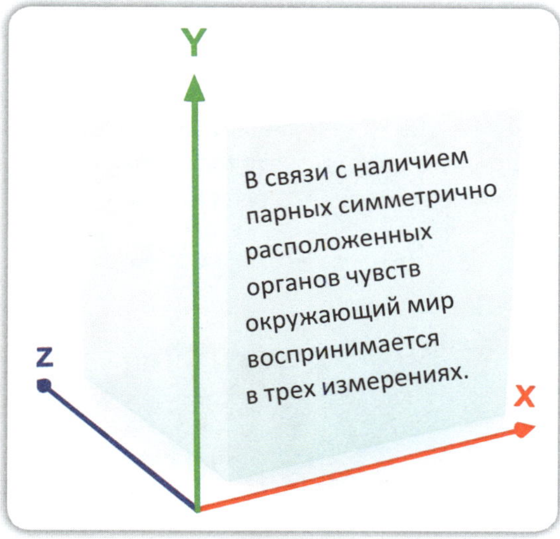

Восприятие человека происходит по определенным принципам. Первый принцип — *каждый образ или предмет воспринимается мозгом как фигура, выделяющаяся на каком-либо фоне.* Это касается прежде всего зрения. Второй принцип — *заполнение пробелов.* Мозг всегда стремится соотнести фрагментарное изображение в фигуру с простым и полным контуром. Следовательно, предмет, образ, мелодия, слово или фраза, представленные лишь разрозненными элементами, мозг будет систематически пытаться собрать их воедино и добавить недостающие части. Третий принцип — *объединение (группировка) элементов.* Отдельные элементы способны объединяться по разным признакам (сходство, симметрия, близость, воображаемая непрерывность). Четвертый принцип — *сходство.* Мозгу легче объединить схожие элементы. Пятый принцип — *непрерывность.* Если элементы сохраняют одно направление, то они будут стараться организовываться в единую форму.

Любое ощущение
имеет четыре параметра:
пространственный,
количественный (интенсивность),
качественный (модальность),
временной.

Нервные импульсы поступают в центральную нервную систему, где вся информация обрабатывается в структурах мозга, которые ответственны за членораздельную речь. В итоге возникает ***восприятие — способность видеть, слышать, осязать, ощущать вкусы, запахи и положение тела в пространстве.***

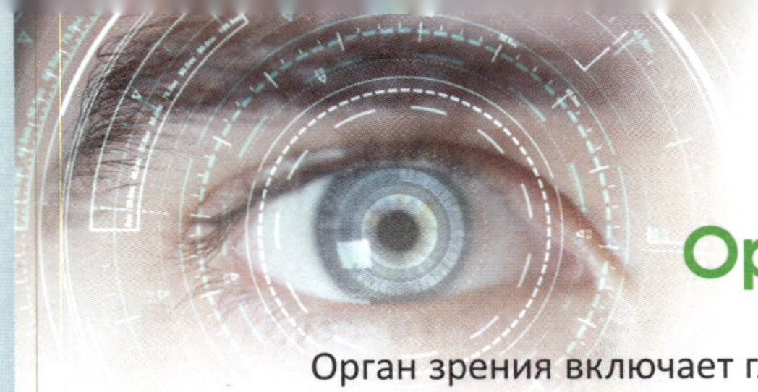

Орган зрения

Орган зрения включает глазное яблоко со зрительным нервом и вспомогательные органы глаза. *Функция* органа зрения — восприятие цвета и света (размеры, движение, яркость, контрастность), получение человеком более 90% всей информации.

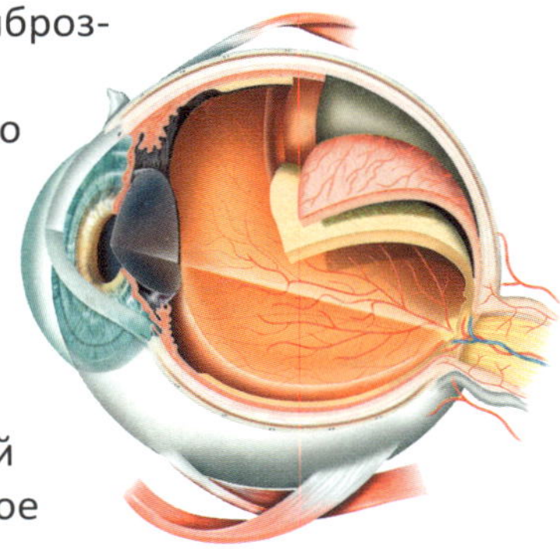

Глазное яблоко имеет ядро, покрытое тремя оболочками: фиброзной, сосудистой и внутренней, или сетчатой. Глазное яблоко относительно велико, шаровидной формы, объем у взрослого человека в среднем 7,5 см^3.

Наружная, или *фиброзная, оболочка* состоит из заднего отдела — *склеры* (плотной соединительнотканной оболочки) и прозрачной выпуклой *роговицы* без кровеносных сосудов.

Сосудистая оболочка глазного яблока, или *хориоидея*, богатая кровеносными сосудами, расположена под склерой и имеет три части: собственно сосудистую оболочку, ресничное тело и радужку. Основа *собственно сосудистой оболочки* — густая сеть переплетающихся между собой артерий и вен. *Ресничное тело* кольцевидной формы осуществляет *аккомодацию глаза, поддерживает, фиксирует и растягивает хрусталик*. Ресничное тело имеет две части: внутреннюю — *ресничный венец* и наружную — *ресничный кружок*. По направлению к хрусталику от поверхности кружка отходят 70–75 ресничных отростков, к ним присоединены волокна ресничного пояска, идущие к хрусталику. Большая часть ресничного тела — *ресничная мышца*, при сокращении которой хрусталик расправляется и округляется, вследствие этого увеличиваются выпуклость и его преломляющая сила. Происходит *аккомодация (приспособление) на близлежащие предметы*.

Кпереди ресничное тело продолжается в *радужку* — круглый диск с отверстием в центре (*зрачок*). В сосудистом слое радужки проходят две мышцы: *сфинктер (суживатель) зрачка,* волокна которого расположены циркулярно, и *дилататор (расширитель) зрачка*, волокна которого имеют радиальное направление и лежат в задней части сосудистого слоя глазного яблока. Иннервация расширителя зрачка происходит симпатическими волокнами, сфинктера — парасимпатическими волокнами.

ЛЮБОПЫТНО!

Кошки обладают уникальной способностью видеть в темноте благодаря очень чувствительным глазам. Зрачок из-за особого строения сетчатки очень чутко реагирует на окружающее освещение: сильно расширяется в темноте, закрывая практически всю радужку, или сужается в тоненькую полоску для предотвращения светового повреждения глаз.

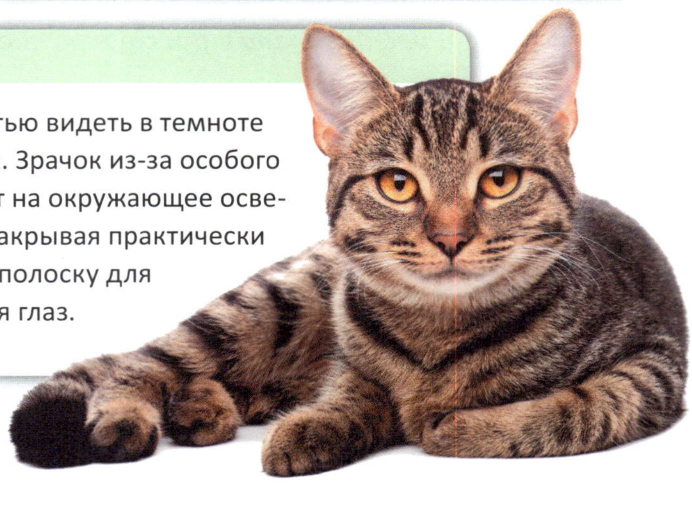

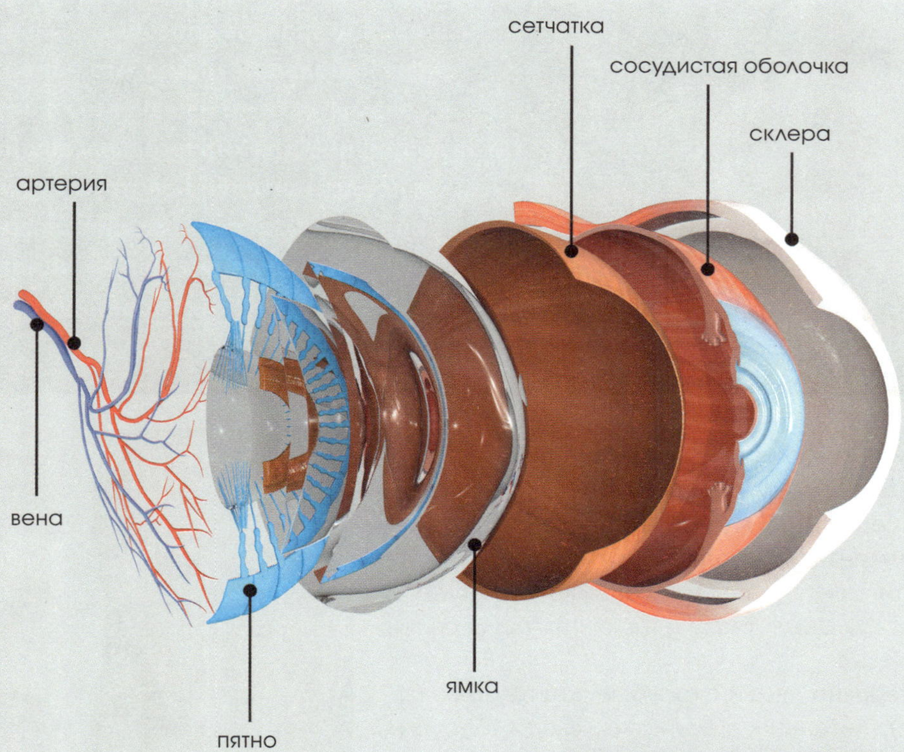

Строение глазного яблока (схема)

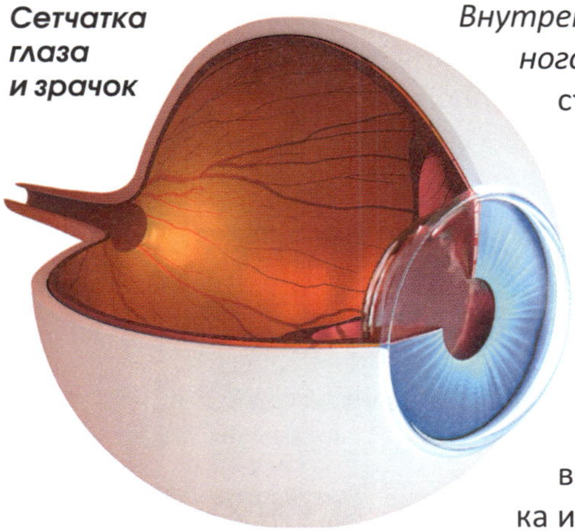

Сетчатка глаза и зрачок

Внутренняя светочувствительная оболочка глазного яблока, или *сетчатка*, прилежит к сосудистой оболочке и имеет два листка: внутренний — светочувствительный (нервная часть) и наружный — пигментный. Снаружи к сосудистой оболочке прилежит слой из пигментных эпителиальных клеток, которые соприкасаются со слоем *палочек и колбочек — периферических отростков фоторецепторных клеток (I-й нейрон).*

Отличия колбочек от палочек в большей величине и характере дисков. Каждая палочка или колбочка содержит пигмент, поглощающий лучи с определенной длиной световой волны. Зрительный пигмент поглощает фотон света и меняет свою конфигурацию, освобождая энергию для осуществления цепи химических реакций, что и приводит к возникновению нервного импульса.

Нормальное зрение человека — способность четко видеть предметы на расстоянии 60 м.

Расширение зрачков способны вызывать даже небольшие шумы, что приводит к «размытости» и изменению фокуса. По этой причине для хирургов, часовщиков и представителей некоторых других профессий, выполняющих сложные манипуляции, важна тишина и отсутствие посторонних звуков.

Разное количество и качество пигмента меланина в радужке обусловливает цвет глаз — карий, черный (при наличии большого количества пигмента) или голубой, зеленоватый (если мало пигмента), альбиносов (при отсутствии пигмента). Цвет глаз (радужки) обусловлен генетически.

Интересно: люди с голубым цветом глаз более чувствительны к боли, чем люди с другим цветом глаз.

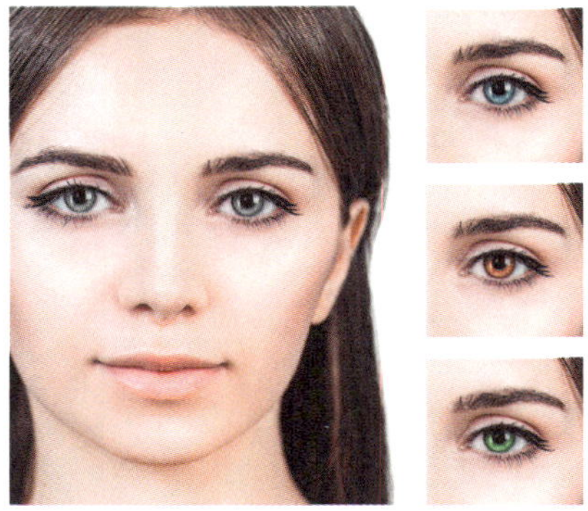

В сетчатке глаза имеется один тип палочек и три типа колбочек, каждый из которых воспринимает свет определенной длины волны (красный, синий или желтый). Количество колбочек в сетчатке глаза человека достигает 6–7 млн, палочек — в 10–20 раз больше. Палочки функционируют в темноте, колбочки — при ярком свете.

Цветовое зрение связано с функционированием колбочек разного типа.

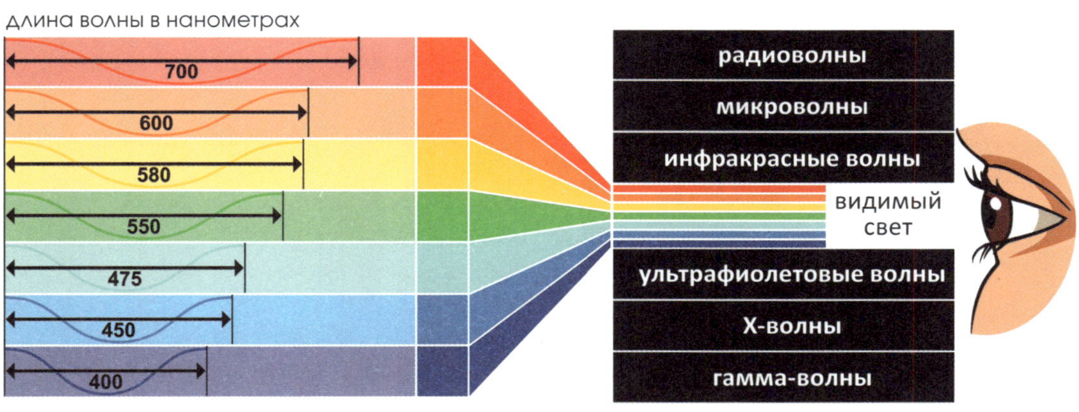

Волны, воспринимаемые глазом

От каждой фоторецепторной клетки отходит тонкий отросток, который образует синапс с отростками *биполярных нейронов (II-й нейрон).* Они, в свою очередь, передают возбуждение крупным *ганглиозным клеткам (III-й нейрон).* Они образуют зрительный нерв, направляющийся через канал зрительного нерва в полость черепа. Часть волокон зрительного тракта несут импульсы к клеткам коры затылочной доли больших полушарий возле шпорной борозды и заканчиваются в *корковом центре (конце) зрительного анализатора*.

Другая часть волокон зрительного тракта иннервирует мышцы глаза, мышцу, суживающую зрачок, и ресничную мышцу. Именно в ответ на попадание световых волн в глаз зрачок суживается, а глазные яблоки поворачиваются в направлении пучка света.

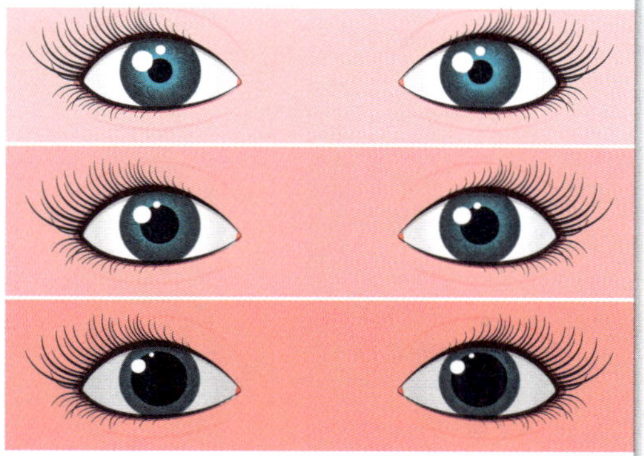

Увеличение зрачка в зависимости от уменьшения количества света

Светопреломляющие среды глаза (ядро)

Хрусталик — абсолютно прозрачная двояковыпуклая светопреломляющая линза, диаметром около 9 мм. Хрусталик как бы подвешен на связке, волокна которой сливаются с веществом хрусталика и передают ему движения ресничной мышцы. *Аккомодация глаза* происходит так: при натяжении связки ресничная мышца расслабляется, хрусталик уплощается, происходит установка на дальнее видение, при расслаблении связки ресничная мышца сокращается, выпуклость хрусталика увеличивается (установка на ближнее видение).

Стекловидное тело — прозрачное аморфное межклеточное вещество желеобразной консистенции, заполняющее пространство между сетчаткой и хрусталиком.

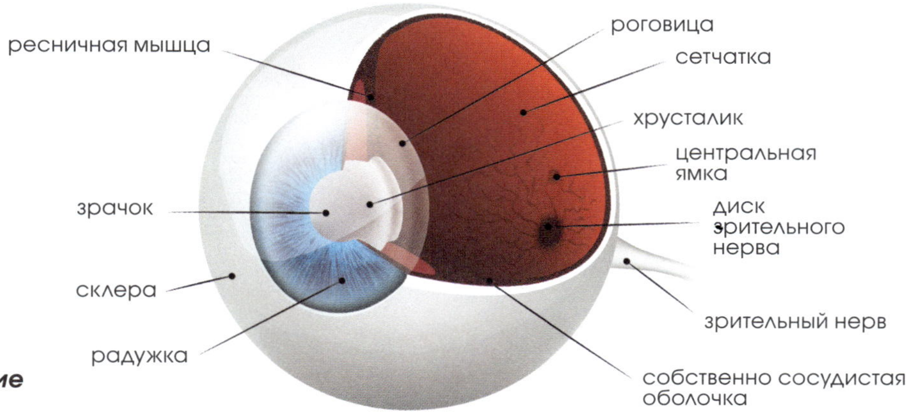

Строение глаза

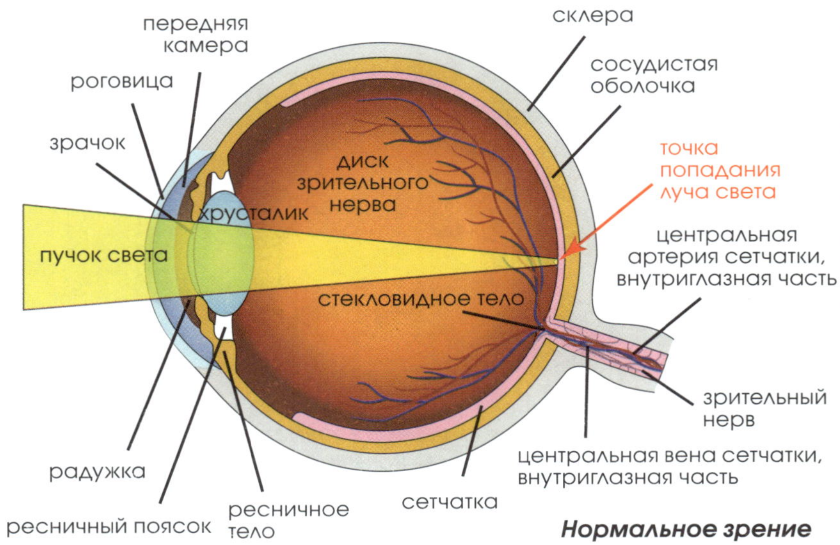

Нормальное зрение

ВАЖНО!

Проблемы со зрением имеет около две трети человечества. С возрастом зрение ухудшается, поэтому необходимо отвлекаться от монитора телефона или компьютера и проводить регулярную зарядку для глаз.

МИОПИЯ (БЛИЗОРУКОСТЬ). Аномалия, при которой параллельные световые лучи фокусируются перед сетчаткой глаза, а не на ней. В этом случае человек видит удаленные предметы нечетко, расплывчато, т.к. не может с помощью аккомодации добиться их более четкого изображения. Миопия корректируется ношением специальных очков с вогнутыми линзами; в настоящее время она может быть устранена также и хирургическим путем (лазерная хирургия).

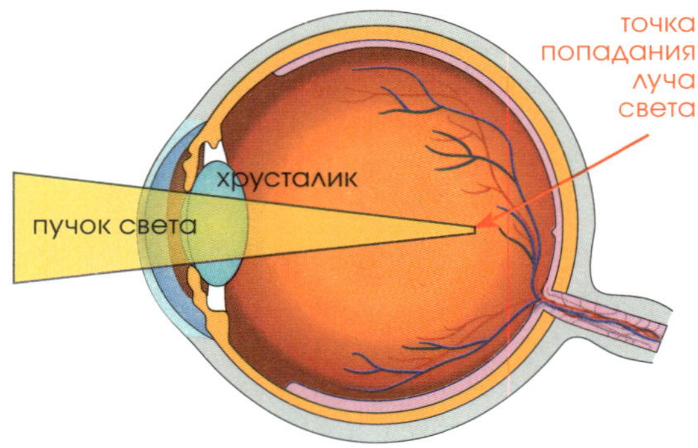

ГИПЕРМЕТРОПИЯ (ДАЛЬНОЗОРКОСТЬ).
Состояние глаза, при котором параллельные лучи света фокусируются позади сетчатки, что приводит к ослаблению аккомодации глаза. Гиперметропия небольшой степени может не приводить к ухудшению зрения у детей и молодежи вследствие их способности к аккомодации, однако у людей более старшего возраста, а также при высокой степени гиперметропии наблюдается ослабление ближнего зрения по сравнению с дальним. Нормальное зрение может быть восстановлено с помощью специальных очков с выпуклыми линзами.

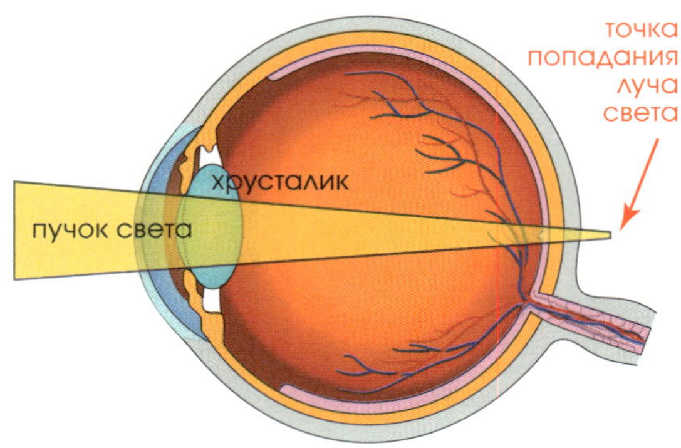

АСТИГМАТИЗМ. Нарушение зрения, при котором происходит искажение изображения предмета (обычно по вертикальной или горизонтальной оси) вследствие того, что лучи света не фокусируются непосредственно на сетчатке глаза. Отдельные участки изображения могут фокусироваться на сетчатке, однако лучи света, исходящие от других его участков, фокусируются либо сзади, либо впереди сетчатки. Чаще всего это связано с аномальным искривлением роговицы и/или хрусталика глаза. Данное нарушение зрения устраняется ношением цилиндрических линз, которые создают прямо противоположный эффект и таким образом убирают искажение, возникающее в этом случае.

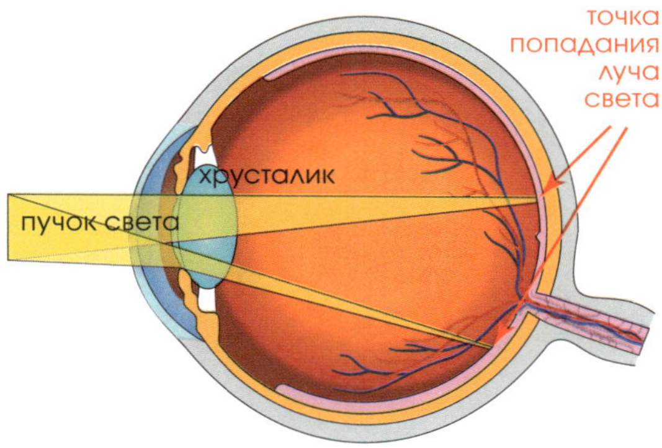

ГЛАУКОМА. Заболевание, основным симптомом которого является повышение внутриглазного давления, приводящее к потере зрения. В большинстве случаев никакого другого заболевания глаз у человека не отмечается. Такое состояние называется *первичной глаукомой*. Первичная глаукома нередко развивается у людей с возрастом, являясь одной из основных причин слепоты. *Вторичная глаукома* развивается, когда в результате каких-либо других глазных заболеваний у человека нарушается нормальная циркуляция водянистой влаги в глазах, что приводит к повышению внутриглазного давления. При всех типах глаукомы основной задачей врача является снижение внутриглазного давления. Для этого через определенные промежутки времени в глаза закапывают специальные капли, которые улучшают отток водянистой влаги в глазу; кроме того, больным назначают специальные капли и таблетки, которые уменьшают образование водянистой влаги. Если такое лечение оказывается неэффективным, больному проводится хирургическая операция, заключающаяся в создании новых путей, через которые осуществляется значительный отток водянистой влаги из глаза, что приводит к снижению внутриглазного давления.

КАТАРАКТА. Помутнение хрусталика глаза, приводящее к заметному ухудшению зрения. Наиболее распространена старческая катаракта, однако существуют и врожденные катаракты, катаракты, развивающиеся в результате заболеваний (например, диабет). Катаракта может появиться в результате прямой или косвенной травмы хрусталика, а также длительного попадания в глаз инфракрасного или ионизирующего излучения. Лечение катаракты связано с удалением пораженного хрусталика и имплантацией внутриглазного искусственного хрусталика.

Вспомогательные органы глаза

Глазное яблоко способно вращаться так, чтобы на рассматриваемом предмете сходились обе зрительные оси. Улучшают этот процесс аккомодация, движения головы, тела и мышц глазного яблока.

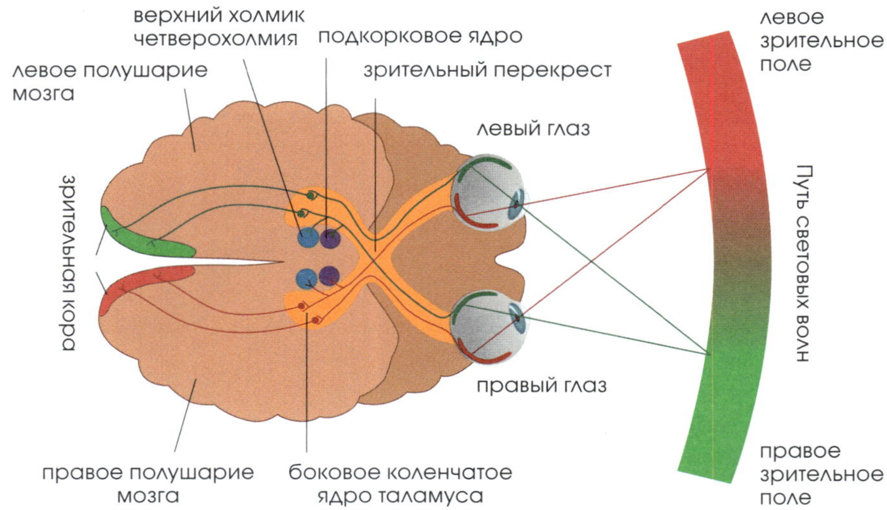

Двигательный аппарат глаза составляют *четыре прямые* и *две косые поперечнополосатые мышцы*. Косые мышцы поворачивают глазное яблоко вокруг сагиттальной оси: верхняя вниз и кнаружи, нижняя — вверх и кнаружи, прямые мышцы поворачивают глазное яблоко в соответствующем направлении. Благодаря совместному действию указанных мышц движения обоих глазных яблок — *синхронные*.

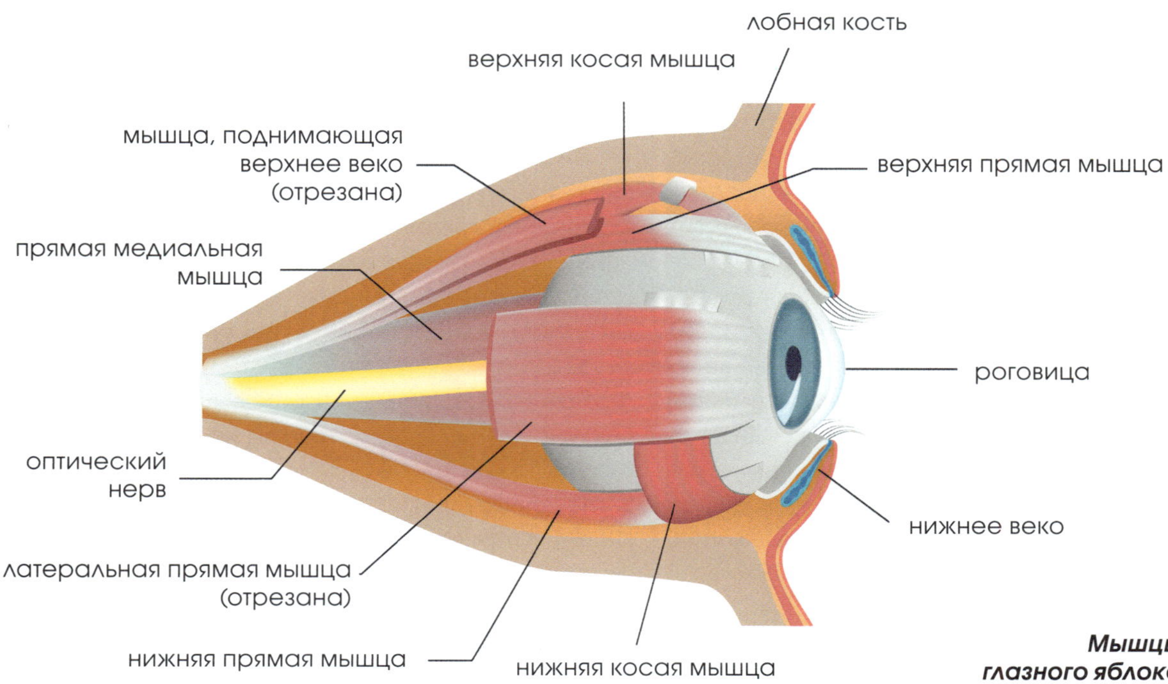

Мышцы глазного яблока

Веки — кожные складки, которые защищают глазное яблоко спереди, ограничивают глазную щель и закрывают ее при смыкании. Задняя поверхность век покрыта конъюнктивой, продолжающаяся в конъюнктиву глаза. ***Ресницы*** располагаются в 2–3 ряда по краям век, в их волосяные сумки открываются выводные протоки сальных и потовых ресничных желез. На каждом веке около 80 ресниц, защищающие глаза от попадания инородных частиц.

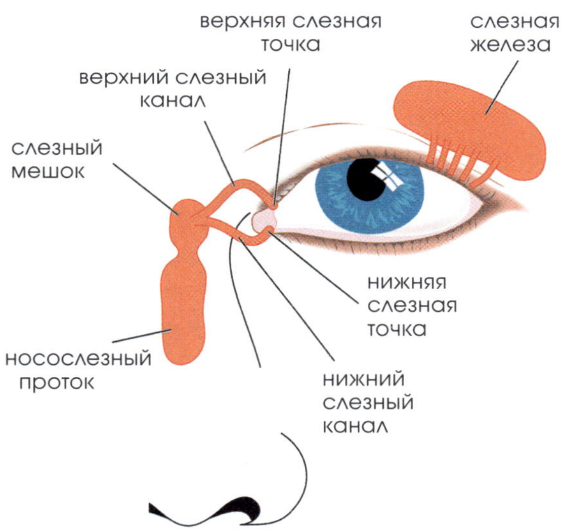

Слезный аппарат

Слезный аппарат состоит из *слезной железы* и системы *слезных путей*. В конъюнктивальный мешок открываются от 5 до 12 выводных канальцев слезных желез. *Слезный сосочек* расположен у внутреннего угла глаза, на краях век, там, где они расходятся, окружая *слезное озеро*. На слезном сосочке есть узкие отверстия — *слезные точки*, дающие начало *слезным канальцам*, которые впадают в слезный мешок, нижний конец которого переходит в *носослезный проток*, открывающийся в полость носа. Это причина сморкания человека при обильном выделении слез.

Слезы увлажняют конъюнктиву глаза, обезвреживают микроорганизмы. Слезные железы вырабатывают около 100 мл слезы ежедневно. Слеза имеет слабощелочную реакцию, состоит в основном из воды, в которой есть около 1,5 % NaCl, 0,5 % белка альбумина и слизь, а также лизоцим, обладающий бактерицидным действием. Вещества, образующиеся при нервном напряжении или эмоциональном стрессе, выделяются из организма со слезами.

ЛЮБОПЫТНО! В связи с постоянной выработкой слезными железами слез даже суровые мужчины ежедневно проливают 10–30 мл слез.

Орган слуха и равновесия
(преддверно-улитковый орган)

Органы слуха и равновесия (статического чувства) объединены в сложную систему, которая включает три отдела: наружное ухо, среднее ухо и внутреннее ухо. *Функция* органов слуха и равновесия: слух воспринимает высоту и тембр звука, равновесие — силу тяжести и вращение.

Наружное ухо

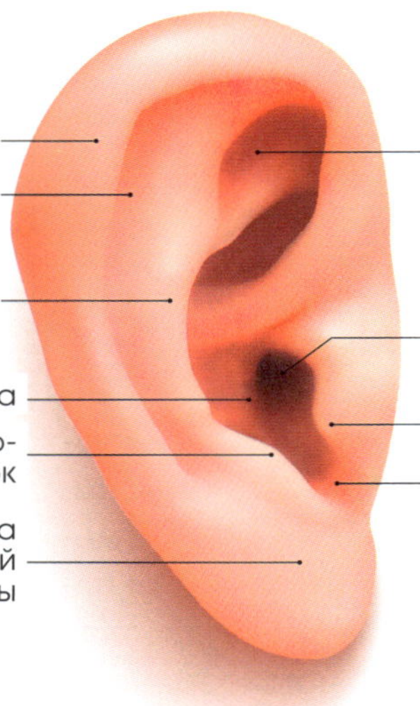

Ушная раковина — эластический хрящ сложной формы, на дне которого имеется *наружное слуховое отверстие*. На ушной раковине находятся окончания пяти различных нервов: тройничного, веточки шейного сплетения, промежуточного, языкоглоточного и блуждающего нервов. Это объясняет обусловленность рефлекторных связей с внутренними органами, т.е. на ушной раковине представлена полностью чувствительность тела и внутренних органов. Рисунок ушной раковины человека индивидуален и не меняется в течение жизни.

Наружный слуховой проход длиной 33—35 мм закрыт *барабанной перепонкой* — пластинкой эллипсоидной формы, которая отделяет наружное ухо от среднего. Эпителий выстилает наружный слуховой проход, где есть большее количество сальных желез, а также особые видоизмененные потовые трубчатые *серные железы*, которые вырабатывают вязкий, желтоватый секрет — «ушную серу». Это объясняет, почему даже при самой сильной жаре у человека из наружного слухового прохода не выделяется пот. Любопытно, что у городских жителей в ушах образуется больше ушной серы, чем у живущих в сельской местности.

ЛЮБОПЫТНО!

Есть научная гипотеза о том, что расстояние между ушами помогает определять направление источника звука, информацию о времени, фазе и силе звука.

Среднее ухо

Среднее ухо — воздухоносная *барабанная полость* в толще височной кости. В барабанной полости залегают три слуховые косточки *(стремя, наковальня, молоточек).* Слуховые косточки составляют цепь, которая передает звуковые колебания и соединяет барабанную перепонку с закрытым *вторичной барабанной перепонкой* окном преддверия, ведущим в полость внутреннего уха. *Рукоятка молоточка* сращена с барабанной перепонкой, его головка сочленена с *телом наковальни.* Длинный отросток наковальни сочленяется с *головкой стремечка,* основание которого входит в окно преддверия. Косточки покрыты слизистой оболочкой. Движение косточек регулируют две мышцы. Барабанная полость продолжается в *слуховую (евстахиеву) трубу,* открывающуюся в носовой части глотки. *Функция* слуховой трубы — способность выравнивать давление воздуха внутри барабанной полости по отношению к наружному.

Внутреннее ухо

Расположенное в пирамиде височной кости **внутреннее ухо** — это *перепончатый лабиринт,* находящийся в *костном лабиринте.* Между перепончатым и костным лабиринтами существует пространство, заполненное жидкостью. Образующий органы слуха и равновесия перепончатый лабиринт — комплекс связанных между собой мембранных каналов и камер, заполненных жидкостью (эндолимфой).

Вестибулярный лабиринт — периферический отдел органа равновесия. Он включает два мешочка — *эллиптический* (маточка) и *сферический,* которые сообщаются между собой, а также три *полукружных протока,* находящихся в одноименных костных каналах.

ИНТЕРЕСНО!

Слух человека после переедания становится менее чувствительным. Если Вам предстоит пойти на музыкальный концерт или в оперный театр, то постарайтесь избежать плотного «перекуса». В результате слух будет более совершенным, а удовольствие от мероприятия — больше.

Участки стенки мешочков, которые выстланы чувствительными рецепторными клетками, называют *пятнами*, аналогичные участки ампул — *гребешками*. Рецепторные клетки гребешков воспринимают изменения углового ускорения, а рецепторные клетки пятен воспринимают прямолинейные движения, изменения силы тяжести и линейные ускорения. При изменении силы тяжести или положения головы, тела, при ускорении движения мембрана скользит, а купол смещается. Происходит напряжение погруженных волосков, возникает нервный импульс, который передается ядрам мозжечка, спинному мозгу и коре теменной и височной долей больших полушарий, где находится *корковый центр (конец) органа равновесия*.

Улитковый лабиринт — периферический конец органа слуха, заполненный эндолимфой соединительнотканный мешок длиной около 3,5 см, залегающий в костной улитке и слепо заканчивающийся на ее верхушке. По всей длине улиткового канала залегает *спиральный орган* (кортиев), который воспринимает и преобразует звуковые колебания в нервные импульсы, идущие по нерву улитки в головной мозг. Расположенный на базиллярной мембране кортиев орган образован тонкими наподобие струн радиальными коллагеновыми волокнами (их около 24 000), сформирован поддерживающими клетками и рецепторными клетками, воспринимающими звуковые колебания. Низкие звуки раздражают только волосковые клетки вершины улитки и часть клеток на нижних завитках, высокие звуки — волосковые клетки на нижних завитках улитки.

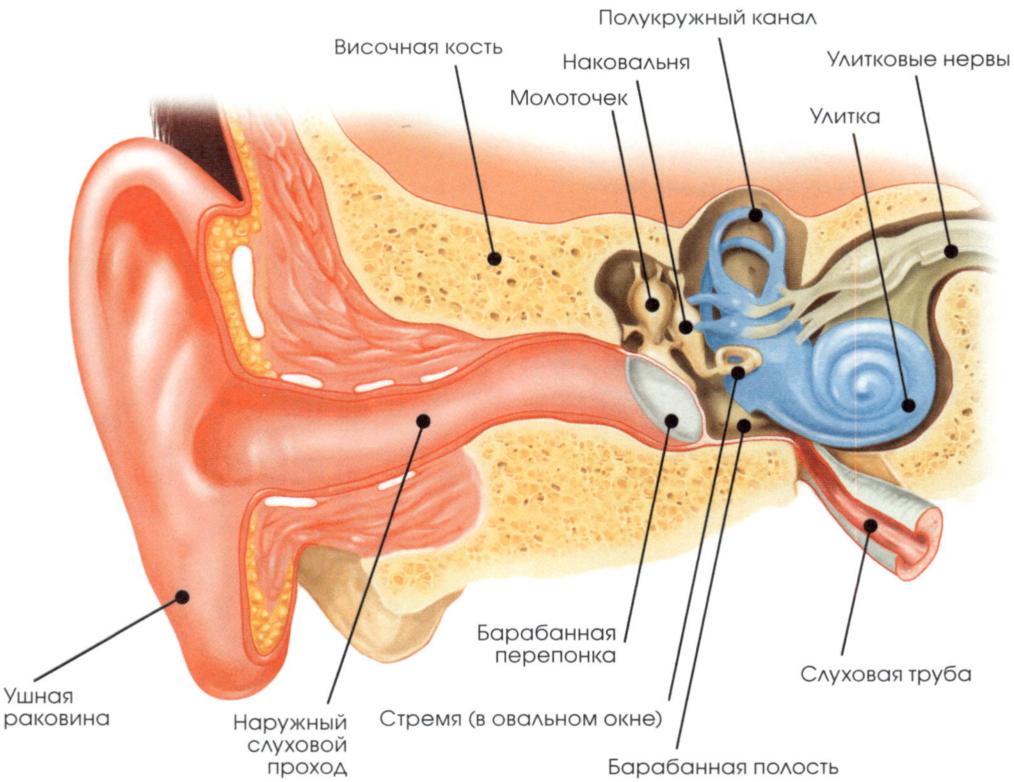

Орган слуха и равновесия

Движение звуковой волны в органе слуха

Через наружный слуховой проход звуковые волны достигают барабанной перепонки, чьи колебания передаются через цепь слуховых косточек на окно преддверия. Это вызывает передвижение перилимфы, которое передается эндолимфе в улитковом протоке. Затем волнообразное движение мембраны, которая в зависимости от частоты и интенсивности звука колеблется по всей своей длине, вызывает в волосковых клетках определенные химические процессы, в результате которых генерируются нервные импульсы. В итоге импульсы проходят в кору височной доли больших полушарий мозга, в корковый центр (конец) слухового анализатора. Человек способен воспринимать звуковые колебания от 16 Гц (16 колебаний в сек) до 21000 Гц.

ЛЮБОПЫТНО!

Мужчины могут читать более мелкий шрифт, чем женщины...

...зато женщины лучше слышат!

Орган обоняния

Обоняние — физиологический акт восприятия запахов, способность воспринимать запах. Человек способен различить около трех тысяч запахов, т.е. запах при концентрации около 500 млн молекул в 1 м^3 воздуха, и может запоминать до 50 000 разнообразных ароматов. Чаще всего идентификация аромата связан с воспоминаниями конкретного человека. К сожалению, 2% людей абсолютно лишены обоняния.

ЛЮБОПЫТНО!

Научные исследования доказали, что женщины лучше различают запахи, чем мужчины. Женщины могут быстрее и лучше определить запах ванили, корицы, кофе, цитрусовых.

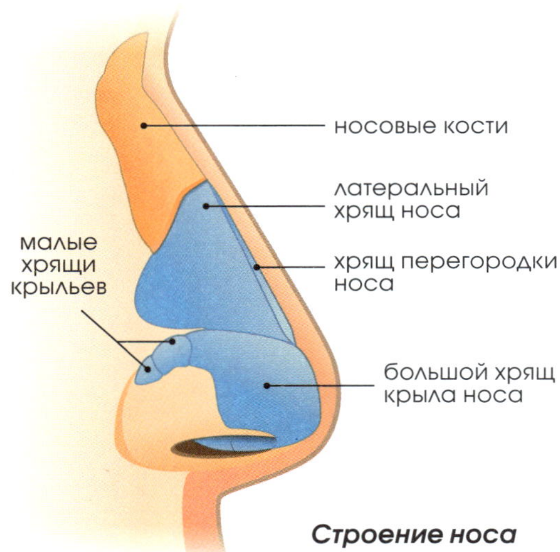

Строение носа

Нос — орган обоняния и начальный отдел дыхательных путей. Слизистая оболочка выстилает *полость носа*, в которой выделяют две области: обонятельную и дыхательную. *Обонятельная область* слизистой оболочки носа, покрытая *обонятельным эпителием*, расположена в слизистой оболочке верхней носовой раковины и лежащей на этом уровне зоны носовой перегородки.

Нос человека растет в течение всей жизни.

ЛЮБОПЫТНО!

При спокойном дыхании скорость воздушного потока в носу около 2 км/ч, при чихании — 170 км/ч.

Обонятельные клетки (их 10 млн — 40 млн) имеют центральные отростки *(аксоны)* и периферические отростки (*дендриты*). Дендрит заканчивается *обонятельной булавой* с 10–12 подвижными *обонятельными ресничками* на вершине обонятельной булавы. Аксоны собираются в *обонятельные нити* (20–40), направляющиеся в мозг.

Молекулы пахучих веществ, растворенные в слизи, взаимодействуют с ресничками, в результате возникает нервный импульс. Нервный импульс распространяется по обонятельным нервам и затем поступает в *корковый центр (конец) обонятельного анализатора*, который располагается в больших полушариях головного мозга.

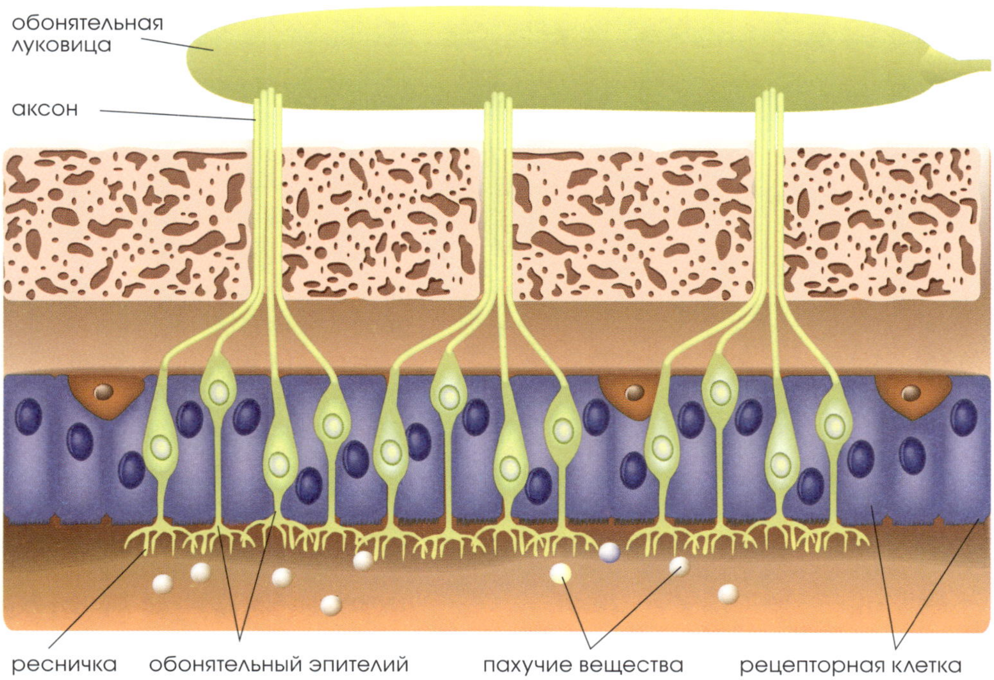

Обонятельный эпителий

Орган вкуса

Вкус — способность ощущать качество (вкус) веществ, попадающих в ротовую полость. Различаются четыре основных вкуса: сладкий, горький, кислый и соленый.

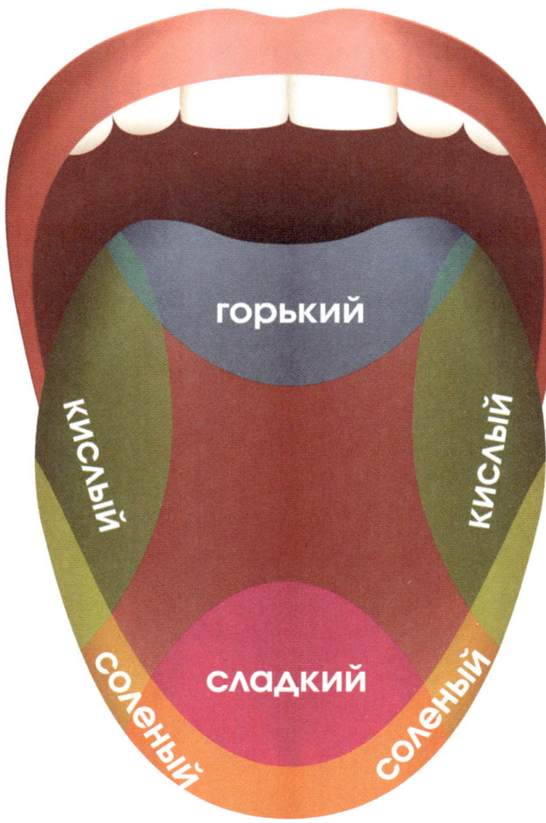

Области восприятия вкуса

Вкусовые ощущения связаны с сочетаниями различных вкусовых веществ в разных концентрациях: для сладкого вкуса достаточно содержания в продукте 0,5 % сахара, соленого — 0,25 % соли, горького — 0,002 % горечи, кислого — 0,001 % кислоты. Каждый человек имеет различное количество вкусовых рецепторов. Их число может достигать 10 000. Вкусовые пристрастия человека в течение жизни меняются, т.к. с возрастом вкусовые рецепторы становятся менее чувствительными. По этой причине вкус продуктов, нелюбимых в детстве, становятся приятным взрослому человеку.

ЛЮБОПЫТНО!

Человек не сможет почувствовать вкус продукта до тех пор, пока химические вещества продукта не будут растворены в слюне. Вы можете провести опыт: попробуйте высушить язык, а потом продегустируйте кусочек чего-нибудь с закрытыми глазами. Вы ничего не почувствуете!

Орган вкуса человека включает примерно 2000 *вкусовых почек*, находящихся в толще многослойного эпителия боковых поверхностей листовидных, желобовидных и грибовидных сосочков языка, в слизистой оболочке неба, зева и надгортанника. Вершина вкусовой почки имеет отверстие, которое ведет в маленькую ямку с верхушками вкусовых клеток. Верхняя поверхность каждой вкусовой клетки имеет около 40–50 микроворсинок. Нервные волокна являются частью вкусовой почки и образуют множество синапсов с вкусовыми клетками. Именно вкусовые почки воспринимают вкус. Вещества, обладающие вкусом, растворяются в слюне и проникают во вкусовые почки через отверстие на его вершине, вступают в реакцию с рецепторными белками микроворсинок — в результате возникает нервный импульс. Импульсы передаются по ветвям VII, IX, X пар черепных нервов, через ряд подкорковых центров к *корковому центру (концу) вкусового анализатора*, который залегает в больших полушариях головного мозга, вблизи коркового центра обонятельного анализатора.

Удовольствие от еды

Орган осязания

Кожа — общий наружный покров тела, самый большой орган человека, весит 2–3 кг. Ее огромная поверхность (площадь кожи превышает 1,5 м^2) является органом осязания, болевой и температурной чувствительности. *Функции* кожи — защитная, дыхательная, терморегулирующая, обменная, депо крови. Кожа активно участвует в обмене витаминов, особенно важен синтез в коже витамина D под влиянием ультрафиолетовых лучей. Железы кожи вырабатывают пот, состоящий в основном из воды, солей, конечных продуктов азотистого обмена, и кожное сало. Кожа способна растягиваться, например, в области некоторых суставов, на шее, под глазами, и сокращаться.

ИНТЕРЕСНО!

Кожа человека постоянно обновляется. За всю жизнь вырабатывается около 17 килограмм кожи.

Кожа состоит из эпидермиса и дермы. *Дерма,* или *собственно кожа,* толщиной 1—2,5 мм, сформирована соединительной тканью. На поверхности кожи благодаря наличию сосочков видны гребешки, разделенные бороздками. Сложное переплетение гребешков и бороздок образует индивидуальные для каждого человека и не меняющиеся в течение всей его жизни узоры кожи пальцев кистей и стоп, ладоней и подошв. В дерме различают сосочковый и сетчатый слои. В сосочковом слое залегают гладкие мышечные клетки, в сетчатом слое — корни волос, потовые и сальные железы. Подкожная клетчатка содержит жировую ткань. *Функция* дермы — терморегуляция и защита организма.

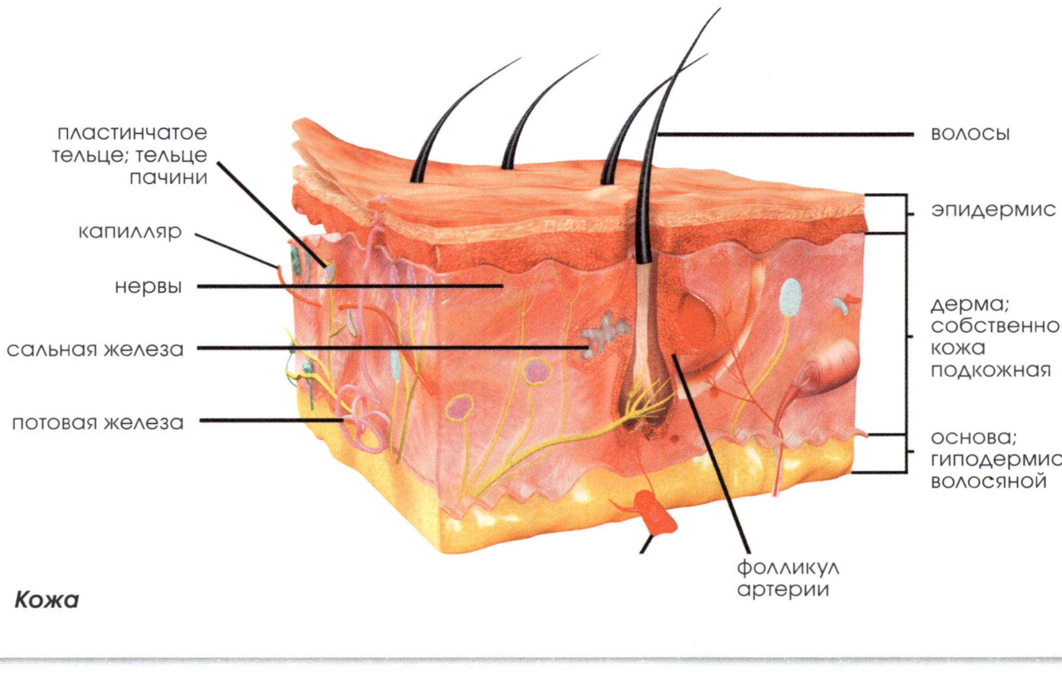

Кожа

Кожа женщины и мужчины отличаются. Женские жировые клетки имеют кубические формы. Кожа мужчины богаче соединительной тканью, которая лучше поддерживает окружающие структуры.

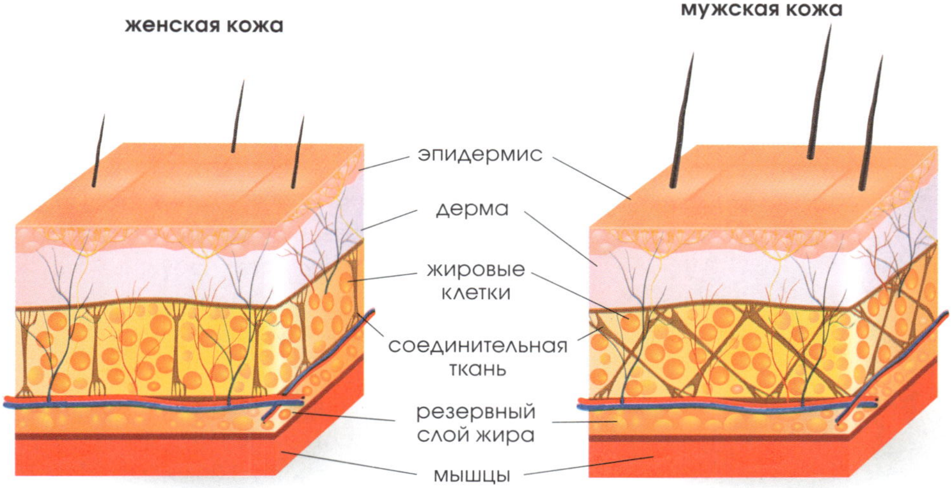

Эпидермис — многослойный плоский ороговевающий эпителий, толщина его зависит от выполняемой функции (на груди, животе, бедре, плече, предплечье, шее толщина не превышает 0,02 – 0,05 см, на ладонях, подошвах, подвергающихся постоянному механическому давлению, толщина достигает 0,5 – 2,3 мм). *Функции* эпидермиса — защита тела от травм и от внедрения паразитов. Эпидермис предохраняет от обезвоживания: при перегревании организма его охлаждению способствует усиленное потоотделение и расширение проходящих в коже капилляров, при переохлаждении потовые железы перестают выделять пот, сокращаются гладкие мышцы волосяных луковиц, волосы выпрямляются, и между ними образуется дополнительный слой воздуха («гусиная кожа»).

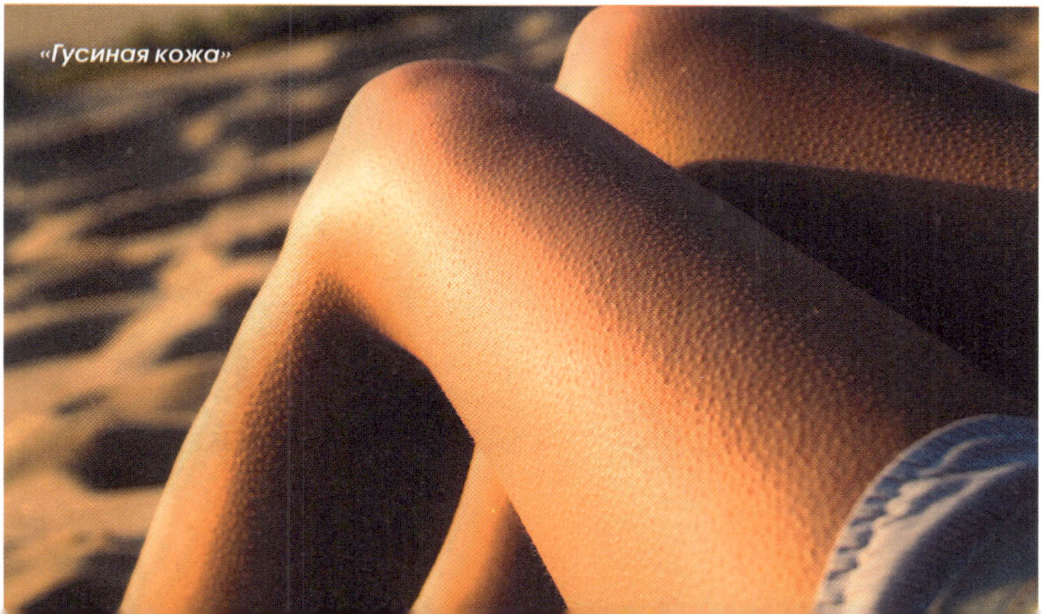
«Гусиная кожа»

Волосы — производное эпидермиса. Почти вся кожа покрыта волосами, на теле человека от 200 тыс. до 1 млн волос, исключение — ладони, подошвы, переходная часть губ, головка полового члена и малые половые губы. Самое большое количество волос обычно на голове. Различают три типа волос: пушковые, щетинистые, длинные. Длинные волосы растут на голове, в подмышечных впадинах, на лобке. Щетинистые волосы - это брови, ресницы, преддверие полости носа, наружный слуховой проход. Пушковые волосы расположены по всей остальной поверхности тела.

Характер оволосения относится к вторичным половым признакам и зависит от пола, возраста, расы и т.д. Волосы растут со скоростью около 0,2 мм в сутки и меняются в сроки от 2–3 месяцев до 2–3 лет. Волосы содержат минеральные элементы (около 40).

В течение жизни у человека в среднем отрастает на голове около 25 м волос.

ЛЮБОПЫТНО!

На поверхности кожи взрослого человека насчитывается более пяти миллионов волосков — столько, сколько и у гориллы.

Волос имеет *стержень,* выступающий над поверхностью кожи, и *корень*, лежащий в толще кожи в волосяном фолликуле. Основная масса волоса — пузырьки воздуха и плоские роговые чешуйки, которые заполнены кератином и содержат пигмент, придающий волосам характерную окраску.

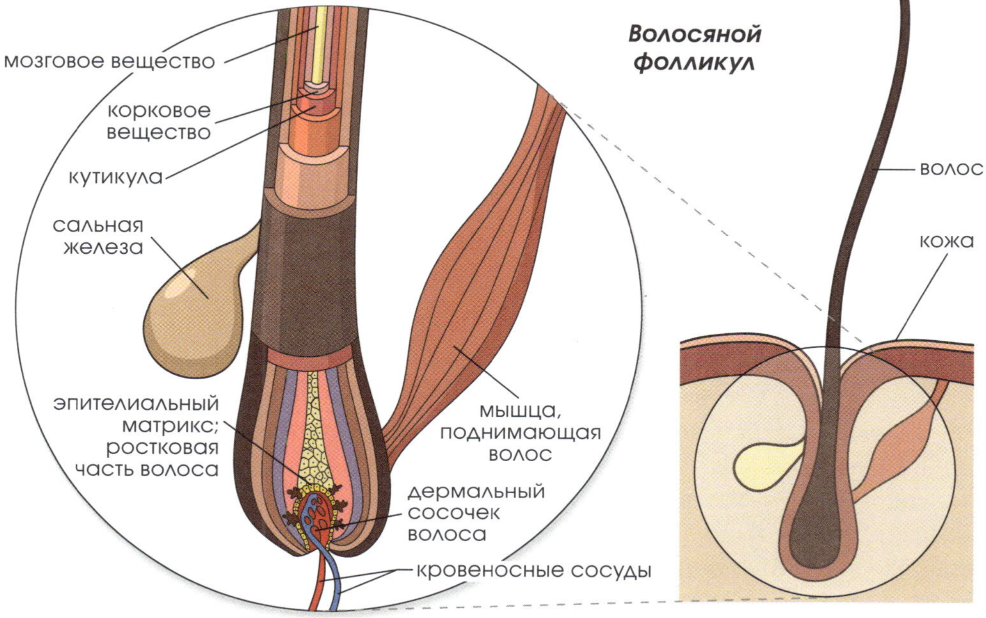

Цвет волос — генетически обусловленный признак — зависит от характера белка кератина: в светлых — меланокератин и лейкокератин, в черных — меланокератин, в рыжих — родокератин.

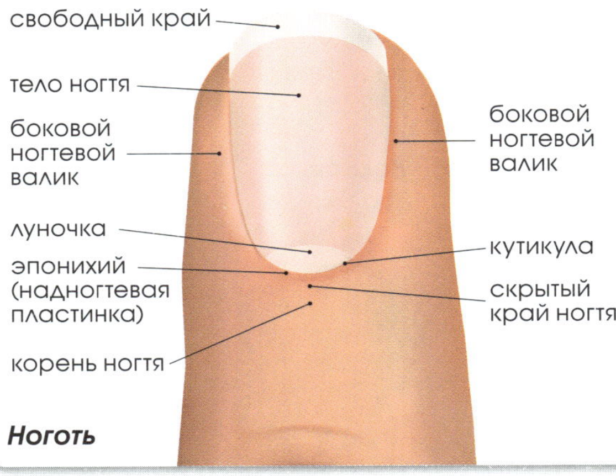

Ноготь

Ногти — производные эпидермиса как и волосы. Ноготь — роговая пластинка, лежащая на ногтевом ложе на тыльной поверхности каждой концевой фаланги пальцев кистей и стоп.
У основания и с боков ноготь ограничен ногтевыми валиками. Ногти не обладают чувствительностью.

Железы кожи — потовые, сальные и молочные. *Потовых желез* около 2—2,5 млн. Секрет потовых желез (*пот*) — бесцветная водянистая жидкость, состаящая из 98% воды и 2% органических и неорганических веществ (хлористый натрий, мочевина, мочевая кислота и др.). В процессе потоотделения из организма удаляются микроэлементы, азотосодержашие продукты обмена, большое количество воды. Важный механизм терморегуляции — усиление теплоотдачи при испарении пота. Любопытно: четверть миллиона пор на наших стопах выделяют каждые сутки почти четверть чашки пота.

Сальные железы неравномерно распределены: самое большое количество на спине и голове, а на ладонях и подошвах они полностью отсутствуют. Сальные железы вырабатываю бактерицидное кожное сало, что помогает предохранять кожу от проникновения микробов, покрывает волосы и эпидермис тонкой пленкой жира, препятствуя быстрому испарению влаги.

Механизм осязания

Осязание (механорецепция) — это восприятие ощущений давления, прикосновения, вибрации, щекотки, которые улавливаются только в определенных осязательных точках кожи. Восприятие тепла и холода — важный фактор выживания организма. Кожа обильно снабжена нервными окончаниями, в среднем в 1 см^2 кожи имеются около 170 чувствительных нервных окончаний. Рецепторы кожной чувствительности не образуют обособленных органов чувств, в отличие от зрения, слуха, вкуса, обоняния, и расположены по всей поверхности кожи. В зависимости от характера воспринимаемого раздражения выделяют *ноцирецепторы,* воспринимающие болевые раздражения, *терморецепторы,* воспринимающие изменения температуры, *механорецепторы,* воспринимающие прикосновения к коже, ее сдавливание. Время реагирования кожи для разных типов ощущений: 0,9 с для боли, 0,12 с для осязания, 0,16 с для температурных.

Ощущения человека

РАНА. Повреждение какого-либо органа или ткани, обычно вызванное внешним физическим воздействием. Рана — одна из основных причин обращения в травмпункты, госпитализации в травматологическое или нейрохирургическое отделение. Примерами ран являются разрывы тканей, порезы, укусы, проколы и ожоги. Чаще всего рана — результат бытовой травмы, реже — несчастного случая, занятия спортом, автокатастрофы, травмы на производстве. Обширные травмы и повреждения с нарушением целостности сосудов могут привести к острой кровопотери и развитию шока, даже могут привести к летальному исходу.

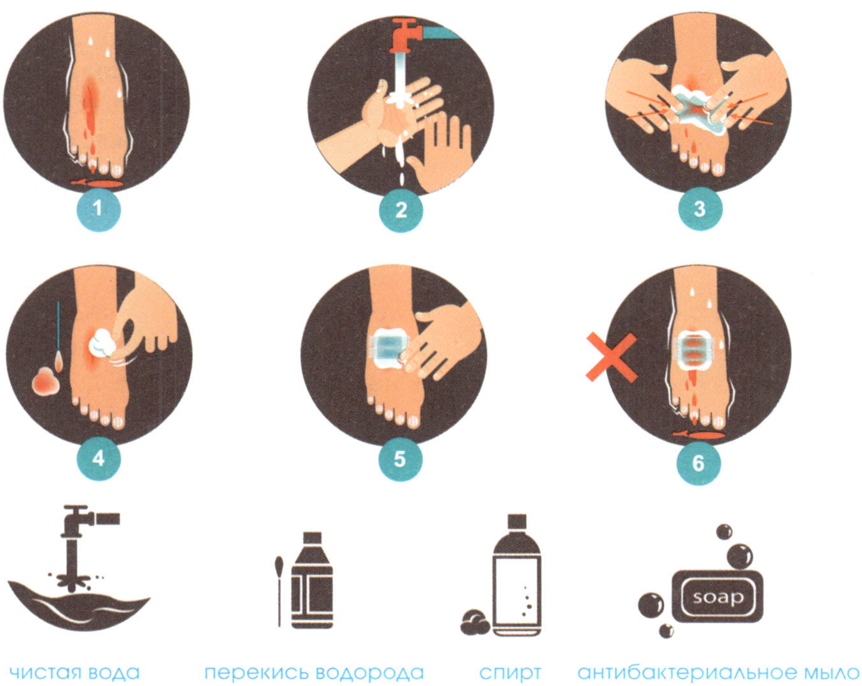

Обработка раны

Заживление раны происходит в несколько этапов: истечение крови, расплавление поврежденных тканей, которое сопровождается местным отеком и выделением жидкости, воспаление поврежденных тканей и нагноение. Через какое-то время рана полностью очищается от некротических тканей, в ней начинаются формироваться грануляции, которые затем покрываются слоем свежего эпителия. В зависимости от размера и особенностей раны, степени ее загрязнения и общего состояния организма человека примерно через две недели наступает полное заживление.

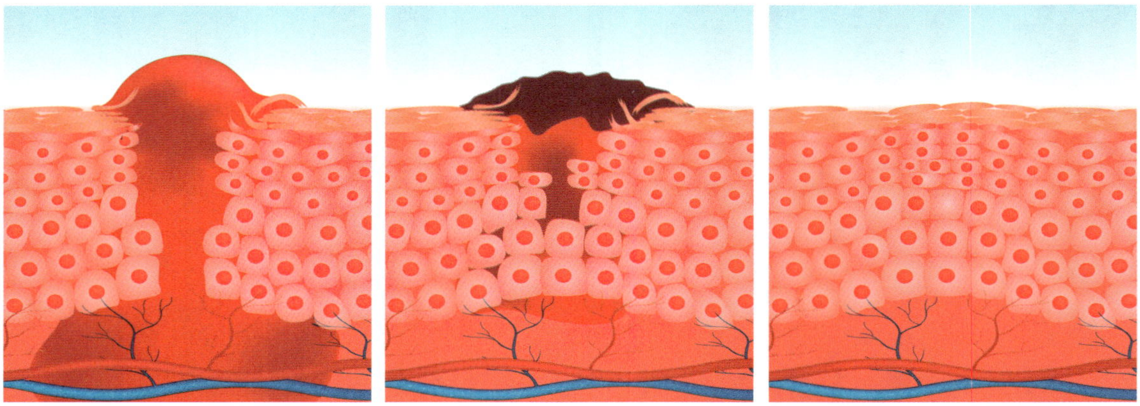

Рана и ее заживление

ОЖОГ. Поражение ткани, вызванное тепловыми факторами, химическими веществами, электрическим током, солнечными лучами или радиационным излучением. **Ожог первой степени** поражает только наружный слой кожи (эпидермис). При **ожоге второй степени** поражается как эпидермис, так и лежащие под ним слои кожи. При **ожоге третьей степени** происходит поражение или разрушение всей кожи; кроме того, повреждаются и все лежащие под ней ткани. Обожженное место опухает, на нем образуются волдыри вследствие пропотевания плазмы через стенки кровеносных сосудов. В случае сильного ожога, когда поражается более 15 % поверхности тела у взрослых (более 10 % у детей), боль и потеря плазмы приводят к сильному шоку и требуют немедленного переливания крови или физиологического раствора больному. Ожоги могут приводить к развитию бактериальной инфекции, для предотвращения которой больным обычно назначают антибиотики. При ожогах третьей степени часто возникает необходимость в пересадке кожи.

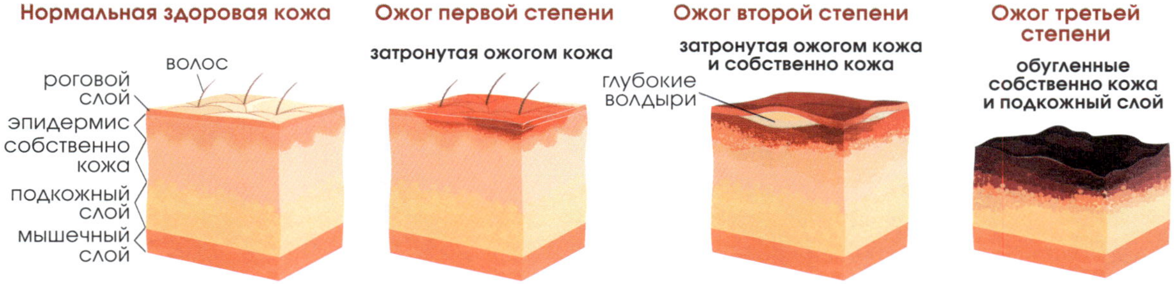

Ожоги различной степени

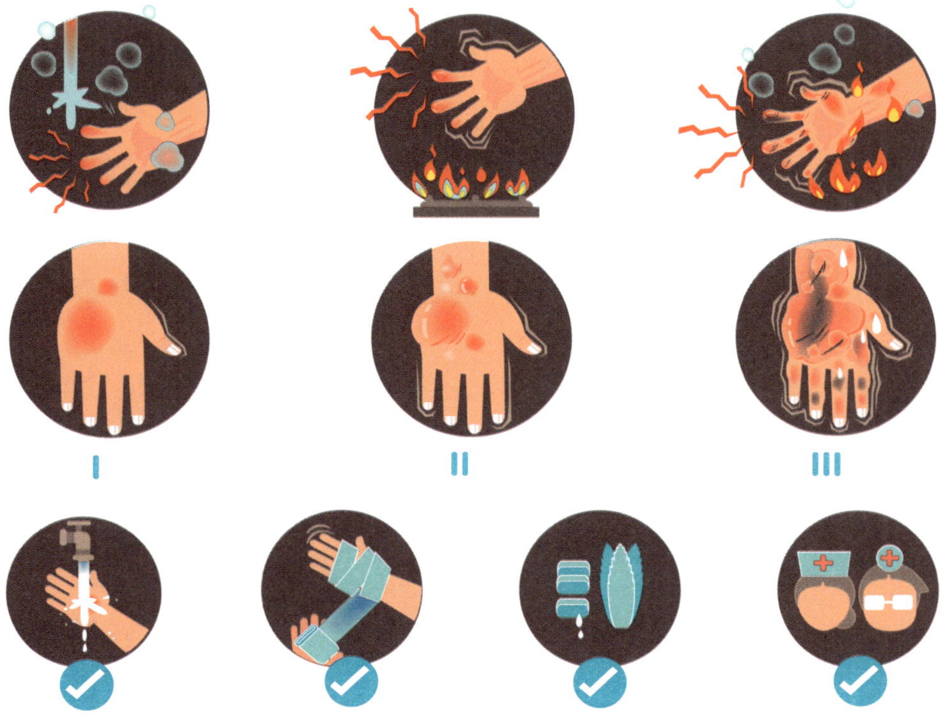

Помощь при ожоге различной степени

ОЖОГ СОЛНЕЧНЫЙ. Острое воспаление, появляющееся на открытых участках кожи после попадания на них солнечных лучей (естественное излучение) или ультрафиолетовых лучей (искусственное излучение). Наибольшая вероятность получения солнечного ожога возникает во временны́е отрезки с 12 и до 15 часов. В период с 11 до 16 часов вообще не рекомендуется находиться долгое время на солнце. Оптимальное время пребывания на открытом воздухе под солнечными лучами — утренние часы до 10–11 ч и вечерние часы после 16 ч.

Внешне ожог выглядит как строго ограниченное покраснение кожи (эритема). Появляется отечность, болезненность обожженного участка кожи, иногда жжение, покалывание, зуд. При более тяжелом солнечном ожоге в области эритемы могут возникнуть пузыри, везикулы. В большинстве случаев после солнечного ожога происходит шелушение кожи, а загар не образуется. При появлении на коже солнечного ожога нужно перейти в какое-либо помещение или навес, где возможно снизить температуру тела и уменьшить болезненность в области ожога. Поврежденную кожу необходимо обработать противовоспалительными средствами, при их отсутствии наложить на пораженную кожу холодный (не ледяной!) компресс, чтобы уменьшить воспаление. В случае необходимости обратиться за медицинской помощью.

СЕРДЕЧНО-СОСУДИСТАЯ СИСТЕМА

Жизнедеятельность организма возможна только при условии доставки каждой клетке питательных веществ, кислорода, воды и удаления выделяемых клеткой продуктов обмена веществ. Данную задачу выполняет **сердечно-сосудистая система** — система трубок, содержащих кровь и лимфу, и **сердце** — центральный орган, обусловливающий движения этой жидкости.

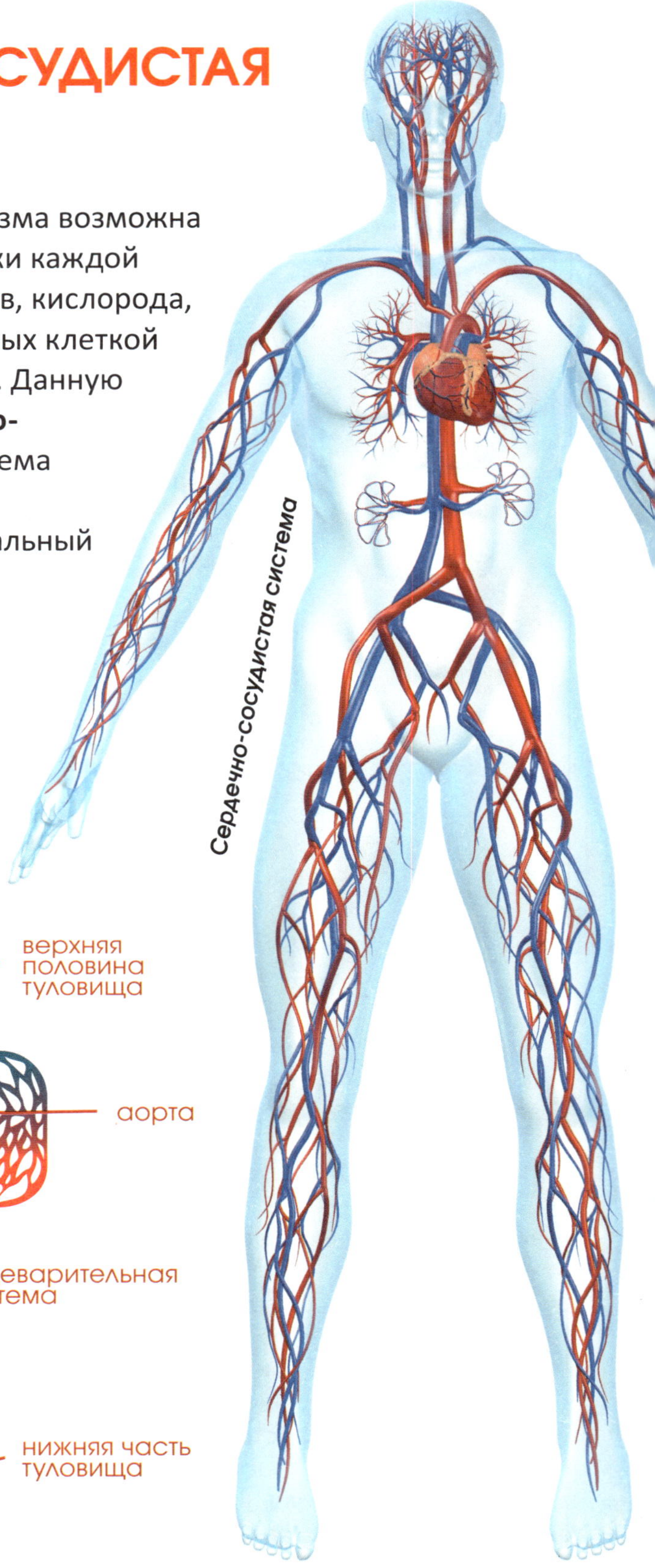

Сердечно-сосудистая система

Движение крови в сердечно-сосудистой системе по телу человека: красным цветом и красные стрелки — артериальная кровь; синим цветом и синие стрелки — венозная кровь

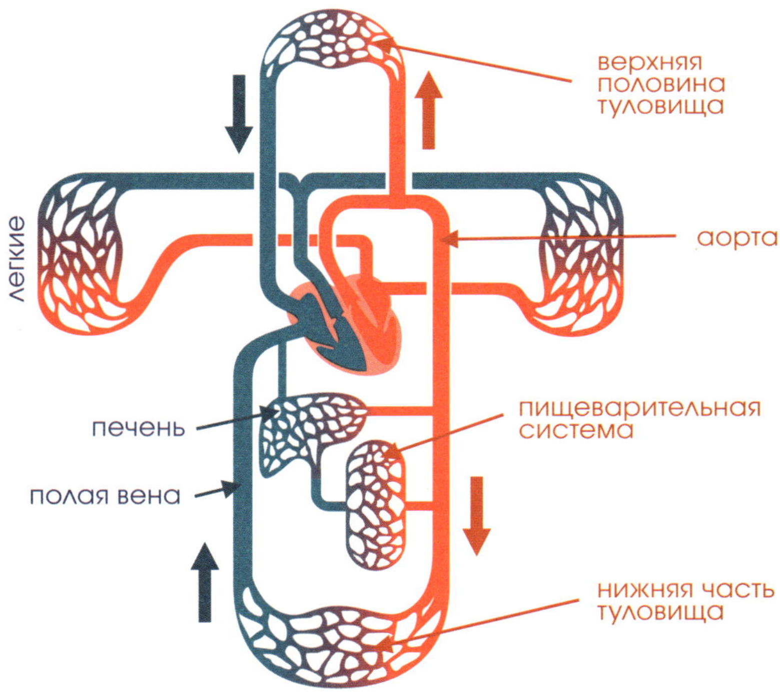

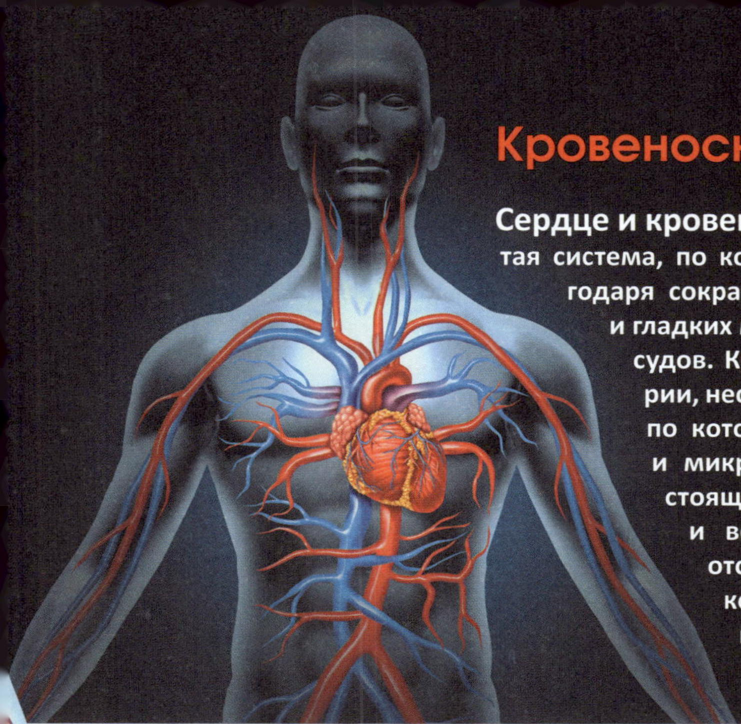

Кровеносная система

Сердце и кровеносные сосуды — замкнутая система, по которой кровь движется благодаря сокращениям сердечной мышцы и гладких мышечных клеток стенок сосудов. Кровеносные сосуды — артерии, несущие кровь от сердца, вены, по которым кровь течет к сердцу, и микроциркуляторное русло, состоящее из артериол, капилляров и венул. Кровеносные сосуды отсутствуют лишь в эпителии кожи и слизистых оболочек, в волосах, ногтях, роговице глаз и суставных хрящах.

Микроциркуляторное русло — дистальная (нижняя) часть сердечно-сосудистой системы, путь местного кровотока, где обеспечивается взаимодействие крови и тканей. Микроциркуляторное русло начинается самым мелким артериальным сосудом — *артериолой* и заканчивается *венулой.* От артериол отходят *капилляры,* регулирующие кровоток. Капилляры вливаются в мельчайшие вены (венулы), которые впадают в вены.

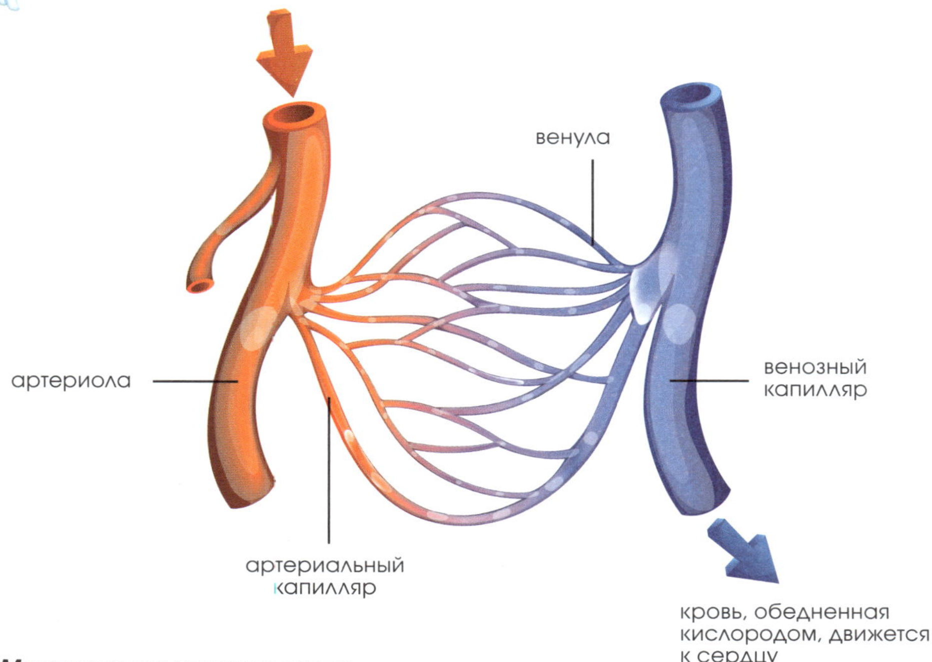

Микроциркуляторное русло

Артерии (все, кроме легочной) переносят кровь, обогащенную кислородом. Стенка артерии состоит из трех оболочек: внутренней, средней и наружной. *Средняя оболочка* артерии богата спирально расположенными гладкими мышечными клетками, которые сокращаются и расслабляются под влиянием вегетативной нервной системы, и наружной эластической мембраной. В *наружной оболочке* проходят кровеносные сосуды и нервы.

Вены несут от сердца кровь, бедную кислородом и обогащенную углекислым газом (кроме легочной вены). Стенка вены состоит из внутренней, средней и наружной оболочек, аналогичных слоям стенки артерии. На внутренней оболочке большинства средних и некоторых крупных вен расположены *клапаны,* пропускающие кровь лишь *в направлении к сердцу,* препятствуя обратному току крови в венах и тем самым предохраняя сердце от излишней затраты энергии на преодоление колебательных движений крови, постоянно возникающих в венах. Вены верхней половины тела не имеют клапаны. Общее количество вен больше, чем артерий, общая величина венозного русла превосходит артериальное. *Скорость кровотока в венах меньше,* чем в артериях, в венах туловища и нижних конечностей кровь течет *против силы тяжести.*

Строение кровеносных сосудов

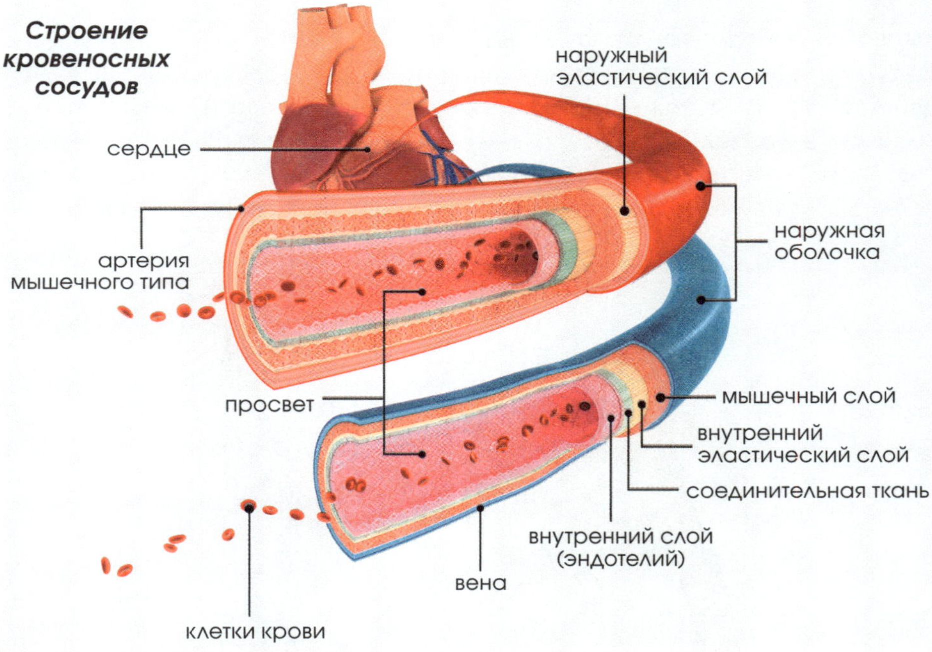

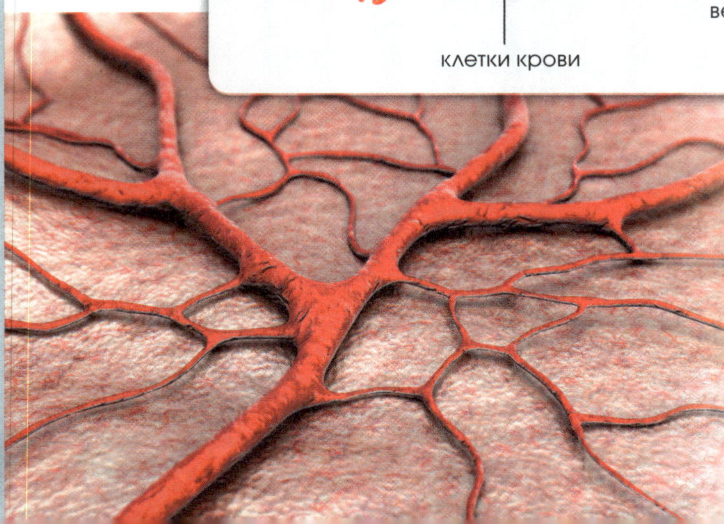

Капилляры — наиболее важный отдел кровеносной системы, т.к. именно они осуществляют обмен веществ и газообмен. Общая обменная поверхность капилляров взрослого человека доходит до 1000 м^2.

ИНТЕРЕСНО!

В теле человека все кровеносные сосуды имеют суммарную длину около 100 000 км. Этого достаточно, чтобы обвить Землю 2,2 раза. Кровь проходит по всему организму, начиная от одной стороны сердца и в конце полного круга возвращаясь к другой. За один день кровь проходит 270 370 км. Если кровеносную систему обычного человека выложить в прямую линию, то ее длина составит более 95 000 км.

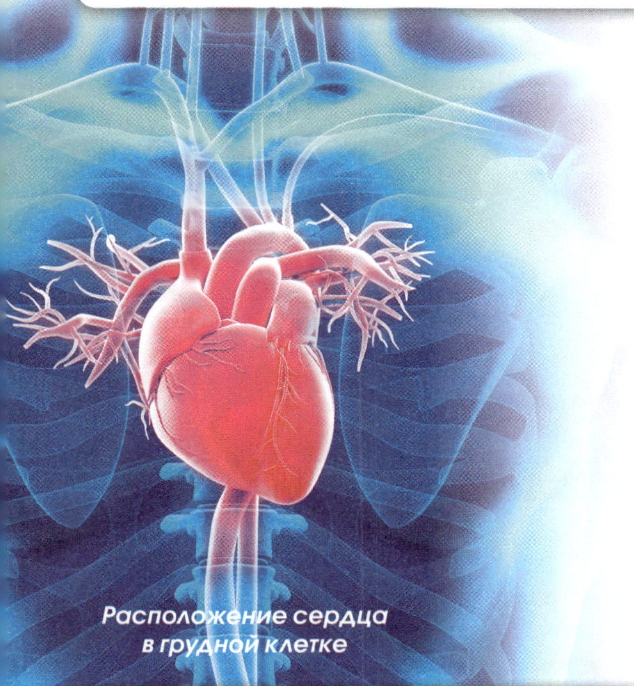

Расположение сердца в грудной клетке

Сердце

Сердце — полый мышечный орган, расположенный асимметрично в средостении между легкими и разделенный внутри на четыре полости: правое и левое предсердия и правый и левый желудочки. Предсердия разделены межпредсердной перегородкой, желудочки — межжелудочковой перегородкой. Размеры сердца здорового человека соотносятся с величиной его тела, зависят от обмена веществ и интенсивности физической нагрузки. Средняя масса сердца у женщин — 250 г, у мужчин — 300 г.

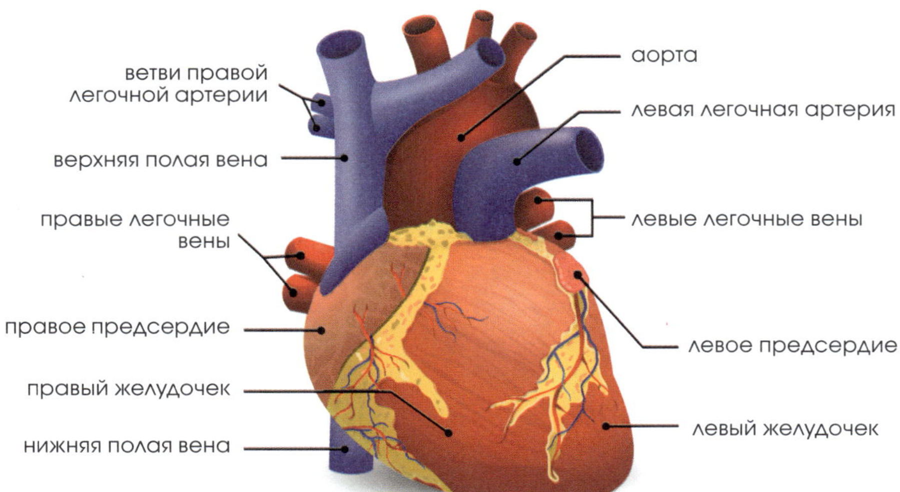

Сердце человека

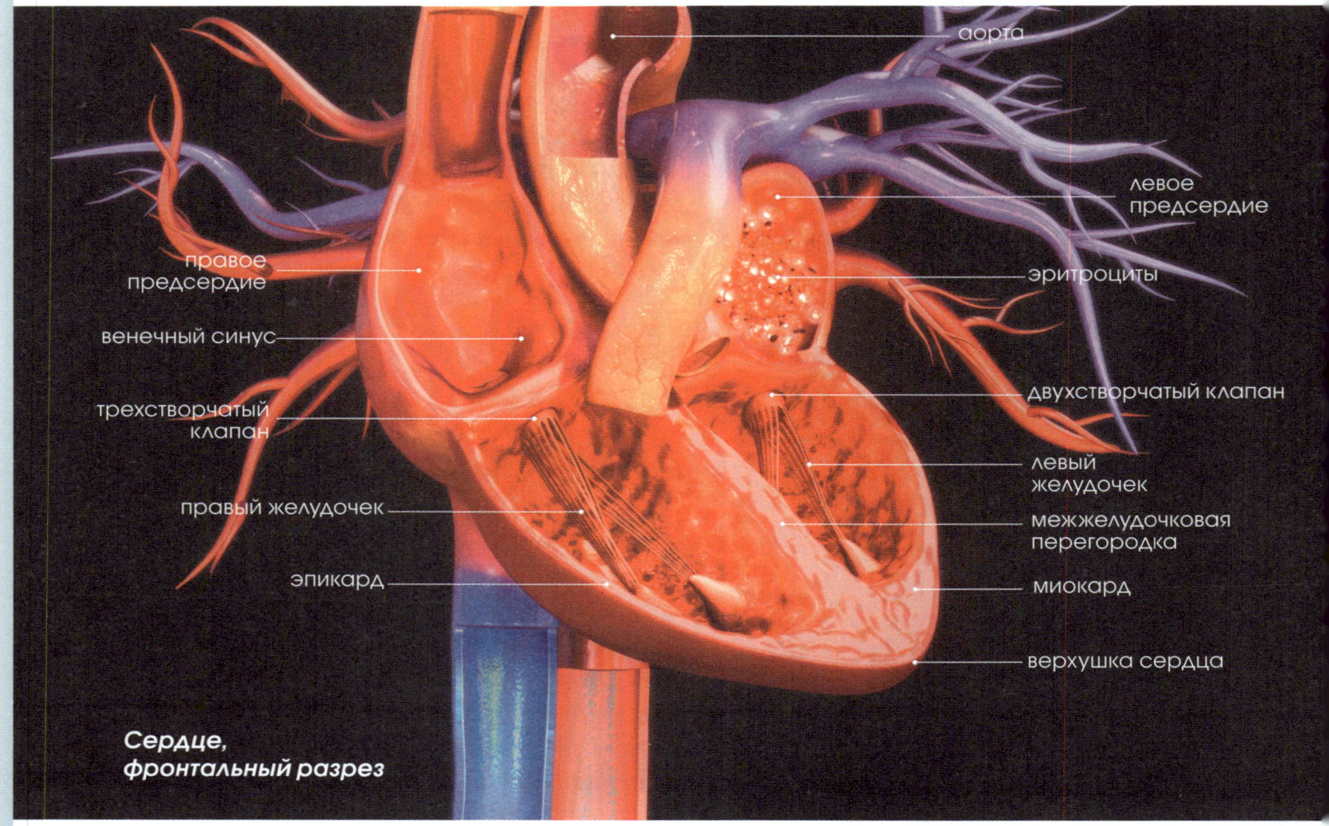

Сердце, фронтальный разрез

В ***правое предсердие*** впадают *верхняя* и *нижняя полые вены* и *венечный синус сердца*, несущие венозную кровь. Кровь из правого предсердия при его сокращении поступает в ***правый желудочек*** через *правое предсердно-желудочковое отверстие,* по краю которого расположен *предсердно-желудочковый (трехстворчатый) клапан.* При *сокращении (систоле) желудочка* клапан препятствует обратному току крови в предсердие. При сокращении желудочка кровь выталкивается в *легочный ствол* через *отверстие легочного ствола,* в области которого находится клапан, препятствующий обратному току крови. Это происходит после опорожнения желудочка.

В ***левое предсердие*** открываются четыре *легочные вены. Миокард левого желудочка* в 2–3 раза толще, чем правого желудочка. Это связано с большой работой, производимой ***левым желудочком***. Из полости левого предсердия в левый желудочек ведет отверстие с *двухстворчатым клапаном (митральным).* Из желудочка кровь направляется в *отверстие аорты,* снабженное *клапаном*.

ИНТЕРЕСНО!

Каждый день здоровое сердце перекачивает 2000 л крови, хоть и весит в среднем 300 г. Сердце человека бьется с частотой 100 800 ударов в день, а за год оно делает поразительное количество ударов — 36 792 000.

Последовательное сокращение и расслабление различных отделов сердца связано с его строением и наличием проводящей системы, по которой распространяется импульс. Проводящая система образована сердечными проводящими волокнами, богато иннервируемыми нервами вегетативной нервной системы.

Правая и *левая венечные артерии* снабжают сердце кровью. Они разветвляются до капилляров во всех трех оболочках стенки сердца. Кровь собирается в *сердечные вены*, далее — *венозный синус*, который непосредственно вливается в *правое предсердие*.

Стенка сердца состоит из трех слоев: *наружного*, или *эпикарда*, *среднего* — *миокарда*, *внутреннего* — *эндокарда*. Эпикард окутывает сердце, начальные отделы легочного ствола и аорты, конечные отделы полых вен. Миокард — мышечный слой, образованный сердечной поперечнополосатой мышечной тканью. Миокард предсердий и желудочков разобщен, что создает возможность отдельного их сокращения. Эндокард выстилает изнутри камеры сердца и его клапаны. Снаружи сердце покрыто *перикардом*.

ВАЖНО!

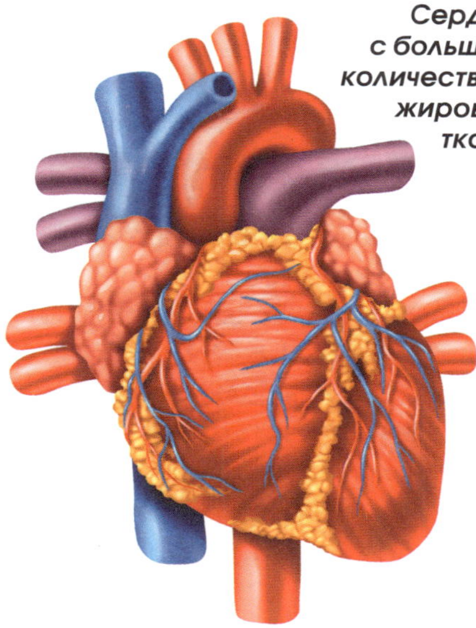

Сердце с большим количеством жировой ткани

После 30–40 лет в миокарде происходит некоторое увеличение количества соединительной ткани, в ней появляются жировые клетки. С возрастом жировая ткань накапливается под эпикардом, происходит утолщение эндокарда. Профилактика — правильное питание и физическая активность.

Прослушивание тонов сердца и нормальная кардиограмма

Сердце создает в кровеносной системе давление, достаточное для фонтана из крови высотой до 10 метров. Именно поэтому, даже просто приложив руку к грудной клетке, человек может почувствовать биение своего сердца.

ИНФАРКТ МИОКАРДА. Омертвение (некроз) участка сердечной мышцы в результате острого нарушения его кровоснабжения. Чаще всего (до 90%) это происходит вследствие закупорки одной из ветвей венечной артерии на фоне атеросклероза. Смерть от инфаркта составляет ежегодно около 1/4 всех смертельных случаев среди людей и более 35% случаев смертей людей в возрасте от 35 до 64 лет. Примерно в 25% случаев больной погибает в течение первых двух часов.

Основные жалобы: сильная боль за грудиной, которая отдает в левую руку, особенно в мизинец, шею, нижнюю челюсть, надчревную область. Боль длится более 15–20 мин.

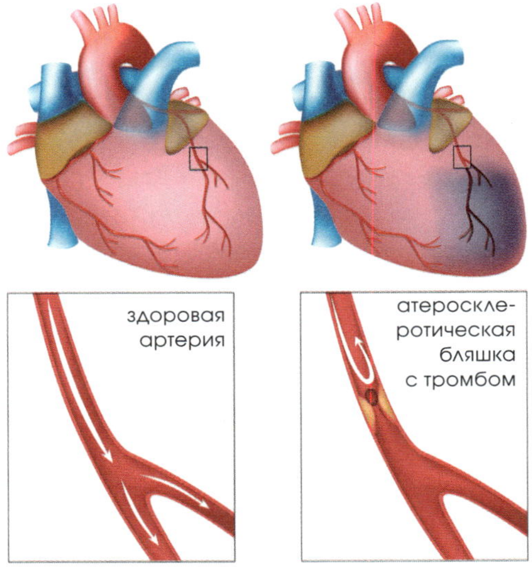

Симптомы у мужчин и женщин при сердечном приступе

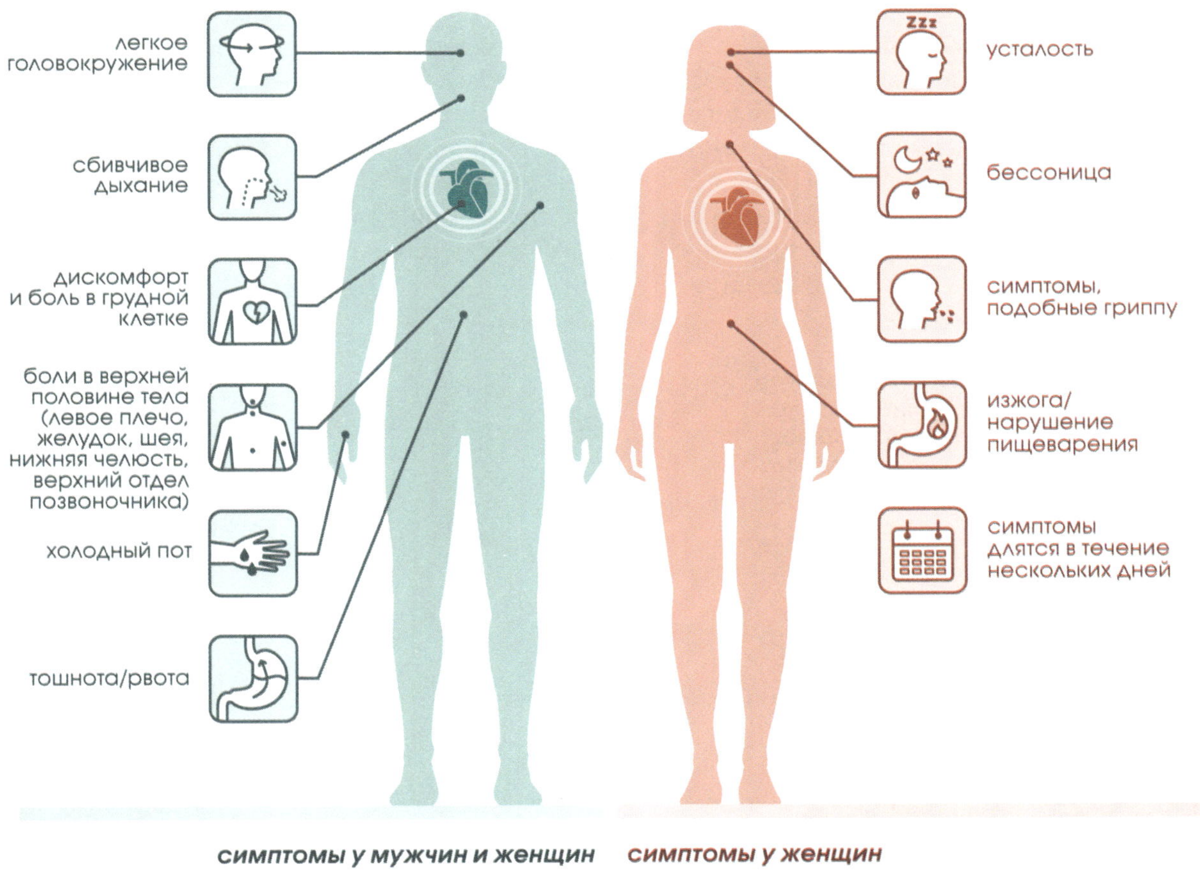

Локализация боли при сердечном приступе

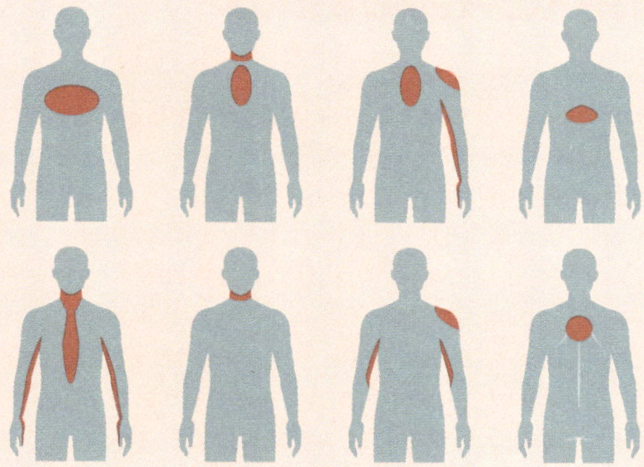

Профилактика сердечного приступа

ЛЮБОПЫТНО!

Женское сердце бьется быстрее, чем мужское. Это связано с меньшей массой тела и, следовательно, меньшей протяженностью кровеносной системы. Замечено, что женское сердце и мужское сердце совершенно по-разному испытывают травмы, например, сердечный приступ. Соответственно и методы лечения должны быть скорректированы по половому признаку.

Примерно 15–25% больных не испытывают боль, и это особенно опасно. Помимо боли, часто возникает потливость, тошнота, боли в животе, головокружение, одышка, резкое снижение артериального давления, уменьшение частоты сердечных сокращений до 50–60 уд/мин. Очень часто инфаркту предшествует значительное физическое напряжение или психоэмоциональный стресс.

ПЕРВАЯ ПОМОЩЬ ПРИ СИМПТОМАХ ИНФАРКТА МИОКАРДА:

1. Наиболее важный симптом инфаркта миокарда — сильная боль за грудиной. При этом часто человек выглядит здоровым.
2. Срочно вызвать «Скорую помощь».
3. Если у больного остановилось сердце или прекратилось дыхание, нужно провести сердечно-легочную реанимацию (если кто-нибудь умеет) до приезда «Скорой помощи».
4. Срочная госпитализация в специализированное отделение больницы. Если больному срочно оказана медицинская помощь, шансы выживания достаточно велики.

Кровоснабжение тела человека

Сердечно-сосудистая система объединяет сердце и кровеносные сосуды, которые образуют два круга кровообращения — большой и малый. У человека большой и малый круги кровообращения разобщены. Кровь течет из аорты, в которой давление высокое (в среднем 100 мм рт. ст.), через систему сосудов, в которых давление уменьшается, в капилляры, где давление очень низкое (15 – 25 мм рт. ст.). Из капилляров кровь поступает в венулы, затем в вены. В полых венах, по которым венозная кровь оттекает в правое предсердие, давление всего 1 – 3 мм рт. ст., а в самом предсердии — около 0 мм рт. ст. Соответственно уменьшается скорость движения крови с 50 см/с в аорте до 0,07 см/с в капиллярах и венулах.

Малый, или ***легочный, круг кровообращения,*** начинается в *правом желудочке сердца*, откуда обедненная кислородом кровь поступает в *легочный ствол,* разделяющийся на *правую* и *левую легочные артерии,* последние, в свою очередь, разветвляются в легких, соответственно ветвлению бронхов, на *артерии,* переходящие в *капилляры*. В капиллярных сетях, которые оплетают *альвеолы*, кровь отдает углекислый газ и обогащается кислородом. Артериальная кровь поступает из капилляров в *вены,* которые укрупняются и по две с каждой стороны впадают в *левое предсердие*, где и заканчивается малый круг кровообращения.

Большой, или ***телесный, круг кровообращения*** начинается в *левом желудочке сердца*, куда из *левого предсердия* поступает артериальная кровь. Из *левого желудочка* выходит *аорта*, от которой отходят *артерии*, которые идут ко всем органам и тканям тела и разветвляющиеся в их толще вплоть до *артериол* и *капилляров* — последние переходят в *венулы* и далее в *вены*. Через стенки капилляров происходит обмен веществ и газообмен между кровью и тканями тела. Протекающая в капиллярах артериальная кровь отдает питательные вещества и кислород и получает продукты обмена и углекислоту. *Вены* сливаются в два крупных ствола — *верхнюю* и *нижнюю полые вены*, которые впадают в *правое предсердие сердца*, где и заканчивается большой круг кровообращения. *Функция* большого круга кровообращения — доставка всем органам и тканям тела питательных веществ и кислорода.

Третий, или ***сердечный, круг кровообращения,*** — дополнение к большому кругу, обслуживающий само сердце. Он начинается выходящими из аорты *венечными артериями сердца* и заканчивается *венами сердца*.

Аорта расположена слева от средней линии тела, своими ветвями она кровоснабжает все органы и ткани. От вогнутой стороны дуги аорты начинаются *ветви к трахее, бронхам* и к *тимусу*, от выпуклой стороны дуги отходят три крупных сосуда: справа — плечеголовной ствол, слева — левые общая сонная и левая подключичная артерии.

ИНТЕРЕСНО!

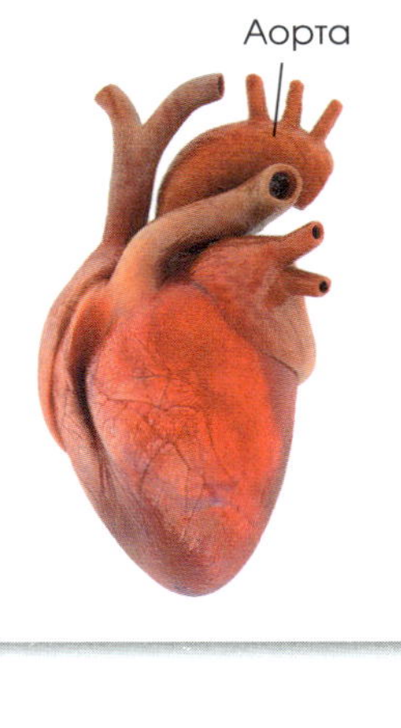

Аорта — основной поставщик насыщенной кислородом крови ко всем частям тела, поэтому размеры аорты очень впечатляют. Ее диаметр равен диаметру среднего садового шланга.

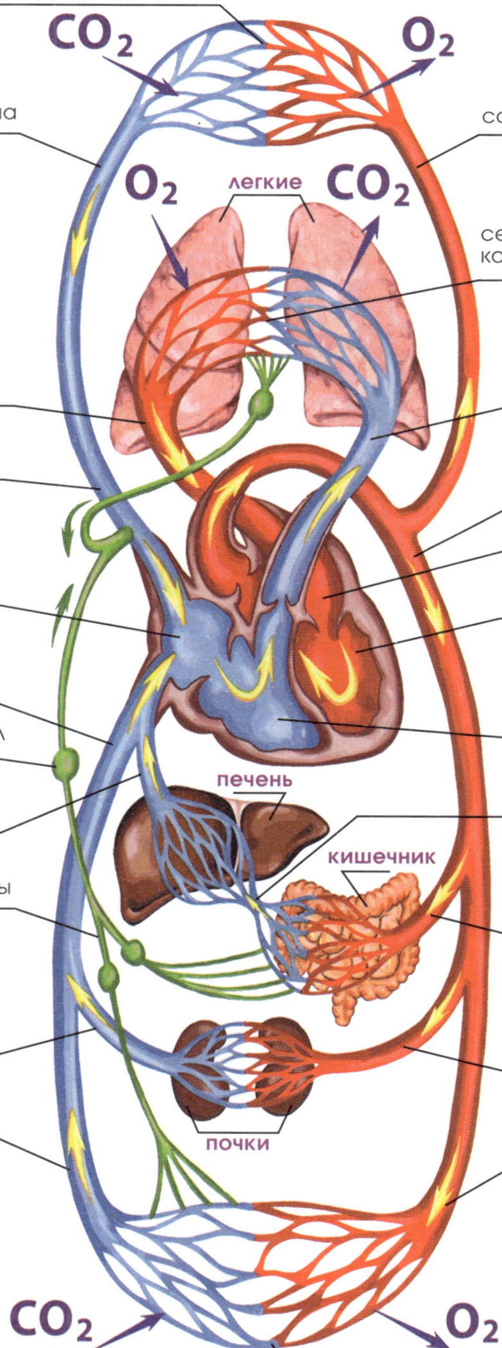

Большой и малый круги кровообращения

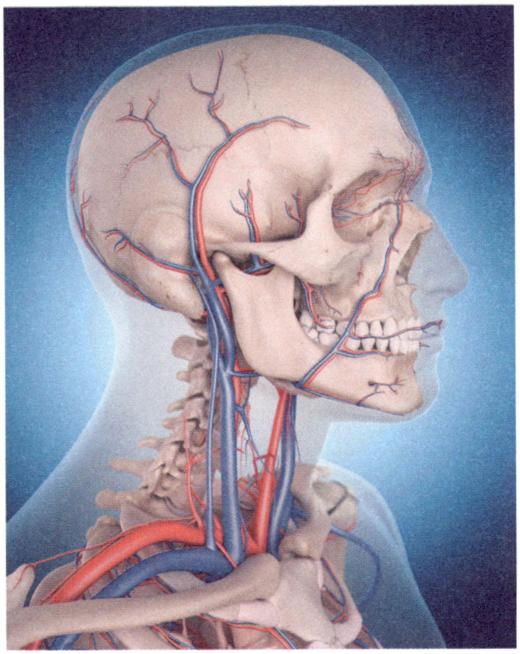

Артерии и вены головы

Нисходящая часть аорты делится на две части: грудную и брюшную. *Грудная часть* аорты расположена на позвоночнике асимметрично, слева от срединной линии, и снабжает кровью внутренние органы, находящиеся в грудной полости, и ее стенки. Из грудной полости аорта переходит в брюшную через *аортальное отверстие диафрагмы*. На уровне IV поясничного позвонка аорта делится на две общие подвздошные артерии, после чего она продолжается в виде *срединной крестцовой артерии*.

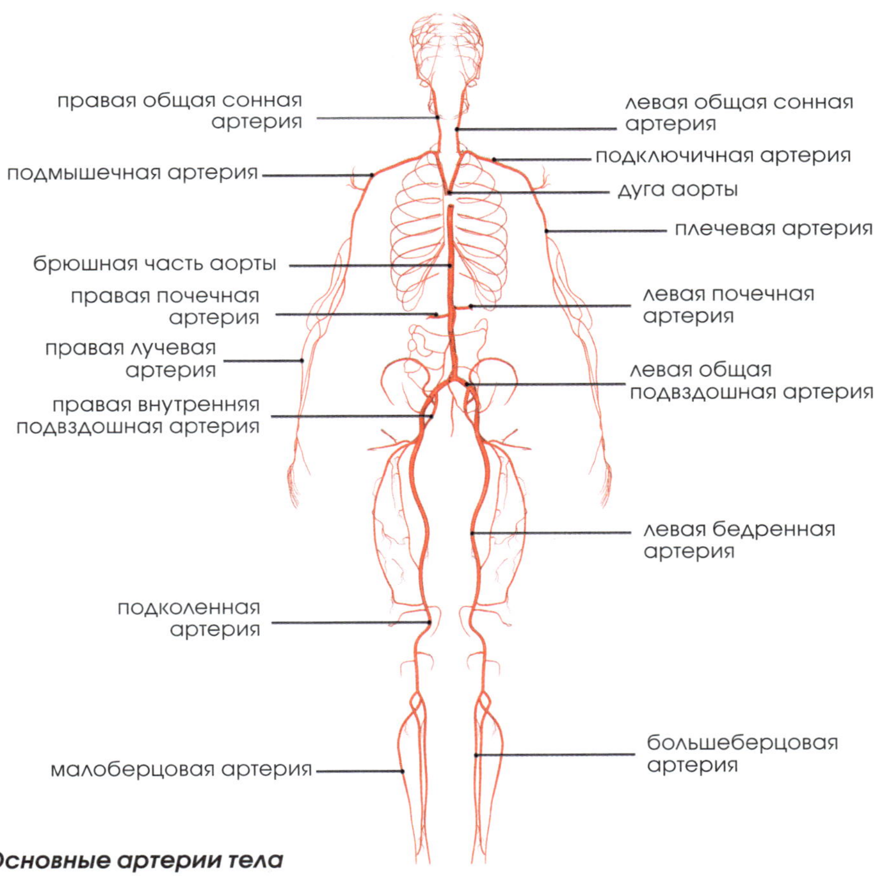

Основные артерии тела

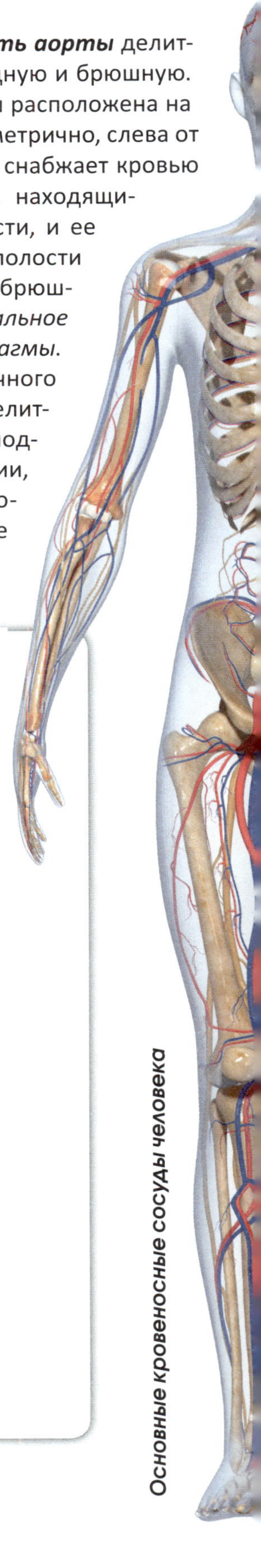

Основные кровеносные сосуды человека

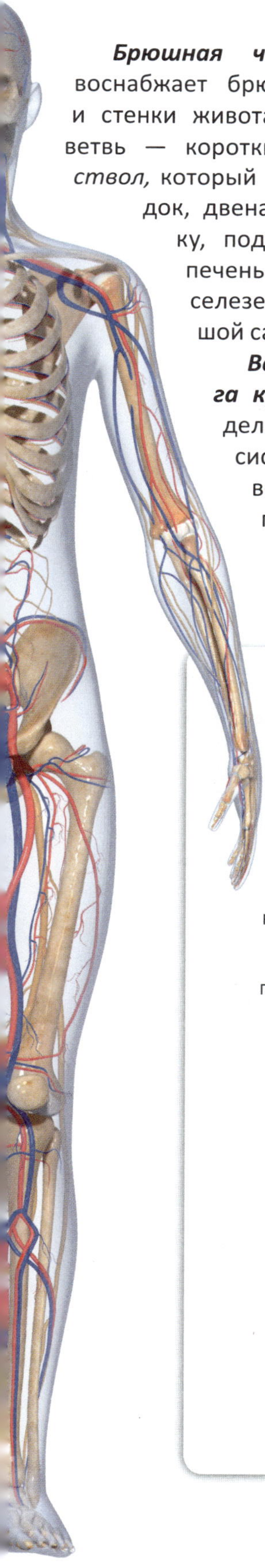

Брюшная часть аорты кровоснабжает брюшные внутренности и стенки живота. Наиболее крупная ветвь — короткий толстый *чревный ствол,* который кровоснабжает желудок, двенадцатиперстную кишку, поджелудочную железу, печень с желчным пузырем, селезенку, малый и большой сальники.

Вены большого круга кровообращения разделяют на три системы: система верхней полой вены; система нижней полой вены, включающая систему воротной вены печени; система вен сердца, образующих венечный синус сердца. Главный ствол каждой из этих вен открывается самостоятельным отверстием в *полость правого предсердия*. Вены системы верхней и нижней полых вен *анастомозируют* (соединяются) между собой. *Верхняя полая вена* собирает кровь из верхней половины тела, головы, шеи, верхней конечности и грудной полости. *Нижняя полая вена* собирает кровь из нижних конечностей, стенок и внутренностей таза и живота.

Воротная вена собирает кровь из непарных органов брюшной полости: селезенки, поджелудочной железы, большого сальника, желчного пузыря и пищеварительного тракта, начиная с кардиального отдела желудка и кончая верхним отделом прямой кишки.

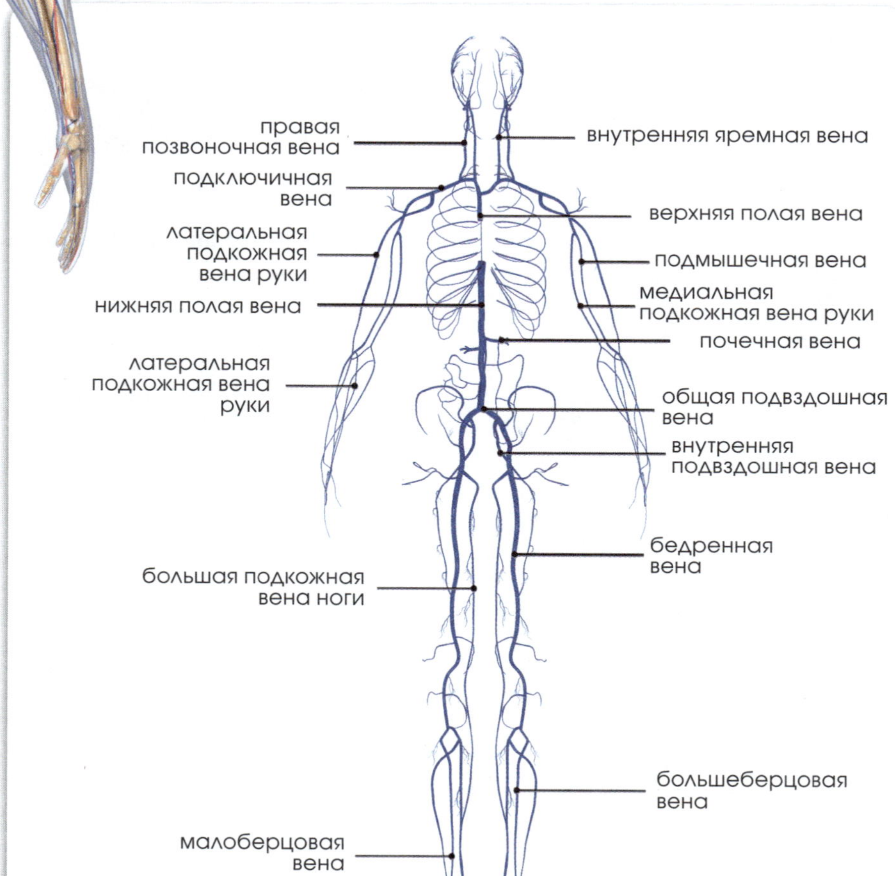

Основные вены тела

Функция сердечно-сосудистой системы

Миокард — мышечная ткань, обладающая свойствами возбудимости, проводимости и сократимости.

ИНТЕРЕСНО!

В течение суток сердце сокращается 8 ч и 16 ч отдыхает. Это великолепный образец рационального режима труда и отдыха.

Полосатые мышечные волокна сердечного миокарда. Сердечные миоциты имеют центральное одиночное ядро и периферические миофибриллы. Микрофотография микроскопа.

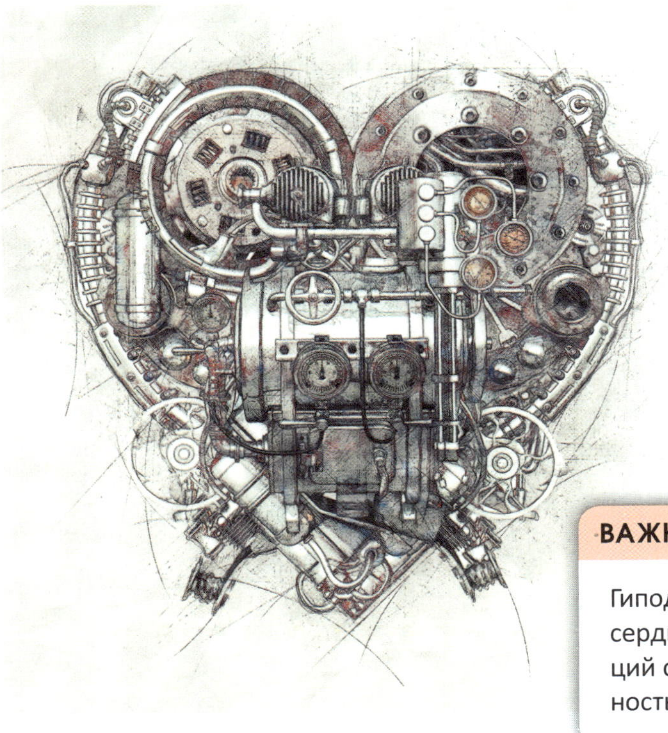

Проводящая система сердца обеспечивает последовательные сокращения и расслабления его отделов, и происходит это автоматически. *Автоматизм* (*греч.* automates — самодействующий, самопроизвольный) *сердца* — его способность ритмически сокращаться под влиянием возникающих импульсов в нем самом и в клетках его проводящей системы. Миокард сокращается в течение всей жизни человека и не испытывает утомления.

ВАЖНО!

Гиподинамия требует усиленной работы сердца, что и приводит к нарушениям функций сердца. Адекватная физическая активность, напротив, облегчает работу сердца.

Миокард генерирует электрические импульсы. Возбуждение, возникающее в любом участке миокарда, передается всем его волокнам, в ответ на адекватное раздражение происходит возбуждение всех его волокон. Проводящая система обеспечивает возникновение возбуждения и его проведение к *сердечным мышечным клеткам* со скоростью около 1 м/с. Каждое поперечнополосатое мышечное волокно — своеобразное «периферическое сердце», сокращение которого способствует продвижению крови по микроциркуляторному руслу. Скелетные мышцы, сокращаясь, способствуют движению крови по венам нижней половины тела против силы тяжести.

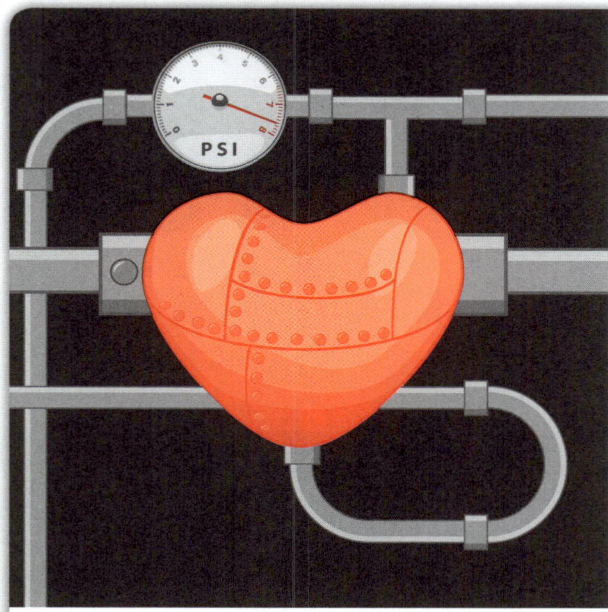

Нагнетательную функцию сердца обеспечивает *сокращение сердечных мышечных клеток*. Сердце — своеобразный насос, нагнетающий кровь в сосуды. Деятельностью сердца управляют *сердечные центры*, расположенные в *продолговатом мозге* и *мосте*, которые действуют через вегетативную нервную систему. *Симпатические нервы* вызывают учащение сердечных сокращений и увеличение их силы (положительное влияние), *парасимпатические нервы* вызывают урежение сердечных сокращений и уменьшение их силы (отрицательное влияние). Деятельность сердечных центров регулирует *кора головного мозга.*

Кровь течет из области высокого давления в области низкого давления. *Артериальное давление (АД)* — давление, развиваемое кровью в артериях. Это важнейший показатель, отражающий деятельность сердечно-сосудистой системы в целом.

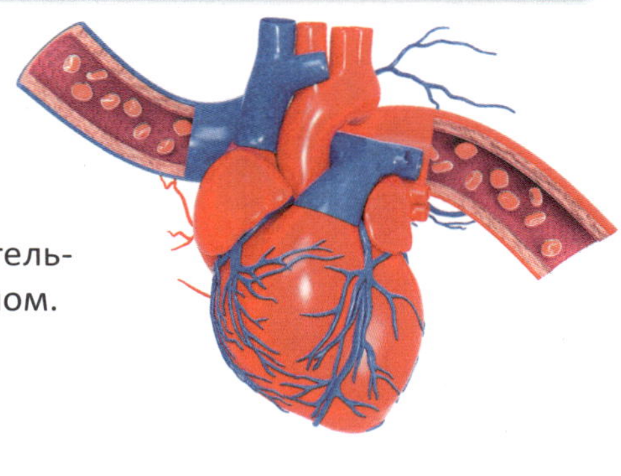

Сердце — мотор нашего тела

В работе сердца чередуются ***сокращение (систола)*** и ***расслабление (диастола)***. В стенках сердца начинается волна сокращений желудочков, которая распространяется на оба желудочка, кровь нагнетается в отверстия легочного ствола и аорты, в это время предсердно-желудочковые клапаны закрываются. После этого наступает пауза. Систола предсердий длится 0,1 с, систола желудочков — 0,3 с, общая пауза — 0,4 с. Данные три фазы составляют ***сердечный цикл*** — совокупность электрических, биохимических, механических процессов, происходящих в сердце в течение одного полного цикла сокращения и расслабления. Таким образом, во время одного сердечного цикла предсердия сокращаются 0,1 с и отдыхают 0,7 с; желудочки соответственно 0,3 и 0,5 с.

ВАЖНО!

Каждый человек старше 40 лет должен регулярно измерять артериальное давление (предпочтительно в одно и то же время): в возрасте 40 – 50 лет 2 — 3 раза в неделю, 50 — 70 лет ежедневно, старше 70 лет 2 — 3 раза в день.

Измерение следует производить после пятиминутного отдыха. За 30 мин до процедуры не надо есть, заниматься физкультурой, пить кофе, алкоголь, не курить. При измерении лучше сидеть, опираясь спиной на спинку стула, стопы должны находиться на полу, для руки необходим упор, предварительно следует опорожнить мочевой пузырь.

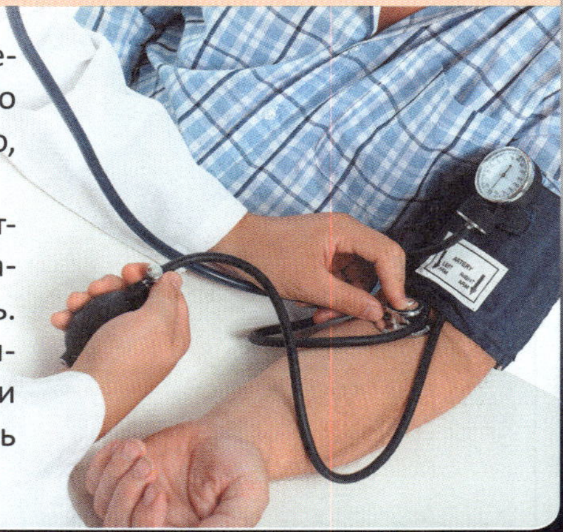

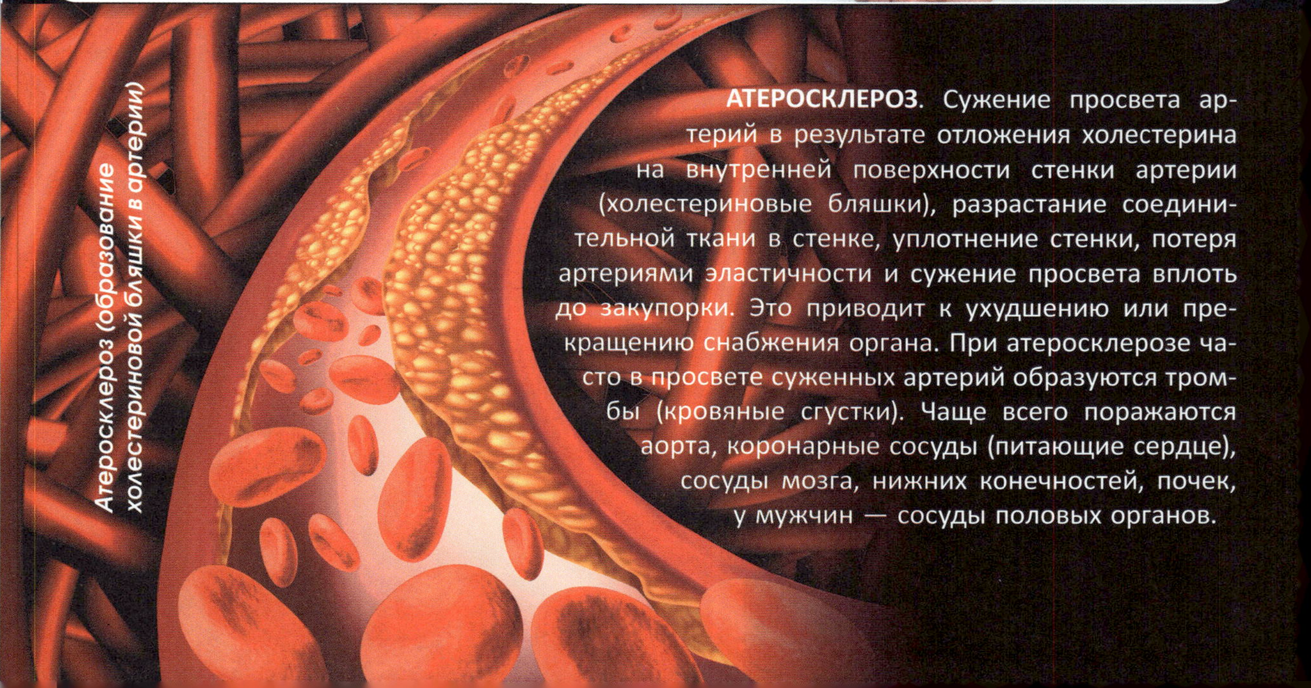

Атеросклероз (образование холестериновой бляшки в артерии)

АТЕРОСКЛЕРОЗ. Сужение просвета артерий в результате отложения холестерина на внутренней поверхности стенки артерии (холестериновые бляшки), разрастание соединительной ткани в стенке, уплотнение стенки, потеря артериями эластичности и сужение просвета вплоть до закупорки. Это приводит к ухудшению или прекращению снабжения органа. При атеросклерозе часто в просвете суженных артерий образуются тромбы (кровяные сгустки). Чаще всего поражаются аорта, коронарные сосуды (питающие сердце), сосуды мозга, нижних конечностей, почек, у мужчин — сосуды половых органов.

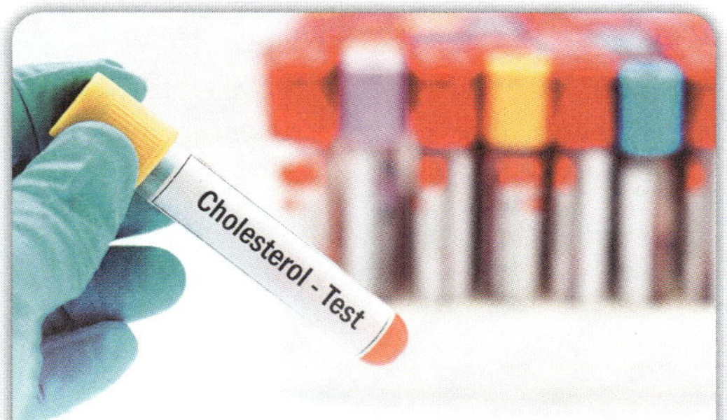

Как правило, при атеросклерозе наблюдается высокое содержание в крови холестерина.

Обычно люди с атеросклерозом мало двигаются, имеют избыточную массу тела, у них развит метаболический синдром. Важнейшими причинами атеросклероза являются неправильное питание, гиподинамия. Необходимо правильно питаться, что чрезвычайно важно при всех заболеваниях сердечно-сосудистой системы: атеросклерозе, гипертонической болезни, инфарктах миокарда, инсультах, стенокардии, нарушениях сердечного ритма.

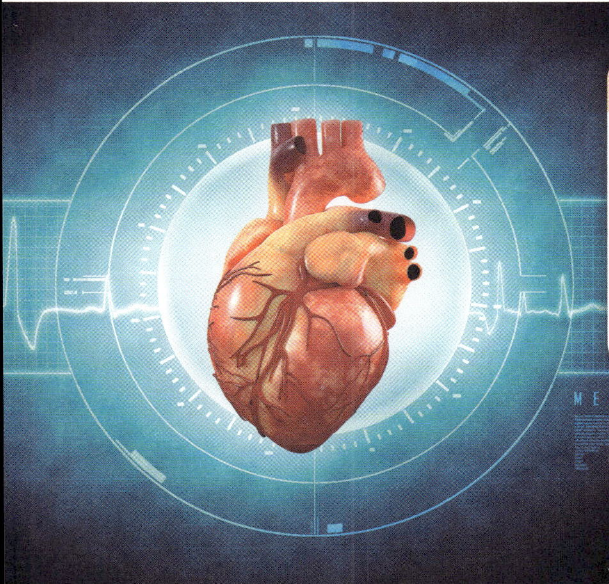

ВАЖНО!

Если боль продолжается более 15 минут, можно предположить инфаркт миокарда. Не занимайтесь самолечением! Срочно обратитесь к квалифицированному специалисту и строго выполняйте его назначения.

ИШЕМИЧЕСКАЯ БОЛЕЗНЬ СЕРДЦА. Возникает в результате атеросклероза венечных сосудов сердца, что приводит к уменьшению кровоснабжения сердечной мышцы. Чаще всего болезнь развивается у людей в возрасте от 40 до 65 лет, ею страдают до 25—30% людей этой возрастной группы. В развитых странах ишемическая болезнь сердца и ее осложнения — наиболее частая причина смерти. Болезнь, как правило, проявляется, если в покое артерия сужена на 70% и более. Очень часто болезнь протекает бессимптомно, и это очень опасно, т. к. заболевание приводит ко многим тяжелым осложнениям. Это стенокардия, инфаркт миокарда, сердечная недостаточность, внезапная смерть.

СТЕНОКАРДИЯ. В народе эту болезнь называют еще «грудная жаба». Проявляется сильной болью за грудиной, которая возникает чаще ночью или ранним утром, длительностью более 15 минут (стенокардия покоя). В большинстве случаев прием нитроглицерина под язык прекращает боль. Часто развивается стенокардия напряжения — загрудинная боль возникает при физической нагрузке: психоэмоциональном стрессе, при выходе на холод, быстрой ходьбе против ветра, а также в покое после обильной еды. Боль сжимающая, давящая, распирающая, часто сопровождается тошнотой, рвотой, повышенной утомляемостью, одышкой, учащением пульса.

Основная причина стенокардии — атеросклероз венечных сосудов. Как только возникли боли, сразу же прекратите нагрузку, сядьте (не надо ложиться) и положите под язык таблетку нитроглицерина. Через 30 с — 1— 4 мин боли исчезают или их сила уменьшается. У многих нитроглицерин вызывает резкую головную боль, головокружение, слабость, слюнотечение, тошноту, снижение артериального давления. Именно поэтому таблетку следует взять сидя.

Что обязан сделать человек сам? Изменить образ жизни, немедленно перестать курить, строго придерживаться диеты, бороться с избыточной массой тела, начать заниматься физкультурой.

ГИПЕРТОНИЧЕСКАЯ БОЛЕЗНЬ. Повышение артериального давления выше границ нормы. Норма — систолическое артериальное давление в пределах 110–140 мм рт. ст. и диастолическое в пределах 70–90 мм рт. ст. Гипертония имеется у каждого пятого человека в России. Гипертония — основная причина инсульта. У людей-гипертоников вероятность инфаркта возрастает в 4 раза. Гипертонией страдают 20–30% взрослых людей. Основные симптомы — головная боль, часто при пробуждении, особенно в области затылка, сердцебиение, боли в области сердца.

Причины развития гипертонии разнообразны. Одна из важнейших — атеросклероз, при котором сердце должно накачивать кровь по суженным артериям. Это увеличивает нагрузку на сердце и соответственно артериальное давление. В связи с повышением давления создаются условия для повреждения измененных стенок артерий. Измерение артериального давления — очень простая, но важная процедура. В каждом доме должен быть аппарат для измерения давления (тонометр).

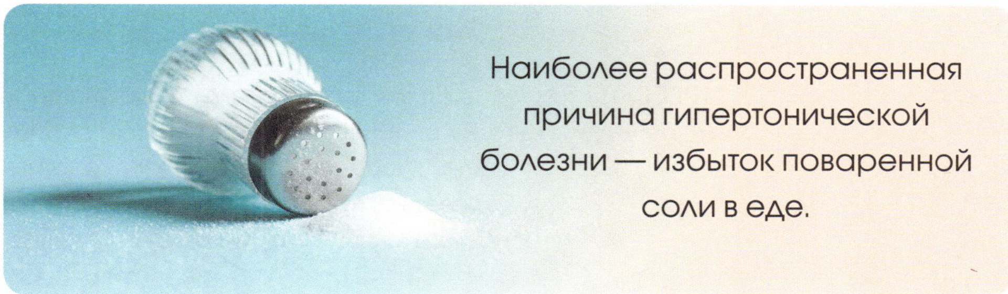

Наиболее распространенная причина гипертонической болезни — избыток поваренной соли в еде.

ИНСУЛЬТ. Острое нарушение мозгового кровообращения. Напомним, что при относительном весе мозга всего около 2% массы тела, мозг получает около 15% всей крови, которая выбрасывается сердцем. Основная причина инсульта — атеросклероз, который осложняется образованием тромба (сгустка крови), закупоривающего сосуд. Примерно в 15% случаев происходит разрыв сосуда, поврежденного атеросклерозом. Кровоизлияние в мозг значительно опаснее закупорки сосуда, около половины больных умирает в течение двух часов.

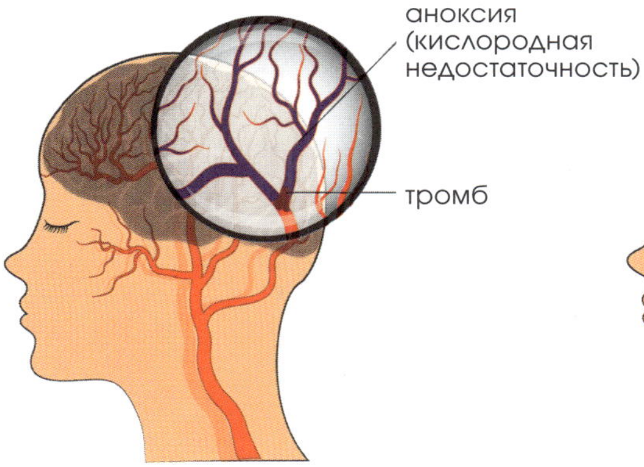

Ишемический инсульт

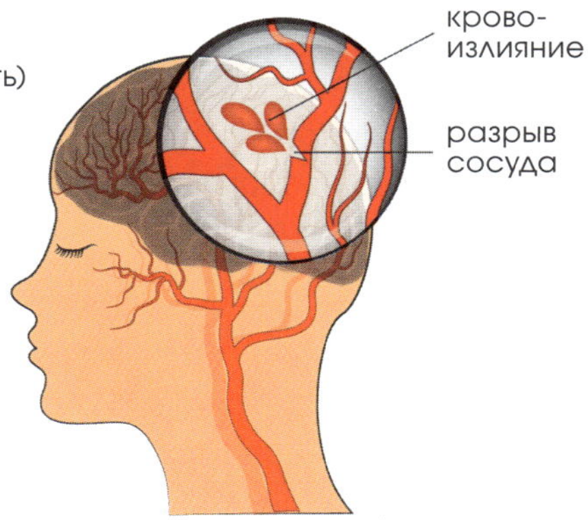

Геморрагический инсульт

Большинство жертв инсульта — люди, страдающие гипертонической болезнью, инсульт у них происходит в 2—4 раза чаще, чем у людей, имеющих нормальное артериальное давление. Высока степень риска у людей, страдающих атеросклерозом. Факторами риска являются курение, избыточная масса тела, нарушение обмена холестерина, диабет. Опасность инсульта возрастает при усилении свертываемости крови.

Симптомы инсульта

Основные симптомы инсульта: внезапное нарушение чувствительности, параличи конечности или ее части, мимических мышц, языка, головная боль, тошнота, рвота, головокружение. При появлении таких симптомов необходимо срочно вызвать «Скорую помощь» и госпитализировать больного в специализированное отделение.

ВАЖНО!

Каждый человек, страдающий сердечно-сосудистыми заболеваниями, должен обязательно обращаться за квалифицированной медицинской помощью.

СТРЕСС. Наиболее частыми стрессорами (факторами, вызывающими стресс) у человека являются эмоциональные раздражители. Любое воздействие на организм, заболевание, травма, физические и психические нагрузки, инфекции вызывают стресс. Жизнь без стресса невозможна.

ВАЖНО!

Психоэмоциональный стресс — причина сердечно-сосудистых заболеваний: инфаркта миокарда, гипертонической болезни, инсульта.

Психоэмоциональный стресс оказывает всестороннее разрушительное влияние на организм, подрывает здоровье. Еще совсем недавно к профессиям, требующим «особого напряжения», относились авиадиспетчеры и машинисты поездов. Сегодня в состоянии «постоянного стресса» находятся целые социальные группы — бизнесмены, банкиры, депутаты, журналисты, водители машин. Хроническому стрессу особенно подвержены жители крупных городов.

Стресс в небольших количествах даже полезен для организма (стимулируется образование глюкозы в печени, повышается уровень сахара в крови, жир интенсивнее извлекается из жировых депо, угнетаются воспалительные процессы, сопротивляемость организма внешним воздействиям повышается), тогда как хронический стресс может принести огромный вред.

ВАРИКОЗ. Варикозные вены — постоянно расширенные, вытянутые и извилистые. Чаще всего поражаются поверхностные (подкожные) вены ног.

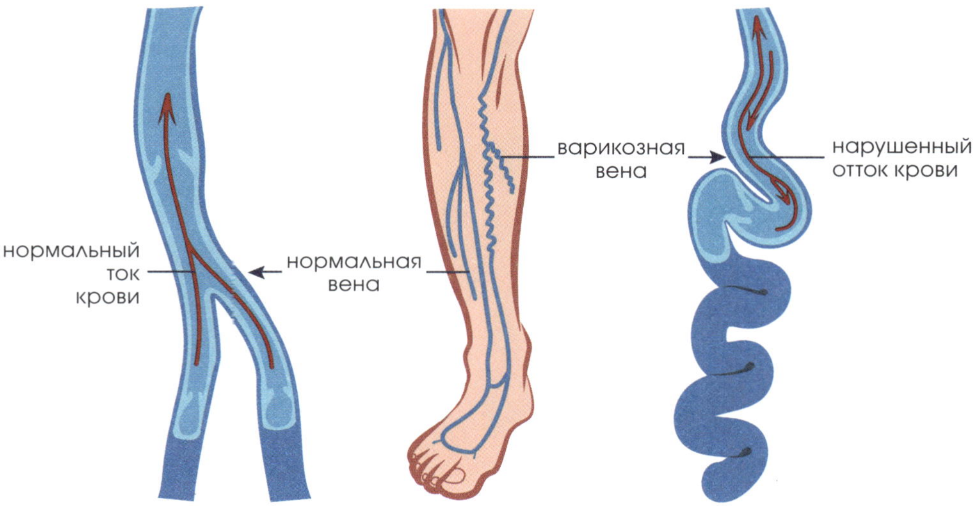

У каждой второй женщины и у каждого третьего мужчины возникают проблемы с венами.

Существует наследственная предрасположенность к появлению у человека варикозного расширения вен, однако оно может развиться и в результате нарушения кровотока в ряде вен или связано с профессией: «компьютерный варикоз» (программисты, экономисты, бухгалтеры), «профессия на ногах» (продавцы, парикмахеры, хирурги, учителя).

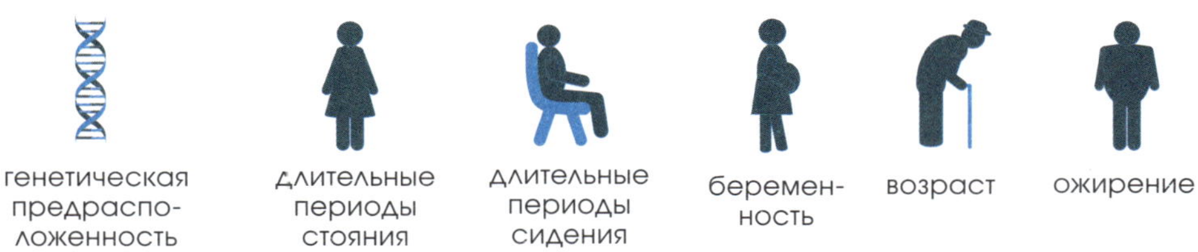

Для лечения варикозного расширения вен применяется склерозирующая терапия, рекомендуется бинтовать ноги эластичными бинтами или носить специальное белье. В некоторых случаях возникает необходимость иссечения сегмента вены (флебэктомия).

Лимфатическая система

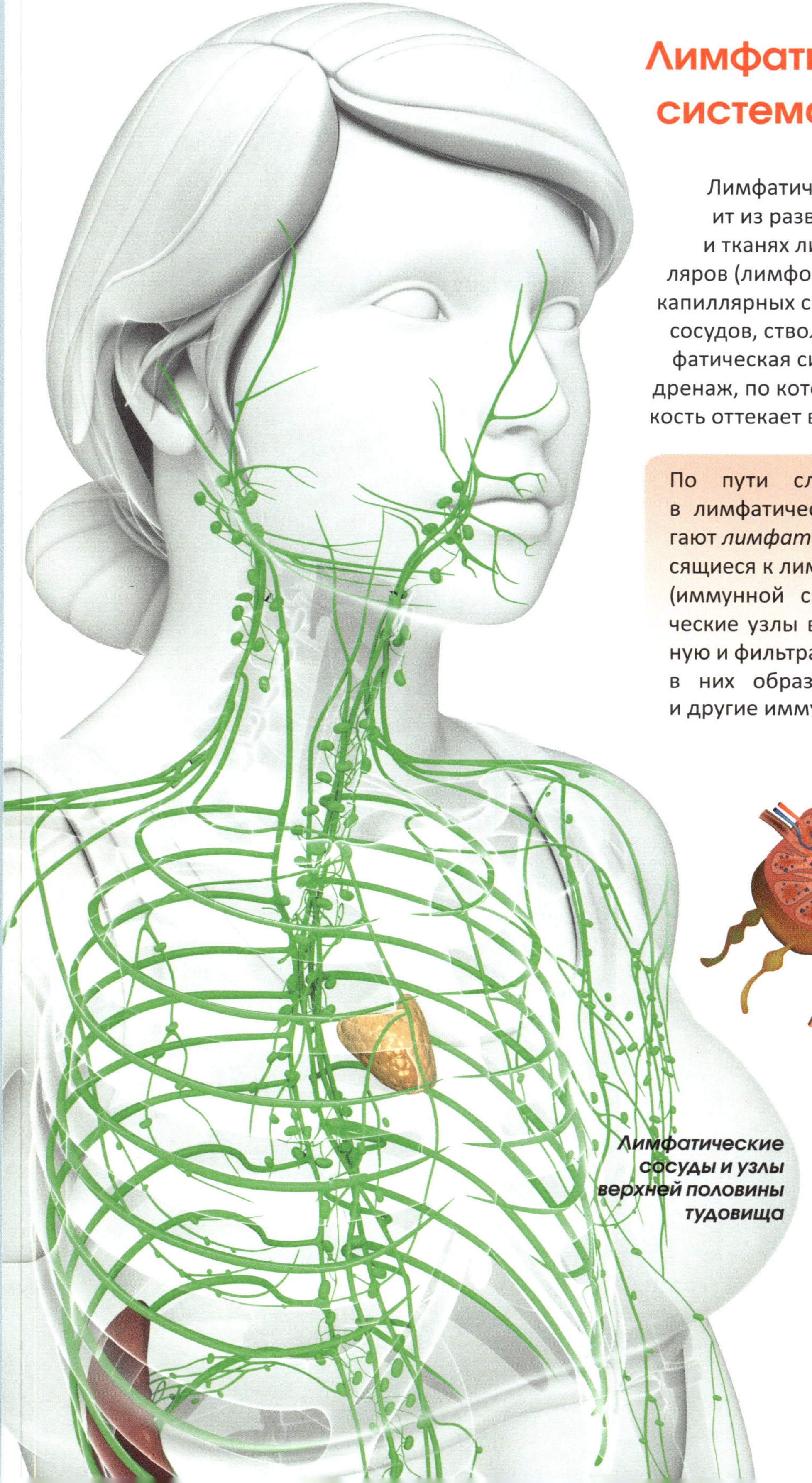

Лимфатическая система состоит из разветвленных в органах и тканях лимфатических капилляров (лимфокапилляров), лимфокапиллярных сетей, лимфатических сосудов, стволов и протоков. Лимфатическая система осуществляет дренаж, по которому тканевая жидкость оттекает в кровеносное русло.

По пути следования лимфы в лимфатических сосудах залегают *лимфатические узлы*, относящиеся к лимфоидным органам (иммунной системе). Лимфатические узлы выполняют барьерную и фильтрационную функции, в них образуются лимфоциты и другие иммунные клетки.

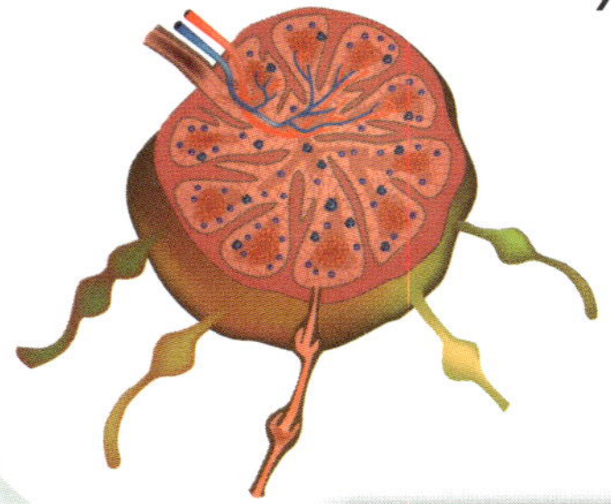

ВАЖНО!

В норме у взрослого человека за сутки вырабатывается около 2 л лимфы.

Лимфа (*греч.* lympha — чистая вода) образуется из тканевой жидкости и содержит около 20 г/л белка и огромное количество лимфоцитов. Движение лимфы происходит благодаря мышечным сокращениям. В лимфатических сосудах, где имеются гладкие мышечные клетки, лимфа движется благодаря их сокращениям. Клапаны препятствуют обратному току лимфы. Скорость тока лимфы мала, однако она возрастает в 10–15 раз при физической нагрузке, ведь именно мышечные сокращения в основном способствуют движению лимфы.

Лимфатические капилляры выполняют функцию всасывания из тканей белков; осуществляют вместе с венами дренаж тканей — всасывание воды и растворенных в ней веществ; удаляют из тканей инородные частицы (обломки разрушенных клеток, микробные тела). Лимфатические капилляры образуют *лимфокапиллярные сети*. По лимфатическим сосудам лимфа из капилляров течет к *региональным лимфатическим узлам* и крупным *лимфатическим стволам*; по крупным лимфатическим сосудам — к *стволам* (яремные, кишечной, бронхосредостенные, подключичные, поясничные) и *протокам* (грудной, правый лимфатический), по которым лимфа оттекает в вены. Стволы и протоки впадают в *вены* справа и слева.

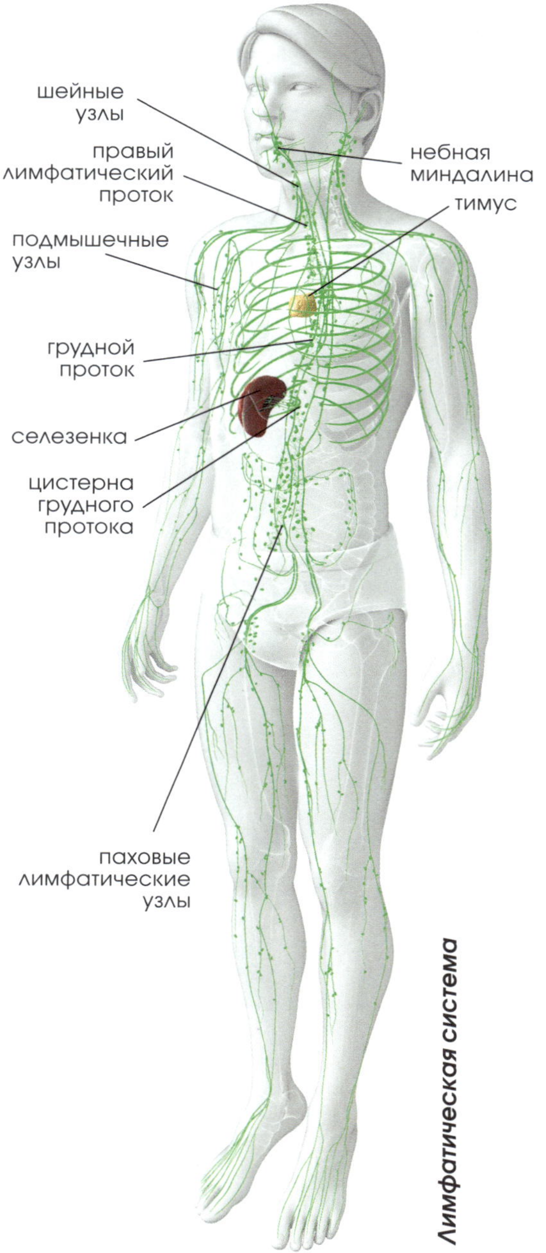

Лимфатическая система

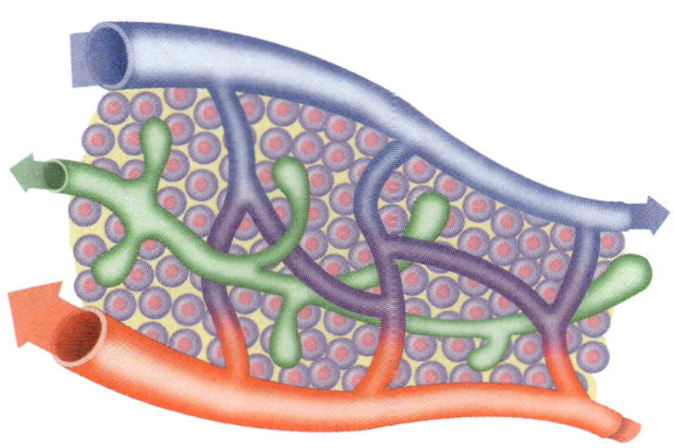

Образование и движение лимфы

лимфатические узлы

Тело человека и его строение

Клетка

Ткани

Опорно-двигательный аппарат

Внутренние органы

Нервная система

Органы чувств

Сердечно-сосудистая система

Лимфоидная система

Эндокринные железы

Мочеполовой аппарат

ЛИМФОИДНАЯ СИСТЕМА

(ОРГАНЫ КРОВЕТВОРЕНИЯ И ИММУННОЙ СИСТЕМЫ)

Лимфоидная система включает ткани и органы, которые обеспечивают защиту организма от генетически чужеродных клеток или веществ, поступающих извне или образующихся в организме. К лимфоидной системе относятся органы, которые участвуют в образовании клеток, осуществляющих защитные реакции организма: лимфоцитов, плазматических клеток.

Лимфоидная система

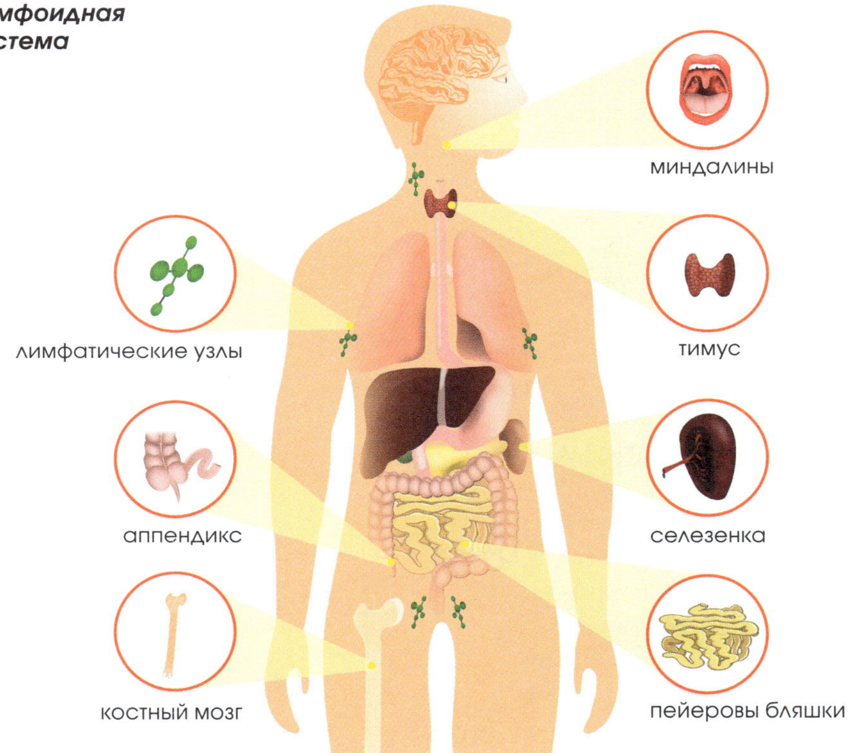

Лимфоидные органы — костный мозг, тимус, скопления лимфоидной ткани, расположенные в стенках полых органов пищеварительной, дыхательной систем и мочеполового аппарата (миндалины, лимфоидные (пейеровы) бляшки тонкой кишки, одиночные лимфоидные узелки в слизистых оболочках внутренних органов), лимфатические узлы, селезенка. *Центральные органы лимфоидной системы* — костный мозг и тимус, в которых из стволовых клеток дифференцируются лимфоциты. *Периферическими органами лимфоидной системы* являются остальные, т.к. в эти органы лимфоциты выселяются из центральных органов иммуногенеза.

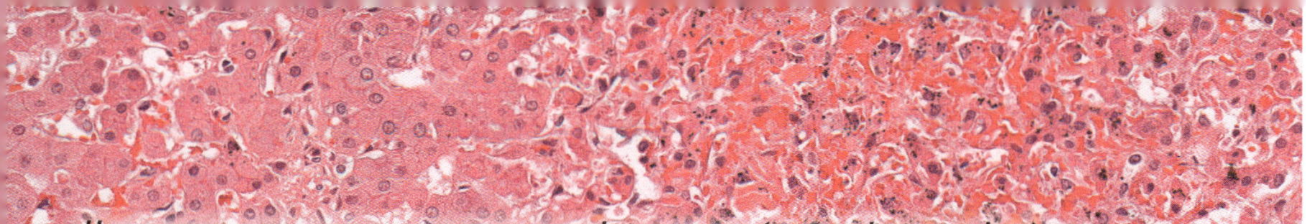

Нарушение циркуляции крови и лимфы в тканях (микрофотография)

Лимфоидные органы построены из лимфоидной ткани — сетчатой основы и расположенных в ее петлях лимфоцитов, плазматических клеток, макрофагов и других клеток. Центральные органы лимфоидной системы расположены в хорошо защищенных от внешних воздействий местах. Периферические органы расположены на путях возможного внедрения в организм генетически чужеродных веществ или на путях следования таких веществ, образовавшихся в самом организме.

Клетки иммунной системы

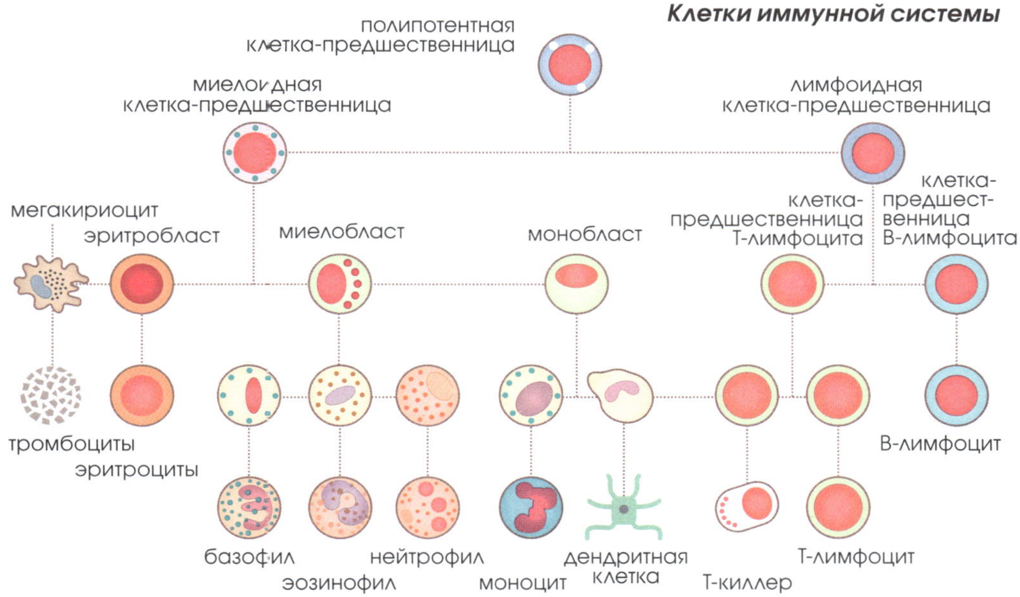

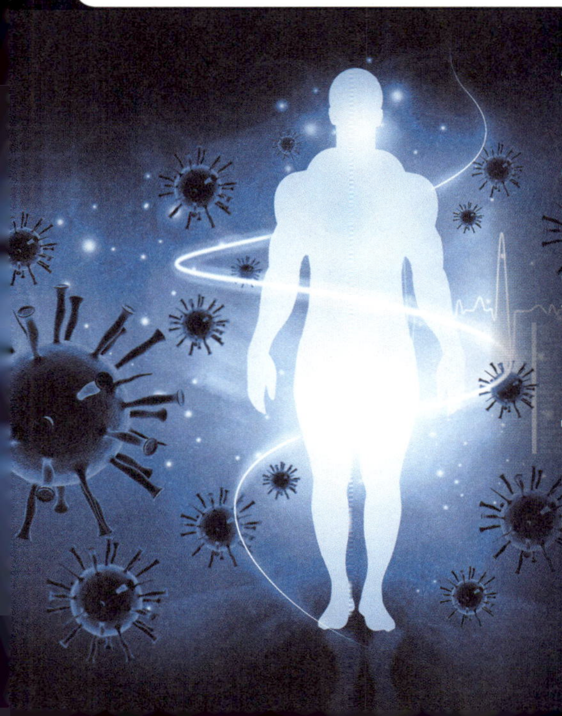

Иммунитет (*лат.* immunitas — освобождение от чего-либо) — защита организма от генетически чужеродных организмов и веществ: микроорганизмов, вирусов, червей, различных белков, клеток, в том числе и измененных собственных. Иммунная система при этом уничтожает и свои собственные клетки, которые изменились генетически, что происходит постоянно. При клеточном делении, постоянно происходящем в организме человека, одна из миллиона образовавшихся клеток *мутантная*, т.е. *генетически чужеродна.*

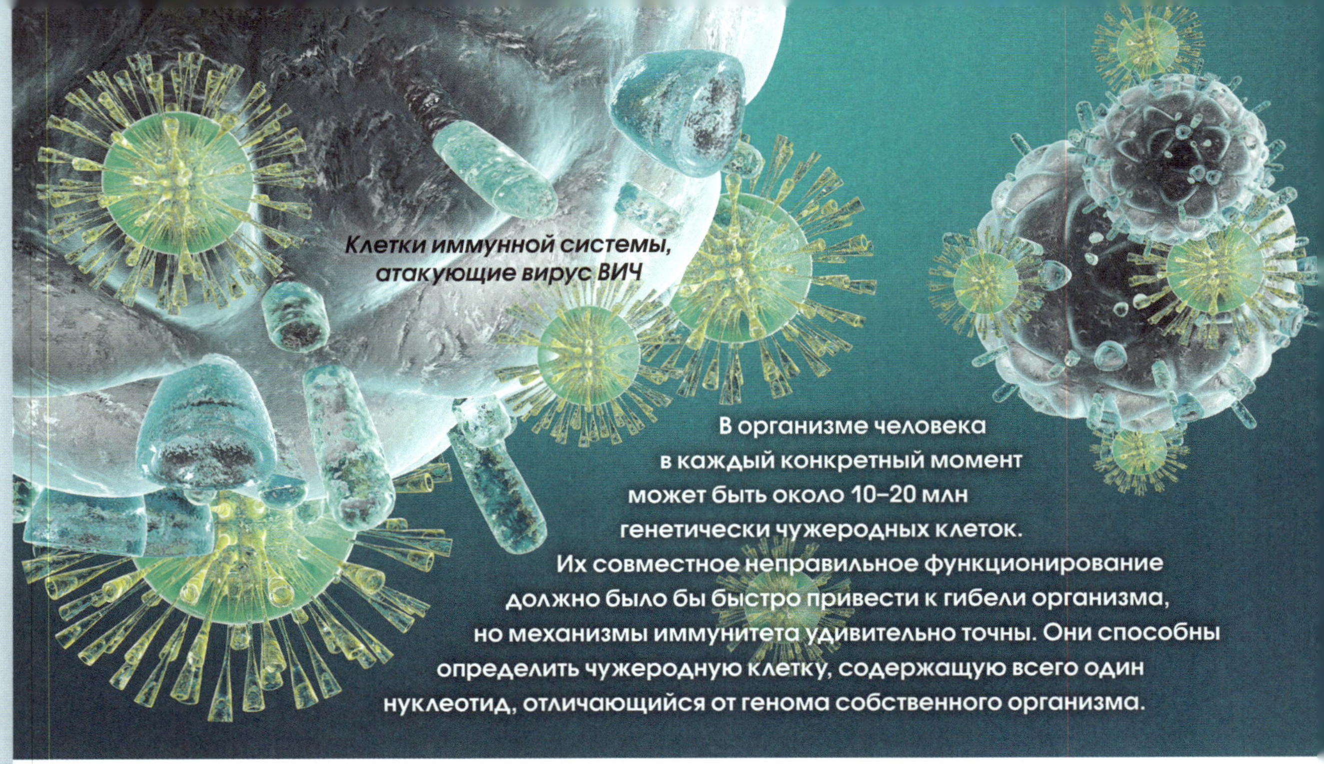

Клетки иммунной системы, атакующие вирус ВИЧ

В организме человека в каждый конкретный момент может быть около 10–20 млн генетически чужеродных клеток. Их совместное неправильное функционирование должно было бы быстро привести к гибели организма, но механизмы иммунитета удивительно точны. Они способны определить чужеродную клетку, содержащую всего один нуклеотид, отличающийся от генома собственного организма.

Главный биологический механизм иммунитета — распознавание своего и чужого. Организм отторгает чужеродные ткани, но данный процесс происходит не сразу и опосредован иммунологическими механизмами.

Органы кроветворения и лимфоидной системы тесно связаны между собой общностью происхождения, строения и функции.

Лимфоцит — основная структурная и функциональная единица иммунной системы. Лимфоциты разделяют на две функционирующие совместно, но независимые популяции: тимусзависимые (Т-лимфоцитов) и независимые от тимуса (В-лимфоцитов).

Большинство имеющихся в организме лимфоцитов многократно циркулирует между различными средами обитания: органы иммунной системы, где эти клетки образуются, лимфатические сосуды, кровь, вновь органы иммунной системы и т.д. При этом считают, что в костный мозг и тимус лимфоциты повторно не попадают.

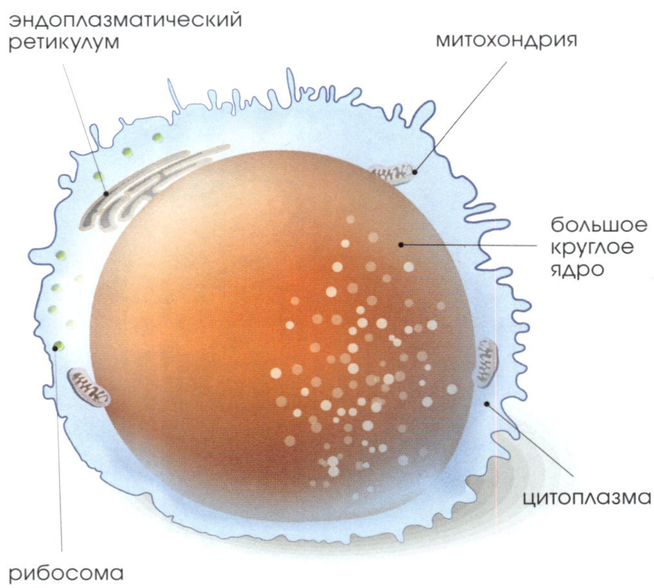

Лимфоцит

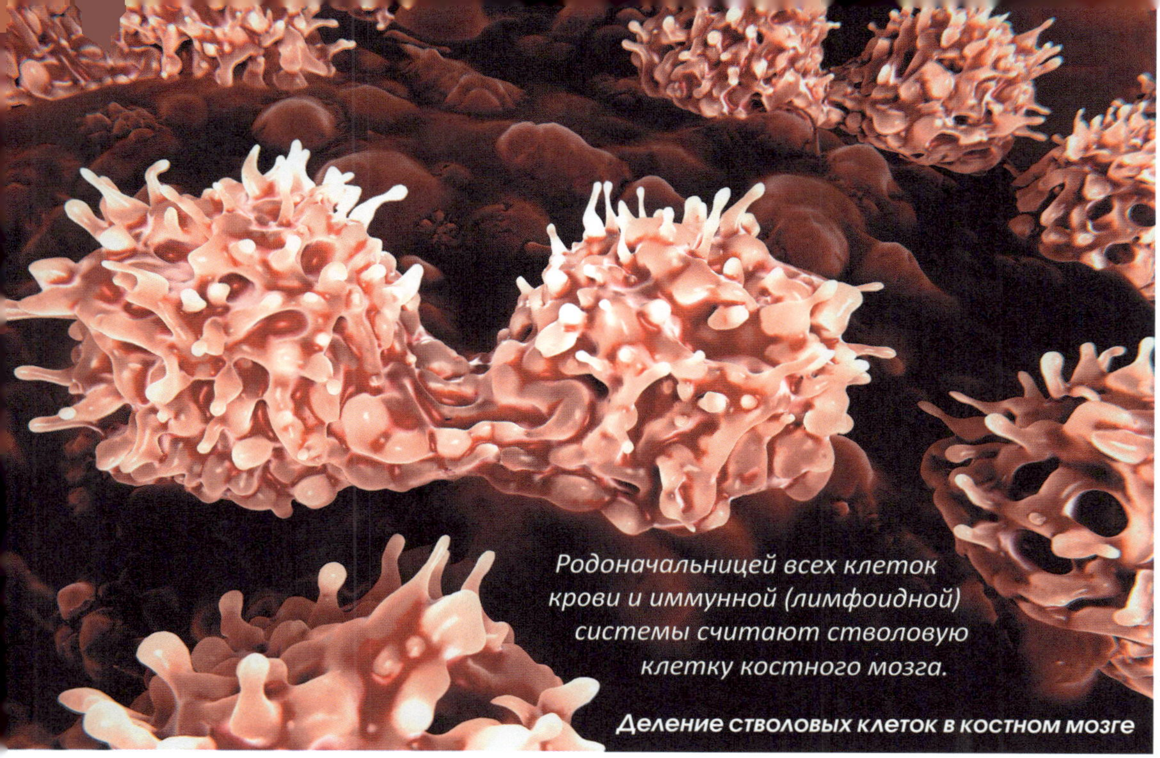

Родоначальницей всех клеток крови и иммунной (лимфоидной) системы считают стволовую клетку костного мозга.

Деление стволовых клеток в костном мозге

Стволовые клетки костного мозга обладают способностью делиться до 100 раз. При делении одна из дочерних клеток остается стволовой, другая превращается в определенную клетку крови (дифференцируется). В костном мозге из стволовых клеток образуются клетки-предшественницы, из которых образуются в конечном итоге клетки крови: эритроциты, лейкоциты, тромбоциты.

Лимфоидные органы вырабатывают *иммунные клетки*, в первую очередь лимфоциты, а также плазматические клетки, включают их в иммунный процесс, распознают и уничтожают проникшие в организм или образовавшиеся в нем клетки и другие чужеродные вещества, несущие на себе признаки генетически чужеродной информации.

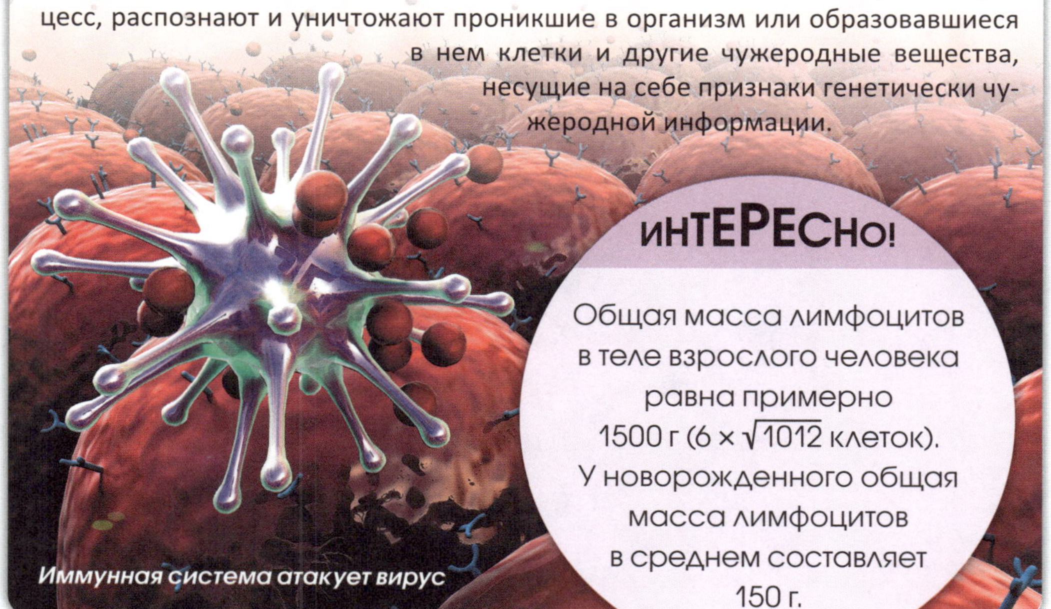

Иммунная система атакует вирус

ИНТЕРЕСНО!

Общая масса лимфоцитов в теле взрослого человека равна примерно 1500 г ($6 \times \sqrt{1012}$ клеток). У новорожденного общая масса лимфоцитов в среднем составляет 150 г.

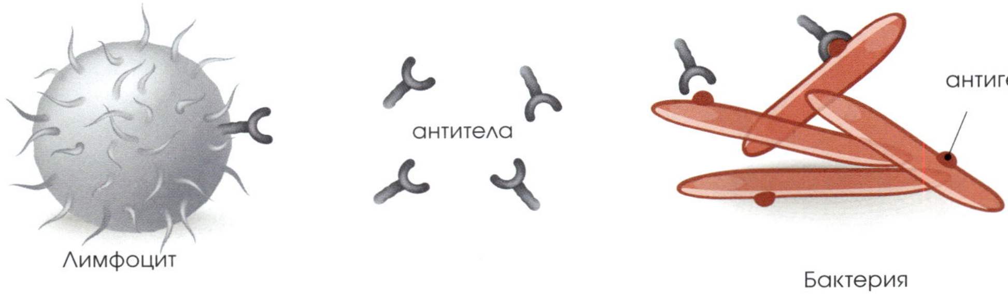

Гуморальный иммунитет

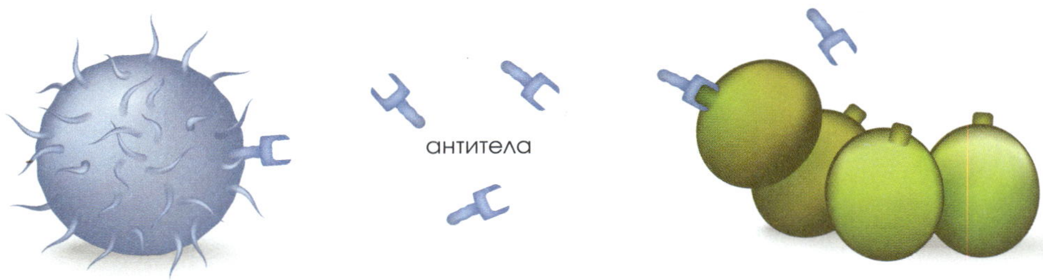

Антигены (*греч.* anti — приставка, обозначающая противоположность, genos — род, происхождение) — вещества, которые несут признаки генетической чужеродности. При их попадании в организм развиваются специфические иммунологические реакции, в нем образуются нейтрализующие их защитные вещества — *антитела* ***(гуморальный иммунитет)*** или специфически реагирующие лимфоциты ***(клеточный иммунитет)***. Т-лимфоциты обеспечивают клеточный (в основном) и гуморальный иммунитет; они уничтожают чужеродные, а также собственные измененные или погибшие клетки. В-лимфоциты выполняют функции гуморального иммунитета.

1. Связывание и поглощение, формирование фагосома

2. Фагосома и лизосома, соединяясь, образуют фаголизосому

3-4. Переваривание

5. Выброс переваренных продуктов

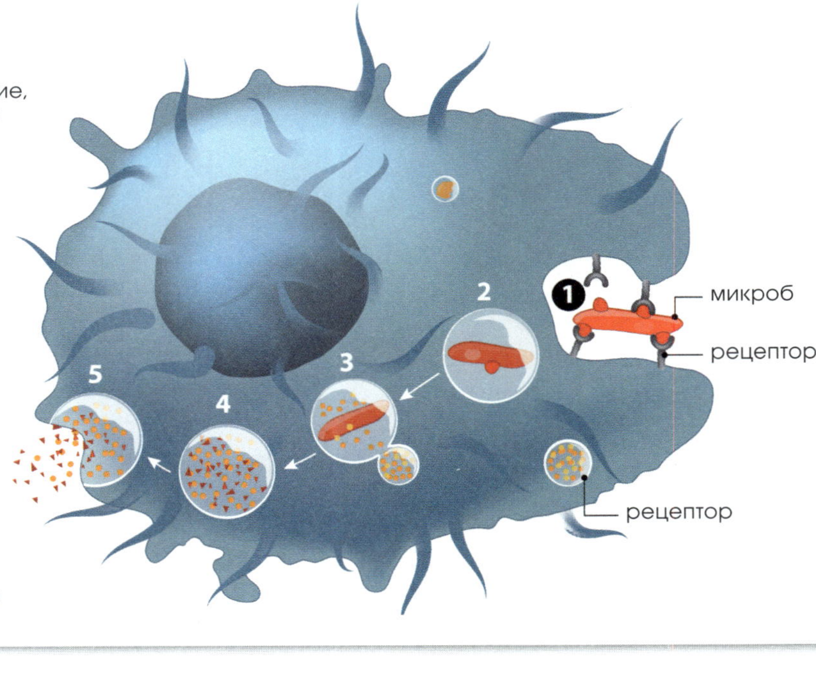

Фагоцит
(Клеточный иммунитет)

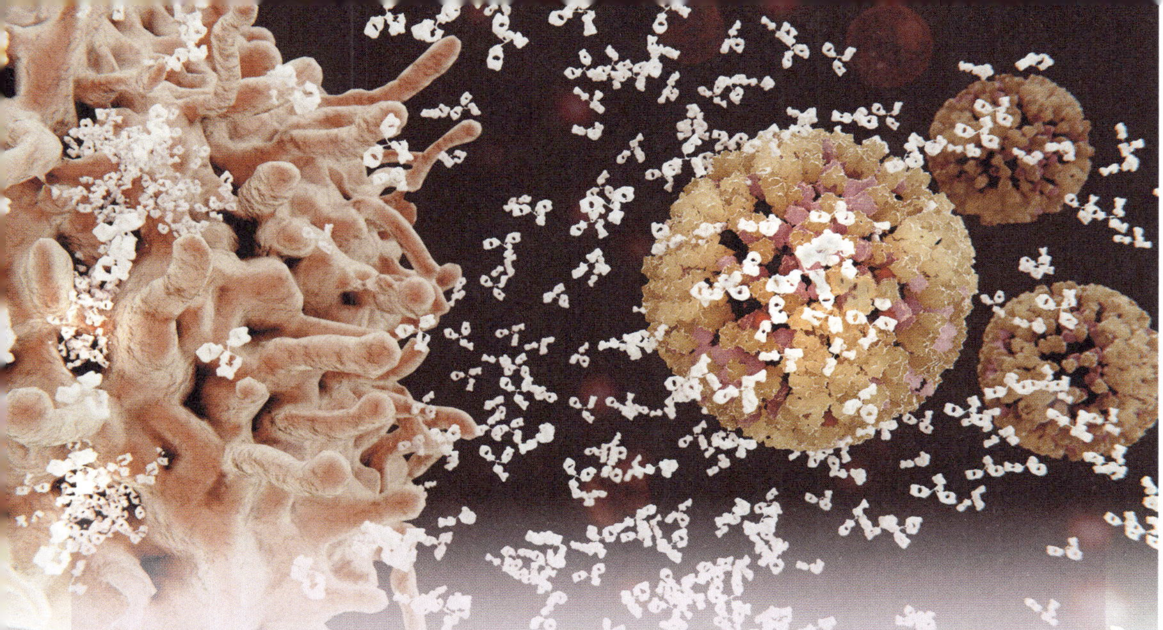

Плазматические клетки (В-клетки) вырабатывают специфические антитела, чтобы маркировать последующие разрушения вирусов (вирусы гриппа)

Производные В-лимфоцитов — ***плазматические клетки*** — микроскопические фабрики, синтезирующие и выделяющие в кровь и в секреты желез огромное количество антител, готовых сразиться со строго определенным антигеном и нейтрализовать его.

Известно, что после некоторых инфекционных заболеваний человек не заболевает повторно, у него возникает *активный иммунитет*. Невосприимчивость к заболеванию после введения в организм готовых антител (например, сыворотки) называется *пассивным иммунитетом*.

Антитела — это иммуноглобулины (Ig). Известно пять типов Ig: IgA, IgD, IgE, IgG и IgM. Около 75 % всех Ig — это IgG, которые вместе с IgM воздействуют на бактерии и вирусы, IgA защищают слизистые оболочки пищеварительной, дыхательной, мочевой и половой систем, IgE участвуют в аллергических реакциях. Увеличение содержания IgM в организме свидетельствует об остром, недавно начавшемся заболевании; увеличение IgG — о хроническом процессе.

Типы иммуноглобулинов

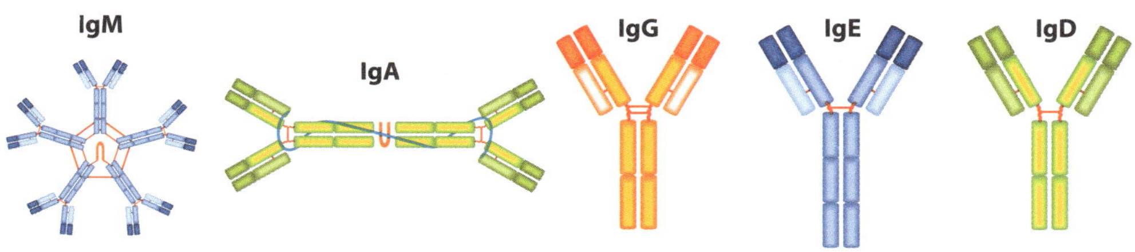

Основная *функция* лимфоидной системы — нейтрализация, разрушение или удаление генетически чужеродных веществ, попадание которых в организм вызывает развитие иммунного ответа. Иммунитет специфичен.

Иммунизация — процесс создания иммунитета с помощью искусственных мер. *Пассивный иммунитет*, являющийся временным, может быть создан путем введения иммунной сыворотки. Создание *активного иммунитета* требует использования подвергнутых специальной обработке антигенов, чтобы стимулировать образование собственных антител в организме. Эта процедура называется **вакцинацией (прививкой)**. *Вакцина* — это вещество, которое применяется для проведения иммунизации, она может содержать живые бактерии или вирусы, абсолютно мертвые организмы или продукты их жизнедеятельности, специально обработанные химически или физически для достижения необходимого эффекта.

ВАЖНО! Одним из основных свойств лимфоидной системы является иммунологическая память. В результате первой встречи запрограммированного лимфоцита с определенным антигеном образуются две категории клеток: те, которые немедленно выполняют свою функцию — вырабатывают антитела или реализуют клеточные реакции, — и клетки памяти, которые циркулируют длительное время. При повторном поступлении данного антигена клетки памяти быстро превращаются в «рабочие» лимфоциты, которые вступают в реакцию с антигеном. При каждом делении запрограммированного лимфоцита после его встречи с антигеном количество клеток памяти увеличивается.

Костный мозг

Костный мозг — центральный орган лимфоидной системы, является одновременно органом кроветворения и иммунной системы. Различают красный костный мозг, который у взрослого человека располагается в ячейках губчатого вещества плоских и коротких костей, эпифизов длинных костей, и желтый костный мозг, заполняющий костномозговые полости диафизов длинных (трубчатых) костей. Общая масса костного мозга у взрослого человека равна примерно 2,5—3 кг (4,5–4,7 % массы тела). Около половины его составляет красный костный мозг, остальное — желтый.

Клетки костного мозга

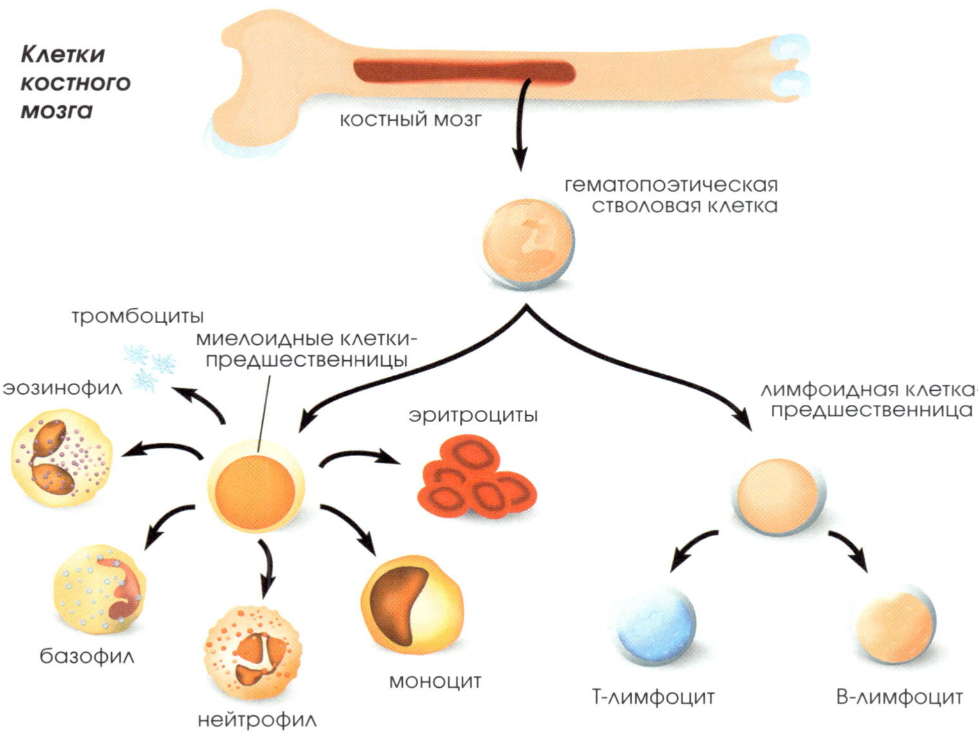

Нормальный костный мозг с развитием в нем эритроидных и миелоидных клеток

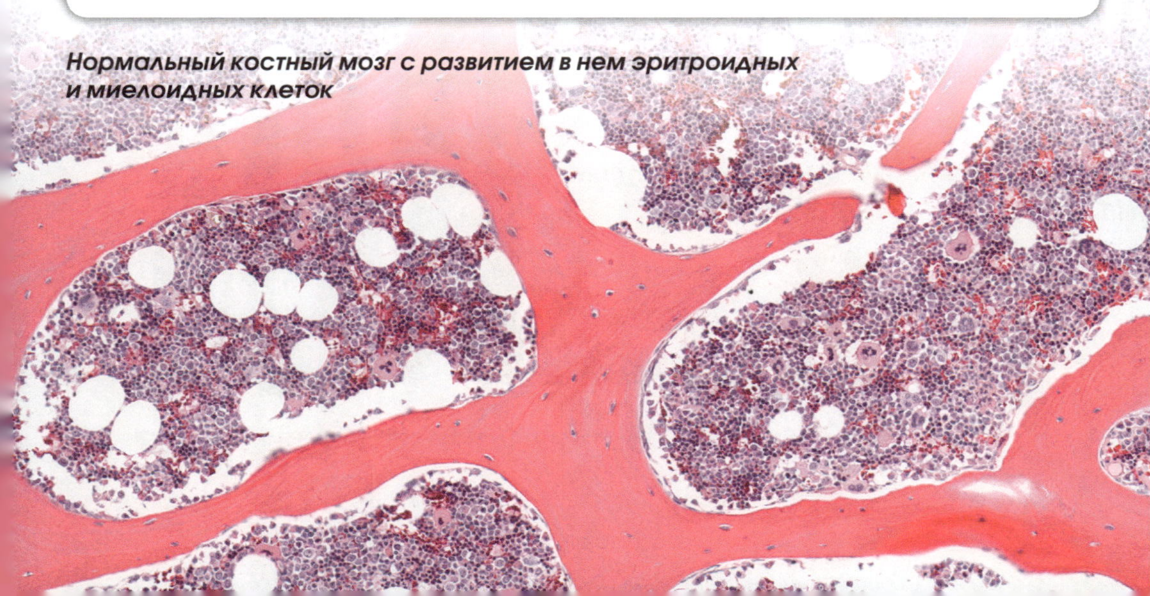

Кроветворение

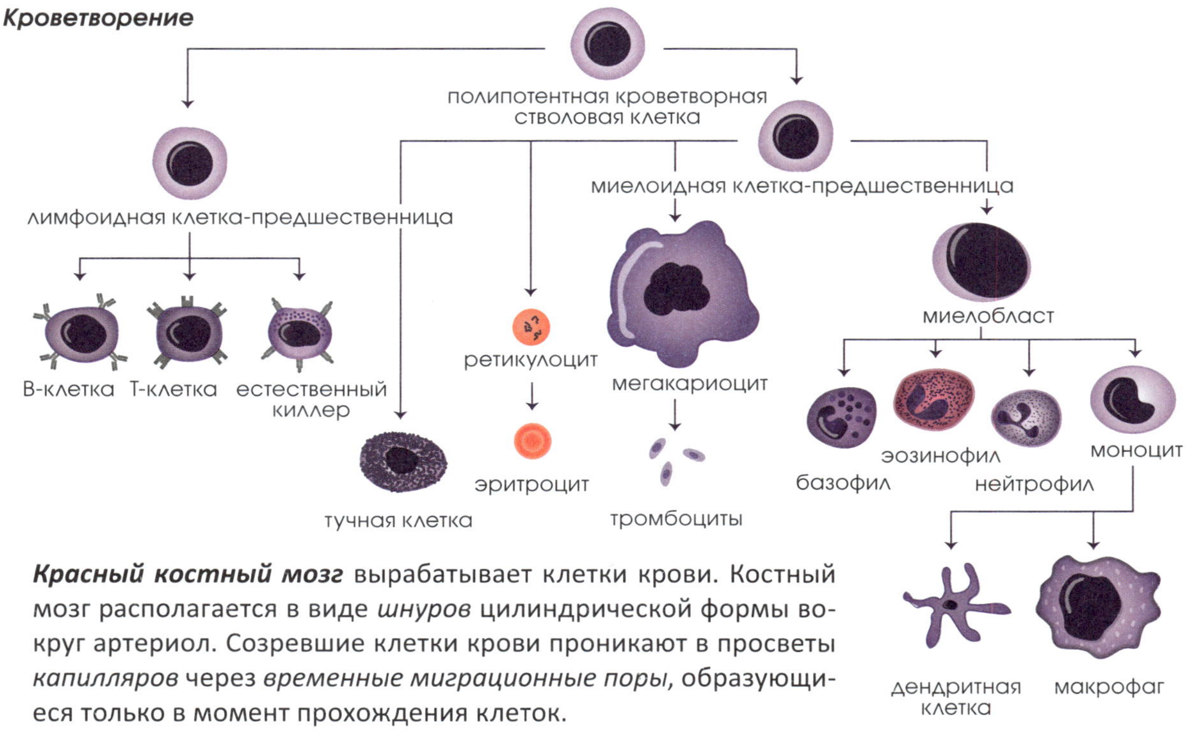

Красный костный мозг вырабатывает клетки крови. Костный мозг располагается в виде *шнуров* цилиндрической формы вокруг артериол. Созревшие клетки крови проникают в просветы *капилляров* через *временные миграционные поры*, образующиеся только в момент прохождения клеток.

У новорожденного ребенка красный костный мозг занимает все *костномозговые полости*. После 4–5 лет красный костный мозг в *диафизах трубчатых костей* постепенно начинает замещаться ***желтым костным мозгом***. К 20–25 годам желтый костный мозг полностью заполняет костномозговые полости диафизов трубчатых костей. Желтый костный мозг состоит в основном из жировой ткани. В костномозговых полостях плоских костей жировые клетки составляют до 50 % объема костного мозга. В старческом возрасте костный мозг приобретает слизеподобную консистенцию (***желатиновый костный мозг***).

Тимус

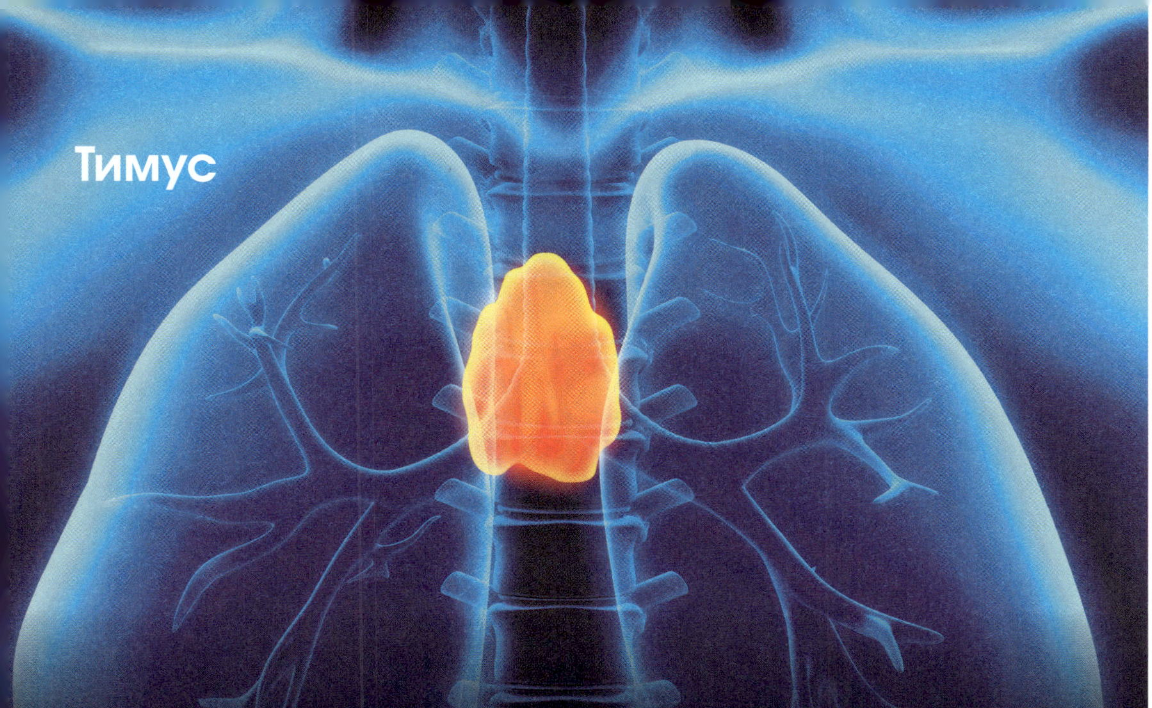

Тимус — центральный орган лимфоидной системы, располагающийся за грудиной в передней части верхнего средостения. Он состоит из двух вытянутых в длину асимметричных по величине *долей* — правой и левой, сросшихся друг с другом в средней их части.

Расположение тимуса в грудной клетке

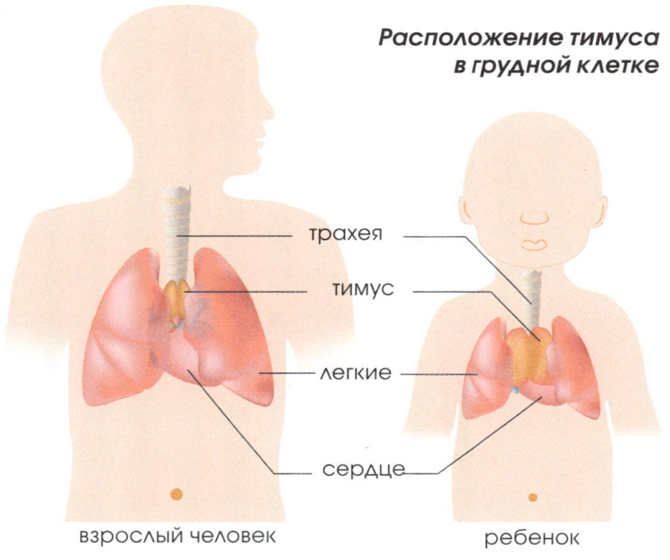

Тимус достигает максимальных размеров к периоду полового созревания. Его масса в 10–15 лет составляет в среднем 37,5 г. После 16 лет масса тимуса постепенно уменьшается и в 16–20 лет равняется в среднем 25,5 г, в 21–35 лет — 22,3 г.

Лимфоидная ткань тимуса не исчезает полностью в старческом возрасте, она сохраняется, но в значительно меньшем количестве. Масса тимуса в 50–90 лет равна 13,4 г. В паренхиме тимуса рано появляется жировая ткань. Если у новорожденного соединительная ткань составляет только 7 % массы тимуса, то в 20 лет доля соединительной и жировой ткани достигает 40 %, у лиц старше 50 лет — до 90 %.

Тимус состоит из более темного, расположенного по периферии долек, *коркового вещества* и более светлого *мозгового вещества*, занимающего центральную часть долек, где расположены слоистые *тельца тимуса*. С возрастом зона коркового вещества становится тоньше, постепенно преобладает мозговое вещество. *Внутренний каркас тимуса* — сеть ретикулярных клеток и волокон, а также звездчатой формы клеток, соединяющиеся между собой с помощью отростков. В *петлях* этой сети находятся лимфоциты тимуса *(тимоциты)* и небольшое количество других клеток.

В тимусе из кроветворных стволовых клеток созревают и дифференцируются Т-лимфоциты, ответственные за реакции клеточного и гуморального иммунитета. *Стволовые клетки*, с током крови поступающие в тимус из костного мозга, превращаются в конечном итоге в *Т-лимфоциты*. В дальнейшем Т-лимфоциты поступают в кровь и лимфу, покидают с их током тимус и заселяют *тимусзависимые зоны органов иммунной системы* (селезенки, лимфатических узлов).

Тимус

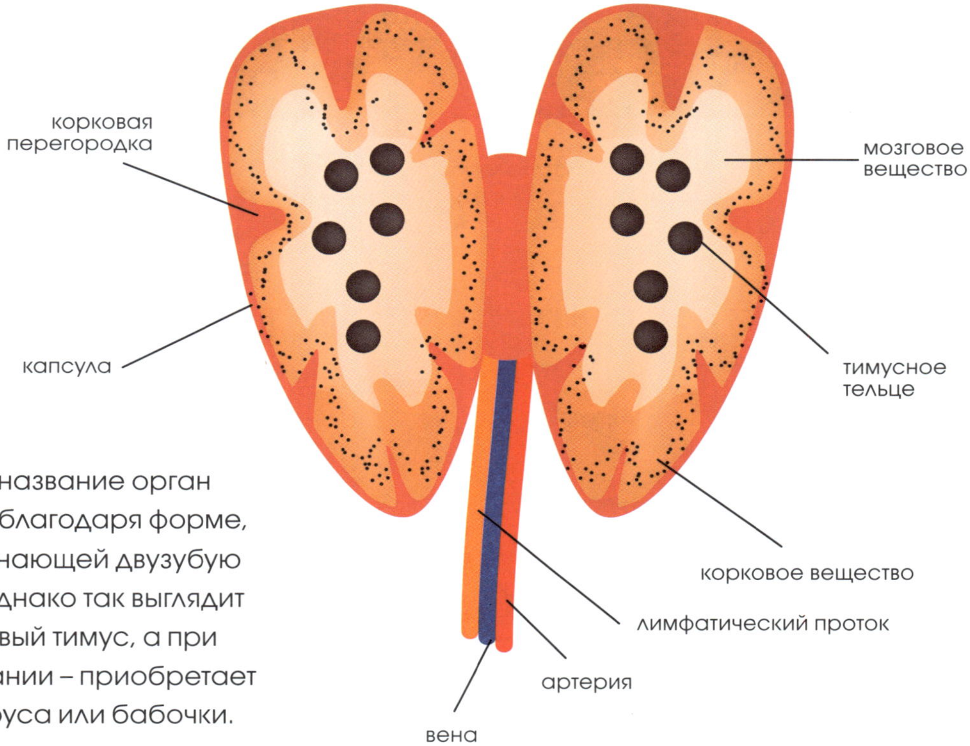

Свое название орган получил благодаря форме, напоминающей двузубую вилку. Однако так выглядит здоровый тимус, а при заболевании – приобретает вид паруса или бабочки.

При хроническом стрессе нарушается функция тимуса. Это возможно избежать. Восточная медицина называет тимус "точкой счастья" на теле человека и советует 10-20 постукиваний для стимулирования работы тимуса. Подобные процедуры благотворно действуют на весь организм и наполняют его энергией.

Лимфоидная ткань стенок органов пищеварительной и дыхательной систем

В толще слизистой оболочки и подслизистой основы органов пищеварительной системы (глотки и пищевода, желудка, тонкой и толстой кишки, желчного пузыря), а также органов дыхания (гортани, трахеи, крупных бронхов) имеются *одиночные лимфоидные узелки.* Они располагаются как сторожевые посты, на протяжении всей длины указанных органов, на различном расстоянии друг от друга и на различной глубине. Групповые лимфоидные узелки построены из одиночных узелков, между которыми располагаются тонкие пучки соединительнотканных волокон.

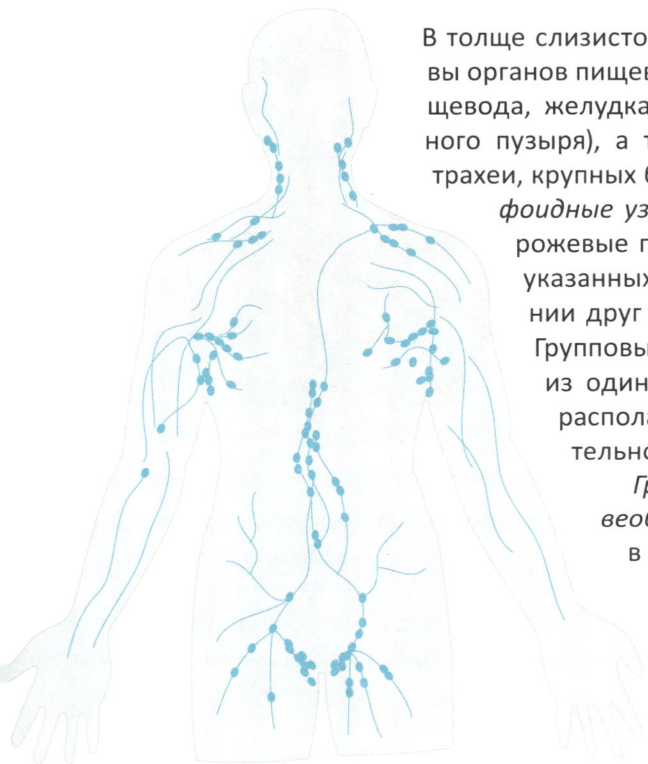

Лимфоидные узелки в теле человека

Групповые лимфоидные узелки червеобразного отростка (аппендикса) в период их максимального развития (после рождения и до 16—17 лет) располагаются в слизистой оболочке и в подслизистой основе на всем его протяжении. Групповые узелки состоят из одиночных узелков, общее количество которых в стенке аппендикса у детей и подростков достигает 450–550. После 30–40 лет число узелков заметно уменьшается. У людей старше 60 лет лимфоидные узелки в стенке червеобразного отростка встречаются редко.

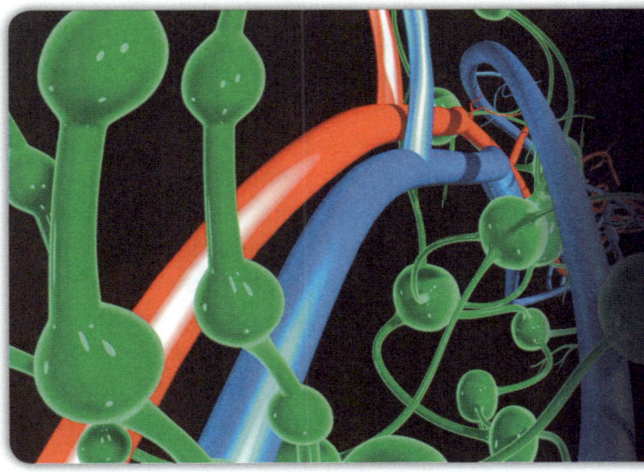

Групповые лимфоидные узелки (пейеровы бляшки) располагаются главным образом в *стенке подвздошной кишки.* Количество их в детском возрасте достигает 50, в 16—17 лет составляет 33—37. После 40 лет оно не превышает 20, а после 60 лет — 16.

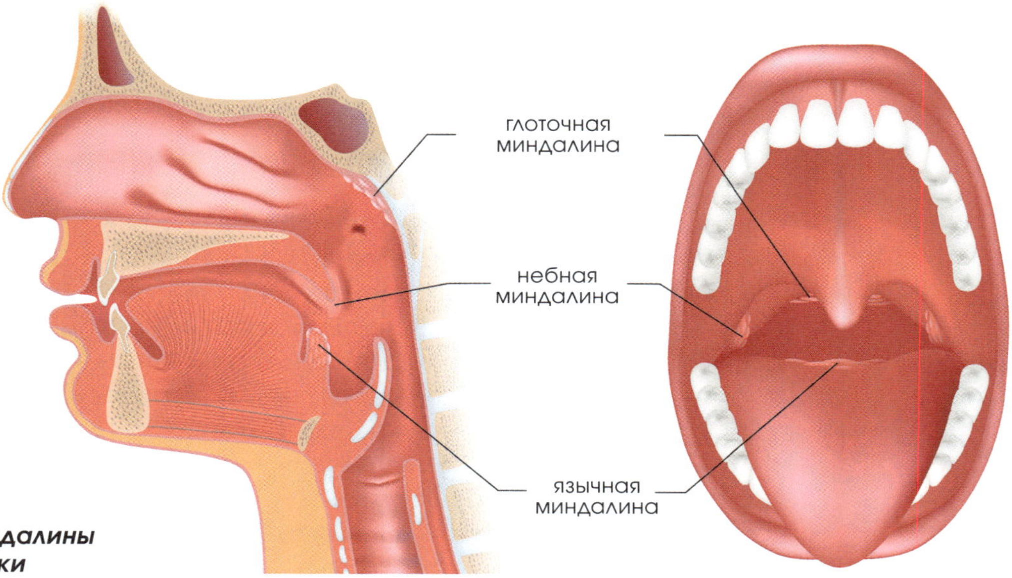

Миндалины глотки

Миндалины — нёбная и трубная (парные), язычная и глоточная (непарные), расположенные в области зева, корня языка и носовой части глотки, — образуют защитное кольцо в области глотки. Это скопления *диффузной лимфоидной ткани*, содержащие небольшие плотные — *лимфоидные — узелки (фолликулы)*, расположенные в *собственной пластинке слизистой оболочки корня языка.*

Язычная миндалина залегает в собственной пластинке слизистой оболочки корня языка в виде скопления лимфоидной ткани. Она достигает наибольших размеров к 14—20 годам и состоит из 80–90 *лимфоидных узелков (фолликулов)*. Основные клеточные элементы узелков — *лимфоциты* (до 95–98 %).

Нёбная миндалина парная, неправильной овоидной формы, располагается в *миндаликовой ямке (бухте)* — углублении между *нёбно-язычной* и *нёбно-глоточной дужками*. В собственной пластинке слизистой оболочки миндалины располагаются *округлые лимфоидные узелки*. Наибольшее количество их наблюдается в возрасте от 2 до 16 лет, к 8–13 годам миндалины достигают максимальных размеров и сохраняются примерно до 30 лет. После 25—30 лет происходит интенсивное разрастание соединительной ткани внутри нёбной миндалины наряду с уменьшением количества лимфоидной ткани. После 40 лет в лимфоидной ткани редко встречаются мелкие лимфоидные узелки.

Глоточная миндалина непарная, располагается в области *свода* и отчасти *задней стенки глотки*, между *отверстиями правой* и *левой слуховых труб*. Глоточная миндалина достигает наибольших размеров в 8–20 лет, после 30 лет величина ее постепенно уменьшается.

Трубная миндалина парная, находится в области *трубного валика*, отграничивающего сзади *глоточное отверстие слуховой трубы*. Трубная миндалина — скопление лимфоидной ткани в собственной пластинке слизистой оболочки, содержащее единичные округлые лимфоидные узелки. Трубная миндалина достигает наибольшего развития в возрасте 4–7 лет. Возрастная инволюция ее начинается в подростковом и юношеском возрасте.

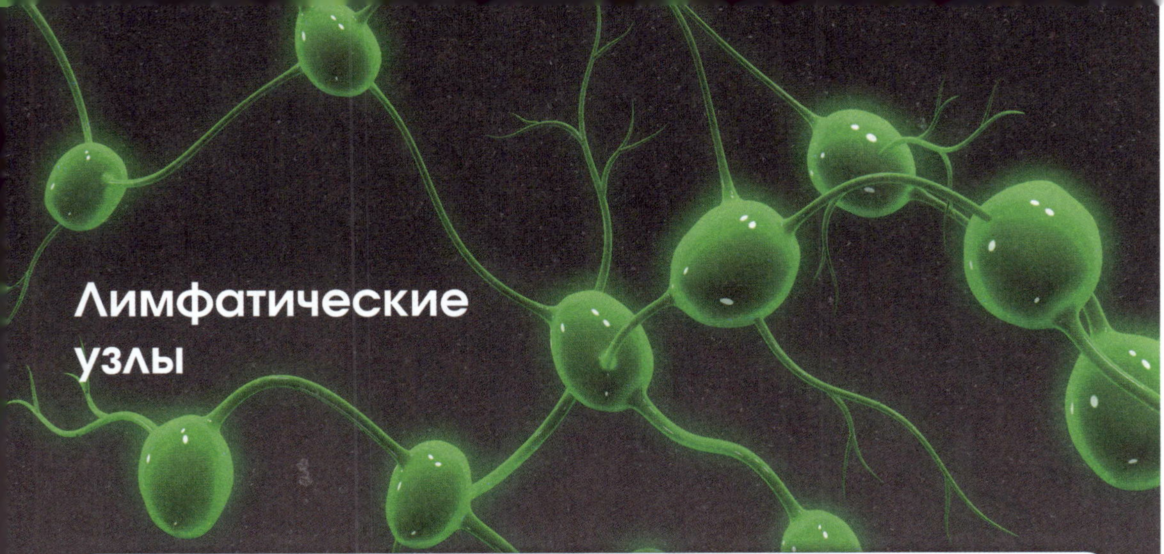

Лимфатические узлы

Лимфатические узлы — органы лимфоидной системы, лежащими на пути следования лимфы от органов и тканей к лимфатическим протокам и лимфатическим стволам. К выпуклой стороне каждого лимфатического узла подходит 4–6 и более приносящих лимфатических сосудов. После прохождения через лимфатический узел лимфа выходит из него через 2–4 выносящих лимфатических сосуда, которые направляются или к следующему лимфатическому узлу этой же или соседней группы узлов, или к крупному коллекторному сосуду — протоку или стволу. Лимфатические узлы располагаются группами, состоящими из двух и более узлов. К одним узлам лимфа поступает по лимфатическим сосудам непосредственно от органов и тканей. К другим лимфа следует после прохождения ее через один из предыдущих узлов.

Величина лимфатических узлов колеблется от 0,5— 1 мм до 7,5 см. Они имеют овальную, округлую или бобовидную форму. Каждый лимфатический узел покрыт капсулой, от которой внутрь узла отходят ответвления соединительной ткани различной длины.

движение лимфы в лимфатическом узле

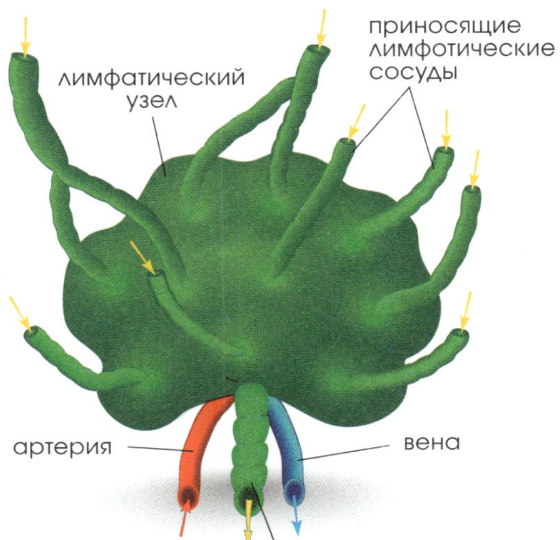

нормальный и увеличенный лимфатический узел

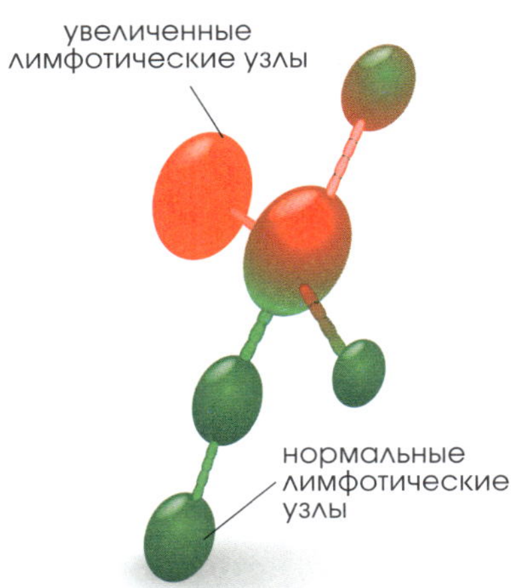

Лимфатические узлы

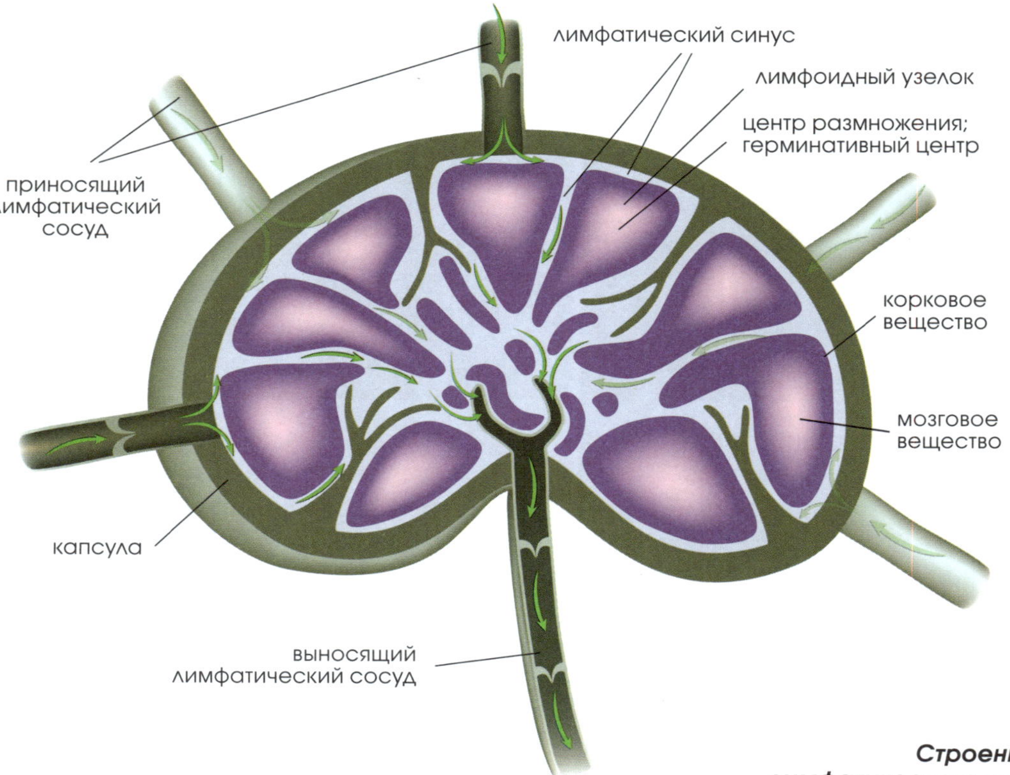

Строение лимфатического узла

Внутри лимфатического узла находится строма, содержащая ретикулярные волокна и ретикулярные клетки, образующие трехмерную сеть, в петлях которой располагаются клеточные элементы лимфоидного ряда. Различают корковое и мозговое вещество. Корковое вещество занимает периферические отделы узла, более светлое мозговое вещество лежит ближе к воротам узла в его центральной части. В *корковом веществе* располагаются лимфоидные узелки, представляющие собой скопления лимфоидных клеток, главным образом В-лимфоцитов. Кнутри от узелков, непосредственно на границе с мозговым веществом, находятся преимущественно Т-лимфоциты.

Мозговое вещество — зона скопления В-лимфоцитов (как и лимфоидные узелки); здесь находятся также плазматические клетки, макрофаги. Ткань лимфатического узла пронизана густой сетью каналов, по которым течет поступающая в узел лимфа.

Слой клеток, образующих стенки, обращенные к лимфоидной ткани, прерывист, через них легко могут проникать из коркового и мозгового вещества в лимфу и в обратном направлении лимфоциты, макрофаги и другие активно передвигающиеся клетки. В просвете каналов имеется мелкопетлистая сеть, в петлях которой задерживаются поступающие в лимфатический узел вместе с лимфой инородные частицы (угольная, табачная пыль), микроорганизмы, опухолевые клетки. Частицы пыли переносятся макрофагами в ткань узла и там откладываются; остатки разрушающихся клеток, попавшие в ток лимфы, уничтожаются; опухолевые клетки могут дать начало в лимфатическом узле вторичной опухоли (метастаза).

Селезенка

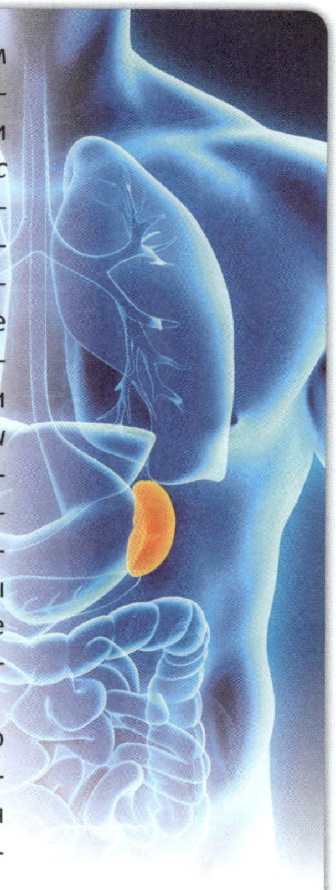

Селезенка располагается в брюшной полости, в левом подреберье, на уровне между IX—XI ребрами и находится на пути тока крови к печени. Масса селезенки у мужчины составляет 192 г, у женщины — 153 г. *Каркас селезенки* образован ретикулярной тканью, в петлях которой расположены клетки крови, формирующие пульпу (белую и красную) селезенки. *Белая пульпа* — типичная лимфоидная ткань, из которой состоят лимфоидные узелки (фолликулы) селезенки и лимфатические вокругартериальные влагалища, располагающиеся внутри красной пульпы и окружающие в виде муфт *артерии селезенки*. Каждое *лимфатическое влагалище* — ретикулярная ткань, густо заполненная лимфоцитами. *Красная пульпа* занимает примерно 75—85 % всей массы селезенки. В петлях ретикулярной ткани красной пульпы расположены лимфоциты, зернистые и незернистые лейкоциты, макрофаги, эритроциты, в том числе распадающиеся, и другие клетки.

Селезенка выполняет многочисленные *функции*. Во внутриутробном периоде в селезенке образуются эритроциты и лимфоциты, после рождения она не является кроветворным органом, лишь при некоторых патологических состояниях в ней происходит кроветворение.

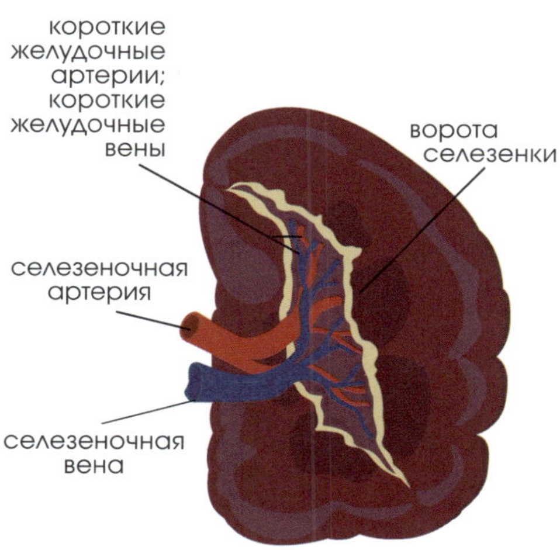

Селезенка

В селезенке происходят важные *иммунологические реакции*. Циркулирующие в крови *антигены* попадают в паренхиму селезенки, активируют лимфоциты, способствуя их превращению в *плазматические клетки, продуцирующие антитела*. Макрофаги селезенки фагоцитируют клетки крови, в первую очередь эритроциты. При переваривании эритроцитов освобождающееся из гемоглобина железо всасывается в кровь и повторно используется в костном мозге. Часть разрушенного гемоглобина превращается макрофагами в *билирубин*. В селезенке *депонируется кровь* и *накапливаются клетки крови*, включая тромбоциты.

Неспецифическая сопротивляемость организма

Организм человека наряду с иммунитетом обладает *неспецифической сопротивляемостью,* которая зависит от многочисленных факторов. Это непроницаемость здоровой кожи и слизистых оболочек для микроорганизмов; непроницаемость барьеров между кровью и тканями; наличие бактерицидных веществ в биологических жидкостях организма (слюна, слеза, спинномозговая жидкость, кровь); выделение вирусов почками; фагоцитарная система (макрофаги и микрофаги — нейтрофильные гранулоциты) и др. Неспецифические защитные факторы обеззараживают даже вещества, с которыми организм ранее не встречался, специфические — начинают действовать после первичного контакта с антигеном.

Система комплемента — группа циркулирующих в крови белков. Они неактивны в обычных условиях, при активации участвуют в защитных реакциях. Факторы комплемента могут разрушать молекулярную структуру антигенов, изменять их поверхность, так что они склеиваются между собой. Комплемент стимулирует приток нейтрофилов и макрофагов в очаг поражения. Фагоциты (нейтрофилы и макрофаги) пожирают инородные объекты, первые от 5 до 20 мкм, вторые — до 100 мкм. Кроме того, макрофаги уничтожают и мертвые нейтрофильные лейкоциты.

АЛЛЕРГИЯ. Состояние, при котором организм человека приобретает повышенную чувствительность к отдельным антигенам (называемыми аллергенами). Эти антигены вызывают характерные симптомы, если впоследствии попадают в организм при дыхании, с пищей, в лекарствами или каким-то иным путем. Если у человека развилась аллергия, то кожная реакция сопровождается рядом побочных эффектов, таких как поражение клеток, воспаление тканей, а также появление некоторых других симптомов, характерных для аллергии. Разные виды аллергии поражают различные ткани и могут проявляться в виде локальных или общих симптомов, начиная от астмы и сенной лихорадки и вплоть до сильных проявлений дерматита, гастроэнтерита или анафилактического шока.

Для исключения аллергических реакций целесообразно провести тест в медицинской лаборатории.

Тест на аллергическую реакцию

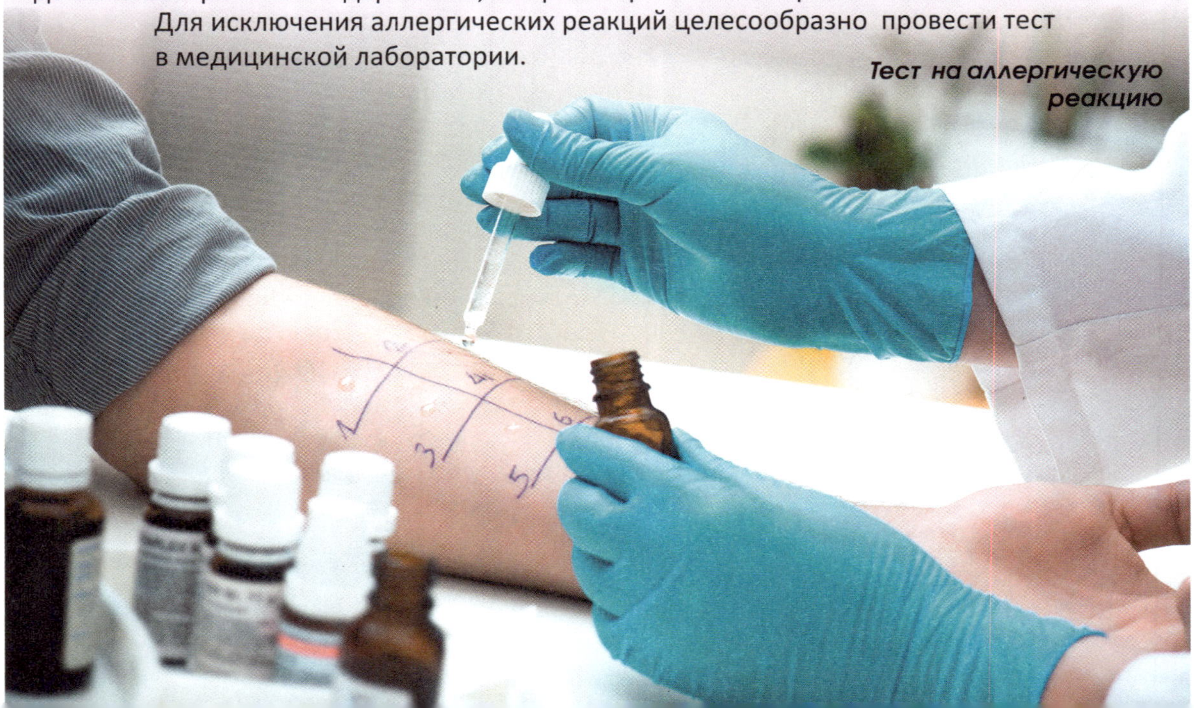

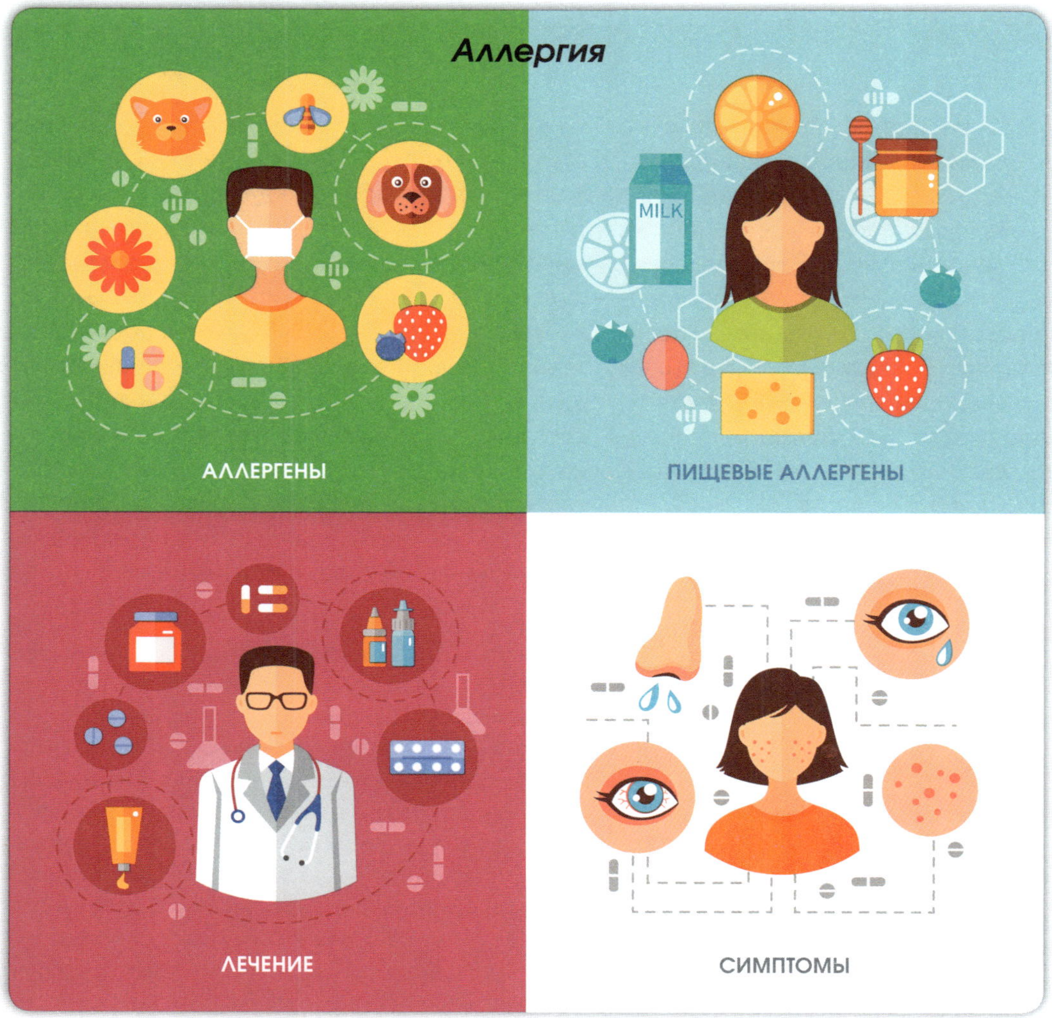

РАК. Злокачественная опухоль из эпителиальной ткани. Развивается из-за аномального и неконтролируемого деления клеток, которые начинают поражать и разрушать окружающие ткани. Распространение раковых клеток (метастазирование) происходит через кровоток, лимфоток, плевральную и брюшную полости; при этом в организме больного вторичные опухоли могут развиваться вдали от места возникновения первичной опухоли.

Существует множество факторов, которые могут привести к развитию у человека раковой опухоли: например, табакокурение чаще всего вызывает рак легких, а радиационное излучение приводит к образованию некоторых видов лейкемии; известны различные вирусы, которые стимулируют рост опухолей. Генетические факторы также вносят существенный вклад в развитие у человека рака.

Лечение зависит от типа, расположения первичной опухоли и степени ее метастазирования. У женщин наиболее часто возникает рак молочной железы, у мужчин — рак простаты.

ЭНДОКРИННЫЕ ЖЕЛЕЗЫ

Организм человека включает три сложные системы управления функциями: нервная, гуморальная и эндокринная, тесно связанные между собой. *Эндокринология* (*греч.* endon — внутри, krino — выделяю, logos — слово, учение) — наука о железах внутренней секреции. Центральная нервная система вместе с высшим отделом — корой головного мозга регулирует *функции желез внутренней секреции*, что происходит как путем непосредственной *иннервации желез*, так и через *гипоталамус* и *гипофиз*.

Эндокринные железы не имеют выводящих протоков и выделяют вырабатываемые ими гормоны (*греч.* hormao — побуждаю, привожу в движение) непосредственно в кровь или лимфу, откуда гормоны переносятся в органы и ткани для воздействия на выполняемые ими функции. Гормоны имеют ряд свойств: а) действуют только на живые клетки; б) обладают высокой биологической активностью; в) действие гормонов носит дистантный характер, т.е. органы и ткани, на которые они действуют, расположены далеко от железы; г) действие гормонов строго специфично — некоторые гормоны действуют лишь на определенные клетки-мишени, другие на множество различных клеток.

«Чувство, которое мы описываем как «счастье», обеспечивается наличием в мозге четырех особых нейрохимических веществ: дофамина, эндорфина, окситоцина и серотонина. Эти «гормоны счастья» активно синтезируются в те моменты, когда мозг идентифицирует позитивные для нашего выживания явления. Затем их уровень в организме резко падает до следующего приятного случая. Мозг никогда не прекратит заботиться об обеспечении вашего выживания. Он берет на вооружение то, что у вас уже есть, и стремится получить больше: больше вознаграждений (дофамин), больше физической безопасности (эндорфин), больше социальной поддержки (окситоцин) и больше уважения окружающих (серотонин)»

Лоретта Бройнинг, книга «Гормоны счастья. Как приучить мозг вырабатывать серотонин, дофамин, эндорфин и окситоцин»

Эндокринные железы *анатомически разобщены*. Эндокринные железы подразделяют на зависимые и не зависимые от передней доли гипофиза. *Гипофизозависимые железы* — щитовидная железа, надпочечник (корковое вещество) и половые железы. Взаимоотношения между гипофизом и зависящими от него железами строятся по типу прямых и обратных связей. Тропные (*греч.* tropos — направление) гормоны гипофиза активизируют деятельность зависимых желез, в свою очередь, их гормоны воздействуют на переднюю долю гипофиза, угнетая синтез и выделение соответствующего гормона. *Железы, не зависимые от передней доли гипофиза,* — паращитовидная железа, эпифиз, панкреатические островки, мозговое вещество надпочечников, параганглии.

Функции гормонов — обеспечение роста, развития организма, адаптации организма к постоянно меняющимся условиям внешней среды, обеспечение гомеостаза (постоянства внутренней среды). Гормоны — носители информации, которая воспринимается специфическими *клетками-мишенями*, большое количество биохимических реакций протекают только в присутствии гормонов. Они контролируют жизнедеятельность организма, все функции клеток, активность генов. Регулируя активность ферментов, гормоны влияют на *метаболизм*. Гормоны регулируют обмен веществ, влияют на рост, дифференцировку, размножение клеток, обеспечивают ответную реакцию организма на изменения внешней среды.

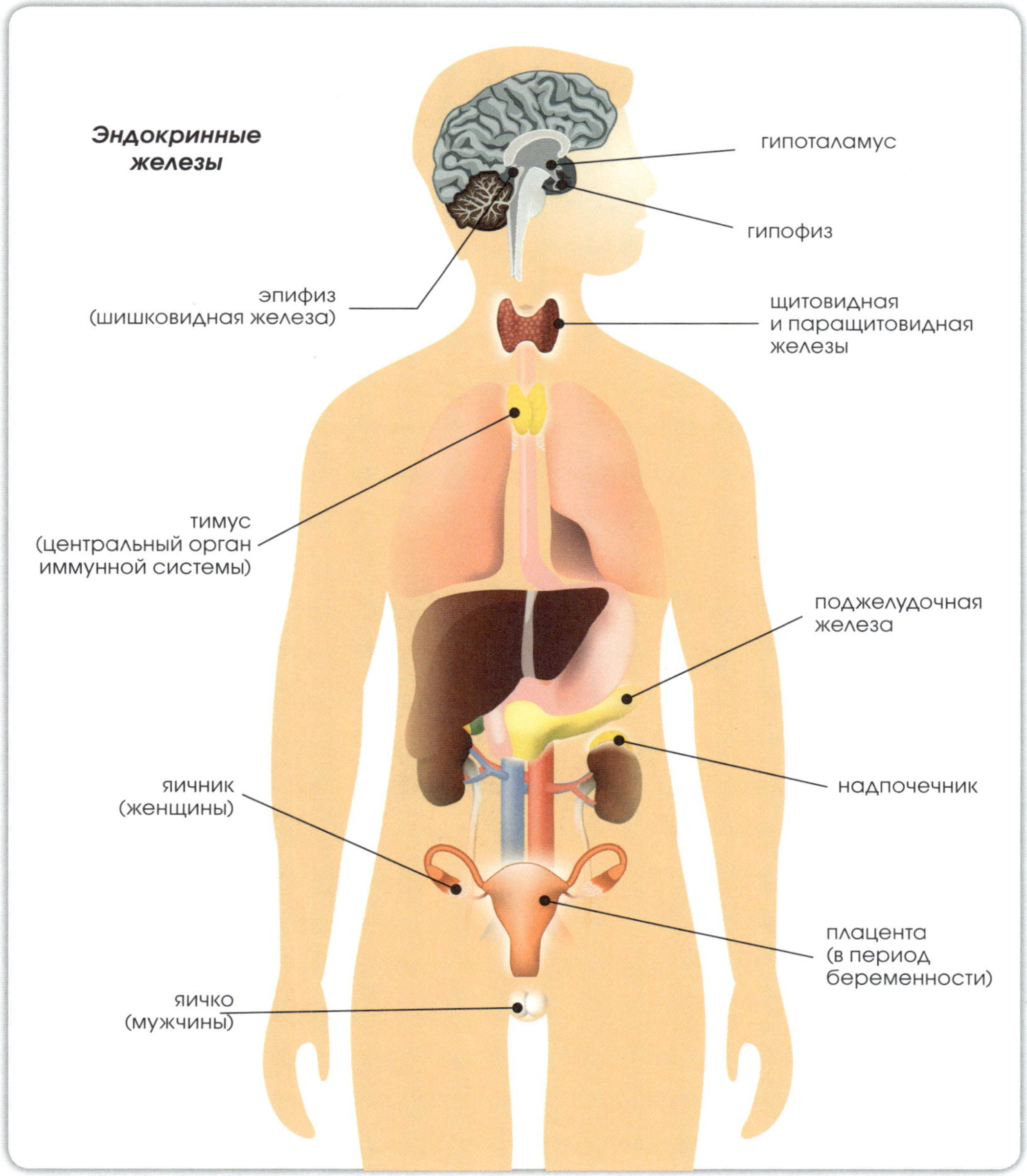

Таблица 3

Эндокринные железы и их гормоны

Железы	Название гормонов	Характер действия
Гипофиз	Соматотропный (СТГ)	Рост костей, мышц, органов
а) передняя доля	Тиреотропный (ТТГ)	Рост и развитие щитовидной железы, выработка тироксина
	Лютеинизирующий (ЛГ)	(ж) Образование желтого тела. Развитие и созревание половых клеток, секреция половых гормонов (м) Стимуляция интерстициальных клеток яичек (Лейдига)
	Фолликулостимулирующий (ФСГ)	(ж) Стимуляция роста фолликулов, секреции эстрогенов и овуляция (м) Стимуляция развития семявыносящих канальцев, сперматогенеза (образование сперматозоидов)
	Лактотропный (пролактин) (ЛТГ)	(ж) Пролиферация секреторных отделов молочной железы и начало секреции молока (м) Регуляция выделения мужских половых гормонов, сперматогенеза, регуляция половой функции, обеспечение подвижности сперматозоидов
	Адренокортикотропный (АКТГ)	Стимуляция синтеза и секреции гормонов коры надпочечников (гликокортикоидов)
	Меланоцитостимулирующий (МСГ)	Синтез пигмента меланина, распределение его гранул, пигментация кожи
б) задняя доля (гормоны синтезируются в гипоталамусе, транспортируют-ся к клеткам задней доли, откуда поступают в кровь)	Окситоцин	Сокращение матки, выделение молока, усиление тонуса гладких мышц желудочно-кишечного тракта. Положительное влияние на психоэмоциональное состояние мужчин и женщин — «гормон радости, гормон любви», вызывает расположение к другим людям, усиливает доверие к ним. «Гормон объятий» — его содержание значительно увеличивается при ласках, при оргазме, участвует в формировании привязанности матери к ребенку после родов, способствует выработке моногамных отношений
	Вазопрессин (антидиуретический гормон, АДГ)	Обратное всасывание воды в почечных канальцах (антидиуретическое действие), сосудосуживающее действие (повышение артериального давления)
	Когерин	Регуляция ритма перистальтики кишечника
Щитовидная железа	Тироксин (тетрайодтиронин, трийодтиронин)	Обеспечение роста умственного и физического развития. Стимуляция

		синтеза белка, обмена веществ в тканях и поглощения кислорода
	Тиреокальцитонин	Регуляция обмена кальция и фосфора, снижение уровня кальция в крови
Паращитовидная железа	Паратгормон	Регуляция обмена кальция и фосфора, повышение уровня кальция в крови
Поджелудочная железа	Инсулин	Регуляция обмена углеводов, синтеза гликогена и жиров, снижение уровня сахара в крови, запасание глюкозы в клетках печени и мышцах
	Глюкагон	Стимуляция распада гликогена в печени, сохранение постоянной концентрация глюкозы в крови между приемами пищи
Эпифиз	Мелатонин	Регуляция суточных ритмов. Замедление процессов старения. Регуляция сна, антиоксидантное, иммуностимулирующее действие, влияние на репродуктивную функцию
	Серотонин	Регуляция поведения, сна, терморегуляция. «Гормон счастья», ответственный за настроение человека. Один из нейромедиаторов в центральной нервной системе. Участие в свертывании крови, активация функции тромбоцитов, в процессах воспаления и аллергии
Надпочечники: **а) кора**	Глюкокортикоиды (гидрокортизон)	Регуляция обмена углеводов, белков и жиров; противовоспалительное действие, обеспечение устойчивости к инфекции; катаболическое действие
	Минералокортикоиды (альдостерон)	Регуляция минеральноого обмена и водно-солевого равновесия
	Андрогены	См. раздел «Система мужских половых органов»
б) мозговое вещество	Адреналин	Стимуляция обмена веществ; сужение сосудов, повышение артериального давления, расширение зрачка, учащение и усиление сокращений сердца, расширение бронхов, расширение сосудов; распад гликогена и жиров
	Норадреналин	Действие аналогичное адреналину
Яичники	Эстрогены (женские половые гормоны)	Развитие первичных и вторичных половых признаков, половое поведение женщин
	Прогестерон	Подготовка слизистой оболочки матки к имплантации, нормальное протекание беременности
Яичко	Тестостерон	Развитие первичных и вторичных половых признаков; половое созревание, половое поведение мужчины, обеспечение либидо и потенции, воздействие на сперматогенез, стимуляция синтеза белка (анаболическое действие), ускорение роста тканей

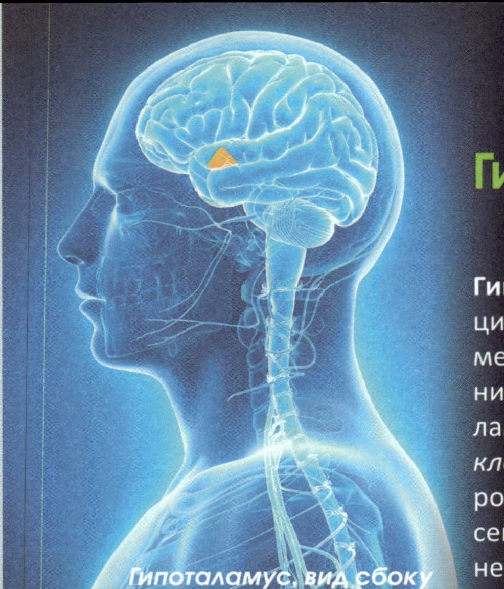

Гипоталамус, вид сбоку

Гипоталамус

Гипоталамус — высший центр регуляции эндокринных функций, он объединяет нервные и эндокринные регуляторные механизмы, координирует нервные и гормональные механизмы регуляции функций внутренних органов. В гипоталамусе есть *нейроны обычного типа* и *нейросекреторные клетки*. И те, и другие вырабатывают секреты, однако в нейросекреторных клетках синтез белка преобладает, а нейросекрет выделяется в лимфу и кровь. Эти клетки преобразуют нервный импульс в *нейрогуморальный импульс*.

Гипофиз

Гипофиз — важнейшая железа внутренней секреции, регулирующая деятельность большинства эндокринных желез. Она находится в *гипофизарной ямке клиновидной кости*. Гипофиз анатомически един и состоит из двух желез различного происхождения: передняя доля более крупная (70–80 % всей массы) и задняя доля (20–30 %). Гипофиз с гипоталамусом соединяет *воронка*. Масса гипофиза 0,5—0,6 г у мужчин, 0,6—0,7 г у женщин.

Передняя доля гипофиза, или *аденогипофиз*, образована эпителием, разделенным тонкими соединительнотканными прослойками, в которых проходят капилляры. Один из важнейших гормонов передней доли гипофиза — *соматотропный гормон (гормон роста)*.

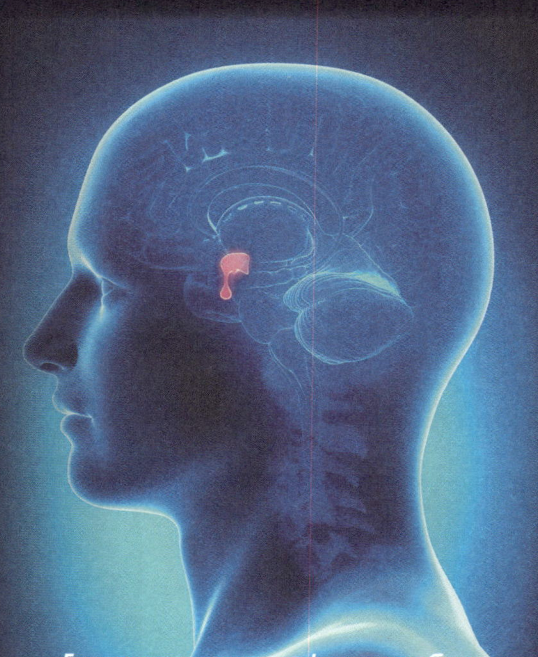

Гипоталамус и гипофиз, вид сбоку

ИНТЕРЕСНО! Избыточное образование гормона роста приводит к гигантизму до наступления полового созревания и акромегалии у взрослых, недостаток гормона у детей резко уменьшает рост ребенка и приводит к карликовости.

Задняя доля гипофиза, или *нейрогипофиз*, образована мелкими многоотростчатыми клетками питуицитами и аксонами клеток ядер гипоталамуса, которые вырабатывают гормоны вазопрессин и окситоцин. По этим аксонам гормоны транспортируются в заднюю долю гипофиза, откуда разносятся кровью.

Секреция гормонов гипофизозависимых желез регулируется по принципу *обратной связи*: например, при снижении концентрации гормона щитовидной железы *тироксина* в крови соответствующие клетки гипоталамуса вырабатывают *тиреолиберин*, который поступает по разветвлениям аксонов в переднюю долю гипофиза. В ответ на это клетки передней доли гипофиза выделяют *тиреотропный гормон*, стимулирующий образование гормона тироксина клетками фолликулов щитовидной железы. И наоборот, повышение содержания гормона тироксина в крови — сигнал для клеток гипоталамуса к прекращению выработки тиреолиберина, клетки гипофиза отвечают на это замедлением выработки и освобождения тиреотропного гормона, что приводит к подавлению секреции гормона щитовидной железой. Иными словами, уровень гормона в крови регулируется по принципу обратной связи.

Гипоталамус и гипофиз — единый функциональный комплекс, в котором гипоталамус играет регулирующую роль, гипофиз — рабочую роль. Гипоталамус выделяет две группы веществ, воздействующие на клетки передней доли гипофиза: а) *рилизинг-факторы*, или *либерины*, которые стимулируют синтез и выделение ими гормонов, влияющих на зависимые от гипофиза железы, б) *статины*, тормозящие синтез и выделение некоторых гормонов. Гипофиз отвечает на поступающие в него из гипоталамуса сигналы выработкой своих *тропных гормонов*, которые направляются к *периферическим эндокринным железам*. Также ядра гипоталамуса вырабатывают гормоны *вазопрессин* и *окситодин*, которые поступают в заднюю долю гипофиза, откуда разносятся кровью.

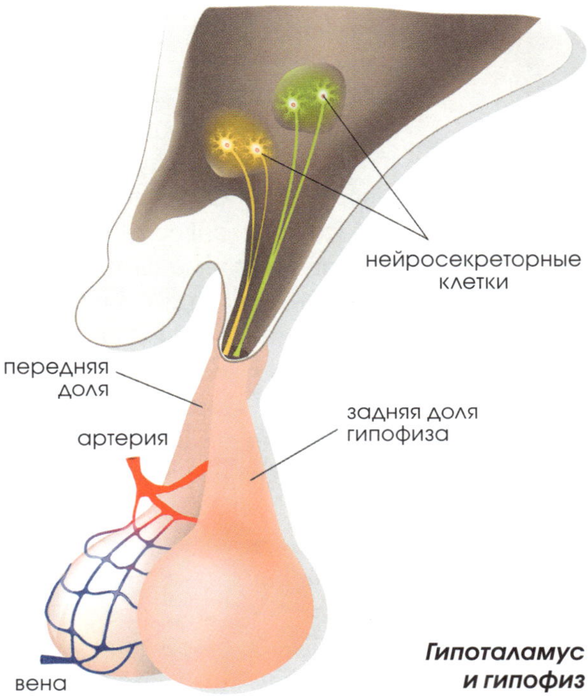

Гипоталамус и гипофиз

Щитовидная железа

Крупная щитовидная железа расположена на шее впереди *гортани* и *верхнего отдела трахеи*. Масса железы взрослого человека достигает 20–30 г, после 70 лет ее масса уменьшается. В щитовидной железе различают две *доли*, которые расположены по обе стороны от трахеи, и *перешеек*. Снаружи железа покрыта соединительнотканной капсулой, от нее внутрь отходят перегородки, которые, разветвляясь, разделяют ее на *дольки*. Железа состоит приблизительно из 30 млн пузырьков-*фолликулов* — основных структурных и функциональных единиц железы. Стенка фолликула образована одним слоем клеток тироцитов, лежащих на базальной мембране. Форма *тироцита* зависит от его функционального состояния: чем клетка выше, тем активнее в ней происходит синтез гормонов. Тироциты вырабатывают *белковый компонент* гормона и захватывают *йод*. В полости фолликула находится густой вязкий *коллоид щитовидной железы*, где происходит *йодирование молекул*.

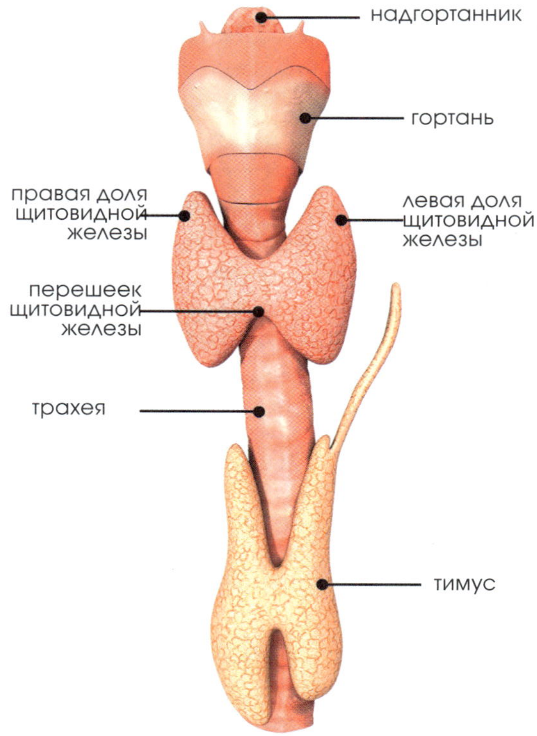

Расположение щитовидной железы относительно близлежащих органов

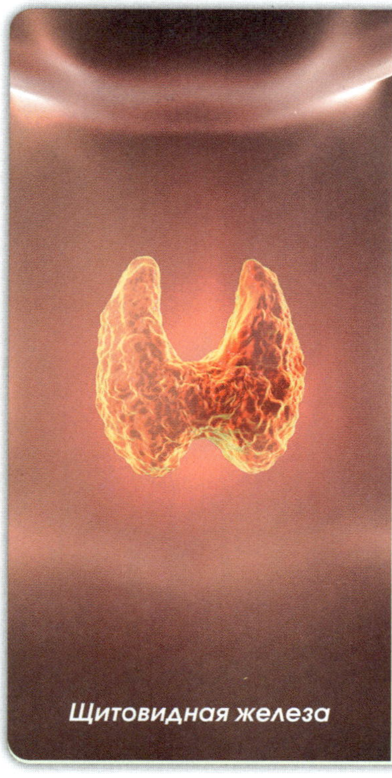

Щитовидная железа

Под влиянием *тиреотропного гормона передней доли гипофиза* тироциты усиливают синтез гормона тиреоглобулина, поглощение клетками йода и йодирование белка, расщепление тиреоглобулина. Гормон захватывается тироцитами, поступает из фолликула обратно в клетку, подвергается воздействию ферментов, в результате чего освобождаются активные гормоны *трийодтиронин* и *тетрайодтиронин*, которые проходят через тироциты и поступают в кровеносные капилляры. Йод абсолютно необходим для синтеза тиреоидных гормонов. Недостаточная функция щитовидной железы — *гипотиреоидизм*. Выработка избыточного количества тиреоидного гормона — *тиреотоксикоз*.

В стенках фолликулов между тироцитами и базальной мембраной также залегают более крупные светлые *околофолликулярные клетки*, продуцирующие гормон *тиреокальцитонин,* который участвует в регуляции обмена кальция и фосфора. Тиреокальцитонин — антагонист гормона паращитовидной железы. Он тормозит всасывание кальция из костей и уменьшает содержание кальция и фосфатов в крови (см. «Паращитовидные железы»).

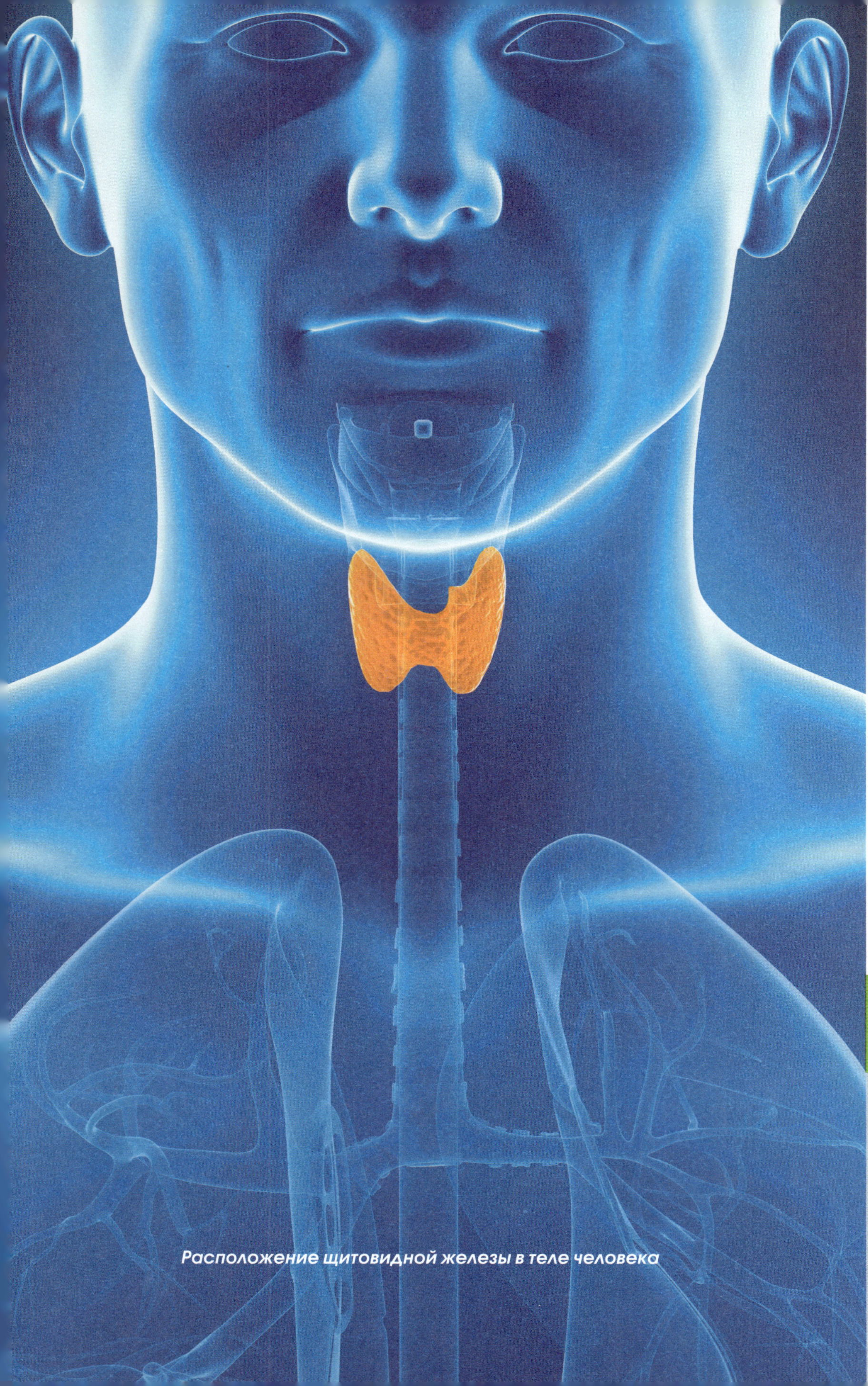

Расположение щитовидной железы в теле человека

ГИПЕРТИРЕОИДИЗМ (ТИРЕОТОКСИКОЗ). Синдром, развитие которого связано с выработкой избыточного количества тиреоидного гормона; в результате у человека наблюдается учащение сердцебиения, обильное потоотделение, тремор, повышенное беспокойство, усиление аппетита, снижение массы тела и непереносимость высокой температуры окружающей среды. Причиной развития тиреотоксикоза может быть простая гиперактивность щитовидной железы, развитие доброкачественной опухоли или карциномы в ней, а также базедова болезнь, при которой у больного образуется зоб в связи с увеличением щитовидной железы и пучеглазие.

Лечение заболевания зависит от состояния больного и может заключаться в хирургической удалении щитовидной железы, назначении радиоактивного йода для разрушения части железы или применения лекарственных веществ.

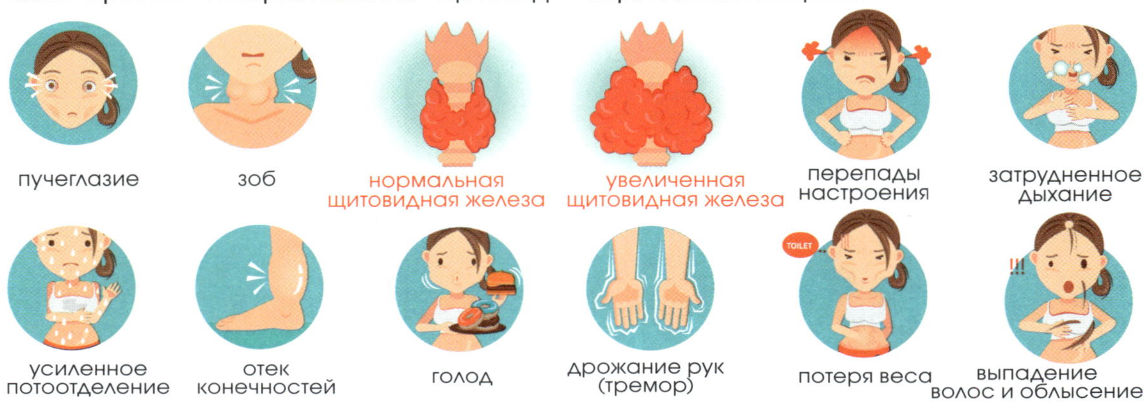

Симптомы гипертиреоидизма

ГИПОТИРЕОИДИЗМ. Недостаточная функция щитовидной железы. Если гипотиреоидизм наблюдается у ребенка с рождения, то развивается кретинизм. У взрослых гипотиреоидизм вызывает психическую и физическую заторможенность, пониженную чувствительность к воздействию холода, замедление пульса, значительное увеличение веса и огрубление кожи (микседема). Заболевание лечится с помощью тироксина.

Симптомы гипотиреоидизма

Надпочечник

Парные надпочечники расположены забрюшинно в толще *околопочечного жирового тела* на уровне *XI—XII грудных позвонков*, правый надпочечник лежит несколько выше левого. Масса одного надпочечника взрослого человека около 8–13 г, при беременности масса немного увеличивается. Будучи анатомически единым, надпочечник по существу включает две самостоятельные железы — корковое и мозговое вещества.

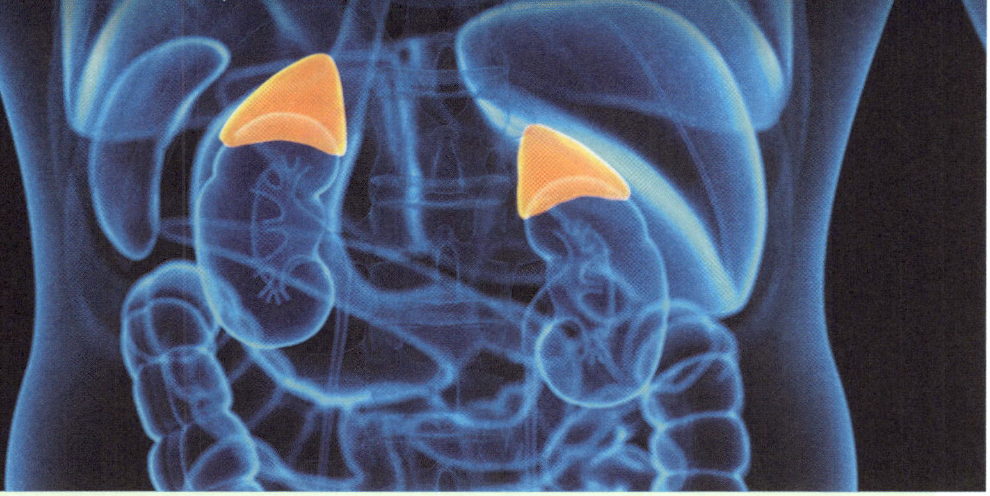

Расположение надпочечников в теле человека

Корковое вещество разделяется на три зоны, которые достаточно четко отделены друг от друга анатомически и вырабатывают различные гормоны. *Клубочковая (наружная) зона* продуцирует минералокортикоиды (альдостерон), влияющие на обмен электролитов. *Пучковая (средняя) зона* вырабатывает глюкокортикоиды (гидрокортизон, кортизон и кортикостерон), играющие важную роль в процессах усвоения и обмена углеводов, жиров и белков и обеспечивающие нормальную реакцию организма на стресс. *Сетчатая (на границе с мозговым слоем) зона* продуцирует андрогены, эстрогены и прогестерон (последние в малом количестве).

Мозговое вещество вырабатывает небольшое количество *адреналина* и *норадреналина*, и лишь при воздействии на организм сильных раздражителей их синтез резко усиливается под влиянием симпатической нервной системы. Адреналин и норадреналин вызывают сужение мелких кровеносных сосудов, поэтому в организме повышается кровяное давление; эти гормоны усиливают кровоток через коронарные артерии, ускоряют и усиливают частоту сердечных сокращений; увеличивают частоту и глубину дыхательных движений, усиливают вентиляцию легких, расширяют бронхи; расслабляют гладкие мышцы кишечника и ослабляют их движения. Гормоны усиливают распад гликогена и жиров.

Передняя доля гипофиза регулирует *глюкокортикоидную* и *андрогенную функции* (АКТГ).

Паращитовидные железы

Паращитовидные железы — две пары мелких желез, располагающиеся на *задней поверхности долей щитовидной железы*. Железы образованы клетками *паратироцитами*, которые продуцируют белковый *паратиреоидный гормон*. Этот гормон регулирует уровень *кальция* и опосредованно *фосфора* в крови, тем самым оказывая влияние на возбудимость нервной и мышечной систем. После удаления паращитовидных желез уровень кальция в крови снижается, уровень фосфора повышается, что приводит к развитию *тетании* — спазма и судорожных подергиваниях мышц. Гормон способствует выделению кальция из костей, тем самым поддерживается определенный уровень кальция в крови. Избыток фосфора, также выделяющегося при этом из кости, удаляется почками. Вместе с тем гормон способствует уменьшению выделения кальция почками и увеличению его всасывания в кишечнике.

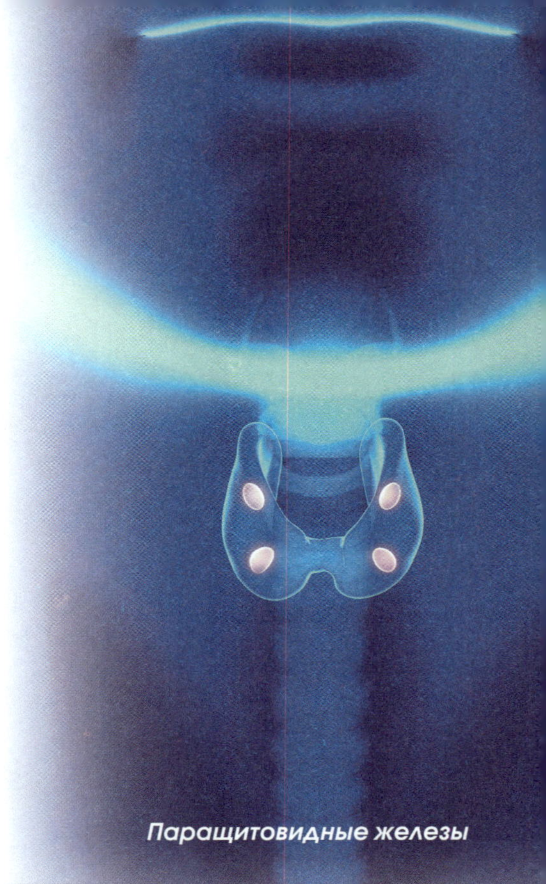

Паращитовидные железы

Влияние гормона паращитовидных желез на организм

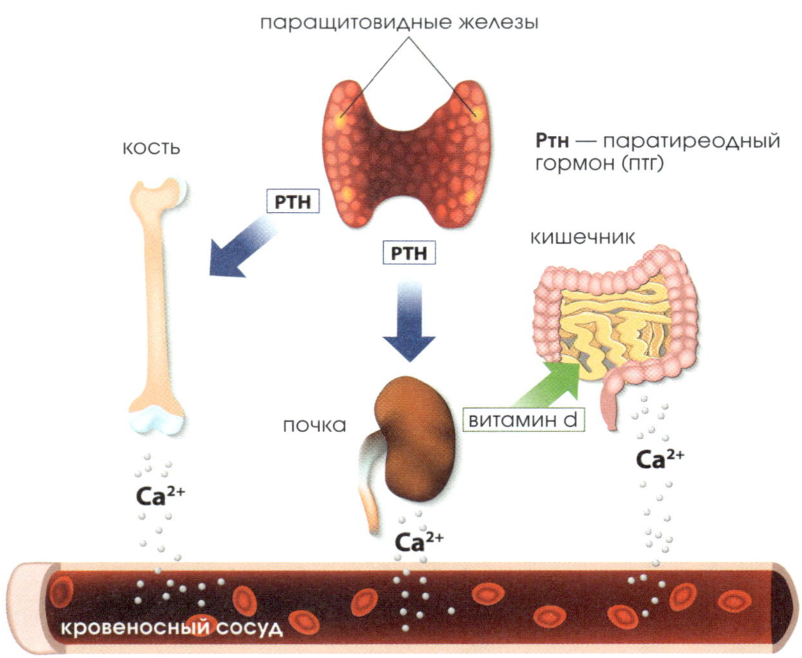

Антагонист паратиреоидного гормона — *тиреокальцитонин*, вырабатываемый клетками щитовидной железы. *Секреция обоих гормонов контролируется уровнем кальция в крови.* Уменьшение содержания кальция приводит к увеличению секреции паратиреоидного гормона и соответственно к выделению кальция в кровь. Повышенный уровень кальция активизирует клетки щитовидной железы, они выделяют тиреокальцитонин, усиливающий фиксацию кальция в костях и тем самым понижая его уровень в крови.

Панкреатические островки

Поджелудочная железа включает экзокринную и эндокринную части. Экзокринная часть описана в теме «Органы пищеварения». *Эндокринная часть* образована группами *панкреатических островков* (*островки Лангерганса*), которые сформированы клеточными скоплениями, богатыми капиллярами. Общее количество островков в поджелудочной железе взрослого человека колеблется в пределах 1—2 млн, диаметр каждого из них 100–300 мкм. Клетки островков содержат множество покрытых мембраной гранул, содержащих гормоны. Наибольшее количество *β-клеток* (60–80 %), продуцирующих *инсулин*; имеются также *α-клетки* (10–30 %), вырабатывающие *глюкагон*; *D-клетки* (около 10 %), синтезирующих *соматостатин*.

Инсулин оказывает многостороннее влияние на организм, главным является *снижение содержания глюкозы в крови.* При повышении концентрации глюкозы в крови секреция инсулина β-клетками усиливается, глюкоза превращается в гликоген, в результате чего количество глюкозы в крови уменьшается. Это является стимулом для α-клеток, в которых активируется синтез глюкагона. Последний способствует распаду гликогена в печеночных клетках и выходу глюкозы в кровь. *Соматостатин* угнетает выработку гипофизом гормона роста и синтез ферментов клетками экзокринной части поджелудочной железы, а также выделение инсулина и глюкагона β- и α-клетками.

Панкреатические островки

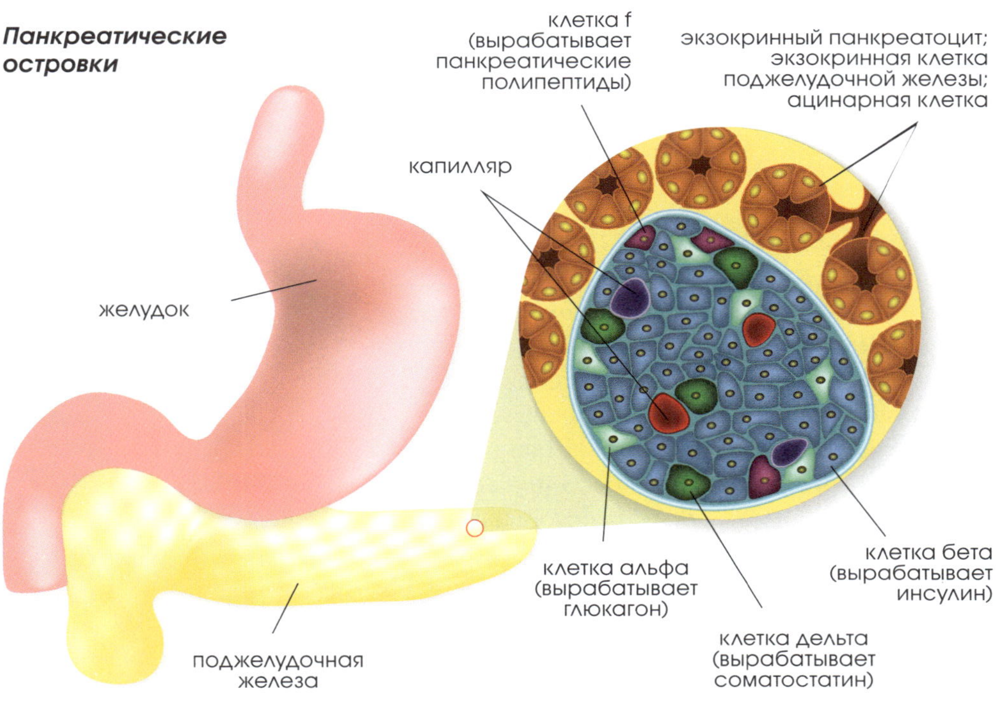

ДИАБЕТ САХАРНЫЙ. Нарушение углеводного обмена, при котором не происходит окисления сахара, присутствующего в организме человека (данный процесс необходим для пополнения энергетических запасов организма) вследствие недостаточной секреции поджелудочной железой гормона инсулина, избыточного накопления глюкозы в крови (гипергликемия), а затем и в моче. Человека мучает сильная жажда, он теряет в весе, выделяется значительное количество мочи. Использование жиров в качестве альтернативного источника энергии приводит к нарушению кислотно-щелочного равновесия.

Обычно существует наследственная склонность к заболеванию сахарным диабетом. Начало заболевания может быть спровоцировано различными факторами, в том числе значительной физической нагрузкой и избыточным потреблением углеводов, особенно сахара. Сахарный диабет, развивающийся в детстве или юности, обычно проявляется сильнее, чем диабет, развивающийся в средние годы или в пожилом возрасте. Он относится к сахарному диабету первого типа (инсулино-зависимому сахарному диабету), т. к. в организме таких больных инсулин практически не образуется и их жизнь полностью зависит от своевременного его введения. При втором типе сахарного диабета (инсулин-независимом сахарном диабете), обычно развивающимся после 40 лет, поджелудочная железа вырабатывает небольшое количество инсулина, однако его недостаточно для нормальной жизнедеятельности организма, поэтому больным нередко требуется лечение гипогликемическими препаратами.

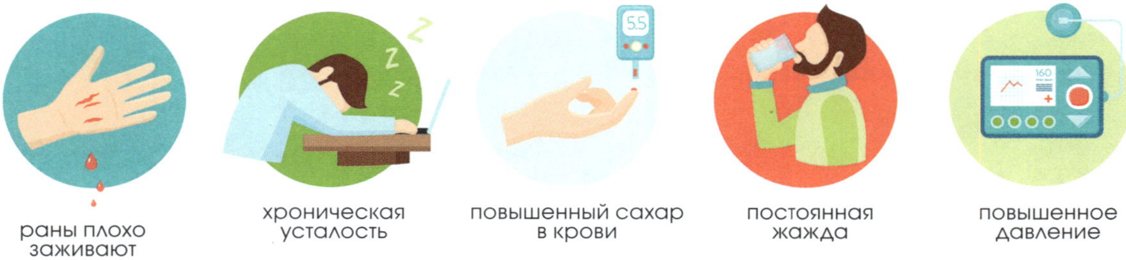

Симптомы сахарного диабета

Эпифиз (шишковидное тело)

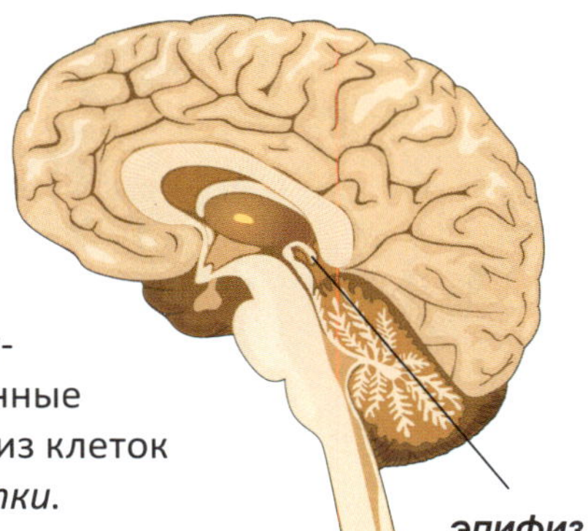

Эпифиз располагается в бороздке между *верхними холмиками четверохолмия* и прикреплен поводками к обоим *зрительным буграм*. Эпифиз имеет округлую форму, масса его у взрослого человека не превышает 0,2 г. Снаружи эпифиз покрыт соединительнотканной капсулой, от которой в глубь железы отходят соединительнотканные перегородки, разделяющие ее на *дольки*, которые состоят из клеток двух типов — *железистые пинеалоциты* и *глиальные клетки*.

Функция железистых пинеалоцитов осуществляется при участии гипоталамуса и подчиняется четкому суточному ритму: ночью они синтезируют *мелатонин*, днем — *серотонин*. Такой ритм связан с освещенностью, *свет угнетает синтез мелатонина*. Принято считать, что эпифиз регулирует функцию половых желез и половое созревание, участвует в регуляции циркадианных ритмов, например, ритма сна и бодрствования.

Гомеостаз

Гомеостаз (*греч.* homoios — такой же, сходный, stasis — стабильность, равновесие) — физиологический процесс поддержания постоянства внутренней среды организма, при котором различные параметры организма (кровяное давление, температура тела, кислотно-щелочное равновесие и др.) поддерживаются в равновесии, несмотря на изменение условий окружающей среды. Под *внутренней средой* понимается вся совокупность жидкостей (кровь, лимфа, тканевая жидкость и др.), участвующие в обмене веществ и поддержании гомеостаза.

Организм человека приспосабливается к постоянно меняющимся условиям внешней среды, однако его внутренняя среда остается постоянной, поэтому человек может жить в различных условиях окружающей среды. Некоторые физиологические параметры регулируются особенно тщательно и тонко, например, температура тела, объем крови, аппетит и многие другие. Для поддержания гомеостаза мозг использует две основные системы — вегетативную и эндокринную. Самая важная функция вегетативной нервной системы — сохранение постоянства внутренней среды организма. Эндокринная система регулирует функцию всех органов и систем посредством своих гормонов.

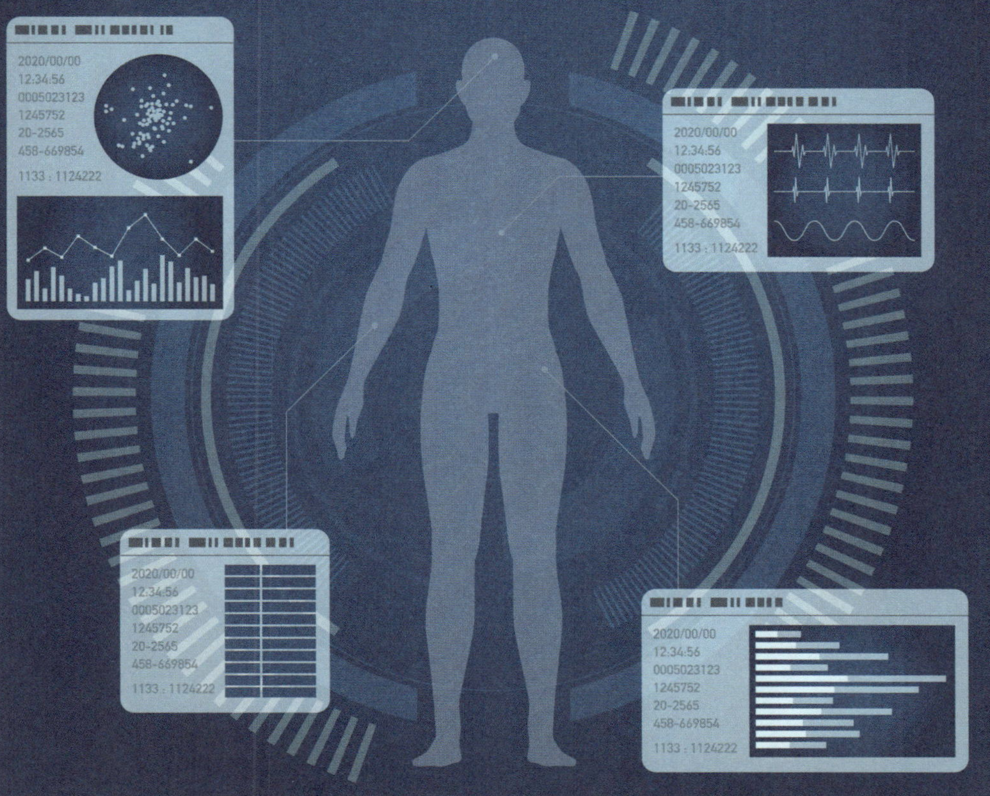

МОЧЕПОЛОВОЙ АППАРАТ

Мочеполовой аппарат объединяет две системы органов — мочевую и половую, которые анатомически и физиологически различные, но тесно связаны между собой происхождением и топографически.

Мочевая система

Мочевая система включает почки, в которых образуется моча, и мочевыводящие пути (почечные чашечки, лоханки, мочеточники, мочевой пузырь, мочеиспускательный канал).

Моча — жидкость, выводимая почками из организма, которая содержит большое количество продуктов его жизнедеятельности. С мочой из организма удаляются конечные продукты азотистого обмена: мочевина, мочевая кислота, креатинин, хлорид натрия. В моче присутствуют следы свыше 100 различных веществ.

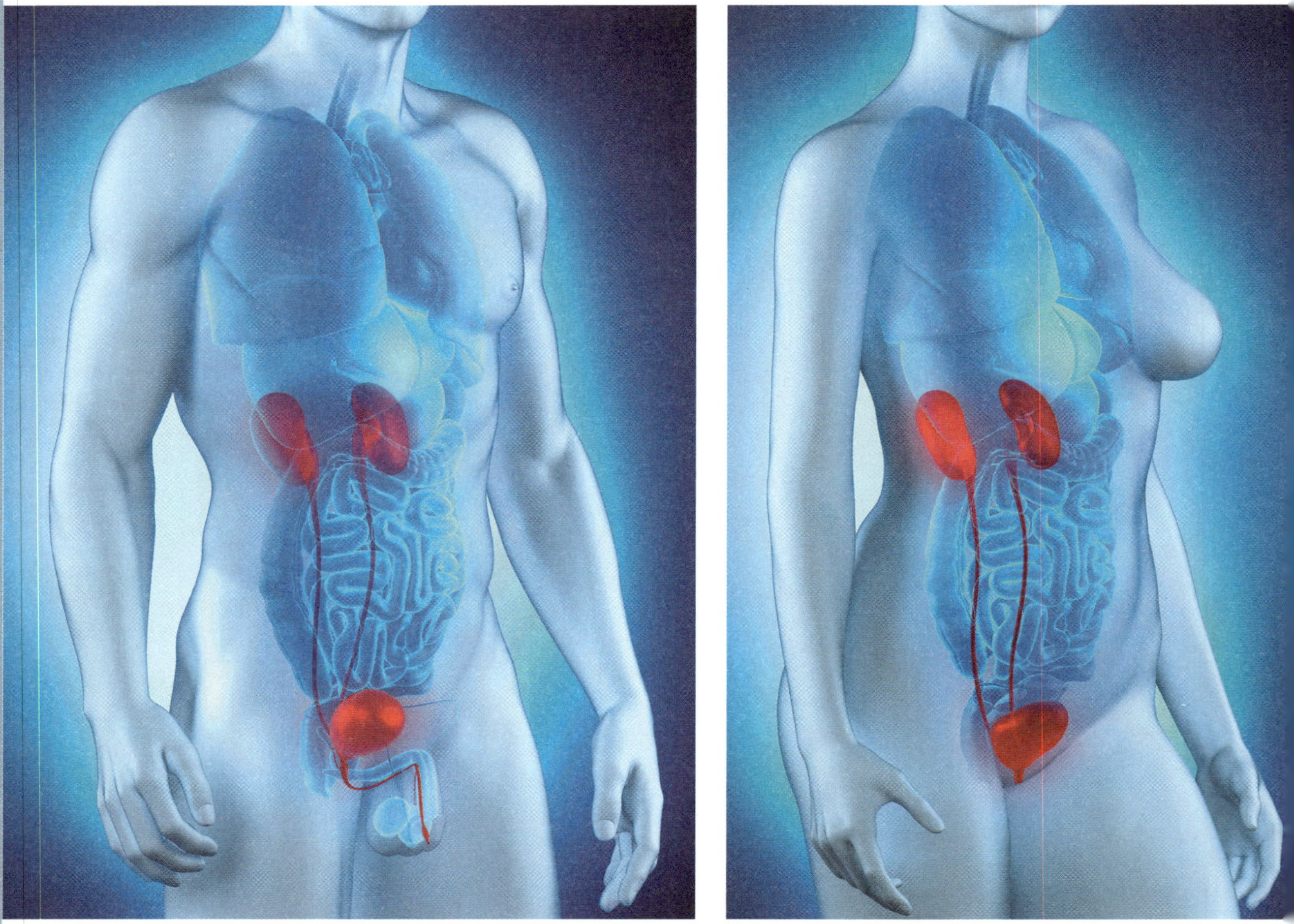

Расположение мочевой системы у мужчины и женщины

Почки

Почка человека массой 120—200 г имеет бобовидную форму. Почки расположены вне брюшины и прилежат к задней стенке брюшной полости. На вогнутом медиальном крае почки находится углубление — *почечные ворота*, которые ведут в небольшую *почечную пазуху* с расположенными там нервами, кровеносными сосудами, почечными лоханками, чашками и началом мочеточника. В почке различают наружное, более светлое *корковое вещество* и внутреннее, более темное *мозговое вещество*. В корковом веществе расположены *почечные тельца*. Мозговое вещество расположено в виде 7—10 пирамид, основание каждой направлено к поверхности почки, а *почечный сосочек* — к почечной лоханке.

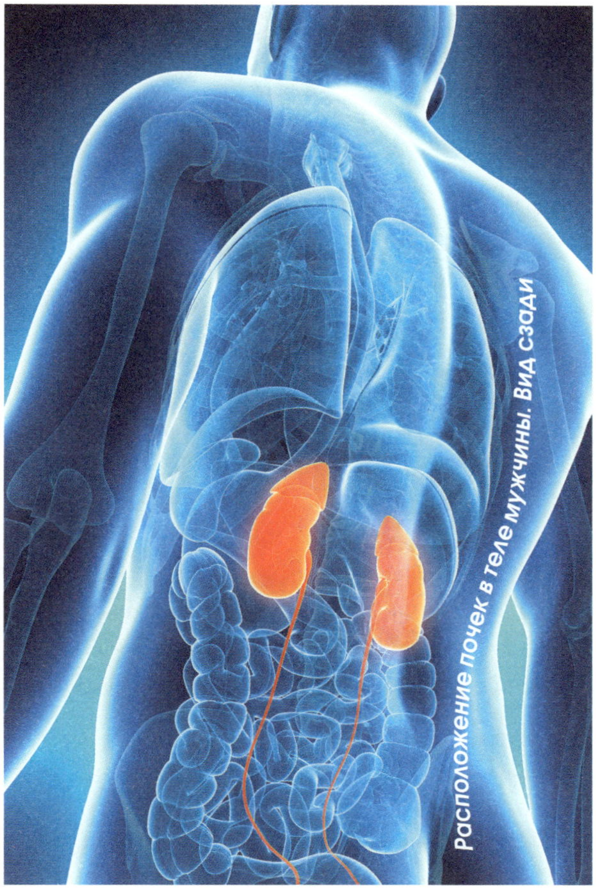

Расположение почек в теле мужчины. Вид сзади

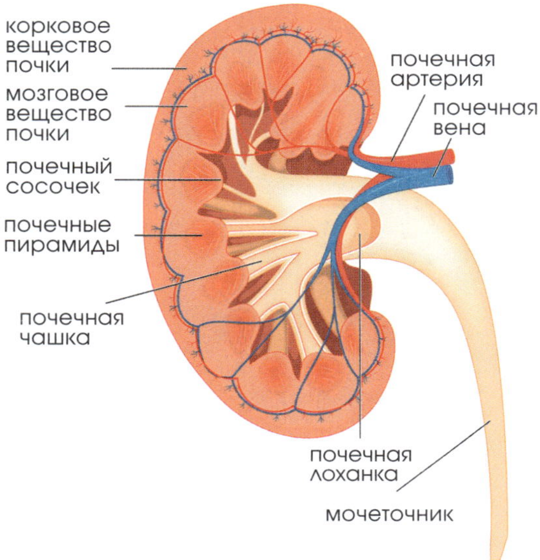

Почка, почечные чашки, почечная лоханка, мочеточник

На *внутренней поверхности* почечной пазухи можно различить *почечные сосочки* числом от 5 до 15 (чаще 7 или 8). На *вершине* каждого сосочка от 10 до 20 и более с трудом различаемых невооруженным глазом *сосочковых отверстий*. Это устья мочевых канальцев, или почечное сито, или *решетчатое поле*. Каждый сосочек обращен внутрь полости *малой почечной чашки*. Бывает, что в одну чашку обращены два или три сосочка, соединенные вместе. Количество малых чашек чаще всего 7—8. Несколько малых почечных чашек образуют одну *большую чашку*, у человека их 2—3. Большие чашки сливаются друг с другом, образуя одну общую полость — *почечную лоханку*. Почечная лоханка, постепенно суживаясь, переходит в *мочеточник*.

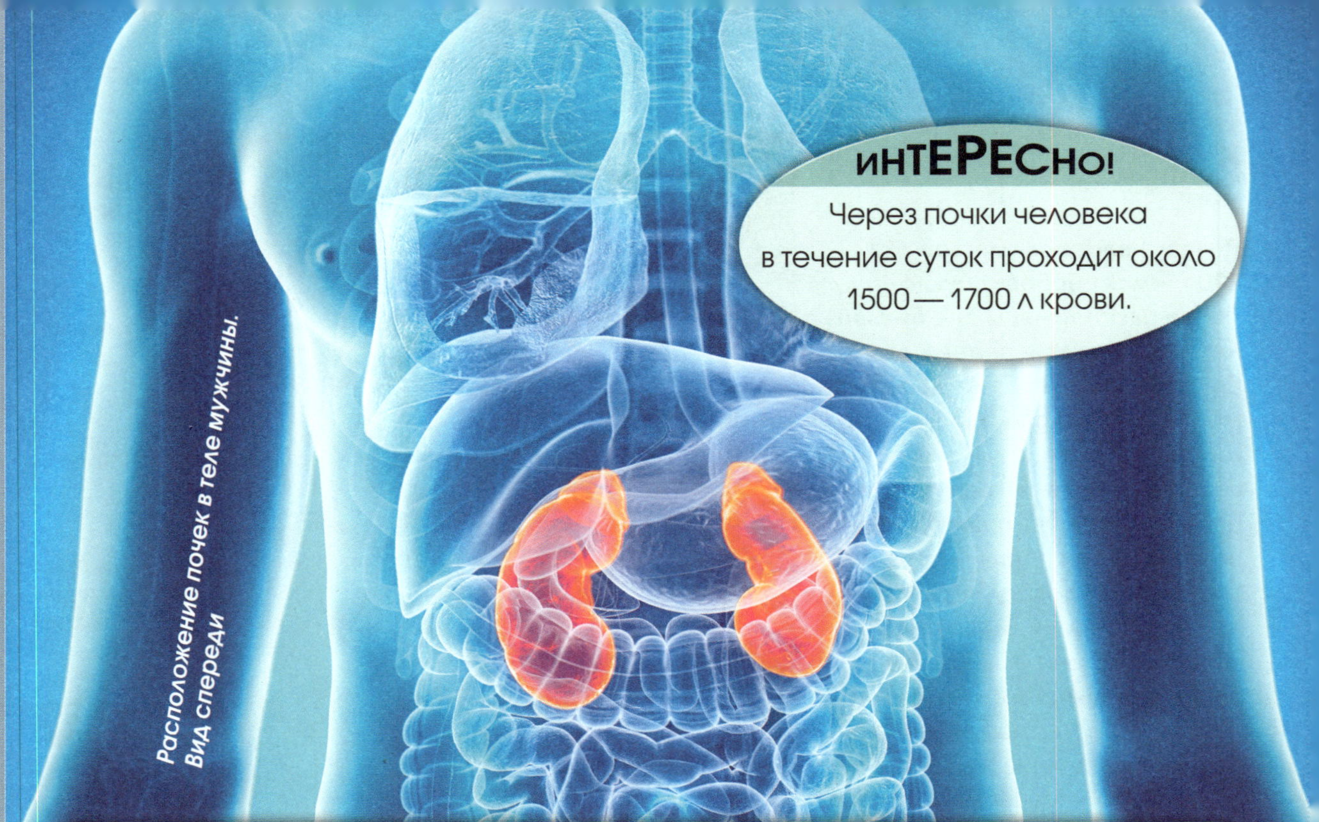

Расположение почек в теле мужчины. Вид спереди

ИНТЕРЕСНО!

Через почки человека в течение суток проходит около 1500 — 1700 л крови.

Почечная артерия — крупный сосуд брюшной аорты, кровоснабжающий почку. Вступив в *ворота почки*, артерия делится на на все более мелкие сосуды. В корковое вещество отходят многочисленные *междольковые артерии,* от каждой отходит большое количество *приносящих артериол клубочков,* которые распадаются на *клубочковые кровеносные капилляры* («чудесная сеть»), извиваются и переходят в *артериальные выносящие сосуды*, которые вновь распадаются на капилляры, питающие канальцы (*вторичная капиллярная сеть*). Оттуда кровь оттекает в *венулы*, которые постепенно укрупняются, сливаясь в *почечную вену*.

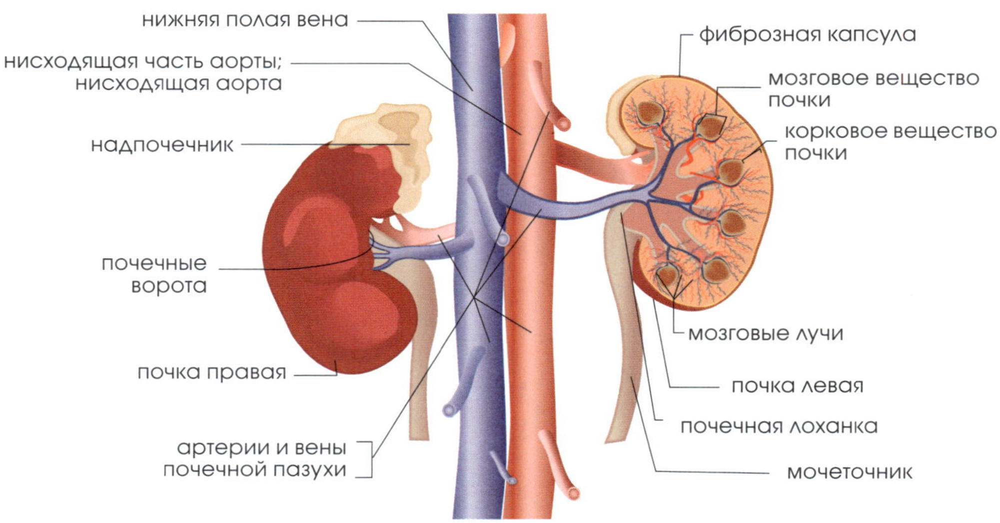

Почки: строение и кровоснобжение

Почечное тельце образовано «чудесной сетью», окруженной *капсулой клубочка* в форме двустенной чаши. Клетки, образующие стенку капилляров, имеют множество пор и напоминают сито. Из крови в просвет капсулы через этот барьер и поступают *первичная моча*.

Путь первичной мочи таков: *кровь → эндотелий капилляров → базальная мембрана, лежащая между эндотелиальными клетками и отростками подоцитов, → щели между цитоподиями → полость капсулы.*
В течение суток в просветы капсул фильтруется около 100 л первичной мочи.

Основная структурная и функциональная единица строения почки — *нефрон*. Это почечное тельце и система канальцев. В каждой почке более 1 млн нефронов, связанных с кровеносными сосудами. Моча из *полости капсулы* поступает в *канальцы нефрона,* где из первичной мочи всасывается большое количество воды и других веществ и образуется *окончательная моча*. Обратное всасывание воды регулируется *антидиуретическим гормоном гипоталамуса,* в результате чего количество окончательной мочи по сравнению с количеством первичной резко уменьшается (до 1,5 л в сутки). В то же время возрастает концентрация веществ, не подвергающихся обратному всасыванию. Моча поступает в малые, затем в большие почечные чашки и лоханку, переходящую в мочеточник.

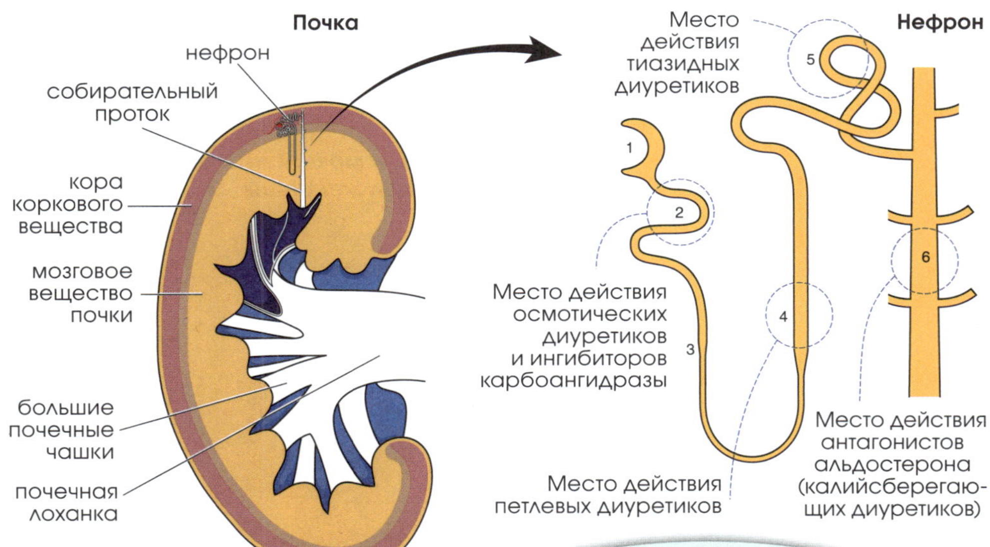

Длина всех канальцев нефронов обеих почек — около 100 км.

Почка и нефрон

Мочеточники

Мочеточники — цилиндрические трубки длиной 25–30 см. Располагаются они забрюшинно. Мочеточники впадают в мочевой пузырь, косо прободая его стенку. Благодаря ритмическим перистальтическим сокращениям их толстой мышечной оболочки моча передвигается по мочеточникам.

Мочевой пузырь

Мочевой пузырь взрослого человека залегает позади *лобкового симфиза*. У новорожденных и детей первого года жизни емкость мочевого пузыря не превышает 50–80 $см^3$, у взрослого — до 1 л. *Основу стенки мочевого пузыря* составляют гладкие мышцы, располагающиеся в три слоя, которые переплетаются между собой, что способствует равномерному сокращению его стенок при мочеиспускании. Наиболее развит *круговой слой*, который в области *внутреннего отверстия мочеиспускательного канала* образует его *внутренний (непроизвольный) сжиматель*. Кроме него, есть поперечнополосатый *наружный (произвольный) сжиматель мочеиспускательного канала*. В *нижней части мочевого пузыря* находится *внутреннее отверстие мочеиспускательного канала*.

ИНТЕРЕСНО!

Моча накапливается в мочевом пузыре со скоростью около 50 мл в 1 ч.
При накоплении в пузыре 150–250 мл мочи появляются первые короткие позывы к мочеиспусканию, после накопления 250–500 мл начинается его опорожнение. Сокращение мышц брюшного пресса способствует увеличению давления внутри пузыря и изгнанию мочи.

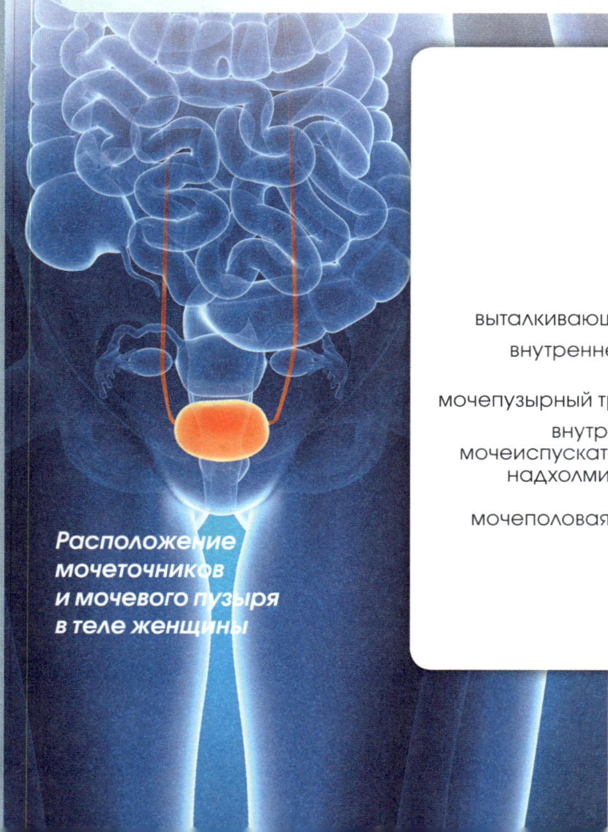

Расположение мочеточников и мочевого пузыря в теле женщины

Мочевой пузырь и мочеиспускательный канал женщины

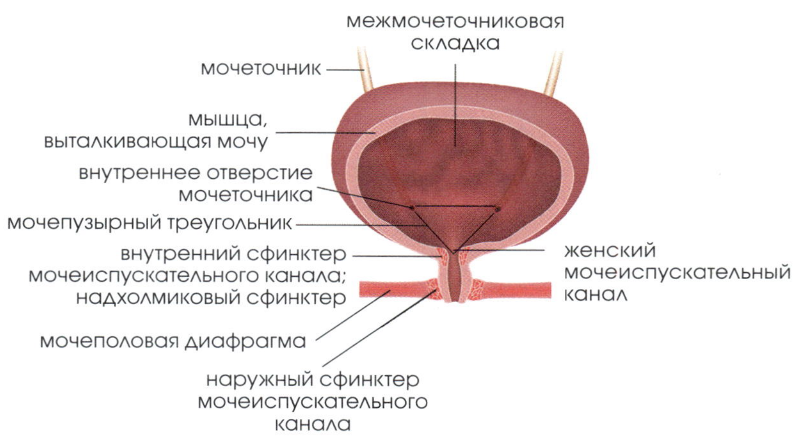

Мочеиспускательный канал

Мочеиспускательный канал женщины — короткая щелевидная трубка длиной 3–6 см, расположенная позади лобкового симфиза. Гладкие мышечные волокна стенки образуют два слоя. *Наружное отверстие* находится в *преддверии влагалища*, впереди и выше отверстия последнего и окружено поперечнополосатым *наружным сфинктером*.

Женская мочеполовая система

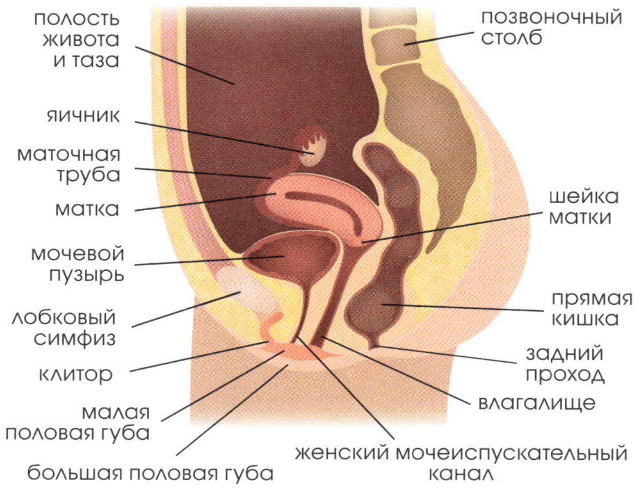

Функция почек

Почки очищают кровь от многих вредных веществ и некоторых необходимых для жизнедеятельности организма: с мочой выводятся не только конечные продукты азотистого обмена, но и многие лекарства, ионы натрия, кальция, неорганический фосфат, вода. Почки участвуют в регуляции кислотно-щелочного, водного и электролитного состава, осмотического давления, постоянства ионного состава и pH внутренней среды организма, т.е. почки поддерживают относительное постоянство состава крови и жидкостей организма.

На деятельность почек влияют *гормоны коры надпочечников* (минералокортикоиды и глюкокортикоиды); *антидиуретический гормон* (вазопрессин), выделяемый клетками гипоталамуса, он усиливает обратное всасывание воды из первичной мочи в канальцах нефрона; *гормон паращитовидных желез* и *тиреокальцитонин*.

ЛЮБОПЫТНО!

Способность контролировать мочеиспускание появляется в конце первого года жизни ребенка и закрепляется к концу второго года. Использование памперсов приводит к тому, что ребенок научается контролировать мочеиспускание после 2–3 и даже 4 лет.

МОЧЕКАМЕННАЯ БОЛЕЗНЬ. Камни в мочевыводящих путях чаще всего образуются из оксалата кальция и бывают видны во время рентгенологического обследования. Большинство этих камней вызывают у человека болевые ощущения, прохождение камней вниз по мочеточнику вызывает сильные коликообразные боли. Такие камни обычно удаляют хирургическим путем, с помощью раздробления или литотрипсии для предотвращения или освобождения закупоренного и инфицированного мочеточника.

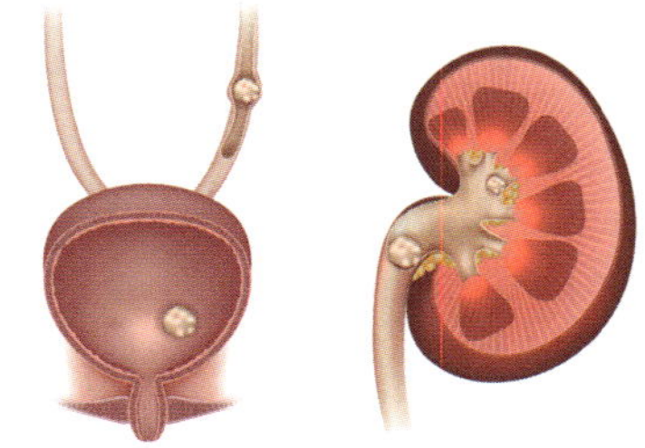

Мочекаменная болезнь: образовавшиеся в почке камни начинают перемещаться по мочеточнику в мочевой пузырь

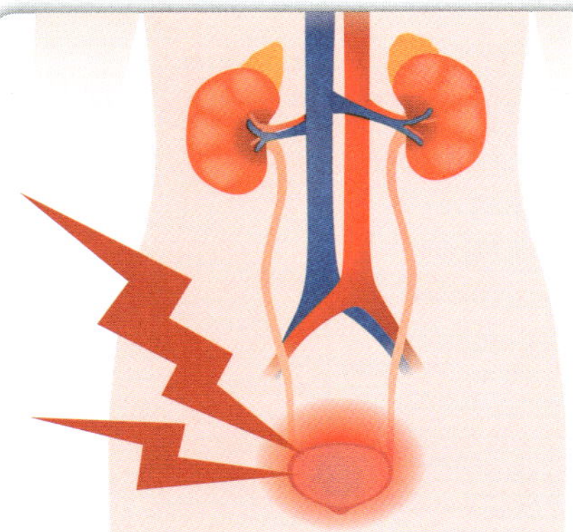

ЦИСТИТ. Воспаление мочевого пузыря, часто возникающее в результате попадания в него инфекции. Характерны частые позывы к мочеиспусканию, нередко сопровождающиеся болями внизу живота и чувством жжения. В более тяжелых случаях во время болезненного мочеиспускания в моче появляется примесь крови; человека беспокоят спастические боли в нижней части живота, усиливающиеся после мочеиспускания. Острый цистит лечится антибиотиками и обильным потребление жидкости.

НЕДЕРЖАНИЕ МОЧИ. Непроизвольное мочеиспускание. Недержание мочи при напряжении характеризуется невозможностью удержать мочу при кашле или каком-либо физическом напряжении. Часто встречается у женщин с ослабленными после родов мышцами тазового дна. Недержание мочи, вызванное переполнением мочевого пузыря, нередко наблюдается у пожилых людей с нарушенным оттоком мочи из мочевого пузыря или у пациентов с различными неврологическими заболеваниями, у которых нарушен контроль состояния мочевого пузыря. Неудержание мочи характеризуется подтеканием мочи, и сопровождается сильным желанием мочиться.

Система мужских половых органов

Мужские половые органы — это яичко с его оболочками и придатками, расположенными в мошонке, семявыносящие пути, вспомогательные половые железы и половой член.

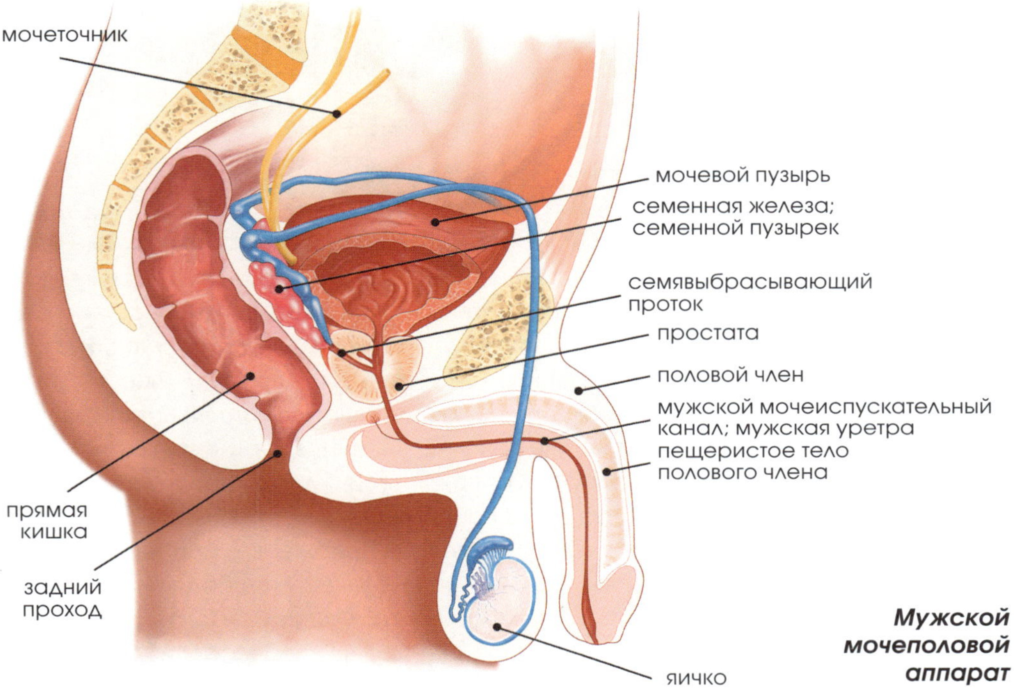

Мужской мочеполовой аппарат

Внутренние мужские половые органы

Яичко — половая железа яйцевидной формы, плотная, размерами около 3×4×2 см. Яичко покрыто плотной соединительнотканной *белочной оболочкой*. От нее внутрь органа радиально отходят *перегородочки*, которые своими противоположными краями прикрепляются к утолщению оболочки в области заднего края яичка — *средостению*. Перегородочки делят яичко на множество *долек* (100—300), в которых располагается по одному-два *извитых семенных канальца*. Длина каждого канальца 50—80 см.

ИНТЕРЕСНО!

Общая длина всех извитых семенных канальцев обоих яичек достигает огромной величины — 700–800 м.

Функции яичек — образование мужских половых клеток *сперматозоидов*, оплодотворяющих женщину, и *половых гормонов*, влияющих на развитие первичных и вторичных половых признаков. До периода полового созревания яички и придатки развиваются медленно, затем их рост резко ускоряется.

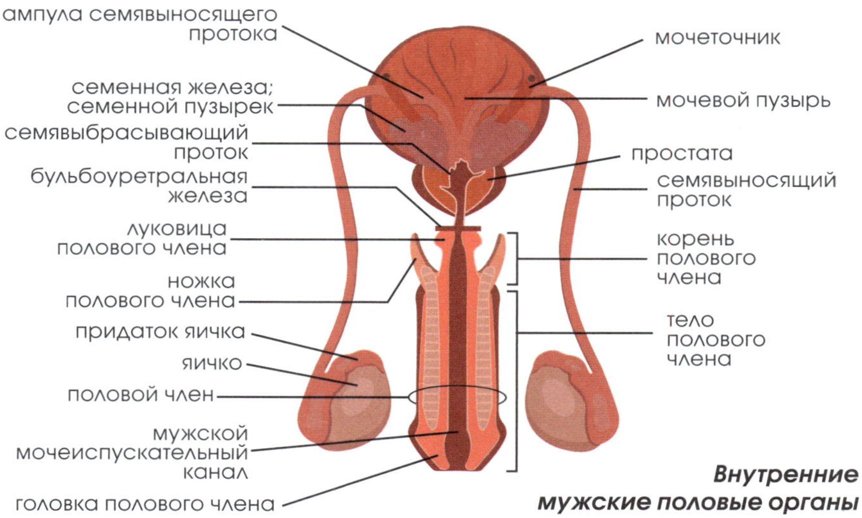

Внутренние мужские половые органы

У половозрелого мужчины *стенка извитого семенного канальца яичка* выстлана слоем *сперматогенного эпителия*. Этот слой состоит из *сперматогенных клеток*, находящихся на разных стадиях развития, и поддерживающих *клеток Сертоли*. Вместе с другими структурами стенки канальца клетки Сертоли формируют *гематотестикулярный барьер,* который препятствует проникновению токсических веществ и антител из крови к развивающимся сперматозоидам и способствует сохранению их микроокружения.

Извитые канальцы вблизи *средостения* постепенно выпрямляются, переходят в *прямые канальцы яичка* и впадают в *сеть яичка*, которая расположена в средостении. *Канальцы сети* открываются в 15–20 *выносящих канальцев яичка*, прободающих его белочную оболочку, и, извиваясь, входят в *придаток яичка*. *Функции* извитых семенных канальцев — непрерывное образование огромного количества сперматозоидов.

Сперматозоид имеет головку, шейку и хвост. *Головка* яйцевидной формы содержит ядро, обладающее одним (гаплоидным) набором хромосом (23 хромосомы), как и ядро яйцеклетки. На *переднем полюсе* головки под плазматической мембраной расположена *акросома*. В акросоме содержатся ферменты, растворяющие при оплодотворении плотную оболочку яйцеклетки и способствующие проникновению сперматозоида в яйцеклетку. В *шейке* сперматозоида находится множество *митохондрий*, которые обеспечивают сперматозоид энергией для движения.

Сперматозоид — самая маленькая и самая подвижная клетка мужского организма: скорость его движения в женских половых органах перед оплодотворением достигает 100 мкм/с.

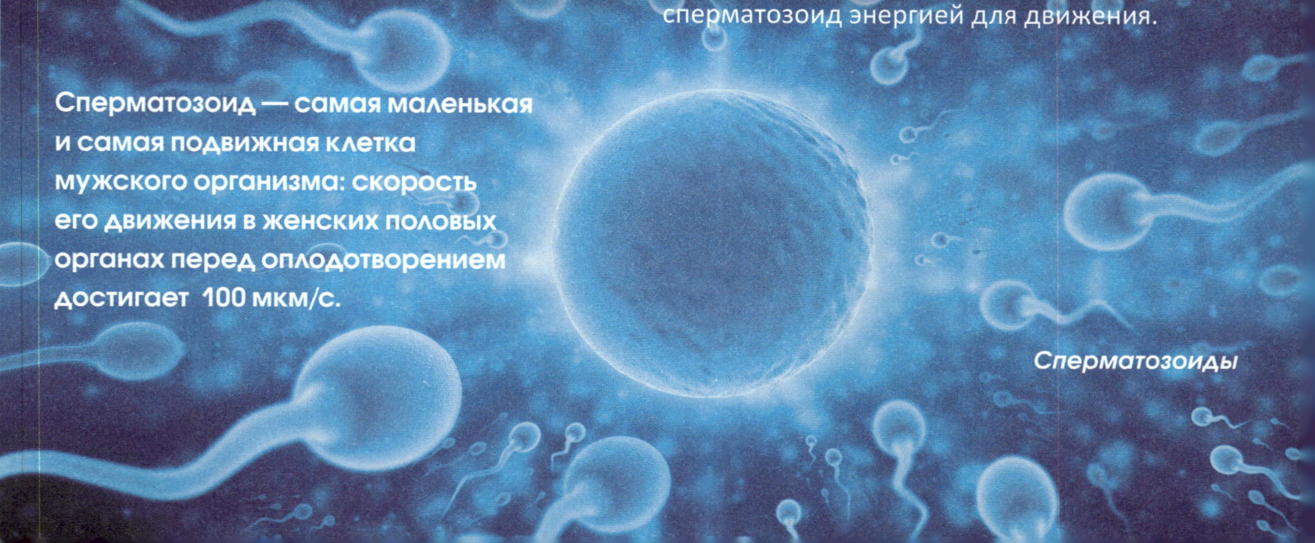

Сперматозоиды

Клетки Лейдига — еще одна разновидность клеток яичка. *Функции* клеток Лейдига — активный синтез мужского полового гормона *тестостерона* (андрогена), который оказывает разнообразное действие на различные клетки мужского организма, стимулируя их рост и функциональную активность: это клетки мозга, простаты, семенных пузырьков, желез крайней плоти, почек, кожи, мышц и др.

Гормоны стимулируют синтез белка и ускоряют рост тканей. Мужские половые гормоны влияют на *сперматогенез*: низкая концентрация гормона активирует этот процесс, высокая — тормозит его. Небольшое количество женских половых гормонов *эстрогенов* также синтезируется в яичках. Андрогены и эстрогены совместно с другими гормонами регулируют рост и развитие опорно-двигательного аппарата, они в определенном возрасте останавливают рост костей в длину.

Придаток яичка плотно прирастает по заднему краю к яичку. Придаток яичка — *система канальцев*, заполненных созревшими сперматозоидами. Выносящие канальцы яичка, извиваясь, направляются из сети яичка к придатку и впадают в единственный *проток придатка.* Он очень длинный (достигает 4–6 м в длину при диаметре около 5 мм), штопорообразно закрученный. Проток придатка переходит в *семявыносящий проток*, который входит в состав *семенного канатика*. Семенной канатик как бы подвешивает яичко. *Функции* придатка яичка — хранилище сперматозоидов, где они становятся способными к оплодотворению.

Семявыносящий проток легко прощупать в паховом канале благодаря мощной мышечной оболочке. *Конечный отдел* семявыносящего протока расширяется, образуя *ампулу*.

Семенные пузырьки — боковые выросты (выпячивания) стенки конечного отдела каждого семявыносящего протока. Размеры семенных пузырьков 5×2×1 см. Их складчатая слизистая оболочка вырабатывает густой *желтоватый секрет*, который смешивается со спермой и разжижает ее, питает и активирует сперматозоиды.

Семявыбрасывающий проток образуется в результате соединения заостренного выделительного протока каждого семенного пузырька с конечным отделом семявыносящего протока. Семявыбрасывающий проток длиной около 2 см прободает простату и открывается в *предстательную часть мужского мочеиспускательного канала* узким отверстием.

Простата, или ***предстательная железа***, — железисто-мышечный орган, по форме напоминающий каштан, своим основанием связанный с мочевым пузырем. Простата окружает начальную часть мочеиспускательного канала. Масса простаты взрослого мужчины всего 18–22 г. Многочисленные *проточки* простатических желез открываются в мочеиспускательный канал. Железы вырабатывают жидкий беловатый секрет. В момент *семяизвержения (эякуляции)* секрет из простатических желез выбрасывается в мочеиспускательный канал.

ВНИМАНИЕ!

Мужские половые гормоны влияют на половое поведение, либидо и потенцию.

Простата развивается параллельно с яичками. Между простатой и яичками существуют *постоянные взаимодействия*: повышение секреторной активности яичек стимулирует функции и развитие простаты; понижение секреторной активности яичек подавляет функции простаты и может привести к ее атрофии; увеличенное поступление секрета простаты в кровяное русло (в периоды полового воздержания) тормозит образование сперматозоидов и мужских половых гормонов яичками; снижение секреторной активности простаты (при учащении половых актов) стимулирует деятельность яичек. *Функция* простаты — экзокринная (выработка простатического сока, разжижающего сперму) и эндокринная. Простата вырабатывает простагландины и другие биологически активные вещества (на сегодняшний день их изучено более 20).

ИНТЕРЕСНО!

Медицине известно огромное количество примеров, когда длительное половое воздержание приводило к атрофии простаты. Особенно много таких случаев было среди католических служителей, давших обет безбрачия.

Бульбоуретральные железы (куперовы) вырабатывают вязкий *секрет*, который предохраняет слизистую оболочку мочеиспускательного канала от раздражающего действия мочи и разжижает сперму.

Сперма — густая, беловатая или сероватая вязкая жидкость со специфическим запахом, напоминающим запах свежих каштанов. Состав спермы: вода, слизь, сахар (фруктоза), основания, огромное количество биологически активных веществ, включая гормоны, ферменты, простагландины. Сперма примерно на 30% состоит из секрета простаты и около 65 – 70% — семенных пузырьков. Во время одного семяизвержения выбрасывается около 3 – 5 мл спермы.

Секретируемые простатой, куперовыми железами и семенными пузырьками вещества добавляются к сперме во время ее продвижения по семявыбрасывающему протоку и мочеиспускательному каналу, разжижают сперму, повышают жизнеспособность сперматозоидов и активируют их.

ПРОСТАТИТ. Воспаление простаты (предстательной железы). Причиной простатита обычно является бактериальная инфекция; заболевание может протекать как в острой, так и в хронической форме. При остром простатите у больного имеются все симптомы инфекции мочевыводящих путей, включая боли в области промежности, озноб и повышение температуры. Для лечения заболевания обычно назначаются антибиотики. При хроническом простатите симптомы со стороны мочевыводящих путей проявляются лишь временами.

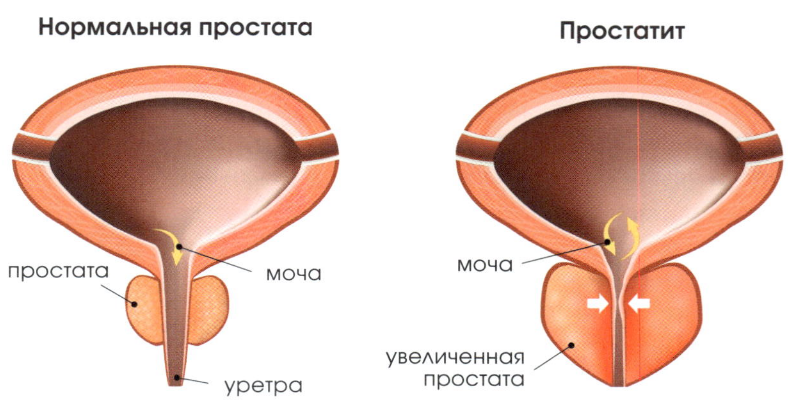

Наружные мужские половые органы

ВНИМАНИЕ!

Мошонка — своеобразный «физиологический термостат», который поддерживает температуру яичек более низкой, чем температура тела. Это необходимое условие *нормального сперматогенеза и выработки мужских половых гормонов.*

Мошонка — отвисающее книзу выпячивание всех *слоев брюшной стенки*, расположенное между *корнем полового члена* и *промежностью*. Кожа мошонки благодаря наличию *гладких мышц* сокращена и приподнята. При половом возбуждении и снижении окружающей температуры сокращение усиливается и яички приподнимаются. При повышении температуры организма мошонка расслабляется.

Мужской половой член (penis, fallos, пенис) сформирован двумя пещеристыми и одним губчатым телами. *Корень полового члена* прикреплен к лобковым костям и скрыт под кожей; подвижная часть — *тело полового члена* — оканчивается утолщенной *головкой*, на вершине которой находится *наружное отверстие мочеиспускательного канала*. Тонкая, нежная, подвижная, растяжимая кожа полового члена лежит на лишенной жировых клеток подкожной клетчатке. У *основания головки* кожа образует циркулярную свободную складку — *крайнюю плоть,* которая скрывает головку. *Уздечка*, расположенная на *нижней поверхности головки*, соединяет крайнюю плоть с кожей головки. Между крайней плотью и кожей головки имеется небольшое *пространство (мешок)*, куда выделяется секрет многочисленных желез крайней плоти, образующих беловатую смегму. Это пространство открывается отверстием, через которое при отодвигании крайней плоти проходит головка полового члена. *Головка полового члена* образована плотной волокнистой соединительной тканью, обильно пронизанной сетью соединяющихся между собой вен. *Функции* полового члена — выведение мочи и совокупление (введение в женское влагалище).

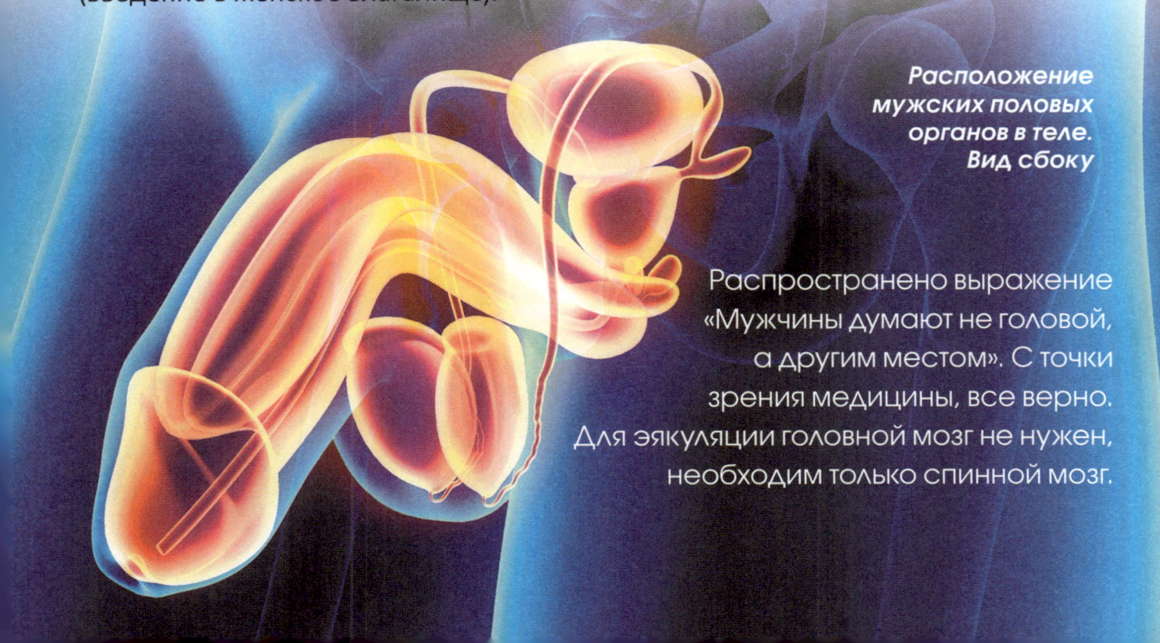

Расположение мужских половых органов в теле. Вид сбоку

Распространено выражение «Мужчины думают не головой, а другим местом». С точки зрения медицины, все верно. Для эякуляции головной мозг не нужен, необходим только спинной мозг.

ИНТЕРЕСНО! Среднестатистический мужчина в течение жизни эякулирует около 7200 раз.

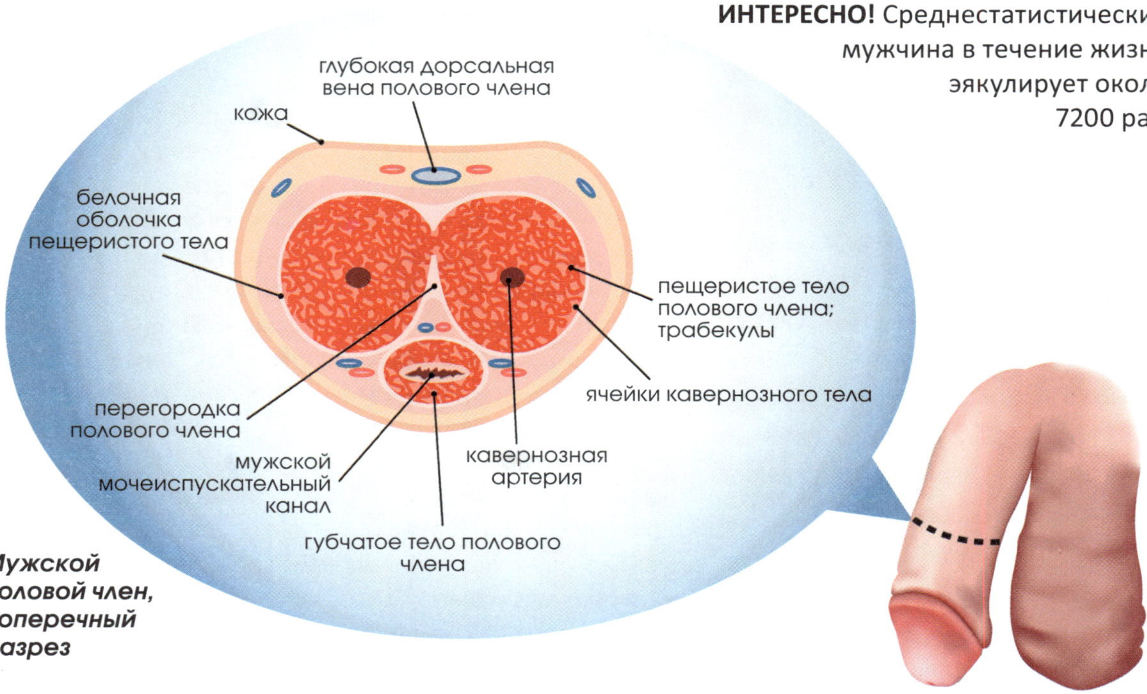

Мужской половой член, поперечный разрез

Мужской мочеиспускательный канал — узкая трубка длиной 16–22 см (у новорожденного 5–6 см). В канале различают три части: *предстательную*, прободающую простату; самую короткую *перепончатую*, проходящую через диафрагму таза; самую длинную *губчатую*, залегающую в губчатом теле полового члена.

Семенной холмик сформирован *пещеристой тканью*, богатой гладкими мышечными клетками. В семенном холмике находится огромное количество нервных волокон и их чувствительных окончаний — это точки наибольшей половой чувствительности. При эрекции семенной холмик набухает, увеличивается, что препятствует затеканию спермы в мочевой пузырь. Вокруг предстательной части мочеиспускательного канала поперечнополосатые мышцы мочеполовой диафрагмы образуют его *произвольный сфинктер*.

ИНТЕРЕСНО! У некоторых народов принято делать обрезание крайней плоти полового члена по религиозным предписаниям (иудаизм, ислам). Медицинские основания обрезания крайней плоти — фимоз (невозможность обнажения головки полового члена вследствие узости крайней плоти).

ЗАНЯТНО! Научно доказано, что женщина, живущая половой жизнью только с обрезанным мужчиной, крайне редко заболевает раком шейки матки.

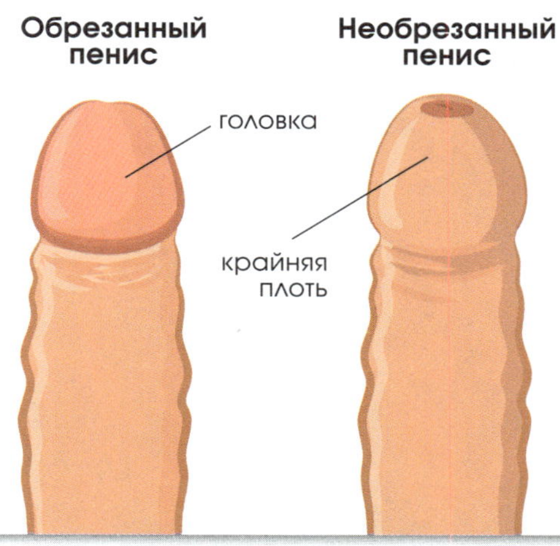

Система женских половых органов

Женские половые органы, как и мужские, подразделяются на внутренние (яичники, маточные трубы, матка и влагалище), расположенные в полости малого таза, и наружные (женская половая область и клитор).

Внутренние женские половые органы

Яичник — важнейшая парная железа овальной формы, расположенная в малом тазу. Один край яичника свободный, другой край прикреплен к *брыжейке*, где в орган входят сосуды и нервы. Яичник покрыт оболочкой, под которой находится *корковое вещество* с многочисленными *фолликулами*, а также *желтыми телами* и *рубцами*. Масса яичника новорожденной девочки около 0,15 г, нерожавшей женщины 5—6 г, рожавшей 7—8 г. После 40—50 лет начинается атрофия яичников, их масса уменьшается почти в 2 раза. *Функции* яичника — образование яйцеклеток и выработка женских половых гормонов, которые выделяются в кровь.

У новорожденной девочки в обоих яичниках имеется до 2 млн женских половых клеток. Количество яйцеклеток после рождения не только не увеличивается, но быстро уменьшается благодаря рассасыванию. Ко времени начала половой зрелости в корковом веществе сохраняется около 300 тыс. первичных яйцеклеток. С наступлением половой зрелости раз в лунный месяц (каждые 28 дней у большинства женщин) образуется *зрелая* (гаплоидная, т.е. содержащая одиночный набор хромосом — 23) *яйцеклетка*.

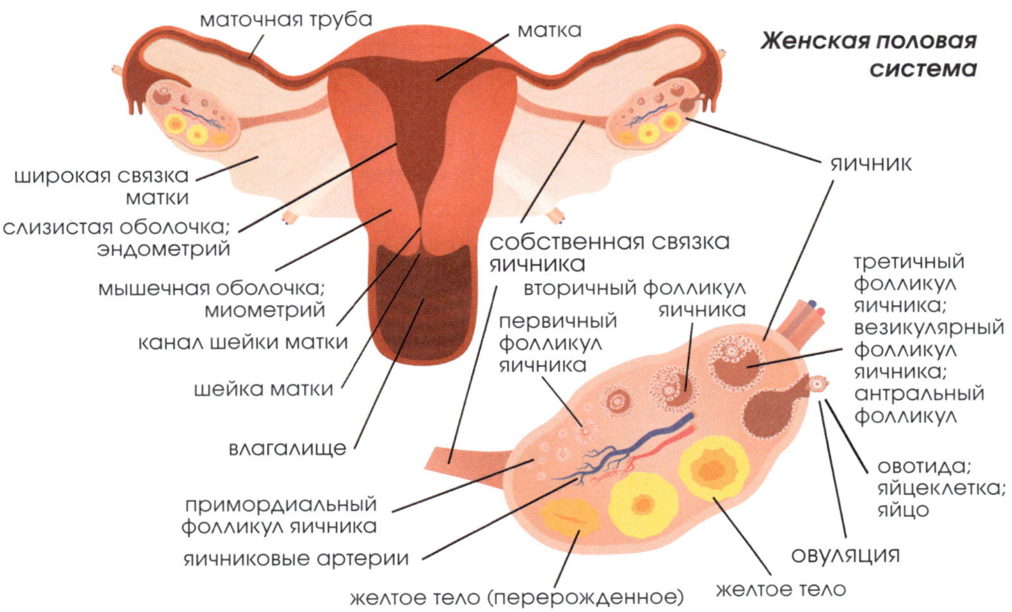

Женская половая система

Яйцеклетка, или ***овоцит, ооцит***, человека относится к маложелтковым с равномерным распределением желточных включений (желток содержит белок и другие вещества, которые питают зародыш в течение определенного времени). Яйцеклетка покрыта блестящей оболочкой. Яйцеклетка окружена слоем фолликулярных клеток, вырабатывающих *женские половые гормоны.* В связи с накоплением жидкости образуется быстро увеличивающаяся в размерах полость — *граафов пузырек*, стенка которого из-за избытка жидкости разрывается, и яйцеклетка, окруженная блестящей оболочкой и 3000—4000 фолликулярных клеток, выходит в свободную брюшную полость, откуда попадает в маточную трубу, где и созревает.

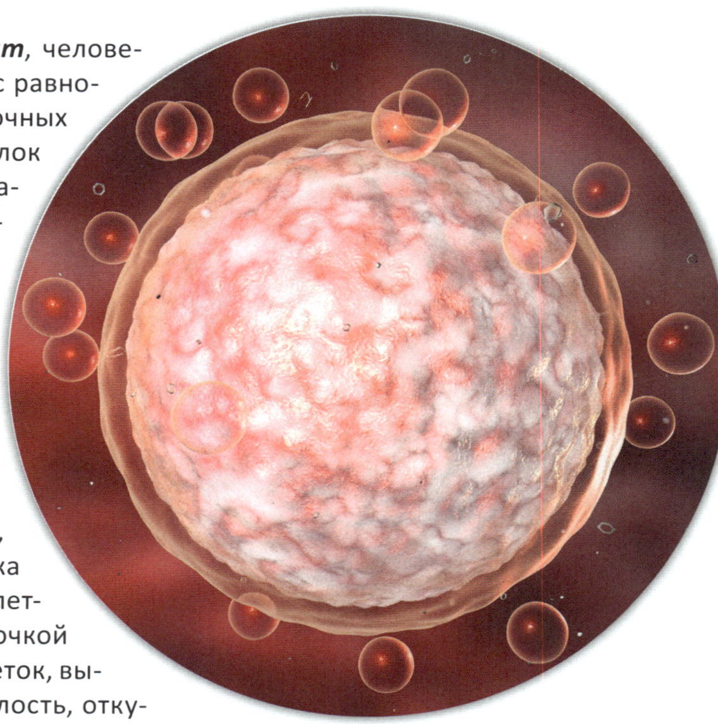

Яйцеклетка

ИНТЕРЕСНО!

В течение примерно 30 — 40 лет половой зрелости у женщины созревает и выделяется около 400—500 яйцеклеток.

В полость лопнувшего пузырька изливается кровь, которая сворачивается, сгусток крови быстро замещается соединительной тканью, здесь развивается очень важная эндокринная железа — *желтое тело.* Клетки фолликулярного эпителия превращаются в *лютеоциты*, продуцирующие *гормон прогестерон.* Если яйцеклетка не была оплодотворена, желтое тело функционирует 12—14 дней. Это *циклическое (менструальное) желтое тело*. Если наступает беременность, желтое тело сохраняется в течение всей беременности — *желтое тело беременности*. Как только прекращается функционирование желтого тела (менструального или беременности), оно атрофируется. На месте желтого тела остается рубец — *беловатое тело*.

В яичниках образуются женские половые гормоны — эстрогены и прогестерон, и некоторое количество мужских половых гормонов — андрогенов. Эстрогены обеспечивают развитие наружных женских половых органов, вторичных половых признаков, рост и развитие опорно-двигательного аппарата, развитие тела по женскому типу, влияют на психику и поведение. Прогестерон оказывает влияние на слизистую оболочку матки, готовя ее к внедрению (имплантации) оплодотворенного яйца, росту и развитию плода, развитию плаценты, молочных желез. Без него невозможно нормальное течение беременности и вынашивание плода.

Маточная труба — парная, цилиндрической формы, длиной у половозрелой женщины 8—18 см. Яйцеклетка продвигается по трубе благодаря сокращениям *мышечной оболочки* и движению *ресничек* клеток, выстилающих просвет.

ВНИМАНИЕ!

Оплодотворение яйцеклетки происходит в маточной трубе.

В результате оплодотворения образуется одноклеточный организм — *зигота*, которая примерно через 30 ч начинает дробиться, из нее образуются 2, затем 4, 8 и т.д. клеток. Через три дня зародыш, напоминающий тутовую ягоду (*морула*), переходит в *полость матки*.

Матка — полый толстостенный орган грушевидной формы. Узкая *полость матки*, примерно треугольной формы, вверху сообщается с трубами, а внизу через *канал шейки матки* — с влагалищем. *Стенка матки* состоит из трех слоев: эндометрия (слизистая оболочка), миометрия (мышечная оболочка) и периметрия (серозная оболочка, или брюшина).

В слизистой оболочке матки (*(эндометрии)* имеется два слоя: толстый поверхностный *функциональный слой*, который отторгается во время менструации, и глубокий *базальный слой* — источник восстановления слизистой оболочки после отторжения функционального слоя. *Мышечная оболочка (миометрий)* образована гладкой мышечной тканью, в ней расположены мощные венозные сплетения.

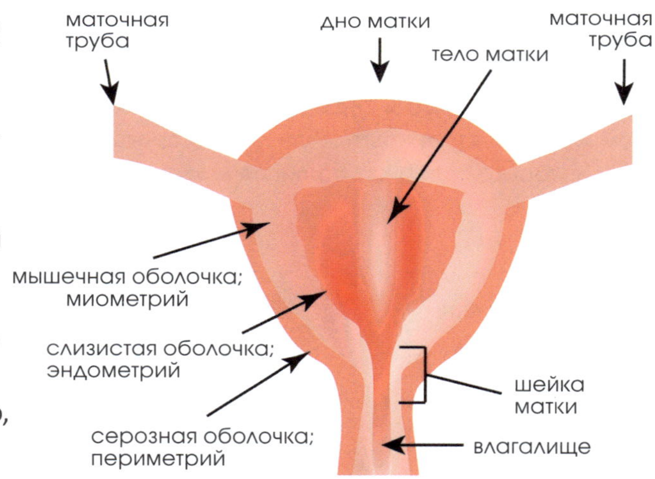

Матка

ИНТЕРЕСНО!

От латинского слова uterus (матка) образовалось слово «истерия».

При *беременности* гладкие мышечные клетки гипертрофируются, их размеры увеличиваются в 5—10 раз в длину и в 3—4 раза в ширину, соответственно увеличиваются и размеры матки, резко возрастает количество кровеносных сосудов — артерий, вен и капилляров. Непосредственно после родов масса матки достигает 1—1,5 кг, постепенно происходит ее обратное развитие и через 6—8 недель после родов восстанавливаются нормальные размеры матки.

Влагалище — уплощенная трубка длиной 7—9 см, направленная косо вверх примерно под углом в 45° и соединяющая *полость матки* с *наружными половыми органами женщины. Наружное отверстие влагалища* открывается в его *преддверие*. У девственниц оно закрыто *девственной плевой* — складкой слизистой оболочки, обычно кольцевидной формы. Стенка влагалища состоит из складчатой *слизистой оболочки*, мощной *мышечной оболочки* и соединительнотканной *адвентициальной оболочки*.

Большая часть слизистой оболочки влагалища относительно слабо иннервирована и имеет мало чувствительных окончаний. Только вход во влагалище имеет огромное количество нервных окончаний. Стенки влагалища весьма эластичны, они легко расслабляются и сокращаются, поэтому полость меняет размеры и форму. Во время родов влагалище пропускает новорожденного.

Наружные женские половые органы

Женская половая область, или ***вульва,*** включает лобок, большие и малые половые губы, клитор и преддверие влагалища. В области ***лобка*** и больших половых губ хорошо выражена подкожная жировая клетчатка. ***Большие половые губы,*** ограничивающие *половую щель*, — складки кожи, очень богатые чувствительными нервными окончаниями, по краям которых обильно растут волосы. В обычном состоянии большие половые губы сомкнуты, при половом возбуждении они расходятся, открывая половую щель, увлажненную слизью. ***Малые половые губы,*** лежащие кнутри от больших губ и отделенные от них бороздами, — тоже складки кожи, лишенные жировой клетчатки и покрытые умеренно ороговевающим многослойным эпителием, базальные клетки которого содержат большое количество пигментных включений.

Клитор, длиной 2,5—3,5 см, подобно мужскому половому члену, состоит из двух *пещеристых тел*, разделенных перегородкой, и *головки*. Передние верхние края малых губ раздваиваются, окаймляя клитор, верхние части образуют *крайнюю плоть клитора*, нижние — его *уздечку*.

Преддверие влагалища — щель между *малыми половыми губами*, куда открываются *наружные отверстия мочеиспускательного канала* и *влагалище*, *протоки* множества малых и двух больших *желез преддверия*.

Промежность — совокупность структур, закрывающих выход из *полости малого таза*.

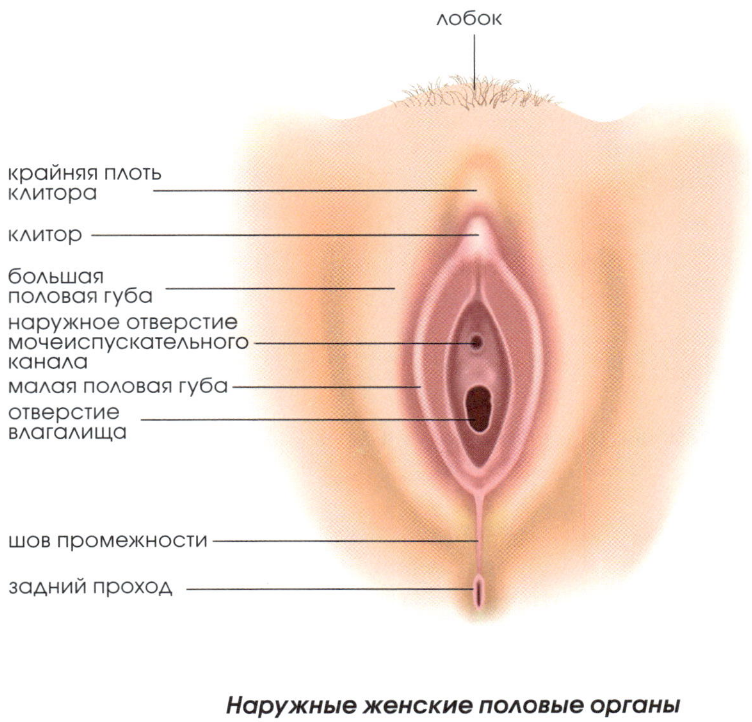

Наружные женские половые органы

Молочная железа

Молочная железа — видоизмененная *потовая железа*, расположена на передней поверхности *большой грудной мышцы*. На передней поверхности железы в центре расположен *пигментированный сосок*, окруженный пигментированным *околососковым кружком*. На поверхности соска открываются 10—15 млечных пор. Размеры сосков и *околососкового поля (ареола)* разнятся у женщин, обычно диаметр ареолы — 2,0—4 см. В коже соска и околососкового кружка множество гладких мышечных волокон. При половом возбуждении сосок резко набухает и становится упругим, что связано с сокращением гладких мышечных волокон. Кожа околососкового поля и особенно соска богато иннервируется огромным количеством чувствительных нервных окончаний.

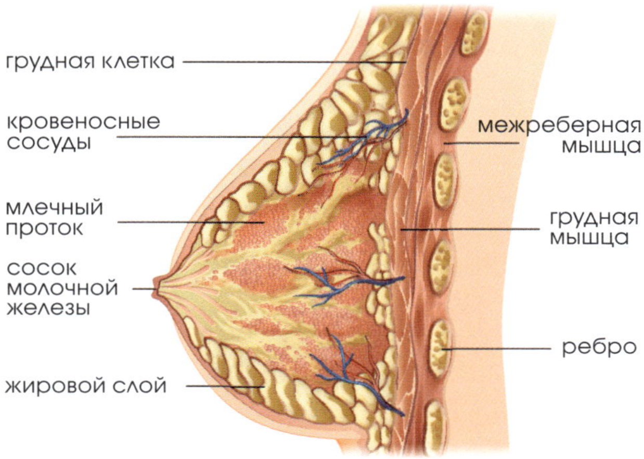

Строение женской молочной железы

У девственниц масса молочной железы около 150—200 г, у кормящей женщины — 300—400 г, у мужчин она недоразвита. У взрослой женщины железа состоит из 15—20 *долей*, между которыми располагается жировая и рыхлая волокнистая соединительная ткань. Доля — сложная альвеолярная железа, *выводной проток* которой направляется радиально к соску, но не доходя до соска, проток, расширяется и образует *млечный синус*. Во время беременности под влиянием эстрогена и прогестерона формируются альвеолы. Клетки секретируют и образуемая ими жидкость (*молозиво*) растягивает альвеолы, в результате чего железа продолжает набухать. Этот процесс продолжается до и в первые 1—2 дня после родов.

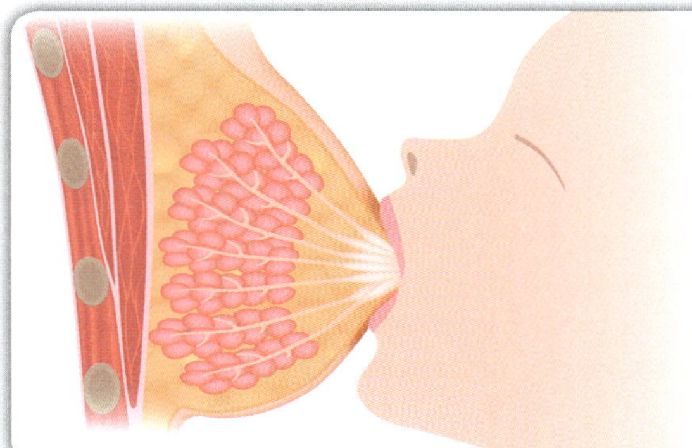

Во время кормления грудью молоко продуцируют *альвеолы молочных желез*. Секреция молока стимулируется *лактотропным гормоном гипофиза*. После окончания периода кормления ребенка постепенно происходит обратное развитие молочной железы, сохраняются только некоторые альвеолы.

Сексуальность человека

Сексуальность человека — это сложный комплекс реакций, который обеспечивается нервной и эндокринной системами. Основные функции половой системы — воспроизведение, эндокринная и сексуальная. Они взаимосвязаны и взаимообуслвлены. Сексуальность обеспечивается половыми системами, однако, основной половой орган — мозг, регулирующий всю жизнь человека, в том числе и функцию половых систем.

Половой акт (коитус) — половое сношение между мужчиной и женщиной, во время которого половой член, будучи в состоянии эрекции, вводится во влагалище и движется внутри него до момента семяизвержения.

Беременность и роды

Оплодотворение имеет два значения.

I. Оплодотворение — начало беременности, когда мужская половая клетка (сперматозоид) оплодотворяет женскую половую клетку (яйцеклетку) в фаллопиевой трубе.

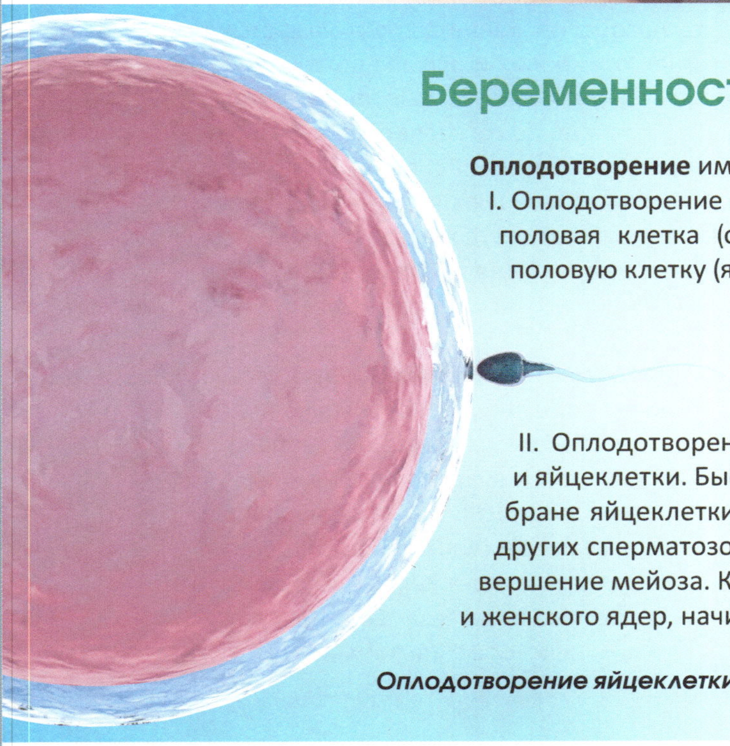

II. Оплодотворение — процесс слияния сперматозоида и яйцеклетки. Быстрые изменения, происходящие в мембране яйцеклетки, предохраняют ее от попадания в нее других сперматозоидов. Оплодотворение стимулирует завершение мейоза. Как только произошло слияние мужского и женского ядер, начинается дробление зиготы.

Оплодотворение яйцеклетки сперматозоидом

Беременность — это период, в течение которого оплодотворенная яйцеклетка развивается в будущего ребенка, вплоть до момента его появления на свет; период, во время которого женщина вынашивает развивающийся в ее организме (в матке) плод. Продолжительность беременности составляет примерно 266 дней, начиная от момента оплодотворения и до рождения ребенка, или 280 дней, начиная от первого дня последней менструации. Во время беременности у женщины прекращаются менструации, набухают молочные железы, отмечается значительное усиление аппетита. Кроме того, некоторые женщины испытывают утреннюю тошноту. Эти и другие изменения связаны с выработкой гормона прогестерона. Диагностировать беременность можно с помощью различных тестов, а также с помощью ультразвука.

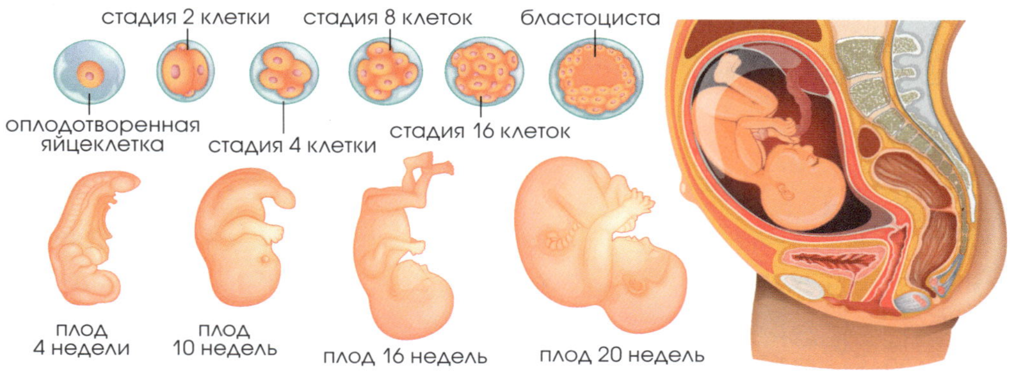

Роды — процесс рождения ребенка, который начинается у женщины самостоятельно примерно через 280 дней после момента оплодотворения, но может быть вызван ранее при помощи стимуляции.

На первом этапе родов мышцы матки сокращаются, шейка начинает раскрываться. Часть зародышевой оболочки выталкивается, в результате чего оболочка разрывается, и околоплодные воды изливаются наружу.

На втором этапе родов головка ребенка появляется в просвете шейки матки. Проход ребенка через влагалище сопровождается сильными сокращениями мышц живота и потугами матери. Далее появляется верхняя часть головки ребенка, после чего тело ребенка легко проходит; в завершении этапа врач перерезает пупочный канатик.

На третьем этапе родов плацента и плодные оболочки удаляются из матки. Средняя продолжительность родов — 12 часов при первой беременности и около восьми часов при последующих. Болевые ощущения во время родов можно уменьшить тренировкой мышц живота.

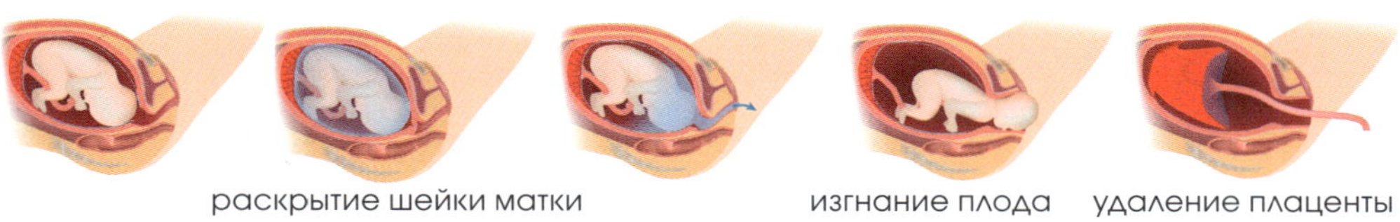

Содержание